DE MAN EN ZIJN WIELERVERHALEN

Wilfried de Jong

De man en zijn wielerverhalen

HET COMPLETE FIETSWERK (1990–2020)

Uitgeverij Podium
Amsterdam

Voor Peter, mijn eerste gids in wielerland

Eerste druk juni 2020
Tweede druk juni 2020
Derde druk juni 2020

Omslagontwerp Rouwhorst + Van Roon
Foto auteur Stephan Vanfleteren
Typografie Sander Pinkse Boekproductie

ISBN 978 94 6381 040 1

Verspreiding voor België: Elkedag Boeken, Antwerpen

www.uitgeverijpodium.nl
www.wilfrieddejong.nl

When you are riding a bike, the number one enemy to safety is yourself. Your own inattention, stupidity, arrogance, vanity or folly are all liable to kill you; and you can kill yourself on a bicycle without any help from a motorcar, just by falling off and breaking your head on a kerb.

THE PENGUIN BOOK OF THE BICYLE (1978)

Inhoud

De papegaai van Scarponi

De vraag in de straten van Filottrano is: zou de bekende papegaai uit het Italiaanse dorp al weten van de dood van zijn fietsmaatje? Michele Scarponi werd tijdens een trainingsritje aangereden door een busje en overleefde de klap niet. Na zijn overlijden verschenen filmpjes op internet van een fietsende Scarponi, in het gezelschap van papegaai Frankje.

De kraaiende stem van de wielrenner tegen de fladderende vogel.

'*Ciao* Frankje, hoeveel rondjes gaan we trainen?'

'Hé, wat zit jij aan mijn helm te knagen?'

'Kom, Frankje, vlieg lekker mee!'

Scarponi filmde met zijn mobieltje in de selfiestand. Hij fietste met één hand aan het stuur en zag op zijn schermpje Frankje in de verte op een elektriciteitskabel zitten. Een paar uitroepen waren genoeg om de papegaai te lokken. Even later landde hij op de schouder van de wielrenner. Of op het kromme stuur.

'*No, no* Frankje, niet aan de rem zitten.'

Keer op keer speelde ik het filmpje af. Jaloersmakend, dat was het. Een frisse fietsochtend in de heuvels van de Marche, cipressen langs de kant van de weg, een blauwe lucht. En een fietsmaatje dat nooit aan je kop zeurt.

Scarponi vertelde dat hij tientallen van dit soort filmpjes met Frankje had gemaakt en er slechts een paar op internet had gezet. De onderlinge band was innig, zo leek het. Er verscheen een kinderlijke glimlach op het gezicht van Scarponi als de blauw-gele 'macaw' rond zijn fiets fladderde of even de vleugels stilhield in een glijvlucht.

Er zijn topsporters met honden, paarden, sierkarpers, katers. Maar gewone huisdieren halen het niet bij een los vliegende papegaai, in gezelschap van een wielrenner. De romantiek druipt ervan af; noem het gerust een sentimenteel beeld.

Wat zal hij de papegaai allemaal toevertrouwd hebben? Dat hij een vrouw en twee kinderen had? Dat hij de afgelopen week nog een etappe won in de Alpen? Dat hij dopingarts Fuentes kende en weleens met zijn vingers in een verboden potje had geroerd?

Wat is er heerlijker dan een vogel die alles aanhoort en zonder je te veroordelen trouw met je blijft meevliegen?

De helm waar Frankje in de filmpjes zo graag aan knaagde, heeft Scarponi niet voor de dood kunnen behoeden. De Italiaan was zevenendertig jaar en geliefd in het peloton. Snikkend stonden de renners aan de start van de klassieker Luik-Bastenaken-Luik. Alejandro Valverde won en beloofde zijn winstpremie — 20.000 euro — aan de weduwe te sturen.

De vraag in het rouwende dorp Filottrano blijft: hoe maak je een papegaai duidelijk wat er is gebeurd? Zal Frankje begrijpen waarom die ene wielrenner in de straten van het dorp nooit meer zijn naam zal roepen voor een tochtje door de heuvels?

Buitenaards goed

Vanaf nu wordt alles anders in het cyclisme. De oude sport moet op de schop. Of eigenlijk is het al zover: een wonderlijke jongen met een eeuwige blos op zijn wangen slaat de maat in het peloton.

Mathieu van der Poel bepaalt hoe een wielrenner zich voor, tijdens en na een wedstrijd gedraagt.

Ik meld u wat vandaag bij het grootvuil kan: trainingsschema's uit de vorige eeuw, de hartslagmeter, te kleine zonnebrillen, de klassieke zwarte koersbroek, een bidon met warme thee, bang en afwachtend fietsen.

Er was tijdens de Amstel Gold Race nog enige argwaan; ach, die arme Mathieu, had hij zich ruim veertig kilometer voor de finish toch uit de tent laten lokken met een demarrage uit het peloton. Het avontuurtje leek hem niets op te leveren, hij werd weer ingelopen en had alleen zichzelf ermee gehad.

Nodeloze energieverspilling, zo leek het.

Als een regenworm een stukje van zijn lijf kwijtraakt, voorzie je een spoedige dood van het beestje. Maar van binnen blijft het levensvuur kennelijk branden in zo'n snotterig slangetje. Dan maar gekortwiekt — verder kruipen zal het beestje.

Mathieu van der Poel laat zich niet inperken. Het geloof in eigen kunnen is extreem. Deze jongeman weet beter dan zijn coach, beter dan journalisten, beter dan opa Poupou en vader Adrie wat er voor exceptioneels in zijn borstkas huist.

Het is niet uit te leggen en maar voor een deel te meten via computers. Het is iets nieuws, iets onbenoembaars nog. De andere renners gaan vertwijfeld bij zichzelf te rade: 'Wat heeft Van der Poel wat ik niet heb?'

Zoveel kracht en herstellingsvermogen hebben, dat duidt op talent, op lichamelijk surplus en op de juiste genen. Na dit wielervoorjaar, na de uitbarsting van kracht, het recuperatievermogen en koersinzicht in Zuid-Limburg, is de enige constatering dat Mathieu van der Poel een nieuw niveau heeft bereikt in het wielrennen.

Zoals een sprinter eindelijk onder de tien seconden finishte.

Zoals een verspringer verder kwam dan acht meter.

Maar laat ik mezelf intomen, het is allemaal nog zo vers en nieuw. Wat is het? Waar eindigt dit?

Mathieu van der Poel zelf blijft nederig en bescheiden. Wars van borstklopperij. Hij is innemend voor zijn collega's in het peloton, nuchter tegen journalisten.

Op zijn rug liggend, de voeten tegen het frame van zijn gevallen fiets, hapte hij na afloop op het warme asfalt naar adem en greep naar zijn hoofd. Eerst leek het of hij zich had bezeerd, maar het bleek ongeloof. Hij kon het allemaal niet begrijpen en lag daar maar.

Tien minuten later zat hij kalm op een soort Sinterklaasstoel in een tentje achter de finish. Heerser in het voorjaar. Terwijl hij appjes op zijn mobieltje las, bungelde het oortje tegen het kruis van zijn witte koersbroek.

Mathieu van der Poel ging staan en ontblootte zijn spierwitte torso. Met een washandje gleed hij heen en weer over de ribben, als de hand van een jongetje over een speelgoedxylofoon.

Zo jong, zo dartel nog en al zo buitenaards goed.

Lachen is verdacht

Het ziekenhuis had een kuurtje epo voorgeschreven aan mijn oude vader. Zijn beenmerg functioneerde nauwelijks. Rode bloedlichaampjes werden niet meer aangemaakt. Epo was een laatste redmiddel.

Het spul hoefde niet afgehaald te worden door een motorrijder met een schuilnaam. Het lag open en bloot op de balie.

Na een injectie met epo werd mijn vader een paar dagen later gecontroleerd. Het effect was nul. De rest van de epo kon in de verpakking blijven. Enkele weken na de toediening van de dope droeg ik mijn vader naar zijn graf.

Waar de drie kuurtjes epo zijn gebleven, weet ik niet meer. We hadden als familie wel wat anders aan ons hoofd. Zonde. Het was een duur medicijn, had ik begrepen. De jongens van het 'oude' wielrennen konden er zeker wat mee. Of had ik de epo in een gewatteerde enveloppe naar het hoofdkantoor van de Rabobank moeten sturen? De directie wist vast een paar geschikte postadressen.

Sinds de cyclobiechten ligt het wielrennen onder de loep, zeg maar rustig onder de microscoop. We turen naar de prikgaatjes in aderen van renners en weten niet meer hoe een fiets eruitziet. De stoere werkers op de weg veranderen tijdens hun bekentenissen in wegkijkende stotteraars met zweethanden.

Lachen is verdacht, huilen een pre.

Na het verlaten van het biechthokje word je op het plein nog even gemangeld door het volk. Pek, veren, tomaten, een azijnspons in je mond en een trap na van de nieuwe generatie.

De grote klassiekers staan voor de deur. Neem ik de sport nog serieus? Ja, misschien zelfs te serieus. Er is de afgelopen decennia een groot reizend circus geschapen, maar de clowns wordt nu gevraagd de dopneus even op het achterhoofd te zetten. Het elastiekje trekt een extra frons op het voorhoofd.

Doping is vooral *serious business* geworden.

Journalisten en renners bekijken elkaar met argwaan. Wat vraag je over doping, wat ga je zeggen? Paranoia van twee kanten ligt op de loer.

Ach, geen paniek. De schoonheid en realiteitszin moeten hand in hand gaan, dan komt het wel goed met de wielersport. Een goede wedstrijd is gebaat bij duidelijke regels. Overtreden is niet verboden en ook niet erg, er staat alleen wel een straf op.

Clean in het leven is niemand. Ook de renners van nu niet. Je hoopt maar dat wielrenners geen doetjes worden. Topsport is oneerlijk. Topsport is een bedrijfstak met grote financiële belangen. Als profrenner kom je hoe dan ook met je voorwiel bij een grens uit. Rijd je eroverheen of stop je voor de streep?

Wielrennen is een zwaar beroep, lichamelijk en geestelijk.

Onlangs keek ik naar een interview met mijn held Sonny Rollins. Nee, geen oud-profrenner, Rollins is de grootste nog levende saxofonist. Hij was in zijn jonge jaren aan de heroïne. Hij kreeg een vraag toegespeeld: ga je van dope beter blazen? '*I think it does, to a certain degree*,' zei Rollins. 'Het geeft je een gevoel van: wow! Maar je kunt jezelf er ook pijn mee doen.'

Rollins zat er vorstelijk bij. Geen greintje reserve, geen spijt. Hij valt het leven aan, met alle risico's van dien. Soms gaat het goed, soms gaat het fout.

Epo is een medicijn. Mijn vader is dood. Heroïne is een drug. Rollins leeft nog. Zo loopt het soms. Mooi, hè?

Pedalando

Via de spiegel van de kledingkast kijk ik naar mezelf. Ik sta in mijn blootje, in de slaapkamer van het appartement. Het lichaamsvet is ver te zoeken. De ribben steken aan de zijkant nog uit de borst. De verleiding van de bergen in Umbrië is onweerstaanbaar. Ik wil fietsen, ik wil spanning voelen op mijn kuiten, doorgaan met trappen waar een ander zou afstappen. Ik wil een top halen, kilometers steil wegdek achter me laten.

Stom. Geen fiets bij me, wielerkleding vergeten.

Vanuit het appartement kijk ik uit over het dal dat smoort in de hete middagzon. In de verte, op de hoogste top van de omgeving, ligt een dorpje. Ik pak de gedetailleerde wegenkaart erbij. Ik volg de weg vanaf het appartementencomplex, kom met mijn vinger uit op een doorgaande weg in het dal en moet dan naar het westen om het hele stuk naar het dorpje te klimmen. Er zitten haarspeldbochten in, ze zijn met drie zwarte pijltjes aangegeven op de kaart. Dat is het zwaarste stuk. De klim eindigt in San Caracalla. Ik zie dat de weg in het dorp ophoudt.

Ik fantaseer over het centrale plein van San Caracalla waar ik na een glorieuze klim zal eindigen op een terras, overwoekerd door klimop, met een lieve dochter van de cafébaas die me iets koels voorzet.

Ik trek een wit voetbalbroekje aan met zwarte bies. En een retroshirt van Dukla Praha met de legendarische kleuren van de Praagse club — geel met een ouderwets soort paars. De beroemde Tsjechische spits Masopust speelde in een soortgelijk hemd. Bij gebrek aan wielerschoenen pak ik een paar gympen van Puma uit mijn koffer.

Terwijl ik de veters aantrek, kijk ik naar een kabbelende Touretappe op Rai Tre. Virenque kan de overwinning niet meer ontgaan, hij is weggereden van zoon Merckx en fietst met de tong uit zijn mond naar de finish. Het Italiaanse verslag van de etappe is al de hele dag loom, er rijdt dan ook geen landgenoot van voren. Simoni fietst gedemoraliseerd achter in het peloton, van de talentvolle Ivan Basso voorlopig geen spoor.

Ik loop de receptie van het appartementencomplex binnen. Ze verhuren fietsen waarmee je de streek kunt verkennen. De streek verkennen? Niet aan mij besteed. Fietsen om het hardst, daar draait het om.

'*Quanto è, un bici?*' Voor simpel Italiaans kun je me altijd wakker maken.

'U bent Nederlands?

Daar sta je dan. *Also, man spricht hier holländisch.*

'Een fiets huren, voor een middag?'

Dat zoekt het Nederlandse hulpje even op in een schriftje vol handgeschreven tekst. Ondertussen probeer ik meer aan de weet te komen over de staat van de fietsen. Ik ga straks niet op een zadel zitten om de geur van bloeiende kamperfoelie op te snuiven.

Aan het receptiemeisje heb ik niets. Ze haakt al af als ik vraag hoeveel kransjes er achter op de pion zitten. 'Onze fietsen zijn allemaal even goed. Ze zijn vorige maand allemaal een keer langsgelopen.'

Ja ja, door Cavanna zeker, de blinde masseur van Fausto Coppi, die elke vermoeide vezel van de campionissimo wist op te vijzelen maar het afmonteren van een mooie Bianchi vast overliet aan de mecanicien van de ploeg, en aan de afstelling van een Campagnolo-derailleur al helemaal niet begon.

'Hier heb ik het. Het aantal uren maakt niet uit. Het is twaalf euro, *una giornata*.'

Een zeer *particolare* prijs, voor de *bici*. Vooruit met de geit. Ik betaal met een biljet van twintig euro en doe het wisselgeld in een portemonneetje dat ik aan de touwtjes van mijn broek vastbind en binnenboord hang tegen mijn onderbuik.

Ik wil weg. Het meisje wijst me naar een losse schuur op het terrein waar de huurfietsen staan. Ik moet niet zeuren als het verzet op die racefietsen straks te zwaar is. Ik kom die berg wel op. Dan maar even uit het zadel en dansen op de pedalen bij de steilste stukken. En boven op het dorpsplein vooral niet laten merken hoe zwaar je de klim vond.

Door het stoffige raam van de schuur heen zie ik een paar frames. Ik blijf in de deuropening staan. Daar staan ze, de 'topfietsen met makkelijke verzetten' uit de reisbrochure. Mountainbikes zijn het, verrotte mountainbikes. Vroegoude muilezels die al maanden onaangeroerd staan uit te hijgen, zo aan de roestkleurige tranen op de frames te zien.

Er staan drie rode en twee blauwe fietsen. Ik zie al direct een kapotte trapper, drie lekke achterbanden, een loshangende rem en een scheef zadel. De tweede blauwe lijkt nog het meest in vorm. Ik hurk en bestudeer de derailleur.

Ik haat de uitvinder van de mountainbike, de uit Amerika overgewaaide 'bergfiets'. Alsof de beroemde modellen van fietsenmaker signor Bianchi hier in eigen land niet geschikt zijn voor de oplopende wegen van de Stelvio, de Cipressa, de Mortirolo of de klim naar Sestrières.

Achter me komt iemand de schuur binnen.

'*Posso aiutare?*'

Of ik hulp nodig heb?

Op de grond zie ik een paar goede instappers en het begin van een lange broek. Het is in Italië al een week iedere dag meer dan vijfendertig graden. Dit is *Italian style*. Goede kleding is belangrijker dan een onvermijdelijke zweetvlek. Ik voel me meteen verbonden met de man, een oudere heer, zo blijkt als ik oog in oog met hem sta. Mooie bril met zo'n protserige hoofdletter G van Gucci op beide poten.

Er zit weinig druk op de banden, maak ik de man met lange broek duidelijk. Hij snapt het. Hij loopt weg. Ik zet alvast een flesje met *tè al limone* in mijn bidon. Kom hier op het appartementencomplex niet aan met isotone dorstlessers of beter, een kartonnetje Extran. Je kunt kiezen uit *tè al limone, tè alla pesca* of met *mela*.

Limone dan maar. Citroen boert tenminste niet op.

De man komt aangelopen met een pompje voor een kinderfietsje. Zo'n kort buisje met een slap rubberen lulletje waarvoor vrouwen gillend onder de lakens kruipen. Ik had van hem eigenlijk een of ander hydraulische, volautomatische falluspomp verwacht waarmee je hier in de streek dorpspleinen bladvrij kunt blazen.

'*Ah, grazie,*' schmier ik.

Ik begin te pompen. Er komt geen lucht bij in de band. Voor- en achterwielen blijven maar halfvol. Ik doe alsof ik klaar ben en bedank de man. Hij salueert en vertrekt.

Voor ik wegrijd, controleer ik op de parkeerplaats al fietsend alle verzetten. Vóór zie ik drie tandwielen. Houd ik niet van, ik wil de klassieke stijl, twee voorbladen met 52 en 42 tandjes. En van achter staan er zeven kransjes klaar. Ik schat in: 16 tot 28. Dat moet geen probleem zijn, straks tijdens de beklimming. Misschien laat ik de lichtste verzetten wel onbenut en kan ik op de macht omhoog.

Weg ben ik.

Meteen op de eerste meters voel ik kracht in mijn benen. Dat is goed, na zoveel weken van inactiviteit. Vanaf de slagboom van mijn vakantieplek loopt de weg meteen steil naar beneden. Na een hoop gepruts aan het oude hendeltje heb ik het grootste verzet op staan. Meetrappen is nauwelijks meer nodig. De snelheid is enorm. Het tellertje op het stuur schiet naar de zestig kilometer. Ik voel het asfalt bonken onder mijn stuitje. De achterband is zo slap als wat. Een band met brede profiellaag. Heel breed. Alsof ik op tractorbanden mijn eerste fietsles heb.

Het is een kilometer of twee dalen. Ik draai in een scherpe bocht onhandig de doorgaande weg op. Het landschap glooit.

In voetbaltenue op een klote mountainbike rammel ik als een ontspoord boemeltje door een gehucht in het dal. Ik moet lachen om het lawaai dat ik veroorzaak. Schreeuwend wil ik mijn excuses aanbieden aan de inwoners.

'Signore, signori! Mi scusi!'

Rechts langs de weg verschijnt een benzinepomp van een uitgestorven merk. De twee pompen zitten onder het stof. Het is drie uur in de middag. In de schaduw van de garageklep zitten vijf mannen onderuitgezakt op een stoel. Ze kijken naar een herhaling van de Formule 1 van het afgelopen weekend.

Ik vermoed dat de luchtslang van het pompstation precies op het ventiel van mijn tractorband past. Aan de Italiaanse mannen hoef ik niets te vragen zolang de Formule 1 wordt herhaald. Ze laten in dit land hun vrouw in bed liggen als de televisie een slippende Ferrari in een chicane toont.

Naast de tweede pomp zie ik een slang op de grond liggen. Het tuutje duw ik op het ventiel. Nu moet er ergens een drukknop zijn. Ik volg de slang en kom uit bij een roodstalen bak met een stukgeslagen glazen venster. Kapot.

Schumacher rijdt door een bocht.
Ik stap op de fiets.

In de berm zie ik het bordje San Caracalla staan. Nog vijf kilometer. In de verte ligt het dorpje, boven op de top van de berg. De langgerekte vale huizen en de kerktoren steken nog net boven de hoogste bomen uit. De klim is begonnen, ik voel het aan de spanning in mijn bovenbenen. Het valt niet mee om tempo te houden op deze fiets. Geen enkel verzet bevalt me. Het is net of de fiets ergens aanloopt en de band lijkt alweer iets leger te zijn.

Achter me hoor ik gezoem.

Een andere fietser. Op een racefiets met dunne bandjes. Ik begin meteen harder te trappen, dat gaat bijna automatisch. Jaloers zie ik vanuit mijn ooghoeken de glimmende spaken naast me op het wegdek verschijnen. Ongeschoren benen. Witte tenniskousen. Sukkel. Hij gaat me langzaam voorbij. Ik kijk even op. Onder zijn helm vandaan zie ik een paar vochtige plukken grijs haar. Hij grijnst even en kijkt dan weer voor zich.

Godver.

Die ouwe rijdt echt niet in een goed tempo, het is een recreant. Het is een vreemde ervaring te moeten vechten om bij te blijven. Ik fiets thuis graag alleen. En graag hard. Een rondje van veertig kilometer is mooi, met een snelheid van 37 kilometer gemiddeld. Ik passeer altijd, ik word nooit gepasseerd. En zeker niet door mannen met lang grijs haar die met dezelfde sokken willen fietsen en tennissen.

Het gaat moeilijk op die mountainbike. Ik schakel iets zwaarder en bekoop het met een onverhoedse slingerbeweging. Even schiet het voorwiel in de berm. Met de moed der wanhoop trek ik de fiets weer in het gareel.

De man kijkt om en ziet me ploeteren.

Durf je wel? Een geoliede racefiets tegen een uitgedroogde mountainbike? Laf.

Hij ligt al vijftig meter op me voor in de klim naar San Caracalla. De man heeft rare billen, zie ik nu, er zit geen vlees aan. Hij heeft een rug met een gaatje; het loopt van zijn nek in één rechte lijn door naar beneden. Ik ga op mijn trappers staan en kom weer dichterbij. Nog een paar meter. Ik duw mezelf naar zijn achterwiel en blijf kleven. Hij komt niet zomaar van me af.

Gisteren, dat was een mooie dag. Zonder mountainbike, gewoon lekker wandelen in Spoleto, veertig kilometer verderop. In een boekwinkel in het ommuurde centrum zag ik het woord BARTALI vet op een kaft staan. Klassieke, turquoise letters op zwaar papier. Op de foto zag ik de Italiaanse wielerheld met een grimas van pijn een berg oprijden. Ik moest mijn gezicht tegen de etalageruit duwen om de titel te kunnen lezen. *L'uomo che salvò l'Italia pedalando*. De man die Italië fietsend redde.

Zo'n boek moet je kopen, ongeacht of je het ooit uitleest, ongeacht of het goed gerecenseerd is. Het ligt naast mijn bed in het appartement.

Pedalando op deze klotefiets. Naar de top. Net als Gino Bartali.

Het asfalt blijft korrelig, de man voor me rijdt in een regelmatig tempo terwijl ik de hele tijd schakel, ik kom maar niet in een goed ritme.

Opeens heb ik er genoeg van. Ik knijp in de remmen en zet mijn linkervoet op de grond. Het gaat niet meer. Het is allemaal de schuld van het meisje van de receptie, de schuld van de tekstschrijver van de brochure met zijn gezever over 'topfietsen met makkelijke verzetten', de schuld van de nette heer zonder deugdelijke fietspomp. Ik hijg uit over mijn stuur.

De man klimt door. Hoeveel zal het nog zijn naar het dorpje, naar het plein met het koude drankje van het barmeisje?

Hij kijkt al klimmend om en doet zijn duim omhoog.

Klootzak. Je zou eens moeten ruilen met die ellende die ik onder mijn reet heb. De duim als overwinningsgebaar? Over mijn lijk.

Pakken die vent. Ik fiets alweer.

Hij is verdwenen achter een scherpe bocht. Ik ga op de trappers staan en sleur mezelf met de fiets de berg op. Daar komt de haarspeldbocht. Als je kracht hebt, neem je ze aan de binnenkant, steiler maar korter. Het lukt, al is het nog steeds of de mountainbike niet met me mee omhoog wil.

Onder me schudt het flesje *tè al limone* in de bidonhouder. Met één hand sturend, probeer ik de dop los te draaien. Het lukt niet. Ik draai hem met mijn tanden open waardoor de helft van de thee over mijn shirt klotst. Eindelijk, drinken in deze hitte. Ik proef een zoete, lauwe artificiële thee met synthetische citroen. Ik spoel mijn mond ermee – het doet me denken aan dat mondwater, aan Bocasan. De rest spuug ik uit op het asfalt.

Ik schakel naar een zwaarder verzet en begin boven mijn macht te trappen. Mijn slapen bonzen, maar het werkt; eindelijk vind ik een behoorlijk tempo. Op een recht stuk krijg ik de man in het vizier. Ik loop in. Zienderogen.

Rechts schuift een huis voorbij. Er staat een jongen op het erf, hij schiet met een plastic bal tegen een muur. Het is een dooie boel in deze streek. Wat moet je hier in godsnaam als je uit een huwelijk van een boer en een huishoudster geboren wordt? En stel, je wilt iets met dat onbestemde maar steeds heviger wordende gevoel in je onderbuik en alleen je nichtje twee heuvels verderop is van jouw leeftijd?

Mijn tempo blijft hoog. Nog een paar stevige trappen en ik zit weer in zijn achterwiel. Op de witte lijn van de weg zie ik een klein stroompje vocht dat als bron een kartonnetje met vruchtendrank heeft. Het ligt platgeknepen op de weg. Dit is een voorteken. Die grijze muis voor me is uitgedroogd aan het raken. Hij dronk hier al zijn meegenomen voorraad drank leeg. Hij heeft niets meer over. *Pesca*, lees ik nog net, als ik met de brede voorband over het pakje rijd. Perzik. Zoete rotzooi. Voor amateurs. Daar kom je niet ver mee. Helpt niet tegen de dorst. Zet alleen de geest even op een ander spoor.

In de verte staat de kerktoren van San Caracalla. Het zal ongeveer halfvier zijn, eigenlijk geen tijd om te fietsen in deze vochtige hitte. Nog steeds op dezelfde afstand zie ik die vent uit het zadel komen. Hij heeft het zwaar. Ik kan hem pakken.

Mijn ritme wordt weer onregelmatiger. Verdomme, ik moet terugschakelen. De ketting ratelt. Ik maal een paar keer in het luchtledige en begin te wankelen. De top kan niet ver meer zijn. De man raakt weer uit zicht door een bocht. Het wordt steiler en steiler, met steeds meer haarspeldbochten. Ik schakel naar mijn lichtste verzet en kruip meter voor meter omhoog.

Eindelijk komt er een makkelijk stuk. De weg daalt even om daarna weer te stijgen. De man heeft de geul al genomen. Hij ligt een paar honderd meter op me voor, maar dat is schijn. Als ik deze afdaling neem, ben ik weer bij hem in de buurt.

Dalen is heerlijk. Ik ben niet bang voor snelheid, nooit bang geweest, ook niet toen ik een paar jaar geleden op mijn eigen fiets met tachtig kilometer per uur de hoge Galibier afdenderde. Je geeft je over aan het lot, krijgt een enorm vertrouwen in de afgesleten remblokjes. Het maakt niet meer uit; dan maar dood langs de kant gevonden worden in een korte broek. In Zuid-Italië eindigen mannen in chique pakken in de berm met hun afgesneden lul in de mond. Dat is nog eens andere koek.

Vai, vai, vai!

Het asfalt is ruw, met kleine steentjes die een beetje los van elkaar liggen. Het geluid van mijn banden is hard, ik mis het zingen van dunne tubes. Door de snelle afdaling tranen mijn ogen. Net als ik ze droogveeg, schiet er vlak voor mijn wiel vanuit de berm iets de weg over.

Bonk.

Een kleine trilling in mijn stuur. Ik rem en kijk, voor ik stilsta, al achterom.

Ik heb een slang overreden.

San Caracalla ligt midden in beschermd natuurgebied. Op de ansichtkaarten in de *tabacchi* staan foto's van beesten die hier in de Monte Sibillini nog in het wild leven. Beren, wolven, lynxen. En slangen.

Ik stap af en loop met mijn fiets aan de hand naar de plek waar het beest ligt, zo'n veertig meter terug. Een *piaggio*, zo'n klein gemotoriseerd driewielertje met een laadbak achter, passeert met schelle claxon.

De slang ligt in een rare kronkel op de weg, zijn staart raakt nog net de witte markeringsstreep aan de bermkant. Het beest is zwart en ongeveer een meter lang. Ik leg mijn fiets in de berm en buig voorover naar het kopje.

De slang is precies in het midden van zijn lijf overreden. Er zit een deukje in zijn huid. Ik kijk voor me. De fietser is uit beeld. Natuurlijk. Hij rijdt op zijn gemak naar de top. Zo kan ik ook winnen. Of moet ik nu opstappen en nog één keer de longen uit mijn lijf rijden?

De kop van de slang ligt weggedraaid in het stof.

In de verte fladdert een *tricolore* aan een stok, hoog boven het dak van een huis. De hemel is op een enkele witte wolk na onbewolkt. De hitte is ondraaglijk nu ik stilsta.

Achter me hoor ik een piepend geluid. Ik kijk om en zie in een flits de oude recreant op me afkomen. De man heeft twee handen aan het stuur. Hij remt uit alle macht. Terwijl hij langsrijdt, kijkt hij naar de dode slang. Hij wijst naar zijn voorhoofd en daalt verder af.

Ik kijk omhoog. Hij kon me al vrij vroeg zien staan. Hij moet gezien hebben dat ik met de fiets in de hand over iets heen en weer gereden ben.

Met mijn schoen geef ik een tikje tegen de slang. Dood. Op mijn hurken bekijk ik het beest nog eens goed. Het lijf ligt in een flauwe bocht op het asfalt. De bek staat halfopen, ik zie twee kromme tanden achter zijn lip, het zijn net nagels uit de poot van een valse straatkat.

Het is stil. Het enige geluid wordt gemaakt door zoemende insecten in de berm. Ik pak de slang met twee handen op. Hij lijkt op een gevlochten leren riem voor een broek. Als je de ingewanden eruit haalt en er met zo'n speciale tang een paar gaatjes in knipt, kun je hem zo door de lussen heen trekken.

Naar de top hoef ik niet meer. Ik neem de slang mee. Alleen, ik heb geen zakken in mijn broek. Onder mijn zadel hangt een zwart tasje met wat sleutels en een reparatiesetje. Ik had het al horen tikken tijdens de afdaling maar dat beest krijg ik nooit tussen een tube lijm, plakkertjes en drie bandenlichters gepropt.

Tijdens de afdaling zal ik straks twee handen nodig hebben. Ik pak de slang beet en leg het middelste deel om mijn nek. De staart en de kop stop ik in de hals van mijn shirt.

Voorzichtig stap ik op en begin te trappen, met de slang als een stugge sjaal om mijn nek. Ik suis naar beneden en voel het beest onophoudelijk trillen. Op het valse plat kom ik weer langs de benzinepomp, de mannen zitten nog altijd naar de Formule 1 te kijken.

Nog even en ik begin aan de klim naar het vakantiecomplex. Flauwe bocht naar rechts, van de doorgaande weg af, naar links en omhoog. Ik schakel terug op de helling. Er is geen tegenstander meer, ik heb verloren en wil zo snel mogelijk van de fiets af. Als ik uit het zadel ga om wat meer kracht te geven, denk ik een giftandje van de slang tegen mijn navel te voelen. Door het shirt heen zie ik ter hoogte van mijn buik de platgereden kop van het beest lichtjes heen en weer slingeren.

Ik schakel verder terug in de laatste, steile bocht. Ik zet de ketting vóór op het lichtste van de drie tandwielen. Koffiemolengeluid. Kinderfietsverzet. Ik geef het op en stap af. Wat een nederlaag.

In de struiken met paarse bloemen sterft het van de vlinders. *Farfalle*, op zijn Italiaans, had de tuinman op het appartementencomplex me geleerd. Sint-jansvlinder, kleine vos, dagpauwoog, nachtpauwoog, koninginnenpage.

Een vlinder weet niet wat klimmen is.

Vlak voor de slagboom spring ik weer op de fiets. Als ik langs de receptie rijd, kijkt het Nederlandse meisje net naar buiten. Ze zwaait. 'Ging het lekker?' vraagt ze door de openstaande deuren.

'Heerlijk!' roep ik. Domme muts.

In de schuur gooi ik de mountainbike extra hard tegen een paar andere fietsen aan. Ze vallen om tegen de wand.

Met het beest nog onder mijn shirt loop ik naar mijn appartement. Pas daar trek ik het Dukla Praha-shirt uit. De slang leg ik op de keukentafel.

Na het douchen wrijf ik wat vette Nivea op mijn zak. Zo'n klein stuk klimmen en dan al rode plekken in het kruis. Ik trek een lange broek aan en zie op de televisie de samenvatting van de Touretappe. Virenque wint. Hij komt solo aan op de top. Zijn vingers wijzen naar de hemel. Aansteller. Hoe zou die grijze vent aangekomen zijn op het plein? Vast heel saai.

Ik pak een schoon, wit overhemd en sta in de deuropening. In de verte ligt San Caracalla al in de schaduw van de rondom liggende bergen.

Ik krijg trek in een pasta. Het is halfacht, het restaurant is net opengegaan.

Als ik me omdraai, zie ik de slang liggen op tafel. Misschien moet ik hem meenemen voor Giorgio, de baas van het restaurant. Ik pak een *Gazzetta dello Sport* en rol de slang in de roze krant.

'Hé, daar hebben we onze sportieveling,' zegt Giorgio in gebroken Engels, als ik binnenstap. 'Ik zag je een uur geleden fietsen op de doorgaande weg. Ik heb maar niet getoeterd, je zag er doodmoe uit. Meer trainen, jongen.'

‘Moet je kijken. Ik ben me rot geschrokken. Hier.’ Ik gooi de in de krant verpakte slang op tafel.

Giorgio ontrolt de *Gazzetta* en is geïmponeerd. ‘Zo. Een *vipera berus*. En geen kleintje ook. Heeft hij je aangevallen?’

‘In de berm. Ik heb hem doodgeslagen met een tak.’

De restaurantbaas pakt het dier zorgvuldig beet en aait met zijn vingers over het kopje. Hij bekijkt het platte gedeelte eens goed. ‘Nou, je hebt hem flink toegetakeld. Zijn hele kop ligt aan gruzelementen.’

Ik knik.

Giorgio wrijft met zijn hand over de slang, alsof hij nog leeft. ‘Het is een beschermde diersoort.’

Ik maak hem duidelijk dat hij het beest mag houden. Giorgio weet nog wel iemand die de slang voor hem leeghaalt en opzet. Hij biedt me een glas *prosecco* aan. Ik ga aan een tafel zitten.

Het restaurant is verder nog leeg.

Ik sterf van de honger, ik wil snel een pasta, een *vongole* of een *alla Norma*. Als hoofdgerecht kies ik *ossobuco*, de maag mag vol vandaag. Giorgio schenkt mijn glas vol met de tintelende wijn. Hij neemt er zelf ook een. Voor de lol proost hij met de onderkant van zijn glas tegen de slang.

‘Wil je pasta alla Norma? Is zo klaar. De ossobuco gaat wel even duren,’ zegt Giorgio.

Het maakt me niet uit. Ik heb alle tijd van de wereld.

Daar is het bord pasta al. Ik draai mijn vork een paar maal en steek de slierten spaghetti in mijn mond. Ik ben tot nog toe de enige gast. Als ik een slok wijn neem, hoor ik achter me iemand binnenkomen. Klik-klak. Het zijn slippers die tegen hielen slaan. Daar zijn ze, blauwe sportslippers. Ik zie witte sokken en ongeschoren benen in een korte broek. De man heeft grijze, natte plukharen in een patersrandje rond een kale schedel. Ik ken die plukken.

De man draait zich om en gaat, met slechts één tafel tussen ons, recht tegenover me zitten. Ik doe of ik in de menukaart kijk. Dit houd ik niet lang vol. Langzaam geef ik me over. Hij grijnst.

Giorgio komt uit de keuken gelopen. Hij loopt op het tafeltje van de nieuwe gast af.

'*Buonasera Carlo, come stai*?' Dat kan ik nog verstaan. Daarna brabbelen ze in snel Italiaans door elkaar. Giorgio loopt naar het tafeltje waar de slang nog altijd op de krant ligt. Hij pakt het beest bij de staart en maakt een stoere vuist in mijn richting, alsof hij wil laten merken hoe trots hij is dat ik in mijn eentje een monster doodde.

De pasta alla Norma smaakt als een galgenmaal. Hij is met rundergehakt bereid, maar ik krijg de smaak van slangenvlees niet uit mijn hoofd.

De ober neemt het halfvolle bord pasta weg.

De grijze man pakt een homp brood. Terwijl zijn kaken malen, kijkt hij dwars door me heen. Ik zie als een berg op tegen de ossobuco.

Een veld van varens

De man met zijn fiets had een nieuwe route gekozen. Steeds maar hetzelfde rondje twee keer in de week, dat ging hem vervelen. Thuis op zijn laptop had hij een andere weg uitgestippeld en die route naar zijn mobieltje gestuurd. Het begin was niet moeilijk; zo'n vijftien kilometer parallel aan de snelweg, dan bij een grootkruispunt rechts het groene land in.

De man had voor het eerst geen lange broek aan, de wind voelde fris langs zijn witte benen. Het kilometerlange, kaarsrechte fietspad eindigde in een T-splitsing. Hier wist de man het niet meer en stopte om op zijn mobieltje te kijken. Hij moest linksaf langs een smalle bosrand gaan rijden. De bladeren aan de bomen waren lichtgroen en doorzichtig, alsof ze nog niet helemaal gewend waren aan daglicht.

Boven in een kruin zag de man iets bewegen. Hij had geen haast, dit was een ontspannen middagritje. Zachtjes remmend zette hij zijn fiets stil aan de kant van het pad en tuurde omhoog. In de boom zag hij een dunne tak op en neer gaan zonder teken van leven. Tot er een oranje pluimstaart door het groen flitste. Een eekhoorn, zijn lievelingsdier. Haastig trok hij zijn mobieltje weer uit de zak van zijn shirt. Met zijn zonnebril op kon hij het beeldscherm niet goed zien. Waar stond dat icoontje voor het maken van foto's? Per ongeluk drukte hij 'galerij' in en zag een onscherpe selfie met een houten ophaalbrug als achtergrond. In de boomtop was geen beweging meer te bespeuren.

Jammer.

De man wilde eigenlijk weer wegrijden toen hij even verderop twee e-bikes tegen een boom zag staan. Oudjes op pad in de natuur. Zij hadden de eekhoorn natuurlijk weggejaagd met hun schommelige passen op de ongelijke bosgrond. Stapvoets reed hij over het fietspad en zocht ondertussen naar de twee fietsers. Diep in het bos, op zo'n twintig meter, zag hij plukken grijs haar boven de wild groeiende varens uitkomen. Abrupt zette hij zijn racefiets stil. Het vrouwenhoofd keek schuin naar beneden. Het haar wapperde als zilverdraad alle kanten op. Gegeneerd bukte de man zich en ging met zijn kruis op de fietsstang zitten. Wat moest dat mens daar? Heel langzaam duwde hij zichzelf met zijn fiets tussen zijn benen richting de plek. Hij zag nu ook een tweede hoofd. Op dezelfde hoogte als het vrouwenhoofd. Dit was een man; een kale glimschedel, grijze ringbaard. Het stel zat op hun knieën in een veld van varens. De oude man droeg een zwarte coltrui, bij haar zag de man met zijn fiets een paarse sjaal met sliertjes om haar hals. De profielen van hun gezichten leken gefiguurzaagd, zo expressief waren hun kenmerken. Scherpe neuzen, knokige koppen. Ze maakten kleine, onhandige bewegingen. Het hoofd van de vrouw ging voorover en verdween tussen de varens. Haar man bleef met een rechte rug zitten en keek met een grimas omhoog naar de boomtoppen. De man op de fiets kon het tafereel niet meer aanzien. Met zijn voeten duwde hij zich naar achteren, totdat de wielen weer op het fietspad stonden. Hij ging van de stang weer op het zadel zitten en zonder zijn wielerschoenen in de pedalen te klikken zachtjes weg. Hij keek nog één keer opzij. Zijn snelheid lag al te hoog. Het stelletje was niet meer te traceren.

Ruim een uur later reed hij over hetzelfde fietspad door het bos terug naar huis. Hij naderde de bosrand en hield even in. De twee fietsen stonden er niet meer. Op die plek liep nu een man met een felrode cap op. In zijn hand een lijn voor de hond. Er klonk een hoog fluitje. Er gebeurde niets. Nog een keer dat fluitje. Links van het pad sprong een herdershond uit het bos. In zijn bek zwiepte een lichtblauwe seniorluier heen en weer. De hond holde op zijn baas af. Omkijken deed de man op de fiets niet meer. Even verderop nam hij met enig risico de splitsing en schakelde ondanks de tegenwind een tandje zwaarder.

Over en uit

Mijn eerste ervaring met communicatie op afstand had ik via twee conservenblikjes met een lang vliegertouw ertussen. Als ik iets in het blikje zei, zorgde de trilling in het touw ervoor dat mijn vriendje verderop mij kon verstaan, met zijn blikje aan het oor.

'Kun je me horen, over?'

'Ja, ik hoor je. Hoor jij mij ook, over?'

'Ja, ik hoor jou ook. Over en uit.'

Daarna holden we snel naar elkaar toe om weer normaal te praten. De sensatie van het horen zelf was vele malen groter dan de inhoud van het gesprek.

Ik vermoed dat de opmerkingen door de 'oortjes' in het peloton niet veel meer diepgang kennen. Je drukt op je knopje en schreeuwt dat je achterband leegloopt. Omgekeerd meldt de ploegleider vanuit de volgwagen wie er op kop rijdt en waar gevaar schuilt.

In de sportwereld wordt veel geluld, maar weinig gezegd.

De organisatie van Omloop Het Nieuwsblad wilde terug naar af. Geen oortjes in het peloton. De renners moesten het weer eens zelf uitzoeken. Ach, oortjes, het mag van mij. Maar als een mens ergens in tekortschiet, is het wel in communicatie.

In de slotfase ontsnapte Sebastian Langeveld. Hij versnelde op een kasseienstrook. Alle favorieten zagen het. Ze deden niets.

Langeveld begon aan een stille solo. Hij reed in een soepele stijl alleen op kop. Hij kreeg twee minuten voorsprong. Met een ontspannen gezicht keek hij voor zich uit. Een knipoog naar een kinderkopje, een fluim voor een haakse bocht.

Geen oortje. Geen stemmen in het hoofd. Wat een weldadige rust.

Langeveld hoorde alleen het tikken van de regen op zijn helm, het stuiteren van zijn wielen op het wegdek. Als hij zich concentreerde, hoorde hij zelfs zijn hartslag in zijn oren dreunen.

Juan Antonio Flecha ging in de achtervolging. Hij was Langeveld tot op honderd meter genaderd. Opeens zakte het tempo. De Spanjaard had een dip. Met een oortje had Langeveld de opgewonden stem van zijn ploegleider gehoord: 'Trappen, Flecha zit stuk!' Alle Hollandse wielerfans voor de televisie schreeuwden de longen uit hun lijf. 'Rijden Sebas, nu!'

Langeveld had niets door. Hij liet zich gewillig inlopen. Flecha reed met een reep in zijn mond meteen naar de kop en werkte braaf met Langeveld samen.

Het was een adembenemend schouwspel. Wij als kijkers wisten meer dan de hoofdrolspelers zelf; daar is alle drama in de literatuur en de speelfilm op gebaseerd.

Ploegleider Nico Verhoeven beaamde achteraf dat hij de oortjes miste op het moment dat hij Flecha naar adem zag happen. Hij had Langeveld zeker opgedragen harder te gaan rijden om alleen voorop te blijven. Met die oortjes hadden we de meeslepende tweestrijd tussen Flecha en Langeveld gemist.

Twee renners in de straten van Gent, met grimassen van de kou en modder op het gezicht. Vermoeide mannen zonder dopjes in het oor. Twee solisten aan het eind van de dag uiteindelijk samen. Loeren, toneelspelen, vertragen, versnellen, met kramp in de kuiten. Het zwaarste verzet. Een laatste duw tegen het stuur.

Langeveld komt als eerste over de streep. Wat moet je zeggen? Een conservenblikje pakken, het touwtje spannen en erin schreeuwen, naar iedereen die het horen kan: 'Ik win. Over en uit.'

Waaiers

Weerman Erwin Kroll stond in een kleine toonzaal te kijken naar de wolken op een oud doek. Het was Museumnacht in museum Boijmans Van Beuningen. Het publiek wachtte in spanning af wat Kroll over 'het weer in de kunst' te zeggen had.

De handen van Erwin zweefden langs de meesterwerken, met precies dezelfde motoriek als op televisie. Alsof zijn vingers twee grote douchekranen opendraaiden. Met zijn hoofd kwam hij vlak bij de perkamenten wolken op het schilderij. Hij leek van iedere penseelstreek te genieten.

'Typisch Hollands dagje. Grijs, grijs,' zei Kroll.

In de namiddag had ik thuis zitten kijken naar de voorjaarsklassieker Omloop Het Volk. Je hebt altijd het idee dat de coureurs een tijdje op stal zijn geweest. Het fietsende vee moest nog wennen aan het parcours, wennen aan het frisse weer.

Er ging een stevige wind over het landschap. De renners zochten beschutting. Als ze schuin achter elkaar reden, zag je de 'waaiers' ontstaan, zeker als er vanuit de helikopter werd gefilmd; kleurige, steeds veranderende slierten van renners, die het gevecht met de tegenwind aangingen.

Al kilometers voor het einde was de wedstrijd beslist. De Waalse coureur Philippe Gilbert reed weg en bleef alleen vooruit. Vol ongeloof keek ik naar de krachtsinspanning van Gilbert. Helemaal in zijn eentje, kop in de wind. En ik maar denken dat je in een waaier moest blijven zitten wilde je kans maken op de overwinning.

'De wind, je kan er geen peil op trekken. Dan weer van voren, soms op de flank,' zei de verslaggever op de motor. Ik keek naar de toppen van de bomen, maar kon de windrichting ook niet vaststellen. Velzeke-Ruddershove. Scheldewindeke. Als het daar niet waaide, waar dan wél op aarde?

's Nachts in het museum laafde Erwin Kroll zich aan de luchten op de schilderijen van oude meesters. Net als de wielrenners taxeerde hij de lucht, iedere dag weer. Kroll fixeerde zich op donkergrijze kwaststreken die zwanger waren van de regen. En steeds vond hij de windrichting.

Kroll betrapte de schilders op onvolkomenheden. Ze gingen slordig met het weer om. Hoe kon Jan van Goyen (1596-1656) op één doek een paar grazende koeien en dreigende lucht zo samenbrengen?

'Wat doet een koe als ze zulke wolken ziet?' vroeg Kroll. Het publiek bleef stil. 'Dan draait ze haar kont naar het weer, natuurlijk.'

Zondag keek ik weer naar het wielrennen, Kuurne-Brussel-Kuurne. Ik kon alleen nog maar naar de lucht turen. Grijs, zoals op de schilderijen van zaterdagnacht. Ik zag onheil. Wind, veel wind. Een dag voor waaiers.

Net als de renners probeerde ik na iedere bocht in het parcours te kijken waar de wind zat. Wapperende vlaggen, dan moesten ze de wind schuin tegen hebben. Maar waarom hing het lange haar van de vrouw op het boerenerf dan zo doodstil toen de koplopers langskwamen?

De latere winnaar Steven de Jongh bleef in de laatste kilometers achter de rug van zijn medevluchter zitten. Verstandig. De Jongh pufte als een lekke blaasbalg. Na de finish stonden de strepen van de inspanning op zijn gezicht. Ze wezen naar alle windstreken.

Ik zag Erwin Kroll weer voor het werk van de oude meesters staan. Eén blik naar het wolkenpak en hij wist alles over het weer. De weerman moet een keer mee met de koers, in een volgwagen. Dan kan hij in de oordopjes van de coureurs praten. Over stapelwolken, drukgebieden en hoosbuien. En over wind. Allerlei soorten wind.

Ik zweer het je, het zou een jas schelen.

Schuim

De man op zijn fiets keek vanaf de dijk naar rechts. In hetzelfde tempo voer een binnenschip op de Lek. Op het achterdek stond een auto, een oud model, de bumpers waren nog verchroomd. Voorin zaten een man en een vrouw met elkaar te praten. De man met zijn fiets keek even voor zich, het fietspad was uitgestorven. Hij draaide zijn hoofd weer naar het binnenschip. De man en de vrouw in de auto waren nog steeds met elkaar in gesprek. Het leek alsof ze ruzie hadden; achter het stuur maakte de vrouw met beide handen wilde gebaren zonder de man aan te kijken. Net voor de auto stond een jongen in de hoger gelegen stuurhut achter het wiel. Hij rookte. Af en toe ontsnapte er een rookpluim via het halfopen zijraam. Zonder het te kunnen horen, zag de fietsende man dat de jongen uit volle borst zong terwijl hij het schip in het midden van de rivier hield.

Het was niet druk op het water. Zondag was geen gewone reisdag voor binnenschippers. Meestal lagen de lege schepen zij aan zij in de haven van de stad, te wachten op een lading die in de komende week stroomopwaarts moest. De dijk week af van de rivier, op de uiterwaarden stonden rijen populieren in de drassige grond. Het fietspad was er omheen gelegd. De man met zijn fiets volgde de flauwe bocht naar links. Aan de andere kant van de dijk zag hij op het balkon van het vrijstaande huis een meisje in een lichtblauw zwempak zitten. Ze had een koptelefoon op en knikte in een sloom ritme op en neer. Het deksel van de plastic brievenbus op de dijk stond halfopen, er staken twee kranten uit. De man herkende een streekkrant en een landelijk dagblad. Hij ontweek een gat in het ruwe asfalt en stuurde naar de zijkant van het pad.

Ondanks de flinke tegenwind stonden de populieren er stil en stijf bij. Dit was weer waarin ze zouden moeten deinen. De man reed om de bomen heen en nam een lichte bocht richting rivier. Het water verscheen weer, zilverachtig vanwege de lage zon. Het binnenschip had zo'n vijftig meter voorsprong genomen en liet een witte streep schuim achter. De man schakelde naar een zwaardere versnelling. Hij keek naar het zwarte asfalt dat net op deze plek was aangelegd. Het rook nog naar teer. De man reed nu weer ter hoogte van de auto op het achterdek. De vrouw was uitgestapt. Ze stond met haar buik tegen het gesloten portier, twee handen steunend op het dak. Haar haar wapperde één kant op. De man trapte hard om langs haar te kunnen kijken. Door de voorruit zag hij het lichaam van de man voorover in de stoel liggen. Zijn hoofd lag in een knik op zijn borst. De vrouw probeerde met een vluchtige beweging haar lokken te fatsoeneren. De jongen keek vanuit de stuurhut naar de rivier. In de verte kwam een schip aan. Hij moest zoetjesaan wat meer naar de kant manoeuvreren. Voor de zekerheid liet hij met de scheepstoeter een lang signaal horen. Op dat moment sprong de vrouw van het achterdek. De man met zijn fiets zag hoe de witte schuimstreep achter het roer dunner werd tot hij weer één was met het water.

De Vogelzangstraat

Ik zou wel in de Vogelzangstraat geboren willen zijn, in een klein kotje direct aan de weg. Na een voorspoedige bevalling zou ik afgespoeld zijn met witbier, daarna mocht mijn tongetje even likken aan de schuimkraag van een verse kriek. Een grote zuster wreef me droog met een grove handdoek en zette me warm in een wiegje aan het raam, met uitzicht op het Vlaamse land.

Onmogelijk.

De Vogelzangstraat is een geheime straat, verboden terrein voor een nuchtere Hollander als ik. De straat ligt midden in wielerland, alleen toegankelijk met een Vlaamse pas. Ze spreken daar bovendien een andere taal. De Belgische tv-commentatoren geven het voorbeeld: 'De Vogelzangstraat! Nick Nuyens is weg. Je moet een kaart trekken. Nick Nuyens. Er mag een kruis over, als je het zo afmaakt!'

Doe de boeken van *Kuifje*, *Suske en Wiske* en *Cowboy Henk* de deur uit. Er is een nieuwe stripheld opgestaan. Hij zit op een fiets en vreet kasseien. Probeer nog aan de eerste druk te komen, al vrees ik dat die sinds zaterdag is uitverkocht. Titel: *Nick Nuyens in de Vogelzangstraat*.

Wielerfans loeren op de middag van de Omloop Het Volk de beroemde straat af. Een paadje van dertienhonderd meter steentjes. Andy Warhol wist niets van fietsen, maar alles over tijdelijke roem. Gun deze historische passage *fifteen seconds of fame*. Veel langer hebben de renners niet nodig.

Applaus voor de Vogelzangstraat.

'Nick Nuyens, wat gaat die het zwaar krijgen om dit te houden. Drieëntwintig seconden. Nog acht kilometer. Een keer of tien haaks draaien en hij is thuis.'

In de Vogelzangstraat komt geen post aan. De postbode kijkt wel linker uit. Met de fiets over die kasseien? Hij is niet van lotje getikt. Ze komen de pakketten en brieven maar aan het loket afhalen. En het zijn niet alleen die steentjes, nee, die kale boomtakken zonder knoppen als klauwen afstekend tegen de lucht, beangstigend gewoon, dat doe je een normaal mens niet aan in het voorjaar.

'Nick Nuyens, serieuze klasse. Kanonnen!'

Hij dendert zijn laatste meters over de Vogelzangstraat. Hij heeft zich de hele dag verstopt in het peloton. Niet demarreren in de Munkbosstraat of in Scheldewindeke. En al helemaal niet op de Hundelgemsesteenweg. Je zult wel gek zijn als je op de Hundelgemsesteenweg al van voren zit en op de ongelijke steentjes van de Lange Munt je kop in de wind moet duwen terwijl iedereen weet dat je het 's Heeremeersstraatje nog voor de boeg hebt. Nooit doen. De voornaamste les van het voorjaar: pas hard gaan rijden op de Vogelzangstraat.

Nick Nuyens heeft een universitair diploma in de communicatiewetenschappen. Hij won de Grote Prijs van Prato, Parijs-Brussel. Weegt 68 kilogram. 'Hij is niet al te groot, wel krachtig. Ziet er goed uit!'

Nog even en de Vogelzangstraat is weer een jaar uit beeld. De straat waar de witte was niet droogt. De straat waar een personenauto voor omrijdt. De straat die eigenlijk een weggetje is. De straat die geen asfalt duldt. De straat waar je Omloop Het Volk wint. Die straat dus.

Ik zie de rode vlag van de laatste kilometer in beeld verschijnen. Maar dat is te plat verwoord. Op de Vlaamse zender klinkt het zo: 'Vod van de verlossing. Nick Nuyens, op naar huis. De vogels gaan vliegen.'

Het wielerseizoen is geopend. O, o, wat was het mooi op de steentjes van de Vogelzangstraat. Ik ben er niet geboren, maar mag ik er dan op zijn minst sterven? Het liefst op een fiets.

Meisje Vos

Een man in een windjack trok aan een gevlochten touw de vlag omhoog. Handmatig de nationale driekleur hijsen, dat zie je niet veel meer in de sport. Dan moet je toch echt bij het volkse veldrijden zijn, bij de wielerwedstrijd 'op een veldje van stront'.

Het Wilhelmus klonk. Het publiek was stil rond het parcours van Zeddam, waar het wereldkampioenschap veldrijden 2006 werd verreden. Marianne Vos stond met een gouden medaille om haar hals op het podium. Het dunne mondje in het schrale gezicht ging open. Ze zong de eerste strofe van het volkslied mee.

Een kwartiertje eerder had ze op het bevroren parcours het achterwiel van haar rivale Hanka Kupfernagel gekozen. Op het laatste stukje asfalt kwam ze achter de rug van Kupfernagel vandaan. Vos won de sprint. Een middelbare scholiere troefde een Duitse oerprof af.

Na de finish viel Vos schreeuwend in de armen van haar verzorger. Eenmaal van de fiets liep ze dodelijk vermoeid met kromme rug en stramme benen weg. Voor de gefinishte vrouwen stond even verderop een plastic partytent klaar die we, sinds de moord op Van Gogh, herkennen als artificiële scheidswand tussen leven en dood. In het hoekje stond Kupfernagel moederziel alleen in de hoek te simpen. Even verderop zat Vos op een klapstoeltje te wachten op de huldiging.

De tv-camera vond de ouders van Marianne. Ze stonden al klaar achter het hek bij het podium. Moeder Vos, een gewone Brabantse met twee voeten op de bevroren klei, verborg haar ogen als een Italiaanse mama achter een zonnebril. Vader Vos prutste onhandig aan een digitaal fototoestelletje.

Marianne Vos ging op de hoogste trede staan. Daar klonk het Wilhelmus. Een hummeltje liet zich meenemen door de nationale hymne. Geen vrouw, nee, een meisje nog. Meisje Vos.

Ik zie Marianne voor me, in haar eigen kamer tussen opengeslagen schoolboeken, posters van Robbie Williams aan de muur. In de hoek een toilettafel vol met smeerseltjes om de onrustige huid te behandelen.

Marianne zit op haar bed, de dopjes van de iPod in haar oren. Meisje Vos neuriet mee met *Tripping* van hete Robbie. *'First they ignore you, then laugh at you and hate you, then they fight you, then you win.'*

Op het podium in Zeddam zong ze weer mee, nu met het Wilhelmus. Wezenloze woorden als 'getrouwe' en 'onverveerd' ontsnappen uit haar mond. Ongelofelijk, wat de muffe zinnen uit het volkslied bij haar losmaakten. Meisje Vos zong zichzelf de tranen uit haar ooghoeken. De zoute druppels gleden over de rode huidwondjes in haar gezicht.

Vaders lip trilde als een espenblad, moeder hield zich groot achter haar zonnebril. In het tijdsbestek van één Wilhelmus leerde ik de Vosjes kennen via een intiem familieportret. Het was vroeg in de zondagmiddag, ach, ik jankte lekker mee. Heerlijk. Winters zonnetje, gouden plak, huilend meisje.

'Heb ik altijd geëerd...'

Het volkslied stierf weg in de kou van Zeddam. Meisje Vos gooide haar armen in de lucht, alsof ze met het volkslied in de finale van *Idols* stond. Applaus voor een regenboogtrui. En nu naar huis. Vader haalt de fiets uit elkaar. Het frame is smerig. Morgen een sopje. Moeder zegt tegen haar dochter dat er nog wel wat lekkers in de koelkast ligt. Meisje Vos mag een dagje spijbelen. In haar eigen kamer hangen. Regenboogtrui aan, Robbie over de oordopjes en zingen, zingen, zingen.

Het geweer

De man met zijn fiets huurde een huisje in het Limburgse heuvelland en had na twee dagen onafgebroken lezen in een boek over Napoleon zin om te sporten. Hij haalde zijn fiets uit de achterbak van de auto. Het achterwiel in het frame steken kostte hem moeite. Ook nu weer, vooral die ketting wilde maar niet over de tandwielen. Zijn vingers zaten onder de smeer, hij veegde ze af aan het donkere stuurlint en reed weg.

Op zijn teller stond al 54,3 kilometer toen hij na een pittige helling op een open plek belandde. Links en rechts langs de weg lagen gekapte boomstammen opgestapeld. Er stonden alleen nog stompjes in de grond. Een kerkhof voor dode bomen. De man stapte af, zette zijn fiets tegen een stapel en voelde aan het afgezaagde hout. Aan de ringen te zien waren de bomen rond de twintig jaar oud. Hadden ze ziekte onder de schors of waren ze na amputatie geschikt voor het fabriceren van een boekenkast en kinderledikant?

Over de kale vlakte kwam een man aangelopen met ongelijke passen. De droge takjes knerpten onder zijn voeten. Hij droeg een leren jack, een smerige spijkerbroek en een hoed met een geknakt veertje. Over zijn schouder hing een geweer. De loop van dof staal kwam achter zijn rug vandaan.

'Mag ik u iets vragen, jager?'

'Als het niet te lang duurt.'

'Waarom zijn al die bomen gekapt?'

'Ziek.'

'Welke ziekte?'

'Ouderdom.'

'Dat is geen ziekte.'

'Daar kom je nog wel achter. Ik ben net zestig geworden en kan u verzekeren: geen feest.'

De man keek naar het zweterige gezicht van de jager. Hij had een diepe frons tussen zijn ogen en een scheve neus vol mee-eters. Op zijn voorhoofd zat een vers korstje; het bloed was nog maar net opgedroogd. De jager zette de roodhouten kolf op de grond naast zijn laarzen.

'Ik heb nog nooit op zo'n raceding gezeten. Gaat-ie hard?'

'Als je flink trapt wel.'

'Mag ik de heuvel af?'

De man was altijd zuinig op zijn fiets. De jager was zeker een kop kleiner. Eigenlijk moest hij het zadel lager zetten en de jager kon vast niet lekker trappen met laarzen aan. Maar het ging om een klein stukje en er was geen verkeer te bekennen.

'Vooruit. Maar wel uitkijken, u glijdt zo met uw zolen van de pedalen.'

'Hier, een onderpand!' riep de jager en hij gaf zijn geweer aan de man.

'Hoeft niet, hoor.'

De jager had de fiets al gepakt en slingerde zijn rechterbeen onhandig over het zadel. 'Paar minuutjes, dan ben ik terug.'

'Voorzichtig met het afdalen.'

De jager zette met één laars af. Hij wankelde even en kreeg langzaam de gang in de fiets.

'Heel goed!' riep de man.

Met zijn handen boven op het kromme stuur zette de jager in een flink tempo de afdaling in. Het gedeukte hoedje verdween al laatste uit beeld. Hij zou nog een hele kluif krijgen aan de klim terug.

De man zocht een plek om uit te rusten. Met de blokjes onder zijn wielerschoenen schuifelde hij naar een boomstronk en ging erop zitten, het geweer op schoot. Hij maaide met zijn handen in de rondte om vliegen te verjagen. Het hielp niet, ze bleven in de buurt.

Nooit eerder had de man een geweer in zijn handen gehad. Hij taxeerde het gewicht. Nog best zwaar. Bovenop zat een telescoop. Als hij er doorheen keek, zou hij dan zo'n kruis zien zoals in speelfilms, als iemand onder schot werd genomen?

Nog wat onwennig legde hij de kolf tegen zijn schouder, wijsvinger door het gat van de trekker. Met toegeknepen oog keek hij door de telescoop. Hij schrok ervan hoe dichtbij alles leek. Haarscherp zag hij blaadjes in de bomen en een houten kilometerpaaltje verderop. Als hij het geweer goed stil zou houden, kon hij het vermoeide gezicht van de jager straks mooi in beeld krijgen.

Net toen hij een vlieg wegblies, hoorde hij het hoge geluid van een motor. Hij keek opzij. Op tien meter stopte een vrouw op haar scooter. Uit de borstzak van haar bomberjack pakte ze haar mobieltje en begon een nummer in te tikken. De motor draaide hoge toeren.

Geschrokken maakte de man met één hand een verontschuldigend gebaar. Hij wilde iets zeggen over de jager op zijn uitgeleende fiets maar er kwam niets over zijn lippen.

De vrouw stopte haar telefoon weer weg.

Snel legde de man het geweer neer. Hij staarde langs zijn wielerbroek naar de grond. Er landde een vlieg met blauwe glimvleugels op zijn blote knie. De jager was in geen velden of wegen te bekennen.

'Waar is die schijtluis van me?'

De vrouw gaf gas en reed met grote snelheid de heuvel af.

Strade Bianche

Aan de vooravond van de Toscaanse klassieker Strade Bianche werd Johnny Hoogerland tijdens een radio-interview gevraagd hoe het hem beviel bij zijn Italiaanse ploeg.

Zijn stem klonk eenzaam via de telefoon: 'De taal is moeilijk. En ze gaan hier allemaal tegelijk aan tafel, dat is wennen.'

Daar zit je dan als Zeeuw tussen etende Italianen te wachten tot ze eindelijk eens klaar zijn. Antipasti, pasta, secondo, dolce. En maar verlangen naar de eenvoud van zo'n pot met mosselen. Zilte damp in je neus.

Rare Hoogerland.

Net als hier was het voorjaar in Italië. Hoogerland ging een van de mooiste wedstrijden van het jaar rijden door Toscane. En wat was er eigenlijk mis met gezamenlijk eten? Nee, dit leek me geen goed moment voor heimwee naar Nederland en al helemaal niet naar mosselen.

De volgende dag keek ik naar de Toscaanse wielerwedstrijd. Het peloton reed in de zon over onverharde wegen. Achter de renners vormden zich wolken van stof. In de namiddag werden de schaduwen langer. Op de kam van een heuvel stonden cipressen als lange soldaten in het gelid. Wat een decor om in te mogen fietsen.

Was Johnny Hoogerland nog in koers?

Peter Sagan reed weg uit de kopgroep, de Pool Michal Kwiatkowski voegde zich bij de Slowaak. Samen reden ze de laatste kilometers. De finishlijn lag op het Piazza del Campo in hartje Siena, het schelpvormige plein waarop ik ooit met mijn geliefde in slaap viel na een lome vakantiedag.

Het signaal werd me duidelijk: ik moest en zou de volgende dag zelf gaan fietsen. Een voorjaarssolo door het achterland van Rotterdam.

De tondeuse deed zijn werk. Laagje olie op de huid. Drank in de bidon, repen in de achterzak. Banden op spanning.

Onderweg knikte ik meewarig naar de mensen die met zwarte kousen onder hun kleding de kerk uit liepen. Voor hen geen sport op zondag. Ik kwam aan de rand van de stad. Op de parkeerplaats van het crematorium stond geen enkele auto. Het was ook geen dag om te sterven.

Op een boerenpad in de polder stuurde ik behendig om platgereden koeienstront heen. Links en rechts stonden knotwilgen langs de sloot. Mooi, maar het leek in de verste verte niet op Toscane.

Bij het bruggetje over de Vlist stond het terras van een café buiten. Ik zette mijn fiets tegen een muur en ging zitten. Terwijl fietsers en motorrijders voorbijreden, kreeg ik mijn koffie. Het was een Hollandse cappuccino.

Met wind tegen reed ik terug naar de stad.

Thuis zocht ik op mijn mobiel op of Hoogerland in de Strade Bianche de finish had gehaald. Ja, daar stond hij in de uitslag: drieëntachtigste. De Zeeuwse renner had 's avonds vast met zijn ploeggenoten in een hotel gegeten. Weer allemaal tegelijk aan tafel. En de Italianen in de ploeg weer met elkaar ratelen in hun eigen taal.

Het is wennen natuurlijk, voor een renner van Hollandse komaf. Maar toch; Hoogerland is een bofkont.

Een druppel aan de neus

Over de zompige *strade bianche* fietsten poppen van klei. Onder de bandjes verdwenen de sporen van volgauto's, busjes, motoren en ook de voetafdrukken van toeschouwers die met ijsmutsen op een stukje meeholden met hun favoriet.

Van bovenaf leek Toscane bedrieglijk veel op het landschap van de hoogzomer, met groene cipressen op de heuvelkammen en de rijen olijfbomen tegen de flanken.

Maar de winter had nog geen afscheid genomen.

Op twaalf kilometer van de finish in Siena zag ik in een achtertuin een omgevallen stapel plastic tuinstoelen liggen naast een leeg zwembad, groen uitgeslagen door alg.

Er hing nog een ijskoude druppel aan de neus van Italië.

Het vrouwenpeloton mocht het eerst over het parcours, de RAI zond live uit. In de stromende regen fietste Anna van der Breggen alleen op kop. Terwijl ze door het slijk ploegde, reed een motor met sproeiend achterwiel veel te dichtbij. Tot twee keer toe riep ze – in puur Hollands, met een h – 'Hé!' tegen de motorrijder.

Met een vertragende camera eenmaal naast haar was pas goed te zien wat deze tocht over onverharde wegen deed: een doorleefd zandgezicht, uitgeslagen van regen en kou. Haar oogleden wisten als slome ruitenwissers vuil van haar netvlies.

Toen viel het beeld weg.

De vaste camera's maakten plaatjes op en rond Piazza del Campo, het schelpvormige plein waar de eindstreep getrokken was. Wachtende carabinieri, de uitverkoop van Motivi, een natte duif onder een dranghek.

Publiek stond er nauwelijks, de voorverhalen over deze klassieker stonden op pagina 28 van de roze sportkrant. De Italianen hielden nog winterslaap.

Zou de RAI meer televisietechnici laten uitrukken voor een verkiezingsbijeenkomst dan voor een vrouwenkoers? Zien Italianen liever de artificiële botoxlach van Berlusconi dan het naturelle masker van winnares Anna van der Breggen?

O, ironie van een machocultuur; tijdens de mannenwedstrijd was de live-televisieverbinding weer op orde.

Eerst weer beelden vanuit de heli. Alsof een reuzenhand met een kwast een lik okergele verf door het landschap had getrokken. En dan weer op de grond, met die besmeurde koppen op de onverharde wegen. Wout van Aert en Tiesj Benoot reden als aanstormende voormannen op kop.

Flandriens van nu dienden zich aan in middeleeuws Italië.

De absolute winnaar van de Strade Bianche was het parcours zelf. Deze klassieker is een veelkoppig wezen; vuil en lyrisch, feeëriek aan de finish, hels onderweg.

Aan de voorkant zagen de coureurs er door het slijk uniform uit, als zwart-witsoldaten, maar op hun schone ruggen schreeuwden de kleuren en de typografie van de wielershirts.

Van de winter naar het vroege voorjaar; omslag in één oogwenk.

Ik moet er maar voor uitkomen – nog voordat Vlaanderen en Parijs-Roubaix verreden zijn: de Strade Bianche is een ideale versmelting van natuur met het wielrennen en daarmee voorlopig de mooiste klassieker in het voorseizoen, voor man en vrouw.

Ongelooflijk dat de Italianen dit nog niet beseffen.

Mona Lisa

De soldaat had een karabijn in de aanslag. Hij keek over me heen, naar de bergtop. De punt van de bajonet stond schuin naar voren gericht, klaar om in de borst van een Duitser te prikken. Doorstoten tot je de ribben hoorde breken.

Mort pour la patrie.

Ik fietste in traag tempo en kon daardoor lang naar het stenen beeld kijken. Hoeveel oorlogsmonumenten waren er in Frankrijk? Overal zag je standbeelden van jongens met stoere gezichten onder hun helmen. Nooit eens een huiverige blik in de ogen of een urineplek in de vechtbroek.

Het was laat in de middag. Anderhalf uur geleden had ik mijn hete hoofd ondergedompeld in een betonnen waterbak bij een openbare kraan. Alsof je een gloeiende pan onder een koude straal houdt, zo groot was het temperatuurverschil geweest. Proestend was ik weer bovengekomen.

Van dat sprankelende gevoel was niets meer over. Het was benauwd. Mijn hoge hartslag bonkte in mijn slapen.

Pas toen ik op de pedalen ging staan, verdween de soldaat langzaam uit beeld. Ik vroeg me af of de remblokjes van het achterwiel aanliepen. Onzin. Het was gewoon steil. Ik keek naar rechts. De weg die ik gereden had slingerde door het dal als een zwarte slang in het groen. Een slok uit mijn bidon. Het ging hard met het vocht vandaag.

In de berm schuurden krekels hun vleugels over elkaar. Het geluid dat ze maakten klonk als een noodsignaal; de berg stond op het punt oververhit te raken.

De Fransen in deze streek zochten in de zomer een paar weken verkoeling aan de Côte d'Azur, 150 kilometer verderop. Zelfs de waakhonden van de spaarzame woningen langs mijn route lagen versuft op het erf.

Ik reed over gekalkte letters die deels waren weggewassen door regenwater. Ze stonden omgekeerd op het wegdek. Ik kon er geen naam van maken. Was de Tour de France hier gepasseerd? Ik kon het me niet herinneren.

Een verkeerspaaltje gaf aan op welke hoogte ik inmiddels zat: 825 meter. Nog een flink stuk verwijderd van Col de l'Homme Mort, een berg van de eerste categorie.

Ik slurpte het bodempje water uit mijn bidon. Leeg. Stom dat ik niet een tweede houder op mijn frame had gemonteerd.

Voor me bleef het asfalt oplopen. Ik kon geen moment bijkomen. Doorfietsen. Twintig meter verder stond in de berm een houten bordje geplant. Het had de vorm van een pijl. MONA LISA 500 M, was erop geschilderd.

Mona Lisa. Gekke naam in dit Provençaalse landschap. Marie verwachtte je. Christine. Of Jeanne-Marie, als je gewichtig wilde doen met je voornaam. Mona Lisa. Zo'n bordje hoorde in Parijs in het Louvre te staan, zodat je de snelste weg kon nemen naar het schilderij van Leonardo da Vinci.

Ik reed het bordje voorbij. Waar kon ik me nu op richten?

De laatste teug uit de bidon had niet geholpen tegen de dorst. Mijn tong lag droog in mijn wijd opengesperde mond.

In de verte stond eenzelfde pijl. Ik praatte op mezelf in. Als ik de pijl haalde, zou ik zonder afstappen bovenkomen.

Net als op het vorige bord was elke letter van de naam in een andere kleur geschilderd. De a kwam als enige letter twee keer voor. Het deed me denken aan de waterverf van vroeger op de lagere school. Meer water dan verf.

MONA LISA 100 M.

Het pijltje zou me de weg wijzen naar een kraan. Mona Lisa; het kon een garage zijn, een zaak in schilderijlijsten, een bedrijfje in truffelolie. Het maakte me niet uit, als er maar koud water uit de kraan kwam. Col de l'Homme Mort kon me gestolen worden.

Het pijltje werd een pijl. MONA LISA, stond er weer op, de letters nu twee keer zo groot als op het vorige bordje. Met als extra aanduiding: LAVANDE. De pijl wees schuin naar beneden, om duidelijk te maken dat je van de stijgende asfaltweg af moest.

Een onverhard pad leidde naar beneden. Ik stapte af. Met kleine passen en aangetrokken remmen liep ik naast mijn fiets. De blokjes onder mijn wielerschoenen maakten het naar beneden lopen verraderlijk.

Aan het einde van het pad doemde een oud stenen huisje op. De pannen op het schuine dak waren overwoekerd door klimop. De deur was half afgeschuurd en stond op een kier.

'*Bonjour*,' zei ik.

Het bleef stil. Alleen de krekels gingen onverstoorbaar door met hun eentonige geluid.

'*Allo?*' riep ik, op weifelende toon, om aan te geven dat ik niets kwaads in de zin had.

Er gebeurde niets.

Voor het huis stond een kromgetrokken houten tafel. Tussen bosjes lavendel lag een stuk karton met een handgeschreven mededeling: *Retour dans quinze minutes.*

Ik zette mijn fiets tegen een boom en trok de lege bidon uit de houder. Hoelang geleden waren die vier woorden opgeschreven? Misschien kwam de eigenaar van het huis al binnen een paar minuten aangewandeld.

Ik keek op mijn horloge. Het was zes uur. Als ik omkeerde en afdaalde naar mijn hotel, zou ik anderhalf uur later onder de douche staan en zat ik voor het diner nog met een biertje op het terras. Maar goed, ik had mezelf vandaag een doel gesteld: de top bereiken van l'Homme Mort.

Ik liep om het huis heen en zocht naar een tappunt voor water. De azuurblauwe luiken voor de ramen waren dicht. Tegen de buitenmuur stonden keurig bijgehouden bakken met bloeiende tijm en lavendel. Nergens een kraan. Ik deed mijn helm af en hing hem aan het stuur.

Voor de deur hingen plastic slierten die moesten verhinderen dat er ongedierte naar binnen vloog.

Langzaam duwde ik met mijn hoofd de slierten opzij.

'*Allo... bonjour?*'

Mijn ogen moesten wennen aan het donker. Het rook weeïg. Naar vochtig beddengoed.

Ik deed een paar passen naar binnen. Het huis bestond uit één ruimte. In de hoek stond een eenpersoonsbed met een rommelig laken erop. In het midden van de ruimte zag ik een ronde metalen terrastafel, met twee plastic stoelen. Tegen een muur was een formica keukenblok geplaatst.

Met een kraan, gelukkig.

Ik ontwaarde steeds meer details. Aan de linkermuur hing een oude schoolkaart van Frankrijk. Met potlood waren er routes op getekend. Naast de kaart hingen eenvoudige schilderijen van bergtoppen, soms bedolven onder een laag sneeuw, soms in de zon.

De muur achter het bed was van boven tot onder gevuld met foto's van wielrenners. Terwijl mijn knieën op het matras steunden, keek ik wie het waren. De foto's waren haastig geknipt en gescheurd uit tijdschriften. Ik herkende het logo van *Paris Match*. Op de frames van de fietsen en de bezwete gezichten zag je de reflectie van de zon. Het blauw van de luchten was het blauw uit mijn jeugd: helder, stralend.

De wand was een ode aan beroemde klimmers. Ik herkende de koppen op de meeste foto's: Bahamontes, Indurain, Bartali, Pingeon, Hinault, Simpson, Coppi, Zoetemelk, Pantani, Armstrong, Fuente, Herrera. Her en der waren er krantenkoppen overheen geplakt uit de Franse sportkrant *L'Équipe*.

De eigenaar van het huisje moest een volslagen wielerfanaat zijn.

Ik deed een paar passen richting de keuken. Tegen het gootsteenkastje stond een achterwiel met een lekke band. Onder het aanrecht lag een kluwen zwarte binnenbanden. Als levenloze palingen kronkelden ze om elkaar heen. Ik boog voorover om te kijken wat voor ventiel eraan zat.

'*Bonjour, monsieur!*'

De begroeting klonk schel. Ik draaide me om. In de deuropening stond een grote vrouw. De plastic slierten hingen als dreadlocks om haar hoofd. Ze deed een paar stappen naar voren en zwierde vervolgens handig om het tafeltje en de stoelen heen.

Pas nu kon ik haar gezicht zien. Een ovaal hoofd, veel rimpels boven haar wenkbrauwen, lang rood haar dat door een grijze scheiding in twee gordijnen langs haar slapen viel.

'*Je suis Lisa.*'

Ze lachte een tikje overdreven.

Ik schudde haar de hand en wilde me verontschuldigen voor het feit dat ik haar huis was binnengestapt. Maar ze nam zelf meteen het woord.

'Wat is het? Een lekke band, een kapotte derailleur? Of moet u een tangetje hebben voor het stellen van uw rem? Zeg het maar.'

Ik hield mijn bidon omhoog.

'Hij is leeg.'

De vrouw pakte hem uit mijn hand, liep naar de kraan en vulde het ding tot aan de rand met water. Daarna zette ze de bidon op het terrastafeltje midden in de kamer.

'*Allez*, kom zitten, dan geef ik je wat beters te drinken. Water is voor planten.'

Ze trok een gordijntje weg voor een open kast, pakte een karaf met rood sap en zette die, samen met twee glazen, op tafel.

'Bosbessensap, goed voor je darmkanaal.'

Ik ging zitten. Ik had het idee dat ik niet anders kon, niets anders mocht in deze ruimte, waar deze vrouw de baas was.

Zonder iets te zeggen dronken we het sap. Over mijn glas heen keek ik naar haar. Een rozige huid, veel sproeten in haar gezicht, blote schouders en stevige armen. Ze had een frisse blik in haar ogen. Maar haar stijve motoriek en rimpelige huid verraadden dat ze een jaar of zestig moest zijn.

'Waar moet je heen?'

'Ik logeer in de buurt van Sault.'

Ze sloeg haar hoofd achterover om de laatste druppels sap uit haar glas te krijgen. Het bovenste knoopje van haar bloemetjesjurk stond open; ze had geen borsten, ze had een boezem.

'Wat heb je voor verzet?'

'50 en 34 voor, 13 tot 26 achter.'

Ze keek onder het tafeltje door naar mijn blote benen, toen naar mijn bovenlijf, daarna naar mijn gezicht.

'Ik kan je zo niet laten gaan. Dat haal je nooit.'

De vrouw liep naar de keuken, deed een kastje open en trok er een pan uit. Ze vulde die met water en zette hem op het fornuis. Met een lucifer ontstak ze het vuur.

'Mooie collectie. Van u?' Ik wees naar de foto's.

Ze keek naar de muur terwijl ze met de gedoofde lucifer achter haar snijtand pookte.

'Ik ken al die mannen als mijn broekzak. Ik weet alles van ze: de belangrijke uitslagen, de grootte van hun frame, hun hartslag bij rust en inspanning, hun gewoonten, hun stamboom, hun lief en leed.'

De vrouw stak de achterkant van de lucifer in het spleetje tussen haar voortanden. Ze bewoog hem snel heen en weer en bekeek daarna haar buit. Ze gooide de lucifer in een asbak en kwam weer zitten.

Na een slok sap stond ik op en liep naar de wielerfoto's. Ik wilde haar kennis testen. Was deze Lisa een fantast of wist ze echt iets van wielrennen?

'Miguel Indurain. Toch?'

Ze keek schuin omhoog naar een foto die ik aanwees. 'Ach ja. Miguel. Die lange van Pamplona. Vijf keer achter elkaar de Tour de France gewonnen. Zoals hij in 1990 in de klim naar Luz Ardiden op het einde wegreed van wereldkampioen LeMond. Zo mooi. Handen losjes op het stuur, zwaar verzet. Als ik dat knikje zag in Miguels nek, dan wist ik: hij heeft een goede dag.'

Ze liep weer naar het fornuis.

De test had ze goed doorstaan. Ik herinnerde me die bergetappe. Indurain op zijn sterkst.

Lisa scheurde een pak spaghetti open en gooide de inhoud in de pan met kokend water.

'Even wat koolhydraten naar binnen, goed voor je motortje.'

Ik durfde geen nee te zeggen. Bovendien had ze gelijk: ik had een lege maag. Kon ze dat aan me zien?

'Ik wilde hier alleen maar mijn bidon vullen en dan weer door.'

'Leer mij de wielrenner kennen,' zei ze.

Ze bleef met haar rug naar me toe staan. De trage beweging van haar achterwerk maakte duidelijk dat ze in de pan roerde.

Ik liep naar buiten. De zon stond al behoorlijk laag, desondanks bleef het warm. Mijn fiets stond nog tegen de boom. Ik drukte op mijn stuurcomputertje. Distance: 41,7 kilometer. Zo ver was ik verwijderd van mijn hotel. Als ik hier bleef eten werd het laat. En dan moest ik nog naar de top van l'Homme Mort.

'*Fertig!*' riep ze.

Ik liep naar binnen.

In het huis hing de walm van net afgegoten pasta. Op het aanrecht kieperde de vrouw de spaghetti op twee borden en ze goot er een rode saus uit een potje overheen. Ze roerde het geheel met een handige beweging door elkaar en zette de borden op tafel.

'Eten,' zei ze, in de gebiedende wijs.

Ze pakte een paar glazen en een aangebroken fles rode wijn. Ze schonk in en maakte aanstalten om te toosten.

'Op alle wielrenners van de hele wereld,' zei ze.

We aten en dronken in stilte. Mijn maag knorde nog bij de eerste happen.

Toen haar bord leeg was begon ze te vertellen.

'Mijn man was wielrenner. Jean Hochon. Je zult hem niet gekend hebben. Hij was een matige renner in de regio hier. Hij reed nooit een prijs. Moest overdag gewoon werken in het slachthuis. Kon alleen 's ochtends heel vroeg een rondje trainen. Dan wordt het nooit wat.'

Ze bracht de borden naar de keuken. De spaghetti lag zwaar op mijn maag, maar ik voelde de energie toenemen. Ja, ik moest mijn bidon pakken en weer gaan fietsen. Ik stond op. Lisa kwam dicht bij me staan.

'Ga eens op bed liggen.'

Ze klonk beslist.

'Eh, ik wilde u eigenlijk iets betalen voor het lekkere eten en...'

'Ga nou maar liggen. Lisa maakt haar werk af.'

Goed, ik had brutaal haar woning betreden en rondgeneusd. Niet netjes, maar ik had geen enkele verplichting om nog langer te blijven.

Lisa bleef naar het bed wijzen. 'Ik weet hoe zwaar l'Homme Mort is,' zei ze.

Het was die vastberaden, dwingende blik in het ovale gezicht waar ik voor zwichtte. Wat kon me gebeuren als ik op bed ging liggen? Ging ze voor me bidden? De streek was katholiekgezind.

Uit beleefdheid deed ik mijn wielerschoenen uit. Ik zette ze naast het bed en ging langzaam op mijn rug liggen. Er zat spinrag aan de sponning van het raam.

Het bed voelde klam aan. Er was vaker op de lakens gelegen. Ze roken naar mannen. Zwetende mannen.

'Waar is uw echtgenoot, als ik vragen mag? Fietst hij nog steeds?'

Ze liep naar het aanrecht en haalde een spuitbus achter een paar pannen vandaan. Ze schudde er wild mee.

'Jean is dood. Al twintig jaar. Hij kreeg een infectie op de slachterij. Hij had een wondje opgelopen tijdens het uitbenen. Zijn arm werd hard en blauw. Ze hebben hem met hoge koorts opgenomen in het ziekenhuis van Carpentras. Drie dagen later was hij dood. Een zware bloedvergiftiging, zeiden ze.'

Ze ging naast me op bed zitten en trok mijn witte sokjes uit. Ik schaamde me voor mijn zwarte teennagels, maar Lisa leek ze niet te zien.

'Mijn man was misschien niet zo'n heel goede wielrenner,' zei Mona Lisa met een dromerige blik in haar ogen, 'maar hij bezat de mooiste benen van de streek. Hij was er zelf ook trots op. Ik schoor ze om de dag. Gewoon nog met het kappersmes en een warm scheerpapje. Dat lekkere geluid van het lichte krassen over zijn huid. Ik hoor het nog steeds, als de dag van gisteren. Jean haatte het als je stoppels zag. En eerlijk gezegd: ik ook. Een rennersvrouw kan haar man 's nachts niet beminnen als zijn scherpe stekeltjes in haar zachte vlees prikken.'

Ze schudde nog een paar keer met de spuitbus en begon te spuiten. Wit schuim over mijn bruine benen. Handig smeerde ze het schuim over mijn twee benen uit. Ik zat helemaal onder.

'Even een paar minuten stil blijven liggen.'

Waar diende dit spul voor? De geur deed denken aan de ontsmettingszeep in ziekenhuizen. Of misschien was het een soort tijgerbalsem. Dan zouden mijn benen snel warm moeten aanvoelen.

Boven me beklom Lucho Herrera met de bolletjestrui een steile asfaltweg. Hij werd aangevuurd door supporters met ontblote bovenlijven. Met gebalde vuisten schreeuwden ze de bergkoning toe, de adem niet in het minst gebroken door de ijle lucht. Herrera. De kleine Colombiaan kon tijdens vlakke ritten in de Tour de France het peloton nauwelijks bijhouden. Pas in de bergen voelde hij zich thuis, weg van het zenuwachtige gewriemel in het peloton. Het stuur-aan-stuur-rijden trok hem niet. Hij was, zoals klimmers wel vaker zijn, een eenling op de fiets.

Lisa kwam aangelopen met een handdoek die droop van het water. Ze legde hem op mijn dijbenen en wreef met harde hand heen en weer.

'*Voilà!*' riep ze.

Met het wegvegen van het schuim verdwenen ook de haren op mijn benen. Door mijn bruine huid heen verschenen aders die ik nog nooit zo duidelijk gezien had.

Als dit alles was, waar was ik dan bang voor geweest? Lisa deed goed werk. Ze liep naar een kast. Gerinkel van flessen. Ik keek opzij. Ze pakte een fles met doorzichtig groen spul en schroefde de dop los.

'Wat is dat?' vroeg ik.

'Mijn geheim,' zei Lisa. Ze goot het over mijn kale benen. De vettige stroompjes kietelden. Ik rook eucalyptus en kwam met mijn hoofd uit het kussen om te zien wat ze deed. Ze wreef met haar mollige handen het spul over mijn boven- en onderbenen uit.

'Ze hebben hier allemaal op dit bed gelegen. Alle grote coureurs boven je. Herrera. Ik kon voelen hoe zijn spieren vastzaten aan zijn botten. Kleine varkenshaasjes, in het midden bol, aan de uiteinden steeds een beetje harder. Hij viel altijd bij me in slaap. Praten met elkaar konden we niet, hij met zijn Spaans, ik met het argot hier uit de streek. Onmogelijk. Maar mijn handen begrepen zijn benen.'

Ik liet mijn hoofd op het kussen zakken. Ik voelde hoe ze nog een scheut van het lichtgroene spul op mijn benen goot. Handig tilde ze mijn been op. De vloeistof liep over mijn huid. Met een snelle beweging smeerde ze de achterkant van mijn dijen in, zonder dat het ging druppelen op de lakens.

'En Bernard Hinault, die gekke Breton, die moest ik hard aanpakken. Hij had zo'n dikke huid, taai vlees, daar moest ik met mijn duimen doorheen drukken, wilde ik bij zijn spieren komen. *Plus fort, plus fort!* riep hij dan. Een wildeman, die Hinault.'

Er kwam een vreemde giechel vanuit haar middenrif, die veel hoger klonk dan haar normale stemgeluid.

Met duim en wijsvinger van beide handen pakte ze mijn kuitspieren beet en wreef de olie in de richting van mijn knie. Het was of ze met het bloed speelde dat in de spier verzameld was. Het was pijnlijk maar ook lekker.

'Koblet. Een zakkenwasser van de eerste orde. Verwijfd. Mooie Hugo noemden ze hem, hè? Een wielrenner met een kammetje in zijn koersshirt. Nou, ik voelde stug geitenvlees. Als ik hem masseerde, kreeg ik dunne rolletjes vuil onder mijn vingertoppen. Een renner die zich niet waste. Jij bent lekker schoon. Je zweet, maar het is schoon zweet. Fietszweet. Die geur is met niets te vergelijken.'

Lisa veegde haar handen af aan haar jurk en liep naar het midden van de ruimte. Ze pakte het doosje lucifers en stak een grote, half afgebrande kaars aan die in het midden van de tafel stond. Het summiere licht viel op haar gezicht. Haar rimpels vormden een zee van kleine golven.

Ik onderdrukte een geeuw. Het was benauwd binnen. Lisa liep terug naar het bed en ging weer naast me zitten. 'Fausto Coppi, dat was mijn lieveling. Zacht vlees in de kuiten, doorbloed tot in de diepste vezel. Voor hem had ik alle tijd. Fausto, de schat. Als hij met zijn fiets aan de hand hier het pad naar ons huis af liep, floot hij altijd de melodie van het liedje over Mona Lisa.'

Ze begon op fluistertoon te zingen, in slecht Engels. Ik moest moeite doen om de woorden te kunnen verstaan. Mijn ogen vielen dicht. Ze begon over mijn dijbenen te wrijven. Met twee handen pakte ze de grootste spier, kneep er zachtjes in en gleed tot aan mijn liezen naar boven. Die beweging herhaalde ze keer op keer.

Ik liet haar begaan. Ze duwde de vermoeidheid uit mijn benen. Ze leken lichter te worden. Coppi. De Italiaanse kampioen had toch een blinde masseur? Cavanna. Een voorzichtig met stok lopende figuur met een zonnebril op. Op de tast door de wereld van het cyclisme. Pas als Cavanna massageolie rook en de benen van zijn Fausto aanraakte, wist hij precies de weg in de wirwar van spieren en pezen.

Ik kon het gapen niet meer onderdrukken. Het was een gevecht tegen de slaap.

Lisa wreef over mijn bovenbenen. Ze gloeiden. De hele kamer rook naar eucalyptus.

Ik moest het gesprek gaande houden. Slapen ging een stap te ver. Ik kende Lisa niet. Bovendien moest ik nog een flink stuk rijden om weer bij mijn hotel te komen. Ik probeerde me te concentreren. Kwamen de renners hier langs om te trainen in deze bergen? Bahamontes kwam uit Toledo, Pantani woonde in Italië. Wat zochten ze hier?

Lisa liep weer naar de tafel. Ze pakte de fles wijn en nam een flinke teug.

'Lisa, wat bracht al die beroemde klimmers eigenlijk hier?'

Ze kwam vlak bij me staan. In haar hals en op haar bovenarmen waren rode vlekken verschenen. Ze praatte zachter dan eerst: '*Mon ami*, je vraagt te veel. Geniet, zoals je voorgangers genoten.'

Ik wilde nog een nieuwe vraag verzinnen. Want Coppi... Hoe kon Coppi in hemelsnaam hier op bed hebben gelegen? Hij was in 1960 overleden, op 2 januari, dat had ik altijd onthouden nadat ik zijn biografie had gelezen.

'Lisa, heb jij Coppi nog levend gezien?' vroeg ik loom. 'Hoe oud ben je dan?'

Ik begon te rekenen.

Ze goot wat meer eucalyptusolie op mijn benen. Ik voelde het langs de binnenkant van mijn linkerdij lopen. Bekende jeuk. Ik was te moe om te krabben.

Ik hoorde Lisa fluisteren: 'Ze zijn bang in de bergen. Bang om alleen te zijn, net als iedereen. Ik geef ze mijn glimlach om de angst te overwinnen. Wie hier heeft gelegen overkomt niets. Dat weten alle renners.'

Haar handen gleden over mijn dijbenen. Mijn spieren voelden zachter aan dan ooit. Ik probeerde omhoog te komen. Mijn vingers vonden geen houvast, het matras was spekglad. Ik spande mijn bovenarmen, mijn buikspieren, even leek ik me op te kunnen richten.

Mijn ogen kneep ik tot spleetjes. Lisa veegde met haar vette vingers haar haar uit haar gezicht, daarna maakte ze een knoopje los van haar jurk. Nog een knoopje. Haar oude borsten hingen vrij in haar onderjurk, de zweetpareltjes in haar decolleté glommen in het kaarslicht. Een zware golf ging door mijn hoofd, de spieren in mijn bovenarmen verslapten, ik hield het niet meer, ik moest loslaten. Los. Ik viel, dieper dan ik ooit gevallen was.

Hoelang was ik van de wereld geweest?

De kaars op tafel gaf net genoeg licht om de foto's boven me te kunnen zien. Lucho Herrera fietste nog steeds op dezelfde plek. Zijn fans bleven hem aanmoedigen op de flank van de berg. Verchroomde spaken die niet meedraaiden in het wiel.

Naast mijn bed hoorde ik iemand zwaar ademen. Ik draaide me op mijn zij en rook een combinatie van zweet, eucalyptus en drankgeur uit een mensenmond.

Lisa moest op de grond in slaap zijn gevallen. Ze lag op haar zij, de bandjes van haar onderjurk waren van haar schouders gezakt. Ze had haar handen tussen haar blote dijen. Het was de grootste foetus die ik ooit gezien had.

Langzaam kwam ik overeind. Haar bloemetjesjurk lag als een verfrommelde doek naast mijn hoofd op bed. Ik draaide een kwartslag zodat ik op de rand van het bed kwam te zitten. Mijn voeten raakten de grond, vlak naast het slapende gezicht van Lisa. De rode wijn moest al talloze rondjes in haar lijf hebben gemaakt. Ik bekeek haar van dichtbij, de glimlach van een jonge vrouw op een oud gezicht. Naarmate ik langer keek, leek het zelfs een lichte grijns; sardonisch, gelukzalig.

Pasje voor pasje schuifelde ik langs het slapende half blote lijf. Ik moest denken aan een trouwe hond, die in de nabijheid van zijn baas sliep, maar zijn jachtinstinct verloren was.

Ik liep naar het midden van de ruimte om mijn gevulde bidon van tafel te pakken. Water, daar was het me om te doen geweest.

Het leek me verstandig de kaars uit te blazen.

'Merci, Lisa,' fluisterde ik in het donker.

Om te voorkomen dat ik ergens tegenaan liep, hield ik mijn armen gestrekt voor me. Ik schuifelde naar de deur. Door de plastic strengen heen zag ik mijn fiets staan. Het was een heldere nacht, de maan scheen. Buiten voelde het nog steeds warm aan, al was het gelukkig niet zo benauwd als binnen. Mijn bidon stopte ik in de houder. Ik maakte de helm los en zette hem op. Met mijn fiets in de hand liep ik een aantal passen over de losse stenen. Ik vreesde dat Lisa wakker zou worden van het geluid. Het bleef stil in het huis.

Boven bij de asfaltweg gooide ik mijn rechterbeen over het zadel en klikte ik mijn schoen in het pedaal. Ik kon niet al te ver vooruitkijken. Linksaf was dalen naar het hotel, rechtsaf klimmen naar Col de l'Homme Mort.

Ik had geslapen, water in mijn bidon, een volle maag, olie op mijn benen.

Wat zei Lisa ook alweer toen ik op bed lag? 'Wie hier heeft gelegen overkomt niets.'

Ik stuurde naar rechts.

Mijn slaperige ogen volgden de doorgetrokken witte streep naast me op het asfalt. Het ging lekker. Het zware verzet deed me geen pijn.

De kleur van de berg veranderde, de begroeiing werd dunner. Langs de kant stond een bord: COL DE L'HOMME MORT OUVERT. Natuurlijk was de pas 'open'. Ik kon naar de top.

Het was donker, zo zonder verlichting op mijn fiets. Gelukkig scheen de maan over de flank van de berg. Mijn benen deden alles wat ik wilde. Ik schakelde om zwaarder te kunnen trappen.

Geen bordjes, geen huizen, geen mensen. De Dode Man was een stille berg. Mijn benen gloeiden. Daar was het bordje langs de weg, met de naam en de hoogte van de berg: COL DE L'HOMME MORT, 1163 MÈTRES.

Ik stond op de top.

Voldaan stapte ik af en pakte mijn volle bidon. Het water smaakte anders dan het water uit mijn hotel. Zachter. Lantaarns markeerden de weg in het dal. Waar lag het huis van Lisa?

Een frisse bries blies me klaarwakker maar kreeg geen vat op mijn benen. Ze bleven gloeien. Ik dronk de hele bidon leeg. Mijn mondhoeken trokken omhoog; het ging vanzelf. Ik grijnsde.

Ik stapte op mijn fiets en begon in het donker aan de afdaling. De wind suisde om me heen. Een glimlach stond onophoudelijk op mijn gezicht.

Ik schreeuwde haar naam in één ademstoot.

Ze werd van berg naar berg gedragen.

Ik riep haar nog eens, nu met tussenpauzes.

Li-sa.

Ze was alleen met haar renners. Vanaf de fiets keken ze naar Lisa. Aan Lisa moest niemand komen. Ze was van de klimmers. Ze was nu ook van mij.

Spareribs

Het voorjaarsweer was te mooi om de fiets te laten staan. Toch moest het, noodgedwongen. Ik had een week terug een trede overgeslagen op een trap. Sindsdien haperde mijn knie.

'Overstrekt,' zei de fysiotherapeut.

Even kalm aan doen.

Vanaf de bank keek ik toe hoe in Frankrijk en Italië werd gefietst. De profrenners toonden hun kunnen in de Tirreno Adriatico en Parijs-Nice. Ze droomden van een goed seizoen in de koersen van de hoop.

'Olala,' riep de Vlaamse verslaggever Michel Wuijts toen hij Bradley Wiggins zag trappen tijdens de afsluitende klimtijdrit in Parijs-Nice. Wiggins hield zijn bovenlichaam stil, alleen de benen bewogen. Zijn gezicht zat verscholen achter een aerodynamische zonnebril. Aan de achterkant piepten plukjes haar onder zijn helm uit.

'Oei, oei!' Die uitroep was bedoeld voor de Friese coureur Lieuwe Westra. Hij stond tweede in het algemeen klassement. Halverwege de tijdrit had hij twee seconden voorsprong opgebouwd. Kregen we eindelijk weer eens een Nederlandse winnaar in een belangrijke meerdaagse koers?

Westra vloog aan het einde bijna uit de bocht. Voor de finish beet hij op zijn tanden. Alsof er een elastiekje doormidden moest. Wiggins was er nog niet. De Brit zat op het puntje van zijn zadel. Door zijn shirt heen zag ik zijn borstkas op en neer gaan. Spareribs. Veel vet hing er niet aan.

Wiggins won.

'Er heeft nog nooit een Brit gezegevierd in Parijs-Nice,' zei een verslaggever. Toch wel. Een vroeg dode renner vergeet ik niet. Tom Simpson won, in 1967. Hij stierf in hetzelfde seizoen in de Tour de France, vlak onder de top van de Ventoux.

Westra stond de pers in het Engels te woord. '*He was stronger*,' zei hij over Wiggins. En: '*We will see*,' toen het over zijn kansen in de Tour ging. Meer tekst had Westra niet. Hij zat liever op de fiets dan achter een microfoon.

Ik lag al uren op de bank naar de televisie te staren. Overal bergen, zon, asfalt, fietsen. Kon ik nog ergens achterop zitten? Ja, bij *De Renner* op Nederland 2. Tim Krabbé beklom voor een literair programma de zwaarste col uit zijn beroemde boek. Collega-schrijver Abdelkader Benali reed met hem mee. De camera volgde de twee op hun tocht door Frankrijk.

Het werd geen warme voorjaarsrit. De knieën van Krabbé en Benali zaten verpakt in lange zwarte pijpen. Om de torso's wapperden regenjacks. Het was steenkoud. Net boven nul. Maar verdomme, zij fietsten tenminste.

In een steile haarspeldbocht zwalkte Krabbé van links naar rechts. Speelde hij de vermoeidheid? Wat onthulde zijn Amsterdamse mecanicien, een paar dagen eerder? 'Tim is niet sluw, wel slim.'

Hoe konden literatuur en wielrennen zo mooi samensmelten? Krabbé dacht na en trapte ondertussen door. 'Woorden, woorden, woorden,' riep Krabbé tijdens de klim. Ik dacht aan de sobere taal van Westra, een paar uur eerder na zijn tweede plaats in Parijs-Nice.

Tot twee keer toe memoreerde Krabbé het belang van uitgebeende zinnen, zoals in de eerste alinea van *De Renner*: 'Niet-wielrenners. De leegheid van die levens schokt me.'

Fausto is dood

Fausto lag dood in de kist. De ogen waren gesloten, de lippen verworden tot dunne streepjes. De energie verdwenen uit het smalle gezicht. Alleen de neusgaten maakten de indruk nog ieder moment de winterlucht van Piemonte op te kunnen snuiven.

Op 4 januari 1960 stonden twintigduizend *tifosi* met dikke jassen aan klaar op de hellingen rond het dorp Castellania. Ze wilden een glimp opvangen van de kist met hun overleden campionissimo erin. De lucht toonde grijs. De zon wilde er maar niet doorheen komen.

Hoe had de ziel het zo sterk geachte lijf van Fausto Coppi op zijn veertigste al kunnen verlaten?

Op voorspraak van de Italiaanse minister van Gezondheid onderzocht professor Romanzi van de universiteit van Genua het bloed van de overleden renner. Hij vond een parasiet, de *Plasmodium falciparum*. De aanwezigheid van dat wezentje leidde naar de mogelijke doodsoorzaak. Malaria.

Coppi had de ziekte opgelopen tijdens zijn verblijf in Opper-Volta, waar hij met de Franse renner Raphaël Geminiani van plan was op krokodillenjacht te gaan op de rivier Pendjari. Tot beide mannen zich niet goed voelden en op 18 december vanuit Abidjan Airport spoorslags naar Europa terugkeerden.

Tot in de laatste uren voor zijn dood werd Coppi behandeld alsof hij een patiënt was met zware griep door een onbekend virus. De foute diagnose wekte afgrijzen bij de naaste familie en woede bij de fans, zeker toen ze vernamen dat Geminiani met dezelfde ziekteverschijnselen in Frankrijk wel correct was behandeld en overleefde.

De Italianen voelden zich bestolen van hun grootste wielerheld. Het lichaam van Coppi was opgebaard in het supporterslokaal in zijn geboortedorp Castellania. Drommen mensen schuifelden langs de nog geopende kist. Coppi lag onder een wit laken. Op zijn borst herinnerde een kruis aan zijn katholieke verleden dat hij volgens puristen had beschaamd door er met een andere vrouw vandoor te gaan.

Een metalen deksel sloot Coppi voorgoed af van de buitenlucht. Ter hoogte van zijn gezicht was een glazen ruitje gemaakt. De baar was een beetje te hoog voor Coppi's jonge zoontje Angelo Fausto. Terwijl oma hem vasthield, rekte Angelo zich uit. Hij kon net door het ruitje kijken.

Daar lag papa te slapen. Lekker rustig en warmpjes, op wit satijn. Als papa nog leefde zou het ruitje van binnen beslaan van zijn adem. Maar het glas bleef helder. En papa bewoog niet.

De kleine Coppi zag toe hoe grote mannen begonnen met het verzegelen van de kist. Nooit meer kon wie dan ook de renner goedmoedig op de smalle borst slaan waarachter een vergroot hart zat en twee longen met een luchtinhoud van 6,7 liter. Nooit meer vol ontzag kijken naar die relatief lange benen met die sobere musculatuur.

De blinde masseur Biagio Cavanna had rond wielerkoersen jarenlang het alleenrecht op het betasten van het lichaam van de campionissimo. 'Hij zag met de toppen van zijn vingers,' beweerden mensen die bij de massages aanwezig waren. De innerlijke machinerie van Coppi's lichaam hield Cavanna ook op gang. Een week voor het wereldkampioenschap van 1953 in Lugano gaf Cavanna zijn renner een drankje met strychnine. Op de wedstrijddag zelf zat in de bidon pure cafeïne: Coppi won de regenboogtrui. Cavanna stond verslagen aan de kist. Nooit meer zou hij de warmte van Coppi's lijf voelen.

Coppi stierf op 2 januari om kwart voor negen in een ziekenhuisbed in Tortona. Zijn vrouw Bruna Ciampiolini en zijn latere grote liefde Giulia 'Witte Dame' Locatelli waren dicht bij hem. Ook toen hij lag opgebaard in de supportersruimte waren ze nooit ver weg. Naast elkaar stonden ze niet graag.

Tijdens de laatste ceremonie rond de kist hield Giulia het niet meer. Ze verloor even het bewustzijn. De Witte Dame viel flauw, met haar zwarte hoofddoek van kant. Het waren stuiptrekkingen van verdriet waarop het verstijfde gezicht van Coppi niet meer reageerde.

Collega-wielrenners behoorden tot de dragers die de kist met Coppi door de straten van Castellania naar zijn graf droegen. Ze liepen over de heuvels waar Fausto in zijn jeugd had leren fietsen. Op zijn dertiende reed Coppi rond op een fiets met zware rollen van salami en mortadella als ballast; hij had een baantje bij de slager Merlani. Zo werden zijn klimspieren al vroeg ontwikkeld.

Gino Bartali was een van de dragers. De eeuwige rivaal uit Toscane had duizenden kilometers aan de zijde van Coppi gefietst.

Naast Fausto, soms voor Fausto en veel achter Fausto.

Het was een mooi gebaar dat juist Bartali een schouder onder de kist zette. Bartali, in zijn zondagse pak, stropdas rond de hals, de lange winterjas dichtgeknoopt, het haar netjes achterover gekamd; hij liep waardig door de lange haag van Coppianen langs de kant van de weg.

Ach, ja. Bartali. Dichter in de buurt bij Coppi ben ik niet gekomen.

Bijna vijftig jaar na Coppi's dood schuifelde ik met Bartali over de zolder in zijn huis in Ponte a Ema, een voorstadje van Florence. Hij morrelde aan de remmen van zijn oude kaders en bekeek de gravures op gewonnen bekers die in overvloed op de vliering uitgestald lagen.

Bartali sprak toen openlijk zijn liefde uit voor zijn rivaal: 'Fausto is in de hemel. Daarboven zijn geen straten. Geen auto's, geen fietsen, geen stoplichten. Fausto is daar met zijn broer Serse. Ze zijn gelukkig samen, als geesten. Ze hebben vleugels. Het zijn een soort vogeltjes.'

De stem van Bartali was zwaar en gruiziger dan normaal. Hij dacht dat hij een *broncopolmonite* onder de leden had, een longontsteking. Dat Italiaanse woord bracht me terug bij de dood van Coppi. Broncopolmonite, ja. Daar hadden de Italiaanse artsen ook nog aan gedacht toen de campionissimo ijlde op zijn ziekbed.

Bij de begraafplaats in Castellania stonden beroemde heersers van de weg klaar om Coppi vaarwel te zeggen. Bobet, Anquetil, Kübler, Baldini, Binda. En Bartali, die een krans legde en natuurlijk een kruis sloeg.

Castellania werd een bedevaartsoord. Maanden na de dood van Coppi brachten Franse wielersupporters in kisten de aarde van de Galibier en de Izoard mee naar het dorp. Als Coppi toch onder de grond lag, dan moest hij ook het slijk rond zich weten waar hij met de tubes van zijn Bianchi overheen was gereden.

Tien jaar later werd de kist opgegraven. Fausto en zijn broer kregen een nieuwe plek toebedeeld, in een praalgraf in het centrum van Castellania.

De zoon van Coppi leeft nog altijd. Hoe vaak denkt Angelo aan 4 januari 1960? Aan de dag dat hij zijn vader voor het laatst zag. Door dat ruitje. Wezenloos staarde het kleine jongetje naar het gezicht van zijn papa dat bij leven in duizenden fotokaders gevangen was.

Plaatjes voor de eeuwigheid.

Coppi, met bezweet voorhoofd als hij over een bergtop rijdt.

Coppi, met een stralende lach als hij met zoonlief speelt in het gras.

Coppi, als hij zijn neus in de zwarte haren van de Witte Dame duwt.

Er zat voorgoed een ruitje tussen Coppi en de wereld.

Spuit

Vrienden van de wielersport. Ik heb nieuws. Groot nieuws. Nieuws, zó oud, maar nog niet verjaard en toch actueel.

Ik raad u aan op een stevige stoel met rugleuning plaats te nemen. Controleer vooraf of uw hart een tegenslag aankan. Adem rustig en probeer ontspannen te blijven.

Ik ben de boodschapper van kwaad nieuws dat pijn zal doen. Midden in deze tijden van beschuldiging en ontmaskering kunt u eigenlijk geen vuistslagen op het brein meer velen. Maar ik heb besloten dat het moet. We moeten de ogen niet willen sluiten voor zaken uit het verleden. Opdat wij leren voor het heden.

Daar gaan we.

Er is een boek uit over Fausto Coppi. Duizelingwekkende foto's van de Italiaanse campionissimo (1919-1960). Coppi in driekwartbroek, trots poserend bij zijn eerste racefiets, in innige omhelzing met zijn blinde masseur Biagio Cavanna, arm in arm met zijn Witte Dame, met rivaal Gino Bartali aan zijn wiel in de ijle lucht bij Aosta en dood achter het glas van de deksel van zijn kist.

Ik dwaal af.

In dit boek worden oud-renners aan het woord gelaten over Coppi. Het waren zijn bloedbroeders. Luister alleen maar even naar de namen: Emilio Croci Torti, Walter Almaviva, Riccardo Filippi. Verdomme, ik ruik lintpasta met verse basilicum. Ik ruik massageolie en Old Spice. Ik ruik vrouwen aan de finishlijn.

Ik dwaal weer af.

Een van de coureurs is de Vlaming Roger Decock, een stevige flandrien. Decock was in vorm tijdens de Ronde van Lombardije van 1956. Hij reed met Fausto Coppi de Ghisallo op, een zware helling.

Daar gaan we. Dit zegt Decock in 2012, precies zesenvijftig jaar na dato, over Coppi, een van de meest vereerde renners uit de wielerhistorie: 'Tijdens de beklimming van de Ghisallo stapte Coppi plots af. Iemand aan de kant van de weg stak hem een naald in de bil, dwars door zijn broek. Ik wist wie ik in de gaten moest houden.'

Neem de tijd dit te verwerken. Coppi krijgt een spuit in zijn donder, zomaar in de open lucht. Een groot kampioen aan de dope, voor het oog van een collega-coureur. Hoe zou Coppi zich voor, tijdens en na de spuit gevoeld hebben?

Op Ghisallo staan altijd veel toeschouwers. Er moeten ooggetuigen zijn geweest van het voorval. Wat vonden zij destijds van de actie van Coppi?

Op de recente foto van Decock in het boek zoek ik naar verklaringen in het ronde gezicht. Achter brillenglazen kijken oude ogen me aan, twee borstelwenkbrauwen staan als halve vlaggetjes op het gekreukelde voorhoofd.

Wielrenner Decock heeft zesenvijftig jaar met een geheim geleefd. Hij heeft Coppi en de Coppianen niet onnodig pijn willen doen. Coppi was een spuiter, maar Decock hield zijn mond. De omertà als troost voor zoveel moois op de fiets.

Gaat het nog? Dit zijn mijn vragen aan u.

Is Coppi vandaag van zijn voetstuk gevallen?

Was hij oneerlijk?

Is de Witte Dame een onbetrouwbare hoer?

Is Decock een leugenaar?

Is de man die de spuit zette de grootste boef?

Houdt u niet meer van fietsen?

Is wielrennen een afspiegeling van het leven?

Ik verlang niet direct antwoord, wielervrienden. Alleen nadenken is al mooi genoeg.

Wielerdijen als koeienpoten

Harrie zat al met één arm in die trui. Dat was een prachtzin van collega-baanwielrenner Jeffrey Hoogland die al na het eerste finalesprintje voelde dat hij het goud dreigde te verliezen. Aan Harrie. Maar goed, die Harrie moest eerst nog maar eens die andere arm in die regenboogtrui zien te wurmen.

Harrie – heerlijke naam voor een krachtmens, voluit Harrie Lavreysen – heeft een arm ter grootte van een stevig puberbeen. Zijn pols heeft de vorm aangenomen van een kuit, zijn bovenarm lijkt een volwassen dij.

Het onderstel van Harrie, moet ik het daar ook over hebben? Zijn bovenbenen doen denken aan koeienpoten die mannen in bebloede overalls vanuit een vrieswagen naar de slagerij sjouwen.

Die hele bonk vlees wordt vlak voor de start van een nummertje sprinten in een strak aërodynamisch pak gehesen. Normaal lopen is er niet meer bij. Snel, op het zadel.

Een aantal jaren terug maakte ik op de wielerbaan in Alkmaar mee hoe voormalig wereldkampioen sprint Theo Bos ging meetrainen met de nieuwe lichting sprinters, onder wie Jeffrey Hoogland en Matthijs Büchli.

Bos was de man van de ranke stijl. Hij vergeleek zich graag met een luipaard. Hij had lange spieren, stevig waar ze stevig moesten zijn. Voor het sprintwerk anno nu had Bos toch iets anders nodig. Volgezogen spieren die op klappen staan. De baansprinter zit verstopt in het lijf van een gewichtheffer. De jongens in Alkmaar waren veel in de weer met het sjorren aan halters.

Daar stond het luipaard, eenzaam tussen een kudde ossen. Met zijn sluwheid en 'nieuwe' spieren wist routinier Bos nog een eind te komen. En zie, op de afgelopen WK won hij knap zilver op de kilometertijdrit.

In het sprintersgeweld is het hebben van die angstaanjagende spiermassa noodzakelijk. Je moet slim zijn op de houten baan en goed kunnen sturen, maar zonder turbodijen win je geen regenboogtrui.

Zo sterk als de benen van Harrie zijn, zo broos is zijn schouderwerk. Al jaren glipt het kogelgewricht regelmatig uit de kom. Hij draagt in bed zelfs aangepaste kleding om te voorkomen dat zijn arm in de ochtend levenloos naast het nachtkastje hangt.

Ondanks alle trainingsuren in het krachthonk waren de gigantische dijen van Harrie na de gewonnen finale op het koningsnummer van de WK baanwielrennen opgeblazen en verzuurd.

Getuige zijn tekst (inclusief gehijg) direct na de finish: 'Hu-huh. Helemaal kapot. Hu-huh. Dit is zó vet, oh, huh-huh. Ik eh, huh, voelde me zo sterk. Wereldkampioen. Huh-hu, kan het niet geloven. Oh, mijn benen, ik moet fietsen.'

De spieren in de benen protesteerden hevig, ze waren weer zwaar op de proef gesteld. Harrie wankelde naar het middenterrein om uit te fietsen in afwachting van de prijsuitreiking.

Na een half uurtje ging het weer en stond hij niet met één, maar met twee gespierde armen in de regenboogtrui naar het volkslied te luisteren.

Kanonbal

Op mijn hurken kijk ik samen met baanrenner Robert Slippens naar zijn nieuwe fiets. Achter ons snellen de derny's over de houten baan van Sportpaleis Ahoy. Ik glijd met mijn vingers over het frame. Glad, geil. 'Zo stijf als een plank,' zegt Slippens. 'Moet ook, als je zo hard aan je stuur rukt.'

De hypermoderne fiets is nog niet helemaal af. In het frame – uit één stuk carbon – zit een deukje voor een bidonhouder. Dat wordt nog aangepast. Een baanrenner rijdt niet met een drinkbus.

Terwijl ik over het middenterrein banjer, krijg ik van een onbekende een boek in mijn handen geduwd. Ik mag het houden. Het omslag is van een soort boterpapier. *De kanonbal* is de titel. Op de zwart-witfoto staat een baanrenner uit vervlogen tijden. Ver voor het carbontijdperk, zal ik maar zeggen. Ik ga op een stoel zitten en blader het boek door.

De kanonbal gaat over de baanrenner Jan Pijnenburg. Hij heeft zijn vette haar in een slag achterover gekamd en zit op een oud model fiets, opgebouwd uit stalen buizen. Ik zie de schroeven en moeren uit het frame steken.

Jan heeft mooie bijnamen. Jantje Pijn. De Pijn. De wildebras uit Tilburg. En Kanonbal, wat klinkt als een charmante vertaling van 'Cannonball'. Jan Pijnenburg (1906-1979) won driehonderd wedstrijden op de piste. Hij zegevierde in de zesdaagse van Chicago, Parijs en Kopenhagen. En rookte voor en na de koppelkoers het liefst een Buffalo.

De Pijn trouwde met – en wie wil dat niet bij het horen van zo'n naam – Mimi Bierens. Mooiste uitspraak van hun dochter: 'We konden als kind geen versje opzeggen of mijn vader was helemaal in tranen. Als hij cadeautjes moest uitpakken idem dito.'

Grote kerels, kleine kinderen.

Ik krijg een voorzichtig tikje op de schouder. Het is de wedstrijdleider van de zesdaagse. Of ik het startschot wil geven voor een sprint?

De sfeer in Ahoy is los, het is zondagmiddag, familiedag. Ach, waarom ook niet. Bij de startstreep zit een clubje sprinters klaar. Ik ga de scheve baan op. Het startpistool ligt lekker zwaar in mijn hand. Machtig gevoel. Een speelfilm. Zin om een boef op de tribune neer te knallen.

Ik strek mijn arm. Knal! De renners zijn weg. Op de eerste rij van de tribune zie ik een jongetje met wijsvingers in zijn oren staan.

Twintig meter van de streep zit een oude man in zijn eentje aan een tafel. Er staat een glas bier voor zijn neus. Hij wimpelt een ober af die hem een bord met vlammetjes voorhoudt. Iedere keer als de renners langskomen, draait hij zijn hoofd naar de baan. Het zou een oudrenner kunnen zijn, met die scherpe blik en uitstekende jukbeenderen. Zou hij de Kanonbal gekend hebben?

Ik bevind me tussen een grote fietsfamilie. Mevrouw Slippens roept ouderwets 'hup Robert' als haar zoon voorbij raast. Leontien van Moorsel heeft haar hondje een toegangspas omgehangen. Naam: Mopsie. Een soigneur ruikt aan zijn vingers na een massage van een renner. Zesdaagsebaas Patrick Sercu tikt met zijn keurige schoen een paar keer op de houten baan.

Het is na twaalven als het sportpaleis leegstroomt. Op het donkere parkeerterrein vind ik mijn auto terug.

Een stoplicht springt op rood. Het boek over Kanonbal ligt bij me op schoot. Ik kan weer even bladeren. Pijnenburg wint een zesdaagse in Dortmund en schreeuwt door een microfoon: 'Moedertje, hoort u mij. Ik heb gewonnen. O moeder toch, ik ben zo blij.'

Een claxon achter me. Groen. Doorrijden. Historie is voor later.

Maar, dus, want

De derny's reden hun motor al warm toen de speaker van de zesdaagse in Sportpaleis Ahoy met opzienbarend nieuws kwam: de Belgische baanrenner Iljo Keisse zou hem toevertrouwd hebben straks met zijn ogen dicht zijn gangmaker te volgen. Keisse kon aan het motorgeluid horen waar en hoe hard hij moest rijden.

Ik zocht meteen naar Keisse, die nog stilstond op de baan in afwachting van het startschot. Met de ogen nog open keek hij naar beneden, naar het hout van de baan. Nog een paar seconden en dan zou de dernykoers beginnen.

Hoog in Ahoy trok rook voorbij aan de witte lampen van het plafond. In het sportpaleis is roken verboden, maar de derny's paften er lustig op los. De benzine gierde vanuit het reservoir via een slangetje naar de motor. Wat overbleef was uitlaatgas. Het rook heerlijk.

Pang.

De renners zochten met hun voorwiel naar het spatbord van de derny. Zodra ze in één lijn met het brommertje waren, gaven ze gas. Dertig, veertig, vijftig, zestig kilometer per uur reden ze.

Als Iljo Keisse met de ogen dicht reed, hóórde hij de geluiden van de zesdaagse.

Onder de baan was een loze ruimte die onbedoeld als klankkast dienstdeed wanneer de renners en de derny's voorbijraasden. Het moest een onbeschrijflijke herrie zijn als je onder de houten piste verborgen zat.

De speaker maakte tekstuele paardensprongen: 'Een aanval van Bruno Risi, van achter uit het deelnemersveld. Daar komt hij... Maarrr! Danny Stam komt nu ook naar voren. Dusss... denkt gangmaker Bruno Walrave, ik draai het gas helemaal open. Want! Er zijn nog tien ronden te gaan.'

In de bocht na de streep klonk iedere ronde een kreet vanaf de eerste ring van de tribune. 'Kom op, papa!' Het zoontje van Léon van Bon stond te schreeuwen naar zijn vader. Steeds weer in die flits van een seconde zoeken naar het bekende gezicht onder die helm, verscholen achter de rug van de gangmaker.

De oren van Keisse herkenden feilloos het verhoogde toerental van de dernymotor. Het einde naderde. Zijn benen draaiden een wezenloos hard tempo. Hij schoot naar voren.

Nog twee ronden. Stam reed voorop. Risi viel af. Van Bon viel af. Vierhouten ook. Alleen Keisse kon nog winnen. Dan moest hij Stam voorbij.

'Maar, dus, want!' riep de speaker weer.

De gangmaker sleurde Keisse mee en bracht hem als winnaar over de finish. Keisse opende zijn ogen. Ja, echt, hij had net gewonnen. Hij had het niet gezien, maar gehóórd. Hij trok aan zijn stuur als een menner aan de teugels van zijn paard. Het voorwiel kwam los van de baan terwijl hij nog zestig kilometer per uur reed.

Bij de finishlijn stonden mannen met een broodje worst in hun mond achter de reclameborden. Een rondemiss gaf een bos bloemen aan Keisse. Juichende Belgen op de tribune. Keisse nam de leiding over in het tussenklassement. Nog twee avonden te gaan.

Keisse stapte af en vertrok uit het sportpaleis. Zondagavond vrij. Lekker.

's Nachts draaide Keisse in zijn hotelbed bij het verliggen als vanzelf ook linksom. Met knijpende vingers in het kussen maalde hij door. Bocht, recht eind, bocht, recht eind, bocht, recht eind.

Steeds weer dat zelfde rondje. Maar, want, dus. Met de ogen dicht. Er kwam geen einde aan.

Hopsen, bopsen

Tijdens een jazzconcert in Amsterdam keek ik naar het hoofd dat me even daarvoor gedag had geknikt aan de bar. Zijn heldere ogen vielen op. Ik herkende de man aanvankelijk niet, zo in het halfdonker.

Terwijl de pianist door de akkoorden van 'All the Things You Are' ploegde, tuurde ik naar de man die een paar rijen voor me zat mee te swingen. Ik schatte hem een jaar of zestig. Hij draaide een shagje. Dat zag je niet veel meer.

Jan Legrand. Hij was het. Natuurlijk. Jan Legrand, de legendarische mecanicien van de Raleighploeg. Hij sleutelde aan de fietsen van een hele generatie renners. Legrand was een jazzfanaat. Journalist John Schoorl wist hem ooit te strikken voor een mooi verhaal over zijn liefde voor muziek in het wielertijdschrift *De Muur*. Legrand luisterde vroeger tijdens het sleutelen graag naar de trompettist Chet Baker en de tenorsaxofonisten Don Byas en Stan Getz.

'Weet je het weer, op dat plein?' zei Legrand in de pauze. Ja, ik wist het weer. Een paar jaar geleden werd ik bij de start van de Ronde van Vlaanderen aan hem voorgesteld. Hij had een ouderwetse pet op en rookte veel. Legrand liet zijn gezicht bijna nooit meer zien sinds zijn vertrek uit de wielerwereld.

Ik vroeg of hij vanmiddag Parijs-Roubaix op televisie had gezien.

'Nee. Geluisterd. Ik ben mijn hok niet uitgeweest. Vanaf elf uur 's ochtends heb ik de hele dag twee radio's tegelijk aan gehad. Nederlands en Belgisch commentaar door elkaar. Met mijn hand bij de knoppen. Dan zette ik de ene weer wat harder, dan de andere weer. Ik zag die jongens voor me, ik wist precies op welke strook ze reden. Als mekanieker heb ik de Hel vijftien keer gedaan, denk ik.'

Op het podium stonden vier trombones in hun standaard. Het mondvocht van de blazers droop aan de binnenkant naar het laagste punt. Legrand: 'Ik hou niet zo van bigbands. Geef mij maar een kwartet. Met een saxofonist die niet bang is om een valse noot te blazen.'

Het was *jazztime* in de zaal, maar ik wilde verhalen over de koers. Over kasseien, schurkenstreken op de fiets, technische foefjes voor de Hel.

'Je moet deze koers alleen op kop kunnen rijden, dan kun je winnen. Als je vooruit bent, is het de makkelijkste wedstrijd om te winnen. Geen gedoe met knechten. Die Tom Boonen, dat is een echte. De renner moet het doen, niet de techniek. In mijn tijd wilden renners een verende voorvork. Gaat er vandaag nog één renner over de kasseien met een verende voorvork? Natuurlijk niet. Onzin. Ik gebruikte in mijn tijd alleen een wat krommere vork, dat scheelde een beetje. Het is geen goed Nederlands, maar ze moeten zwoven. Zwoven over de kasseien. Eddy Planckaert kon dat, Eric Vanderaerden. Weet je wie mooi reed? Franco Ballerini.'

Ik herinnerde me hoe Roger De Vlaeminck in de jaren zeventig zijn banden bijvulde met Finilec, vloeibare rubber uit een spuitbus. Kleine gaatjes zouden al rijdend weer gedicht worden.

'Dat spul werkte niet,' reageert Legrand. 'Als je lek reed, liep die rotzooi er zo uit. Je had die frames moeten zien, die zagen er zo smerig uit door die troep. De juiste spanning in de band, dat is belangrijk. Niet te hard, niet te zacht oppompen. Je mag tijdens dat rijden over de kasseien best je velg voelen. Maar het moet niet te hard bonken, dan rij je alles kapot.'

In de zaal maakten de jazzmusici zich op voor een volgende set. Jan Legrand haalde van de baal uit het zakje een pluk shag los en legde het zorgvuldig op het vloeitje. Ik zag de fijne motoriek van de vingers. Schroefjes waren bij hem in goede handen.

Zijn woorden swingden: 'Hopsen, bopsen, van links naar rechts. En maar rammen. En doen. En kijken. En alles. Kolere!'

Stickers

Bespied voelde ik me allerminst, in de metropool. Ik besloot de gordijnen van mijn hotelkamer open te laten. In de lofts aan de overkant van de straat had ik niemand voor het raam zien staan.

Net toen ik mijn zwarte fietsbroek wilde aantrekken, werd er op de kamerdeur geklopt. Het was één uur in de middag. Een schoonmaakster kon het niet zijn. Ik was net ingecheckt.

'One moment, please!'

Haastig trok ik mijn broek omhoog, deed de bretels over mijn schouders en opende de deur.

Achter een karretje dat gevuld was met blikjes frisdrank, verpakte nootjes, nougat en chocolade stond een oudere vrouw met een Indiaas uiterlijk. Ze had een rode stip op haar voorhoofd.

'Welcome to Hotel Thompson. You want ice?' zei ze, met een glimlach die me enigszins geforceerd leek.

Ze tikte met haar hand op de deksel van een witte emmer die boven op het karretje stond. Haar lange kunstnagels waren goud gelakt.

Nee, ik hoefde geen ijs.

Voor ik de deur sloot, stopte ze me een donker blokje in mijn hand. Daarbovenop legde ze een formulier. Het was de bestellijst voor het ontbijt, zag ik. *Irish oatmeal, home-made granola, smoked salmon, skimmed milk.*

Ik wilde nog niet aan morgenochtend denken. Vandaag zou ik voor het eerst in mijn leven gaan fietsen in New York, een paar uur geleden was ik op JFK Airport geland.

Het blokje bleek een verpakte brownie. Een gratis lekkermakertje van het hotel. Achter op de brownie stond BAKED JUST FOR YOU, MY PRETTY. Gemaakt door de Fat Witch Bakery.

Ik trok mijn wielershirt aan. Het baksel verdween in mijn achterzak. Voor een mogelijke hongerklop onderweg.

Op internet had ik goede verhalen gelezen over de fietsverhuurzaak die downtown aan West Street lag. BICYCLES stond er met grote letters boven de winkelpui. Ik stapte uit de taxi en liep de zaak binnen.

In de kleine ruimte hingen voornamelijk helmen en sloten aan de muur. Tegen de toonbank stonden drie stadsfietsen en twee verchroomde steppen. Een jongeman met een kaalgeschoren hoofd kwam op me af gelopen. Hij veegde zijn handen af aan een rafelige poetsdoek.

'Verhuur je echte *bikes*?' vroeg ik de jongen.

'Wat bedoel je met echte?'

'Nou, thuis rij ik op een *racebike*.'

Hij lachte. 'Nee, we hebben hier alleen *hybrids*.'

Hybride. Mijn god, een stadsfiets die doet alsof hij een racefiets is. De transseksueel onder de tweewielers.

De jongen wenkte me, ik moest mee naar buiten. Tegen de pui stond een glanzende racefiets. Hij verhuurde ze kennelijk toch. Het was een Bottecchia, zag ik aan de grote letters op de diagonale buis, met carbonvelgen van Ambrosio.

De kale jongen zag me verlekkerd kijken. 'Sorry. Flauw van me. Het is de fiets van mijn hulpje, die houdt ook van Italiaanse frames. Niet te huur. Jij mag op onze hybride.'

Hij liep achter me langs, opende een stalen luik dat verzonken lag in het trottoir en kwam even later via een stalen ramp met een fiets uit de kelder omhoog.

Ik controleerde de hybride. Het was een Byria. Ik kende het merk niet. Een bonkig model, gemaakt om heel te blijven in de grote stad. Dikke buizen, brede banden, spatborden voor en achter, tien versnellingen en een recht stuur. Vooral het zadel was hopeloos. Breed, beige, met een gat erin. Een damesmodel.

'Heb je nog een andere?' zei ik, terwijl ik twee klappen op het zadel gaf.

'*No, one size fits all.*'

De jongen liep naar de counter en reikte me een A4'tje aan. Ik las het huurreglement. Het kwam erop neer dat de fiets heel moest worden teruggebracht en dat het bedrijf geen enkele verantwoordelijkheid droeg wanneer ik tegen een auto klapte. Terwijl de jongen een fotokopie van mijn rijbewijs maakte, ondertekende ik het formulier.

'Helm? Mandje? Slot?' vroeg hij.

Een helm, op een geslachtsloze stadsfiets? Mandje? Ik was geen modefreak op koopjesjacht. En een slot? Niet nodig. Ik was van plan om Manhattan in een paar uur rond te rijden.

Achter me vroeg een jongen om '*free air*'. Het mocht. Hij trok de slang los van de buitenmuur en pompte zijn banden op.

Free air.

Het idee dat je voor lucht moet betalen. Het zou me niet verbazen in New York. Bij de terminal van JFK had ik een sightseeingtouringcar zien staan met over de hele lengte het opschrift ENJOY YOUR 2-HOUR TOUR MORE: CLEAN AIR IN OUR BUS.

Zou het kunnen, de smerige lucht van Manhattan filteren en schoon door een bus blazen?

De eigenaar pompte mijn banden vol.

'Prima, dan ga ik maar eens,' zei ik.

Met de huurfiets aan de hand stak ik de drukke West Street over, naar de naastgelegen *bike lane*. Het dubbele fietspad was op mijn routekaart groen aangemerkt als klasse 1. Beter kon niet. Het liep langs de Hudson, van het zuiden van Manhattan naar het noorden.

Ik stapte op de hybride en maakte mijn eerste meters. Fietsen in New York. Opwindend. Ik nam deel aan het verkeer in een metropool die gemaakt was voor snelheid. De stad leek een vrijplaats voor taxichauffeurs die met 80 kilometer per uur over de avenues raasden en voor de metro's die als ratelslangen door de schachten schoten.

Rechts van me reden automobilisten naar het zuiden van het schiereiland om maar zo snel mogelijk in de Holland Tunnel te komen.

Links van me lag de Hudson in de zon te kabbelen. Ik rook de rivier. Een zilte geur vermengd met afgewerkte olie en dode vis. Het rook vertrouwd, naar haven, naar het water van de Maas in Rotterdam. Voor mijn komst had het rivierwater spookachtig hard tegen de kades van Manhattan gebeukt. De orkaan Irene had de oostkust van de Verenigde Staten dagenlang in zijn klauwen gehad. Terwijl hele delen van het continent onder water kwamen te staan, was New York de dans ontsprongen.

Ik zat nog niet lekker op de huurfiets. Het zadel was ongemakkelijk en stond ook nog eens te laag. Met de binnenkant van mijn dijbenen schuurde ik langs de kunststof. Het was te druk om zomaar af te stappen op het fietspad met zoveel fietsers en hardlopers. Met een ruime boog reed ik om een man heen die in de hitte kilo's blubberend vet torste en ik zette mijn fiets stil op het uiterste randje asfalt. Mijn rechtervoet stond in het gras. Ik draaide snel de hendel onder mijn zadel los en zette het een paar centimeter hoger. Toen ik weer opstapte merkte ik meteen dat ik meer kracht kon zetten op de pedalen. Het was benauwd in New York. Ik was blij dat ik mijn hoofd alvast had ingesmeerd in het hotel. In het cirkeltje op de tube had ik 'factor 30' zien staan, dat moest genoeg zijn.

Rechts had ik na ieder blok steeds een prachtige doorkijk in de stad. De dertigste straat, de eenendertigste straat, de drieëndertigste straat. De stoplichten zaten mee, drie keer groen. Ter hoogte van de vierendertigste straat zag ik het bovenste deel van het Empire State Building. Keek er iemand naar mij door een van de verrekijkers vanaf het *kissing centre* op 380 meter hoogte? Een mannetje op een fiets, langs de Hudson. Hij had haast, zo te zien.

Er kwam een jongen met ontbloot bovenlijf aan me voorbijgefietst. Hij reed op een hippe *fixed gear*: klein, recht stuurtje, het frame gespoten in een lichtgrijze kleur, wielen met extra brede velgen en beige banden. Al rijdend tikte hij met zijn duimen een bericht op het opengeschoven toetsenbordje van zijn telefoon. Terwijl hij me voorbijfietste, zag ik dat hij een tattoo van een adelaar had. De vogel bestreek zijn hele rug; de pennen van de vleugels waren in detail uitgewerkt in verschillende kleuren. Over de vogel liepen straaltjes vers zweet.

Ik zette het versnellingspookje aan mijn stuur op 6 en ging achter hem rijden. Zijn snelheid schatte ik op zo'n 30 kilometer per uur.

De jongen keek om.

'Hi,' zei hij.

'Hi,' zei ik terug.

De jongen reed nog steeds met losse handen.

'Hoelang hou je dat vol, zonder handen?' vroeg ik, nieuwsgierig.

'Mijn record is van Canal Street tot aan 125th Street.'

'Knap.'

Zijn duimen raasden over de toetsen. Hij schreef een lange boodschap.

Even draaide hij zich naar me om.

'Waar rij jij heen?'

Op de kaart had ik gezien dat dit fietspad langs de Hudson tot aan Inwood liep, een van de noordelijkste wijken van Manhattan.

'Naar Inwood en dan weer downtown,' zei ik, alsof het de gewoonste zaak van de wereld was. 'En jij?'

'Ik fiets iedere dag van mijn appartement in Brooklyn naar mijn werk in Harlem. Wacht even, hoor.'

Hij tikte weer iets op zijn toetsenbord.

'*Send*. Eh... Ik geef zwemles aan zwakbegaafde kinderen in Harlem.'

In de Hudson lag een oorlogsschip voor anker. Op het dek stonden straaljagers in het gelid, oude modellen die hun maximum aan vlieguren erop hadden zitten. Uit de telefoon kwam een kort drumgeluid. De jongen keek naar zijn display.

'Fuck. Ik moet hier rechtsaf. *See you!*'

De jongen deed zijn handen aan het stuur. Geen record vandaag. Hij remde en sloeg rechtsaf richting 42nd Street.

Ik was ter hoogte van midtown. Het werd rustiger op het fietspad. Zouden de zakenmensen hier minder gebruikmaken van de fiets dan de culturele elite uit SoHo?

Mijn zadel zat toch een beetje te hoog. Ik moest zo nog maar een keer stoppen om het lager te zetten.

Rechts in de stad herkende ik de rode M op een dak van een hoog gebouw. De M van Milford, Milford Plaza op 45th Street. De eerste keer dat ik in New York was, in 1980, sliep ik in dat hotel. Ik had de grootte van de stad niet kunnen bevatten; een nieuwe horizon, ander licht, andere geluiden. Na het inchecken was ik in de lift naar de twintigste verdieping gestapt. Vanuit mijn kamer had ik de hele 8th Avenue kunnen overzien. Eindelijk, voor het eerst van mijn leven in mijn droomstad. Uitgelaten had ik me voorover op bed laten vallen. Het hoofdkussen smoorde mijn diepe oerschreeuw.

Bij een bankje aan de Hudson stopte ik. Tijdens het rijden had de wind mijn hoofd goed afgekoeld. Nu liep het zweet alweer langs mijn slapen naar beneden. Ik plaatste mijn fiets tegen de leuning en ging op het bankje zitten.

In de verte zag ik de contouren van de Washington Bridge, een hoge stalen brug die het drukke autoverkeer van Manhattan over de Hudson naar New Jersey helpt. Daar moest ik heen.

Rust leek niet te bestaan in New York. Achter me hoorde ik voortdurend geraas. Bulderende motoren, optrekkende vrachtwagens, taxi's die rammelden van ouderdom. En sirenes. De hulpdiensten leken vierentwintig uur per dag in touw. Een brand, een hartaanval, een schietpartij.

Op een platte rots aan de rivieroever stond een man in een verstilde houding. Hij hield zijn armen voor zich uit, de handen met gestrekte vingers. Langzaam begon hij om zijn as te draaien en met zijn armen te zwaaien. Tai chi. Op de gekste plekken stonden mensen in Manhattan gefixeerd op hun plaats. Hier moest je je ontspanning zelf arrangeren.

Tegen de leuning van het bankje naast me stond een damesfiets. Een relatief klein model, geschikt voor een schoolmeisje. Er zat een man op het bankje. Zijn zwarte huid was dof. Hij droeg een slobberige lange trainingsbroek en had kapotte Crocs aan zijn blote voeten. Met zijn vingers draaide hij aan zijn dreadlocks. De slordige staartjes wezen alle kanten op.

Overal op het frame van de damesfiets zaten stickers geplakt. Stickers van merken, sportclubs, bedrijven, onbekende namen. Veel van de plaatjes waren kapot of lieten los aan de rand. Stickers met ezelsoren. Het was alsof de huid van de fiets was opengekrabd. Slechts op een paar plekjes kon ik de oorspronkelijke kleur van het frame zien: roze.

Ik pakte mijn mobiele telefoon, deed alsof ik iets op het display zag. Ondertussen richtte ik het ingebouwde lensje op de fiets en de man. Door het zonlicht zag ik niet goed of het een mooi kader was. Ik kantelde het toestel een kwartslag zodat ik een liggende foto kon maken. Ik tikte het afdrukknopje op het scherm aan en hoorde 'tsjak'.

De man had het geluid ook gehoord.

'*Hey man*, wat doe je?'

Betrapt.

'*I like your bike.*'

Toenadering zoeken en de schade beperkt houden. Ik stopte mijn telefoon in de achterzak van mijn shirt en liep op de man af.

Op zijn shirt stonden de woorden MY NAME IS voorgedrukt. Daaronder stond in een wit vlak, met een viltstift in bibberhandschrift geschreven, *Trouble*.

'Stickers zijn gemaakt om te plakken,' zei de man, zonder me aan te kijken. Hij draaide nog steeds rondjes met een pluk haar en stak zijn andere hand naar me uit. '*Hey, mister nice guy. My name is Trouble. And yours?*'

Ik noemde mijn naam, die hij maar half verstond.

'*Woolf? Nice.*'

Woolf. Ach, waarom ook niet; ik heette Woolf vandaag.

'Op welk merk rijd je?' vroeg ik, terwijl ik op de damesfiets wees.

'Budweiser, Dodge, Delta, Sneakers, Tamoil, *New York Post*, Gillette, Diet Coke. Mijn fiets heeft honderden namen.'

Aan de vorm van het stalen frame te zien was de fiets al een paar jaar oud. Vanonder het stuur liep een dubbele buis in een ronding naar de kettingkast.

'Gisteren zat hier een eekhoorn in de boom,' zei Trouble. 'Ik hoorde hem toen ik op de bank zat, op de plek waar jij nu zit. Hij trippelde langs de bast naar beneden en ging zich wassen in de Hudson. Soms ging er een hele golf over hem heen. Ik hou van eekhoorns.'

Trouble keek me aan. Hij had twee ongelijke ogen: het ene priemde recht naar voren, het andere leek te slapen en werd deels afgedekt door een hangend ooglid.

'Je gelooft me niet, hè, Woolf?' zei hij. 'Hoeft ook niet.'

Hij draaide weer aan de dreadlocks en ging ze daarna allemaal af met zijn handpalm. 'Vandaag moeten ze goed zitten. Door al die uitlaatgassen hier is mijn haar zo snel vies. Er komt bruin water vanaf als ik het was.'

Hij stopte abrupt met het frunniken aan zijn haar.

'Spaar jij ook stickers?' vroeg hij, out of the blue.

'Nee, sorry.'

Trouble stond op, pakte de damesfiets en zette hem voor me neer.

'Hier, kijk.'

Hij wees op de zadelpen. Naast een half weggeteerde sticker van een Amerikaanse vlag zat een schoon zilveren plakkertje in de vorm van een appel.

'Mooi. Hoe kom je eraan?' vroeg ik nieuwsgierig.

'Gekregen van de portier bij de Apple Store, op Prince Street. Dikke Jay. Zat vroeger bij me op school in Melrose. Ken je Melrose? Ligt aan de overkant van de East River.'

Uit de broekzak van zijn afgeleefde trainingsbroek haalde hij een bruine papieren zak. Hij schudde er een paar pinda's uit. Een voor een legde hij ze op zijn duim, op de plaats waar vroeger een nagel had gezeten, en piekte ze met een boogje handig in zijn mond.

'Wil je ook?'

Hij vulde mijn handpalm met nootjes.

Ik probeerde zijn manier van pieken te imiteren. Het mislukte meteen bij de eerste pinda. Hij rolde onder de bank.

'Wat doe je nou?' zei Trouble. Zijn stem klonk teleurgesteld, als van een klein kind dat zijn zin niet krijgt.

'Sorry, het lukte niet,' antwoordde ik.

'Kruimels zijn voor de eekhoorns,' zei Trouble. 'Ik geef ze altijd te eten, anders redden ze het niet. Zie je die kraaien daar? Die proberen de pinda's weg te pikken. Dieven zijn het. Ze moeten het niet proberen. Ik trek de kop van hun romp en verkoop het vlees aan de Chinezen in Canal Street.'

Zonder iets te zeggen begon hij met de duim waar nog wel een nagel aan zat aan een sticker te peuteren. Op sommige plekken waren de stickers laag over laag geplakt. Op een gele fluorescerende sticker stond een telefoonnummer, in hetzelfde bibberhandschrift als de naam Trouble. Het nummer begon met 212, het netnummer van New York.

'Hé, Trouble?'

Het was de eerste keer dat ik zijn naam gebruikte. 'Wat is dat voor nummer, als ik vragen mag?' Ik wees naar de stang van zijn fiets.

'Ik ken je niet, Woolf. En jij mij niet. *So what?*'

Hij had gelijk. Ik kende Trouble niet. Ik moest gokken hoe hij in elkaar stak.

'Omdat ik je fiets zo mooi vind met al die stickers,' zei ik.

'Je meent er geen flikker van, Woolf.'

Trouble ging staan en hield met één hand het stuur van de fiets beet. Hij gaf een harde vuistslag op het zadel.

Ik schrok en ging rechtop zitten op de bank.

'Oké?' zei hij.

Weer een slag op het zadel.

'Ben ik duidelijk?'

Met wilde ogen keek hij me aan.

'Woolf, ben ik duidelijk?' herhaalde hij.

Nu hij zijn ogen wijd opengesperd had, zag ik pas hoe oud Trouble was. Rond de vijfendertig jaar, vermoedde ik. Eerder had ik aan een jaar of veertig gedacht, door de rimpels in zijn vermoeide gezicht.

'*All right, all right*,' zei ik, om hem te kalmeren.

Op het fietspad kwam een man aanrijden op een opvouwfiets met kleine wielen. Hij draaide zijn voeten veel te snel in het rond. Ik bespeurde een buikje onder zijn hemdje met het Chicago Bulls-logo.

'*Wrong club, mister!*' riep Trouble hem na.

De man deed of zijn neus bloedde en fietste in rustig tempo verder.

Ik keek voor me. Op de Hudson dobberden zeilboten die bij de houten golfbrekers voor anker lagen.

'Waar ga je heen?' Trouble keek me indringend aan.

'Inwood.'

'Ik moet ook die kant op. Naar de verjaardag van mijn dochter.'

Uit mijn achterzak haalde ik de brownie tevoorschijn. Ik trok voorzichtig de sticker met BAKED JUST FOR YOU, MY PRETTY van het cellofaan en gaf die aan Trouble.

Zonder de slogan te lezen plakte hij hem op de koplamp.

Ik haalde de brownie uit de verpakking en brak het vierkantje in tweeën. Zonder iets te zeggen aten we de koek op.

'Gaan we?' zei Trouble.

'Wacht even,' zei ik. Ik duwde mijn zadel met twee handen ongeveer een centimeter omlaag en draaide de hendel vast.

Trouble pakte zijn fiets en liep met ongelijke passen naar het pad, alsof er een steentje in zijn schoen zat. Hij stapte op als een vrouw. '*Let's go*.'

De eerste kilometers reden we in stilte naast elkaar. Inwood was nog wel een kwartier rijden, schatte ik. Waar begon ik aan?

Trouble reed in een sloom tempo noordwaarts. Ik herkende het shirt van de fietser die ons tegemoet reed. Chicago Bulls.

'*I said: wrong club!*' riep Trouble.

De man met het Bulls-shirt remde en maakte aanstalten om af te stappen.

Trouble ging zachter rijden en wilde stoppen.

Ik ging naast hem rijden en trok hem aan zijn jas mee.

'Laat maar, New York is een maatje te groot voor de Windy City.'

Trouble spuugde, maar er kwam geen vocht tussen zijn lippen vandaan. Hij keek me aan en liet zich door mij meetrekken. De rechtertrapper van zijn fiets schuurde bij iedere omwenteling tegen de kettingkast.

De man met het Bulls-shirt keek ons na. Hij stak zijn middelvinger in de lucht. Gelukkig zag Trouble het niet.

Ik liet zijn jas weer los. We reden door. Het gezicht van Trouble stond gespannen.

'Ik heb geld van je nodig,' zei Trouble, op een vertrouwelijke toon.

Ik zweeg om tijd te winnen.

'*Money*, Woolf,' zei hij, met het accent op *money*.

Voor ons strekte het fietspad zich uit. De Washington Bridge kwam steeds dichterbij. Het keerpunt was nog kilometers verder. Ik moest zorgen dat ik weer in de bewoonde wereld terechtkwam. Voorlopig kon ik het drukke Manhattan niet in rijden, omdat rechts van ons op West Street het verkeer in acht banen heen en weer raasde.

Trouble praatte in zichzelf, met een bozige blik. Hij graaide in zijn zak en stopte een handje pinda's in zijn mond. De helft viel op de grond.

'Ik vind je een aardige kerel, Trouble. Maar geld geven? Waarom zou ik? Ik heb trouwens bijna niks bij me. Een paar tientjes om de huur van de fiets te betalen.'

Met venijn pakte Trouble mijn arm beet. Ik weerde hem af. Onze sturen kwamen bijna in elkaar.

'Blijf van me af,' zei ik.

Trouble pakte me opnieuw beet, nu zachtaardiger.

'Mijn dochter is vandaag dertien jaar geworden. Ik wil iets kleins voor haar kopen.'

Op het Centraal Station in Amsterdam gaf ik ooit vijf euro aan een verwarde man die geld nodig had om naar zijn plotseling overleden vader te kunnen reizen. Ik geloofde hem. Een week later zag ik die man bij een andere reiziger bedelen.

'Je gelooft me niet, hè?' vroeg Trouble.

'Klopt,' zei ik.

We naderden de Washington Bridge. Ik zag hoe hoog de stalen hangbrug was. Het lawaai van het verkeer waaide onze kant op. De auto's schoven langzaam voorbij, rijendik.

Het fietspad liep onder de opgang van de brug door. Tien meter boven ons denderde het verkeer over de stalen constructie. Een hels kabaal.

Trouble spuugde pindaschilfers uit.

'*Fuck it!*' riep hij.

Hij ging voor me rijden en remde. Mijn voorwiel kwam tegen zijn achterspatbord tot stilstand. Trouble had een zenuwtrek die ik nog niet eerder bij hem opgemerkt had: hij trok zijn ogen steeds even groot.

'Je telefoon. Geef me je *fuckin'* telefoon!' zei Trouble.

Ik keek om me heen. Niemand te zien. Ik besloot te onderhandelen.

'Neem m'n geld maar. Maar laat me de telefoon houden.'

Trouble gooide zijn fiets op de grond en liep op me af. Ik stond met de stang tussen mijn benen. Hij pakte me bij mijn shirt en kwam met zijn gezicht dicht bij het mijne. Zijn huid leek op gebruikt zwart schuurpapier.

Hij sloot zijn ogen en bleef zo voor me staan. Hij zuchtte een paar keer, liet zijn schouders zakken en trok zijn handen van me af.

'Sorry,' hoorde ik hem mompelen. En toen nog een keer, zachter. 'Sorry.'

Toen hij zich omdraaide zag ik dat zijn oogwit rood was. Breekbaar keek hij me aan.

'Wil je de telefoon pakken, Woolf? Alsjeblieft? En dit nummer voor me bellen?'

Trouble pakte zijn fiets van de grond en wees naar de fluorescerende sticker op de stang.

'En dan? Wie krijg ik aan de lijn?'

'Bel nou maar.'

De hitte was uit de lucht. Ik durfde wel te bellen.

Ik pakte de telefoon uit mijn achterzak en toetste het nummer in. Ondertussen stond Trouble me aan te gapen. Weer die zenuwtrek.

Er nam iemand op. Op de achtergrond hoorde ik harde popmuziek.

'Met Tracy Stanford.'

De opgewekte stem van een meisje en puberachtig gelach van andere meisjes.

Trouble maakte een gebaar met zijn handen, waaruit ik opmaakte dat ik iets moest zeggen. Ik wist niet wat.

'Hallo, met wie spreek ik?' hoorde ik het meisje zeggen.

'Eh, met eh... Woolf.'

Trouble kwam dicht bij me staan. 'Zeg maar dat ik eraan kom.'

'Ik moet van eh... Trouble zeggen...'

Trouble zwaaide zenuwachtig met zijn handen. 'Daddy, zeg maar daddy.'

'Eh, daddy zegt dat hij eraan komt,' zei ik.

'Met je roze fiets,' fluisterde Trouble me in. Hij kroop dicht tegen me aan om de reactie aan de andere kant van de lijn te horen.

'Met je roze fiets,' herhaalde ik.

Het bleef stil aan de andere kant. Ik hoorde alleen nog de muziek. Een hitje van Alicia Keys. De meisjes op de achtergrond giechelden niet meer.

'Hallo?' zei ik.

'Tell the motherfucker he ain't daddy anymore.' Daarna klonk een droge klik. De verbinding was verbroken.

Aan het gezicht van Trouble las ik af dat hij de boodschap had begrepen.

'Wat zei ze?'

'Dat je niet welkom was.'

Hij schudde met zijn hoofd en wreef ondertussen met zijn hand zijn dreadlocks plat.

'Al het vierde jaar dat ik niet mag komen,' zei hij.

Ik stopte de telefoon weer terug in mijn zak.

'Waar woont ze?'

'Ze woont ergens. Oké? Bij mijn ex.'

Hij keek omhoog, naar de onderkant van de brug. Het verkeer was vastgelopen, de auto's op de rijbaan naar Manhattan stonden bumper aan bumper.

Met een harde zet duwde Trouble de fiets van zich af.

'Wat doe je nou!' riep ik.

De fiets reed uit zichzelf rechtuit over het fietspad, zwenkte daarna naar rechts en kletterde op de grond. Trouble holde erop af en trapte een gat in de stoffen kettingkast.

Stapvoets reed ik naar hem toe en ik legde mijn hand op zijn schouder.

'Wil je dat ik nog eens bel?' vroeg ik.

Hij duwde mijn hand weg en schudde zijn hoofd.

'Nee, ze wil niet. Shit. *Tomorrow is another day.*'

Hij pulkte aan de fluorescerende sticker en bleef net zo lang krabben tot het roze van het frame zichtbaar werd. De plakkerige prop legde hij op de knokkels van zijn hand en hij schoot hem weg. Daarna zette hij de fiets overeind.

'Ik ga weer terug naar mijn bankje,' zei hij.

Ik pakte mijn portemonnee en trok een biljet van tien dollar tevoorschijn.

'Hier,' zei ik.

Trouble nam het biljet aan en kuste het.

'Dank je, aardige man.' Hij zwaaide met het biljet voor mijn gezicht en stak het in zijn broekzak. 'Voor nieuwe pinda's.'

In sloom tempo reed hij weg.

Ik vervolgde mijn weg over het fietspad onder de brug door. Het leidde naar een smal fietsbruggetje dat over de drukke West Street lag. Zo kon ik doorsteken naar Inwood. Eenmaal daar reed ik een stel blokken rechtuit tot ik bij Broadway kwam. Ik sloeg rechts af, het werd tijd om zuidwaarts te gaan. De beroemde avenue liep van The Bronx tot diep in Manhattan, als een levenslijn in een oude hand.

Van lekker doorrijden was geen sprake meer. Na iedere straat moest ik kijken of ik het stoplicht haalde. Met horten en stoten bereikte ik Harlem. Via Lenox Avenue reed ik richting Central Park. Ik passeerde een ziekenhuis. Voor de ingang zat een zwarte vrouw in een rolstoel. Ze had een blauw kapje voor haar mond, tegen de uitlaatgassen.

Gezonde free air was schaars, ook in Harlem.

Mijn tocht eindigde bij de verkeerspaaltjes die Times Square markeerden. Ik stapte af en keek om me heen. Enorme videoschermen waarop fotomodellen hun vijf meter brede monden tuitten voor een lipstick die als een raket op de lippen afvloog.

Zou Trouble alweer op zijn bankje zitten en over de Hudson uitkijken?

De schemering boven Times Square werd weggeblazen door de hoeveelheid kunstlicht. Dag was het hier, zelfs in de zwartste nachten. Was het om die reden dat mensen zich hier verzamelden, verzekerd als ze waren van licht en warmte? De gezichten om me heen kleurden rood, paars, geel, wit door de weerschijn van de videowalls.

Het dekbed van mijn hotelbed was opengeslagen. Op mijn kussen lag een in cellofaan verpakte brownie. Deze keer was de koek lichtbruin. Op de achterkant stond: THIS BABY IS A NATURAL BLONDE.

Met mijn tanden scheurde ik de plastic kleding van het blondje los en beet in haar zachte middel. Ik nam grote happen. 'Kruimels zijn voor de eekhoorns,' had Trouble gezegd.

Ik kleedde me uit en schoof mijn vermoeide benen onder de lakens.

De televisie stond op een programma waarin de politie van Manhattan invallen deed bij jonge criminelen. Met de camera in hun kielzog ramden ze deuren open. Ze sloegen jongens in de boeien en sleurden ze naar een gereedstaand busje. De jongens beloofden de politie hun leven te beteren. Morgen al. Ik zag dat ze logen.

Tomorrow is another day.

Lange neus naar de dood

Boven op de Cipressa klingelden de kerkklokken toen het profpeloton over het dorpsplein reed. De helikopter toonde rustieke beelden van de Italiaanse bloemenrivièra; het glas van de kassen weerspiegelde de voorjaarszon en op balkons hing de was te drogen.

Schone schijn.

De afdaling van de Cipressa richting de kustweg werd dadelijk bloedlink; smal, steil, met scherpe bochten.

Niccolò Bonifazio kende het parcours van Milaan-Sanremo als zijn broekzak. Bonifazio – die naam herbergt iets goeds – is van huis uit een sprinter. Sprinters verschuilen zich doorgaans in deze wielerklassieker; ze komen pas tevoorschijn op de Poggio en proberen later op de Via Roma als eerste over de finish te komen.

Bonifazio had een ander plan: hij ging iedereen schrik aanjagen.

De renners maakten zich in de afdaling op voor de eerste haarspeld. Bonifazio liet de teugels juist vieren. Hij wilde met doodsverachting afdalen. Naar beneden vallen. Een lange neus trekken naar de dood. Doorgaans heeft de dood daar een compromisloos antwoord op: hij rukt je met alle plezier uit het leven.

Op de steile stukken naar beneden trapte Bonifazio zich een ongeluk. Zijn snelheid lag rond de tachtig kilometer per uur. Een normaal mens gaat dan aan de familie denken, aan verzekeringpapieren in de onderste lade, aan blijvende schade in je kop.

Bonifazio kon nauwelijks denken. De snelheid lag zo hoog dat hij de omgeving als vage vegen waarnam. Voor de cameraman op de motor van de RAI was het ook hard werken. Ik heb de beelden van Bonifazio's afdaling ongeveer tien keer teruggezien.

Het was niet bij te houden.

'Muurtje, bocht, grijze meterkast, tak, boom, geparkeerde auto, vangrail, rotsblok, paaltje, man met mobieltje, bocht, weer een bocht, parasol, auto, hek, nog een hek, dubbele vangrail, muur, bocht, bierblikje.'

Bonifazio heeft het allemaal niet scherp kunnen zien. Als een bezetene bleef hij trappen. Het moment van los van de grond komen was niet ver weg meer. Tussen twee bochten nam de op hol geslagen gek een slokje uit zijn bidon.

En weer trappen, harder en harder.

Bonifazio waande zich de snelheid zelve. We waren getuige van waanzin, ja. Van verslaving aan vaart, op twee dunne bandjes. Kon ik maar even mee, liggend op zijn gebogen rug, de wind die tranen blies in mijn ogen.

Op naar het einde, naar niet te meten snelheden. Het leek of Bonifazio naar een ander universum was gesneld waar alleen hij mocht fietsen.

Het werd weer vlak. De Italiaan reed langs de zee en kwam langzaam bij zinnen; hij reed aan kop in Milaan-Sanremo en had de dood in de laatste bocht zijn kont laten zien.

Ik merkte iets van teleurstelling toen het peloton maar twintig seconden achter Bonifazio bleek te rijden. De razende engel van de afdaling werd in de kraag gegrepen en reed tussen gewone stervelingen op de fiets de wielerklassieker uit.

De Italiaan eindigde anoniem als 131ste.

Voor mij was Bonifazio de ster van de koers.

Turchino

Een arts heeft me eens verteld dat het lichaam bij extreme kou alle overgebleven warmte en energie naar de belangrijkste lichaamsdelen stuurt: het hart en de hersenen. Uit lijfsbehoud.

Gistermiddag keek ik naar de verkleumde renners tijdens de wielerklassieker Milaan-Sanremo. Met hun gevoelloze vingers kregen ze de rits van hun regenjasje niet dicht. Ze konden nauwelijks meer remmen. Een flacon met vloeibaar voedsel openscheuren duurde minuten.

Het peloton had al in het eerste deel van de koers een ram gehad van het koude weer. Zware sneeuwval maakte de klim over de Turchino onmogelijk. De renners konden niet over de top en werden per bus naar het plaatsje Cogoleto vervoerd. Vanaf daar konden ze na een paar uur hun afgebroken race weer nieuw leven inblazen.

Ik ken de Turchino van opnames die ik maakte voor een documentaire over Milaan-Sanremo. Vanuit de warme Bloemenrivièra reed ik met de televisieploeg het achterland in. We lieten het zilverblauw van de Middellandse Zee achter ons en trokken met een huurauto een grijzig landschap in. Het navigatiesysteem lachte satanisch en liet ons al snel in de steek.

We zochten naar de oude tunnel vlak onder de top die het peloton elk jaar nam. We zaten op ruim 500 meter hoogte. Langs de weg lag een halve meter sneeuw. Ik zag de ovale entree van de tunnel. We gingen stapvoets rijden. Er hingen nauwelijks lampen. Het voelde aan alsof we in een vervallen mijn waren. De eenbaansweg was niet breder dan onze auto. Het was gevaarlijk. We waren blij dat we er aan de andere kant uit reden.

Over de Turchino gaan mooie verhalen. Ex-renners vertellen dat je in de verte de zee kunt zien liggen als je uit de tunnel komt. Als een fata morgana. Renners denken dat het aan de andere kant altijd beter weer is. De sprinter Mark Cavendish maakte in de tunnel ooit een valpartij mee. Hij herinnert zich nog steeds de kakofonie van botsende fietsen door de weerkaatsing tegen de tunnelmuren.

We parkeerden de auto. Ik stapte uit en liep alleen terug, de tunnel in. We maakten een film over een lenteklassieker; daarom droeg ik een zomerpak. De stof was zo dun dat ik het display van mijn telefoon door mijn broekzak heen kon zien oplichten. De voering van mijn overjas mocht geen naam hebben.

Al meteen na de eerste meters in de tunnel merkte ik hoe een ijskoude luchtstroom me in de rug duwde. Aan de afgebladderde wanden hingen ijspegels. Dit was geen verkeerstunnel, dit was een horrorgrot. Hoe hielden wielrenners het hier warm?

Blijven bewegen, dacht ik. Toen ik ongeveer in het midden van de tunnel liep, zag ik twee koplampen een signaal geven. Er kwam een vrachtwagen aan. Ik ging op het stoepje staan dat niet breder was dan dertig centimeter. Mijn schoenen pasten er net op. Ik drukte mijn rug tegen de muur. Het voertuig denderde rakelings langs me heen.

De kou was extreem en nam snel bezit van me. Ik wilde iets schreeuwen naar de cameraman aan het begin van de tunnel. Mijn tong. Wat was er met mijn tong? Hij deed het niet meer. Ik kon mijn woorden niet de juiste letters meegeven. Ik schrok.

Had ik een acute verlamming opgelopen?

Stram liep ik weer terug naar de uitgang van de tunnel. Pas in de warme auto kwam mijn spraak weer langzaam terug.

De god van de kou – we noemen hem Turchino – waakte tijdens deze editie van Milaan-Sanremo over de restwarmte in de lijven van de renners. Alles ging naar hart en hersenen, en vooruit, naar de benen. Het was een wonder dat ze bleven fietsen. Het was een wonder dat ze na 290 kilometer in het slechte weer nog konden sprinten. Het was een wonder van een koers.

Koud als de hel. Met een einde om gloeiend heet van te worden.

Benen in een knik

In de wielersport kun je onsterfelijk worden door een val met dodelijke afloop.

Een renner weet dat fietsen onlosmakelijk verbonden is met vallen. Je kunt geen zekerheid ontlenen aan een bestaan op twee dunne bandjes.

Al bij de eerste beelden van de voorjaarsklassieker Milaan-Sanremo zag ik aan het asfalt dat het geregend had. Het was voor de renners geen reden om in de remmen te knijpen. Integendeel, het tempo was moordend. Een onzichtbare zweep kletterde boven het peloton. Rijden, jongens. Gewillig laten ze zich in de fuik duwen. Op naar de venijnige hellingen vlak voor de finishplaats Sanremo.

Tijdens de afdaling van de Capo Berta viel de Duitse renner David Kopp. Hij werd van zijn fiets geslingerd en lag in een rare houding stil op het asfalt. De banden van de volgauto's rolden op een paar meter langs zijn hoofd. De Italiaanse televisieregisseur besloot de helikopter boven de helling te laten hangen. Van boven zag ik de wielrenner liggen, in geknakte houding.

Leefde hij nog?

De commentator leek aangeslagen door het ongeval. 'Dit is verschrikkelijk om te zien, voor zijn familie vooral. We filteren oorlogsbeelden uit Irak. Bij verkeersongelukken zetten we er een zeiltje omheen. En dit laten we zien. Kan niet.'

Nou, het kon wel. Sterker nog, er kwam nog een camera bij, vanaf een motor. Kopp lag nog steeds stil. Er kwam een mannetje aan, hij knielde even, keek de renner in het gezicht, stond op en begon wild te zwaaien. Was Kopp dood? Ik hield het thuis niet meer. De camera in de helikopter bleef minutenlang beelden maken. Er kwamen nog meer mannetjes rond het stille lijf staan. Ik zag dat de bidon van Kopp naar de rand van de weg was gerold en stillag in de goot.

Weegee. Deze scène had de schoonheid van de foto's van Weegee, een Amerikaanse fotograaf uit de jaren dertig en veertig. Hij reed 's nachts in een oude auto door de straten van New York, luisterend naar een tetterende politieradio. Als hij een melding hoorde van een gewapende overval of een maffiose afrekening, scheurde hij op de plaats delict af.

Weegee was er altijd eerder dan de politie. Dat was zíjn sport. Hij zag de lijken vaak als eerste. Dode lichamen in typische houdingen. Benen in een knik naar buiten. Hoofd voorover tegen de borstkas. Armen onder een zware torso.

De fotoboeken van Weegee staan bij mij thuis altijd binnen handbereik. Wat is de dood toch ontstellend eerlijk en mooi om te zien. Zonder opsmuk toont het lijk ons de laatste seconde van het bestaan.

Voor Weegee een foto nam, duwde hij soms een afgevallen hoed met de punt van zijn schoen tot vlak bij het lijk: '*People like to see a dead man's hat*.' Mooi gezegd, Weegee. Kon ik vanaf mijn bank de bidon van Kopp maar naast zijn bebloede hoofd schuiven.

Het kapelletje van Madonna del Ghisallo in Noord-Italië is een bedevaartsoord voor wielerfanaten. Aan de muur hangen relikwieën van overleden coureurs. Ik stond er oog in oog met de fiets van Fabio Casartelli, waarmee hij verongelukte in de Tour de France van 1995, tijdens de afdaling van de Col de Portet d'Aspet. Een dood ding van een dode renner. Pas bij nadere bestudering zag ik krassen en deukjes in het frame. De voorvork stond uit het lood. Ik schrok, me bewust dat op deze gehavende fiets een 24-jarige Italiaanse jongen het leven liet.

Er zijn foto's van Casartelli, na zijn val. Ogen dicht. Geknakt. Zonder helm. Riviertjes van bloed over de weg. Je wilt niet kijken en kijkt toch.

We hoeven geen medelijden te hebben met een renner die valt. Hij wist vooraf waar hij aan begon. Wie in het profpeloton rijdt, weet dat hij kiest voor een flitsend leven, maar ook voor een mogelijke afdaling naar de dood.

Later hoorde ik dat Kopp de valpartij had overleefd. Hij had schedelletsel en een gebroken neus. Bofkont.

Natte koersbroek

De natuur was van slag. De kou won het nog steeds van de warmte. De lente liet op zich wachten.

Ik verheugde me op de wielerklassieker Milaan-Sanremo. Als het op het voorjaar aankomt, lijken Italianen altijd de primeur te hebben. Zijn de rechten voor de eerste zonnestralen soms exclusief verkocht?

'sOchtends moest ik eerst zelf op de fiets met een peloton wielertoeristen. Van Den Bosch naar Rotterdam, twee startplaatsen van de Tour de France.

Het werd een barre tocht van 111 kilometer. Dik ingepakt reden we Den Bosch uit. Regen en tegenwind op de dijken. Op een tractor zat een boer in zijn cabine te vloeken omdat hij moest wachten. Wat moesten die wielrenners in hun vrije tijd op zijn strontweggetje? Het was weer om te werken.

Naast me reed de Zeeuw Cees Bal, winnaar van de Ronde van Vlaanderen van 1974. Ondanks het slechte weer gaf hij geen krimp. Met een rode blos van de kou op zijn wangen vertelde hij dat hij altijd met ouderwetse tubes reed. Het reed heerlijk, zei hij. Maar hij moest wel drie keer stoppen vanwege een lekke band.

Wat was dit voor een voorjaar? De herfst was er niets bij.

Piet van Katwijk, profrenner en sprintkanon uit de tijd van Bal, viel in een bocht vol plassen. Mij twee onbekende jongens gleden op het spekgladde asfalt hard onderuit en belandden met fiets en al in een sloot.

Met besmeurde gezichten remden we na bijna vier uur fietsen vlak voor het Rotterdamse stadhuis. We leken op verdwaalde Limburgse mijnwerkers op zoek naar de ingang van de mijnschacht.

We namen afscheid van elkaar. Ik reed naar mijn huis op de Kop van Zuid.

Na een hete douche kleedde ik me aan. Op de bank pulkte ik het laatste vuil uit mijn ooghoeken. Het was kwart voor vier. Ik zette de televisie aan en zag Imperia vanuit de lucht. Dit was het Italiaanse kustplaatsje waar de renners sinds jaar en dag doorheen razen. Een hoofdstraat met aan weerszijden klassieke arcades. Er flitste een bar voorbij. Ongetwijfeld kon je daar een cappuccino krijgen van een barista in een zwart schort met een versleten horecaheup.

Het voorjaar wilde ik ruiken, desnoods door de televisie heen.

Na Imperia reden de coureurs langs de kust. Ik riep de geur van bloemen op. Van natuurlijk parfum. Ach, al was het de stank van uitgereden koeienstront op de velden, als de zon er maar bij scheen.

Ik zag de eerste renner van dichtbij gefilmd, vanaf een motor. Aangekoekte modder op een natte koersbroek.

Primavera, wat doe je me aan! Hadden de weergoden boven Europa het op een akkoordje gegooid? De armstukken van de renners waren tot aan de oksels opgetrokken. Ik zag de gezichten van de kanshebbers, getekend door kou en neerslag.

Het luie voorjaar lag nog te maffen in een mandje onder een dekentje.

Sprinter Mark Cavendish fietste achter in het peloton. Hij had geen schijn van kans. Zo te zien hing er nog vijf kilo overtollig wintervet aan zijn lijf. Hij reed vast met zijn nieuwe meisje in zijn hoofd: Miss Italia 2008. Fiorella Migliore. Wat een naam. Daar gooi je geen regenjas omheen. Fiorella stond een paar dagen te vroeg buiten.

De overgebleven favorieten daalden de Poggio af. Haarspeld na haarspeld. De Spanjaard Oscar Freire won de sprint. De nummers twee en drie Tom Boonen en Alessandro Petacchi hadden bij de huldiging hun lange broek aan. Ik keek naar de blote kuiten van Freire. Koud?

Welnee. Hij lachte breeduit.

Het valse voorjaar in Italië had geen grip op de winnaar.

Vinnetje

Met twee bolle handen voor zijn borst deed Filippo Pozzato voor hoe hij vrouwen het liefst zag in de lente. Een formidabele boezem in een strak jurkje, dat was het droombeeld voor de Italiaanse machowielrenner aan de vooravond van de wielerklassieker Milaan-Sanremo.

Rokjesdag langs de Bloemenrivièra.

Had Pozzato zijn hormoonhuishouding en de bijbehorende klimatologische omstandigheden maar nooit verklaard. Sindsdien is het nat en koud koersweer geweest tijdens La Primavera.

Het parcours van Milaan-Sanremo zien liggen onder een donker wolkenpak, dat doet pijn aan je ogen. Een rit naar de zon? Bij de finishlijn moest het centimeters hoge regenwater worden weggepompt.

De Nederlandse renner Maarten Tjallingii reed bijna de hele wedstrijd in de kopgroep. Een krachtmens op de fiets, met blote handen en blote benen. Het slechte weer leek geen invloed te hebben op zijn humeur. Tjallingii blies af en toe een regendruppel van het puntje van zijn neus en pedaleerde stevig door het natte landschap.

De mecanicien had een *ass-saver* achter Tjallingii's zadel geplaatst. Een mini-spatbordje dat voorkomt dat je achterste nat wordt van sproeiwater door het draaiende achterwiel.

'Een vinnetje onder de poep uit van Tjallingii,' zo meldde de Vlaamse tv-commentator.

Ik vond het aanvankelijk een belachelijk ding. Er hoort ook geen bel op een racefiets. Ik ben nogal ouderwets als het om vormgeving gaat. Maar wie was ik – een zondagsfietser op een stalen frame – om me te beklagen over de moderne kontdrooghouder van Tjallingii?

Op 11,7 kilometer van het einde werd Tjallingii ingelopen. Hij had 270 kilometer in de kopgroep gereden. Dat is ongeveer van Rotterdam naar Delfzijl, bedacht ik. In de regen. Met behulp van de ass-saver, ja. Maar mag het alsjeblieft?

Tijdens de laatste meters van de afdaling van de Poggio, op een paar kilometer van de finish, zag ik links van de weg een non staan. Ze droeg witte kleren en een witte kap. Ze leek zo tijdens het middaggebed uit de kapel te zijn gestapt om het profpeloton te zien langskomen.

Het lichaam van de Witte Non was ontdaan van iedere voorjaarssensualiteit, zoals Pozzato die voor ogen had. Haar boezem zat verborgen onder een dik habijt.

De coureurs raasden voorbij. De achterwielen sproeiden het smerige regenwater tegen het schone gewaad van de non. Voor haar geen bescherming tegen spetters. De non zwaaide enthousiast met beide handen naar de koplopers. Het was een zegen zoals je die als wielrenner alleen in Italië kunt ontvangen.

Tjallingii kwam als eenenveertigste over de eindstreep, op 2 minuten en 38 seconden van de winnaar. Hij gaf een samenvatting van zijn gedachten na zeven uur fietsen in de regen: 'Ik dacht steeds, als ik maar warm blijf.'

Kippenvel voor Leontien

Iedereen had een kaartje gekocht voor kippenvel. Een kip leeft in voortdurende staat van kippenvel, de mens heeft het altijd maar even. Deze avond moest en zou het komen, tijdens het afscheid van Leontien Zijlaard-van Moorsel in sportpaleis Ahoy. De rit met de metro bracht me al in de stemming. Hij reed bovengronds, bij de Maashaven, waar iemand op een braakliggend terrein verlate vuurpijlen ontstak.

Op het plein voor Ahoy was het doodstil. Duizenden fans van Leontien Zijlaard-van Moorsel zaten binnen al twee uur te wachten op hun wielerkoningin. Ik was aan de late kant, het afscheidsgala stond op het punt te beginnen. De mannen van de zesdaagse kregen even rust. In de catacomben leunde Magnus Backstedt tegen een muur. De winnaar van de laatste Parijs-Roubaix belde met thuis. En Theo Bos liep na een gewonnen sprint met zijn fiets door het rennerskwartier.

De lichten in de grote hal gingen uit. De volgspots wezen naar een ereboog van kinderen. Het moment was daar: Leontien arriveerde. Ze liep als een diva de trap af, de baan over naar het podium op het middenterrein. Mooie witte jurk met blote schouders, zonder kippenvel.

Daar waren de sprekers. Burgemeester Opstelten vond Leontien 'buitengewoon aardig', Erica Terpstra zei dat 'Tinus tot het gaatje ging' en haar vader – ons pap uit Boekel – vertelde dat 'in het breken van het werelduurrecord in Mexico een bepaalde emotie zat'. Het woord 'emotie' zal nooit een *tearjerker* zijn.

Een beetje fietsen op de baan kon geen kwaad.

Leontien Zijlaard-van Moorsel kwam in wielerkleding de baan op voor een achtervolging, ze vormde een gemengd dubbel met Erik Dekker en fietste tegen het duo Michael Boogerd en Anouska van der Zee. 'Ik zag helemaal niet wie er op kop lag,' giechelde Boogerd na afloop. Het scheelde weinig of zijn duo had per ongeluk gewonnen, geheel tegen de afspraken in.

Van Moorsel had een afscheidstoespraak geschreven. De beste wielrenster ooit durfde het niet uit het hoofd te doen. Ik moest aan Joop Zoetemelk denken. Hij bedankte tijdens zijn afscheid, in de zesdaagse van Maastricht, zijn ouders ook met een trillend tekstje voor zijn neus. Stotterend haalde hij het einde.

Schoonvader en gangmaker Joop Zijlaard stond langs de baan de tranen onder zijn bril weg te vegen. Hij had gehuild om het huilen van de zus van Leontien. 'Zo, zie ik daar effe een beetje emotie, zeg. Ik doe tijdens het rijden mijn bril omhoog, dan waait het wel droog.' Hij gierde met zijn derny over de baan en eindigde zelfs met één ronde voorsprong. Zijlaard, na afloop: 'De mecanicien zei net dat het motortje nog nooit zo heet is geweest.'

Leontien reed nog een laatste ronde solo, alleen gevolgd door een spot met wit licht. Het sportpaleis stond op het punt te breken. Gemeenschappelijk kippenvel is te regisseren, dat kunnen we goed in dit land. Er was nog één duwtje nodig. Ze eindigde met haar fiets op de eindstreep. Daar stonden haar man en René Froger te wachten. Froger zong het nummer dat Leontien tijdens de trainingen zo graag via haar koptelefoon hoorde. *This is the moment*. Crescendo op crescendo.

Haar fiets ging aan een kabel langzaam naar het dak. Het lag er lekker dik bovenop. Dit was de traan van Máxima en de laatste rondgang van Hazes ineen. Ze keek onhandig en verdrietig naar haar man. Daar ging haar grootste maatje: de fiets. Van Moorsel zwaaide naar het frame, al te hoog gehesen om nog aan te raken. Froger zong zijn hart eruit. Leontien verloor de strijd en liet een traan lopen.

Daar kwam het, een paar seconden maar, dat rare gekriebel op je rug, van de broeksriem tot de boordrand van je overhemd. Kippenvel.

Man met bril

Op de Col de la Madeleine wordt vuurwerk verwacht. Als Tourkenner Peter Ouwerkerk vóór de renners uit met de auto de eerste kilometers van de berg neemt, moeten we met een lichte curve om een man heen. Hij loopt met langzame tred over het asfalt, een tikje gebogen, gekleed in een overhemd met roze ruit en bermuda van onder. Hij wordt gebracht door een vrouw. Ik draai het raam verder open.

Jan!

We kunnen niet stoppen, een volgauto achter ons wil nog sneller in de perszaal zijn. We krijgen een claxon als waarschuwing. De stijgende man is al achter ons.

Jantje!

Ik kijk terug in de tijd.

Dezelfde man zit op de fiets, haar in een golf naar achteren gekamd, zijn openstaande mond boven de remkabels. Hij duwt met zijn wijsvinger de bril op zijn neus terug en zoekt naar eten in zijn koerstrui met als reclameopschrift Pelforth/Lejeune. Een Frans biertje en een fietsenmerk op de borst van de gebrilde Nootdorper, ooit met 38 seconden op Herman van Springel in 1968 de huilende Tourwinnaar op de piste van het Bois de Vincennes.

Hij kon in zijn beste tijd het sprintgeweld aan van Eddy Merckx, Gianni Motta, Rudi Altig en Rik Van Looy. Klimmen was niet z'n specialiteit. Vandaag ook weer niet.

1995 meter hoog ligt de top van de Col de la Madeleine.

Andres Gandaris passeerde in 1969 als eerste de streep boven op de berg, die toen voor het eerst in de Tour was opgenomen.

De man met bril reed 'm toen ook. Een moordenaar heeft drang terug te keren naar de plek van het misdrijf, een oud-renner kan het niet laten zijn voorbije oorlogsgebied te bezoeken. Het oude verhaal in het hoofd toetsen aan de huidige omgeving. Waar moest ik lossen? Hoe liep die bocht? De Madeleine vertelt haar geschiedenis.

Daar gaat hij, stap voor stap. Jan Janssen, zonder fiets, incognito in de Tour. Lopend waar hij ooit fietste.

Mooi Jan.

Wij rijden door, je weet het, de Tour stopt nooit. Zelfs niet voor een winnaar.

Een rondje met Jan Janssen

Aan de telefoon klonk er iets van twijfel in zijn stem na mijn voorstel om samen een rondje te rijden. 'Je gaat me toch niet naar de kloten fietsen, hè?' zei de oud-Tourwinnaar.

Ik zou niet durven. Een kerel van achtenzestig jaar met een gouden palmares fiets je niet naar de kloten.

Die hou je uit de wind.

Die schenk je een frisse bidon met dorstlesser.

Die geef je je laatste powerbar.

Aan de andere kant: het is wel dé Jan Janssen die je dan hebt zoek gereden. Toch een fijn verhaal voor in de kroeg. Wat nou als ik die Jan Janssen wél naar de klote zou rijden? Op eigen terrein. Finaal. Hard. Zonder erbarmen, zodat hij moest smeken of het alsjeblieft, alsjeblieft zachter kon.

Ik had een kans. Een flink leeftijdsverschil, en, niet onbelangrijk, Jan had een tijd niet kunnen trainen vanwege een aanhoudende griep.

Tijdens ons telefoontje hoorde ik een angstaanjagend geblaf aan de andere kant van de lijn. Als een oude hond met poliepen hoestte Jan Janssen de ontsteking in zijn borst los. 'Man, ik ben al weken verkouden. Ik heb een maand niet gefietst. Maar kan je vrijdagmiddag, kom dan maar, dan kijken we wel.'

Met een gedemonteerde fiets achter in de auto reed ik op de heetste dag van mei naar het zuiden. De tomtom herkende het adres niet. Janssen woonde in het Belgische deel van het grensplaatsje Putte en dat noemen ze daar Kapellen. Je moet het maar weten.

Een belletje naar Jan. 'Waar zit je? O. Ben je de Grensstraat in gereden? Dan is het de derde weg links.'

Even later zwaaide een man in wieleroutfit vanaf de oprit.

Jan Janssen, in tegenlicht.

Grijs haar achterover gekamd, een moderne variant van zijn wereldberoemde Ray-Ban uit de Tour van 1968 op de neus, een strak bovenlijf en geschoren benen. Le Professeur, noemen ze de renner met bril in Frankrijk.

Ik tilde mijn frame uit de achterbak en daarna de wielen. Jan pakte het voorwiel aan en zette het in de voorvork. Daarna klemde hij het achterwiel tussen zijn knieën en slingerde hij de ketting behendig op de tanden. 'Nooit smeer aan mijn handen.'

De achtertuin stond er weelderig bij. Een ruim grasveld omzoomd met planten, bosjes en bomen. Ik zat na anderhalf uur autorijden nog met de opgebroken asfaltjungle in mijn hoofd. In mijn zomerkleding keek ik rond. Ruimte. Lucht. Geur. Rust. Jan Janssen en zijn vrouw hadden een mooie plek om oud te worden.

'Boris!' riep Jan achter me. 'Boris!' hoorde ik nog eens. Jan stond met zijn wielerpakje in het kraakheldere water van zijn zelf aangelegde vijvertje te schreeuwen.

'Hij komt niet. Boris is onze Russische graskarper.'

Ik zag Boris een doelloos rondje draaien.

'Hoe is het met je griep?'

'Ik ben de afgelopen dagen zachtjes gaan trainen en dan merk je dat al die rottigheid lekker loskomt,' zei Jan.

Jan had getraind. Mooi. Hij nam het ritje serieus. Ik ook.

'En anders mieter ik er toch lekker wat anabolen in. Kan mij het schelen. En als ze dan aan de deur komen, schop ik ze gewoon weg. *Whereabouts?* Nooit van gehoord. Jongen, ik ben niet voor doping, maar de renners van nu zijn gevangenen van hun eigen sport. Dat was in mijn tijd, met jongens als Anquetil nooit gebeurd. Ze worden als criminelen behandeld en mogen nog geen neusdruppel nemen. En je zou ook niet mogen rijden als je ziek bent. Nou, als ik vroeger ziek was, moest ik juist rijden, dan werd ik sneller beter.'

Jan Janssen nam een slok koffie. Mijn moeder moest eens weten dat ik tegenover hem zat. We keken samen naar de televisie toen Jan Janssen in zwart-wit de wielerbaan van Vincennes opreed en in de afsluitende tijdrit de Tour de France van 1968 wist te winnen. Ik zag de geëmotioneerde Janssen op de schouders gaan. Mijn moeder deed graag Jan

Janssen na wanneer ze zijn naam hoorde op radio of tv. Geen idee of de quote uit die tijd letterlijk was. Maar volgens haar riep hij, direct na de finish – en nu hoor ik de huiluithalen van moeder weer: 'Ik heb de Tour de France gewonnen, ik heb de Tour de France gewonnen, ik heb de Tour de France gewonnen!'

Als een eeuwige mantra verzonken in mijn hersens.

'Nou, gaan we nou nog fietsen of hoe zit het?' zei Jan.

Ik at nog een koekje en werd daarna via de serre naar de eerste verdieping van het huis geleid. Daar mocht ik mij verkleden, in de logeerkamer. Op de overloop stond de uitpuilende prijzenkast. Volgens zijn vrouw Cora hoefden de prijzen van Jan niet meer zo nodig een prominente plek in huis.

Jan stond al naast zijn fiets toen ik omgekleed terugkwam. Natuurlijk, hij had een Jan Janssen-frame. Zelf werkt hij niet meer in zijn fietsenfabriek, zijn twee zoons wel. We zouden er onderweg langsrijden.

'Ik was vroeger een trainingsdier. Ik ging na een wedstrijd nog wel eens op de fiets door naar huis. En rap. Misschien is dat wel onze fout geweest. Altijd maar rijden. Ik raakte soms overtraind. Nu hoor je ze zeggen: ik doe eventjes rustig aan. Ze trekken gewoon een lange neus. Een jongen als Thomas Dekker stopt in zijn periode bij de Raboploeg met rijden omdat hij een paar koersjes in Spanje heeft gereden en een stel klassiekers. Ik ben kapot, zegt hij. Tja, als ik dat hoor...'

'Jij bent geen fan van Dekker, begrijp ik.'

'Jawel. Jawel. Hij ziet er goed uit, heeft een babbel. Maar het is nog geen topper. Laat ik het zo zeggen: ik heb hem nog niet vallend over de streep zien komen. En de dames hè, die vinden hem leuk. Nou, mooi. Ik hoef het allemaal niet te weten. Ach, weet je. Hij is nog jong. Hij verdient goed en rijdt in een mooie auto. Wie maakt hem wat? Nog drie jaar en hij is binnen. Hoeft-ie nooit meer te werken.'

'Jij hebt toch ook goed verdiend, Jan?' zeg ik.

'Ja, oké. En toch werk ik graag. De fietsenfabriek bestaat nog. De jongens runnen het bedrijf weliswaar, de een achter in het magazijn, de ander voor op kantoor. Toch kan ik het soms niet laten. Dan zeggen ze tegen me, pa, de bode komt zo een fiets opladen. Effe inpakken, pap? Nou, ik zweer je, niemand kan me verbeteren met inpakken. En als ze me vragen of ik met de *caminet* veertien fietsen kan wegbrengen naar Hilversum of Krommenie, dan doe ik dat graag.'

Vastberaden schakelde Jan Janssen naar een prettig verzet, ging in de hoofdstraat even op de pedalen staan om dan weer op het zadel te zakken. Hij droeg geen helm. We passeerden de grens en waren in Nederland.

Op een smal fietspad ging ik even achter hem rijden. Typische wielerkuiten. Uitgerekt, geprononceerd, slank en aan de enkel zo smal dat de toppen van duim en middelvinger elkaar konden raken als je hem zou vastpakken.

Zijn beentempo was hoog. 'Dat heb ik van Gerrit Schulte. Die riep de hele tijd maar dat je een soepel verzet moest draaien. Hij riep: "Klein, klein, klein!" Ik heb die souplesse van hem. Zorgen dat je je poten niet kapot rijdt... Rechtuit!'

Ik keek op mijn teller. We reden 32 kilometer. Goed te doen. Jan Janssen leek niet moe te worden en praatte door.

'Fietsen is mijn medicijn. Ik moet gewoon regelmatig een rondje maken, twee uurtjes van 30 kilometer gemiddeld. Niet als een dwaas. Ik krijg er allerlei ideeën van. Over de tuin bijvoorbeeld. Dan denk ik, ik ga die vijver eens heel anders aanleggen. Of die kloteboom, met al dat losse blad in het najaar, die gaat om. Weg. Om met dat kloteding.'

'Eerst een kapvergunning aanvragen, Jan,' zei ik.

'Nou, dat vergeet ik gewoon, joh. Ik denk op de fiets trouwens ook aan minder fijne zaken. Dat ik lekker rondrij terwijl mijn oud-collega Henk Nijdam twee benen kwijt is. Hij zit in een rolstoel. Dankbaar zijn, dat schiet dan door mijn hoofd. Je moet toch geluk hebben in je leven. Ik kom echt tot bezinning tijdens het fietsen. Dat heb je niet als je in een hoerenkot zit, dan ben je al je geld kwijt en krijg je een zere rug, ha! Hier rechtsaf.'

We schoten een smalle asfaltstrook op en reden steeds verder weg van de drukke doorgaande weg naar Putte. Iets kinderlijks maakte zich meester van Jan Janssen. Wat moest een groot coureur als hij nog met zo'n lullig rondje op de fiets? Maar om de kilometer was er een spontane uitroep, als van een jongetje dat net een fiets cadeau heeft gekregen.

'O, wat is dit mooi.'

'Magnifiek.'

'Lekker, zeg.'

Het landschap werd geel, door de dalende zon. Opgedroogde modder, zandstroken, frisse gewassen, bomen in bloei. Ik hoorde in de verte een brommer aankomen die ons pas veel later passeerde. Er was opvallend weinig verkeerslawaai in dit gebied. 'Hier linksaf.'

Het viel me op dat Jan Janssen tegenwoordig een hogere zit had. De rug was niet meer zo diep gebogen. Ik herkende de machtige bovenbenen van vroeger. 'Altijd goeie bovenbenen gehad. Zulke poten. Ik rij nu om te relaxen. Handjes op het stuur. Vroeger reed ik altijd in de beugel. Nu wil ik comfort. Rechtuit hier. Dit doe ik nou zo graag. Twee uurtjes, het liefst met een cluppie. In één keer door. Ik stop nooit. Die jongens met wie ik rij moeten wel een christelijk tempo aanhouden. Als het te lang 40-42-44 kilometer per uur is, roep ik: 'Hé vooraan, denk je een beetje om de ouwe mensen!'

Aan de rechterkant van de weg was het asfalt op sommige plekken afgebrokkeld. De erosie van Brabant. Plots was er een gapend gat ter grootte van een putdeksel in het wegdek. Ik reed net rechts van Jan. Zonder een spier te vertrekken sprong hij met zijn voorwiel over het slechte stuk heen. 'Ik ben altijd handig geweest. Hup, eromheen, eroverheen. Dat is de motoriek die je hebt. Tak-tak-tak, hup! Geleerd tijdens de zesdaagsen, dan moet je — zonder te kunnen remmen — ook je weg zien te vinden. Goed voor je, in de winter koppelkoersen rijden. Daar word je sterk en handig van, ook als je klein van postuur bent. Ik heb zat kleine renners gekend, die waren brutaal, man, die kropen in je zak. Knokken. Op de fiets moet je leren knokken. En vooraan rijden. Als je op de 185ste plek zit, ja, als ze dan voorin opeens doorrijden, is het peloton zo een kilometer lang. Dan mag je drie klassen beter zijn dan een hoop andere renners, maar kom dan nog maar eens vooraan.'

Na een paar keer draaien en keren reden we naast elkaar op een smalle asfaltweg. Links weiland, rechts weiland. De zakkende zon scheen in ons gezicht. De overleden Gerrie Knetemann woonde hier in de buurt. 'Ik kon goed overweg met De Kneet... Pas op, we gaan hier rechtdoor... Kneet was ook een gevoelsmens, geen kapsones, grappen, grollen. God, wat heb ik daar een verdriet van gehad. Och! Hij zat in ons trainingscluppie. Ik heb verder niet zo veel met collega's. Vriendschap, dat ontstaat niet, dat is er, of het is er niet. We rijden hier nu door België. Ik ben een beetje België-*minded.* Ze zijn een soort onderdanig, of wacht even, het is niet dat ze nou je broek naar beneden doen voor je, maar ze zijn beleefd en netjes. Schitterend land, goeie mensen. Als ik door de streek rijd van de Ronde van Vlaanderen.. eh, Brakel, Nederbrakel, Zwalm, al die paadjes, kasseien waar ik over gereden heb, krijg ik weer de rillingen. Hier, links... en rechtdoor.'

We reden een fabrieksterrein op dat detoneerde met het groene Brabantse land. Vierkante schuren, vale loodsen. Jan Janssen nam de kop en stuurde opeens rechtsaf naar zijn fabriek. Het liep tegen zessen, maar de voordeur stond open. Zoon Jan zat in het kantoor. We liepen naar binnen. Het was er bloedheet, zonder airconditioning.

'Gaat het nog een beetje, kerel,' zei Janssen tegen me. 'Ik dacht, ik test je even uit. Als je me uit het wiel gefietst had, was ik wel gaan roepen dat je framemaat niet deugde of zo.'

Jan Janssen bleef een techniekfreak. Hij gaf op zijn klikkende wielerschoentjes een rondleiding door het bedrijf; langs het kantoor, de opslag, de spuiterij, de inpakplek. Overal frames met zijn naam op de buizen. Samen met zijn zoons verkocht hij zo'n 4500 racefietsen per jaar. Hij pakte een kaal frame en gaf het door met één hand om de lichtheid van het materiaal te accentueren.

Terug bij het kantoor aan de voorkant wees hij op een oude verweerde fiets die tegen de muur gekwakt was. 'Dat is de speciale fiets waarmee ik de tijdrit in de Tour van 1968 won. Reynoldsbuizen, een 57-centimetertje. Kijk, die bandjes op de platte velg. Een vijfpion. Kromme voorvork. Dit is de originele lak nog. Het lijkt roze, maar het is verschoten rood. Toeclips, wat een ramp was dat. Och! Oud zadel. Ik was er altijd mee aan het prutsen. Als ik een dikkere zeem in mijn broek had, deed ik mijn zadel meteen ietsje lager. Een millimeter of zo. Een zadel moet trouwens hoog staan. Zo'n klein stukje pen uit het frame, geen gezicht.'

Volgens Janssen waren we op de helft van het rondje. We zouden naar de Kalmthoutse heide gaan. Het was warm op de vooravond, eigenlijk nog warmer dan eerder op de dag. Mijn bidon was al half leeg. Ik had

Jan nog niet zien drinken. Hij had een witte, doorzichtige bidon waarin ik het vocht tot aan de rand zag klotsen.

We reden de hei op. '2225 hectare zand. Magnifiek hier,' zei Jan.

Ik nam weer een slok. Jan niet.

'Jan, ligt het nou aan mij, ik zie je helemaal niet drinken.'

'Klopt,' antwoordde hij, nog altijd zonder hijgen. Van vermoeidheid was totaal geen sprake. 'Nog geen druppel. Vroeger hadden we maar één bidon. Als die leeg was, moest je afstappen. De greppel in of naar een fontein en water scheppen. Ik was toen al zuinig met vocht en nu nog steeds. Weet je wat mijn geheime wapen was? Kijk uit, er kan hier zand liggen in de bocht, lig je zo op je kanis... Als het heel warm was in de Tour, nam ik altijd een pruimenpit in mijn mond. Dan bleef je mondvocht kweken en had je niet zo'n droge bek. Maar tegenwoordig, ach, komt er zo'n motor langs met een hele bar met bidons achterop, je kunt drinken zoveel je wilt. Ze zullen me wel een ouwe lul vinden, en dat ben ik ook, dat word je vanzelf, maar de nostalgie is een beetje van het wielrennen af. Ze worden tijdens de koers prima verzorgd en hebben allemaal een helm op en een grote zonnebril waardoor ik ze niet herken.'

Ongemerkt ging het tempo omhoog. Nog altijd lagen de handen van Jan Janssen losjes op de remmen aan het stuur. En nog altijd praatte hij door terwijl zijn benen een vast tempo draaiden. 'Wat je hier allemaal ziet. Reeën, fazanten, hazen, konijnen, Vlaamse gaaien, eekhoorns. Zelfs kraaien op de rug van een koe, die pikken de luizen uit de vacht. Kijk, daar op het bankje zit ik vaak met Cora als we een tocht maken.'

In de verte zag ik een stalen uitkijktoren boven de hei uitsteken. Jan vertelde dat Ludo Delcroix, de oud-ploegmaat van Eddy Merckx, daar als boswachter vaak bovenin staat. Hij is in dienst bij de gemeente Kalmthout en houdt van bovenaf in de gaten of de hei niet in de brand staat. 'Als ik langsrij hangt hij de vlag wel eens uit. Of ik bel met mijn 06. Weet je dat Breukink hier ook in de buurt woont?'

Janssen draaide scherp naar rechts een doorgaande asfaltweg op. Het was weer drukker hier. Links en rechts zag ik villa's met vrouwennamen. Met veel geraas suisden auto's voorbij. Janssen ging iets harder rijden.

31, 32...

'Er wonen hier 18.000 Nederlanders in de omgeving...'

33, 34...

'Moet je die rare slinger zien in het fietspad. Als je niet oplet, lig je in de sloot ernaast.'

35, 36...

Het gesprek viel stil. Hoe hard ik ook probeerde om gelijke tred te houden met Jan Janssen, iedere keer duwde hij zijn wiel net tien centimeter voor mijn voorwiel uit.

37...

Janssen nam zijn allereerste slokje uit de bidon.

Mijn voorwiel bleef achter bij het zijne. Ik hoorde mijn gehijg. Janssen gaf het tempo aan en bleef maar versnellen.

38...

Wie reed hier wie naar de klote?

Mijn adem werd korter en korter. Ik fixeerde me op de weg en mijn kilometerteller: 38 reden we nog steeds, al een kilometer lang. En wat ik ook deed, steeds maar bleef dat wiel van Janssen tien centimeter voor het mijne.

We spraken niet meer. Ik begon te denken. Aan de onvermoede krachten van een achtenzestigjarige man die als een tanige jongeling op de fiets zat. Aan de bomen langs de weg die hun wortels onder het fietspad door lieten lopen waardoor mijn voorwiel steeds leek te bokken tegen het asfalt.

Liep het hier op of leek het maar zo?

39...

We reden 39,5 kilometer, zij aan zij, Jan bleef nog steeds een voetlengte voor en vertrok geen spier. De ploert. Hij reed zo sterk. Er was geen twijfel mogelijk, dit tempo kon hij uren volhouden. Hij moest heel veel getraind hebben. En die griep, ik weet niet hoe serieus die was.

Nog steeds 39,5. Tot op de tiende nauwkeurig.

Wat zei hij eerder in de tuin over doping? 'Je gaat er niet harder van rijden. Zoals vroeger, toen had je amfetaminen. Ik keur het niet goed, maar als je het neemt, doe het dan gedoseerd. Ik zat bij dokter Rolink, hij gaf me ook wel eens een pilletje mee en zei erbij: als je in de kopgroep zit en je kunt winnen: slik het! Ach, ik wist toen niet eens wat het was. Van doping ga je niet beter rijden. Als het wel zo zou zijn, ging ik vandaag nog een kilo halen, opeten en meteen weer in koers. Maar daar zit het niet in. Je moet er echt voor leven. Je maakt van een krijtezel nooit geen renpaard.'

Hij een renpaard, ik een krijtezel.

Ik zag een uitgestorven beest voor me met een droge tong, een doorgezakte rug en lege ogen, diep in de kassen. Een beetje zoals ik nu op de fiets zat. Op het randje van het zadel, worstelend tegen de teller op mijn stuur.

Heel even, echt maar heel even liet ik in woord en gebaar doorschemeren dat ik aan mijn grens begon te zitten.

'Hoe ver is het nog, Jan, want eh....'

Hij hield meteen een beetje in.

'Hier rechts aanhouden.'

Ik hoorde onze banden op de weg, vermengd met mijn gehijg.

'Zo, we zijn weer in Putte.'

In huis rook het naar asperges, die dag gestoken en door Cora bereid, met ei en hesp.

Jan Janssen liep op slippers door het huis, het wielertenue nog altijd om het ranke lijf. Pesterig lachje.

'Ik zat net maar aan de 70 procent van mijn kunnen. Ik dacht: ik zal even laten zien dat ik nog aardig kan fietsen. Ik zal niet zeggen dat ik competitiedrang heb, nee. Maar effe een tikkie uitdelen? Ja.'

Het eten is klaar.

'Zullen we nog even een douche pakken?'

Een paar minuten later liep ik met een handdoek de badkamer binnen. Jan Janssen kwam net onder de douche vandaan.

'*Au suivant!*' riep hij, alsof hij na een overwinning in een Alpenrit in De Tour de waterstralen vrijgaf aan de verliezer.

Hij begon zich af te drogen. Terwijl ik onder de douche stond, had ik een vorstelijk uitzicht op de billenpartij van de Tourwinnaar van 1968. Vetloze hammen, hangend onder een nagenoeg spekloze rug.

Deze oerfietser had me naar de klote gereden. Ik wist het, hij wist het. Pas onder de douche waren we, in onze naaktheid, weer gewone stervelingen.

We liepen aangekleed naar de achterkamer.

Na het ultrakorte gebed van Jan — 'Ja, en amen' — bleef ik lang hangen aan tafel. Ik schepte zelfs twee keer op. Jan Janssen zei wat hij iedere dag tegen zijn vrouw Cora fluistert: 'We zijn rijk,' en stak de punt van een asperge in zijn mond.

Dagen later hoorde ik een bericht op mijn voicemail: 'U spreekt met de voormalig Tourwinnaar. Ik heb u laatst zo'n pijn gedaan op de fiets. Over een paar weken is er een mooie koers. Doet u weer mee?'

Rat. Schurk. Naar de klote moet hij.

Ik pak hem nog wel een keer.

Een bosje chrysanten

Het is broeierig heet in Grenoble, daags na Quatorze Juillet. Bij de start staan de overgebleven renners in de Tour de France van 2020. Vijfentwintig mannen die niet van opgeven willen weten. Op het plein verschijnt de baas van de Tour. Vlak voor het vertrek van iedere etappe leest hij de namen voor van de dodelijke slachtoffers van het coronavirus in Frankrijk.

Het ritueel duurt iedere ochtend langer, vandaag al bijna vijf minuten.

De achternamen zijn moeilijk te verstaan omdat de geëmotioneerde Tourbaas door een mondkapje spreekt. Hij heeft een venijnig hoestje maar bezweert dat niemand zich zorgen hoeft te maken.

Het startschot weerkaatst tegen de huizen waar de bewoners zwaaien achter de ramen. Weg zijn de coureurs. Met mondkapjes op, lange mouwen en handschoenen aan. Op naar de zwaarste berg van de Tour de France. Dit is de koninginnenrit, de zwaarste van allemaal; hij eindigt op 2.304 meter hoogte, op de top van de Col de la Loze.

In alle vroegte is een colonne vertrokken van verfwagens met een spuitinstallatie aan de achterbumper. Om de anderhalve meter zetten ze een gele stip op het asfalt van de slotklim. In andere jaren renden wielergekken met hun idool mee in een roze string of verkleed als ijsbeer. Dat is nu verboden, je moet op je stip blijven staan en je mond houden als een wielrenner passeert.

Langs het parcours zijn spuugzones ingericht voor het peloton. Zomaar rochelen en snuiten is verboden, alleen in de aangegeven zone mogen renners in plastic tonnen mond- en neusvocht kwijt. Officials in beschermpakken sluiten na de laatste renner de tonnen af en brengen ze naar een verbrandingsoven.

Het favoriete boek op het nachtkastje in de rennershotels is deze zomer *Fifty places to bike before you die* van Chris Santella, meldt Radio Tour als weetje.

In een volgwagen achter het peloton zit Roxana Maracineanu. Vanaf de uitbraak van het virus heeft zij als minister van Sport gestreden voor het doorgaan van de Tour. De zomerse trots van Frankrijk, die laat je niet schieten. Het is haar gelukt. Ze is in het gezicht gespuugd door tegenstanders en wordt sindsdien beveiligd.

Wie deze bergetappe heeft gewonnen is onduidelijk. Journalisten, cameramensen en motorrijders zijn demonstratief in het dal gebleven omdat het risico van besmetting al weken te groot is. Het laatste live-televisiebeeld was van een boze Bernard Hinault. De oud-winnaar hield langs de kant een stuk karton omhoog met een handgeschreven tekst: HET LEVEN IS BELANGRIJKER DAN DE TOUR.

Een wielerfan verstuurde zojuist met zijn mobieltje vanaf de bergtop een foto van de klassementsleider. De onherkenbare coureur staat in de grijze trui met een zuurstofmasker voor en een fles op zijn rug. Twee mannen in witte overalls ondersteunen hem. Er is geen publiek te zien. De wielrenner houdt een bosje chrysanten omhoog met zijn plastic handschoen.

Modderstroom

Sinds mijn jeugd heb ik bij hoge koorts altijd dezelfde nachtmerrie. Mijn hoofd is teruggebracht tot een speldenknop, tot één alziend oog. Waar ik ook kijk, vanuit alle hoeken komt een donkere massa bulderend op me afgerold. Ik wil vluchten maar het lukt niet. Op weg naar het einde.

Badend in het zweet word ik wakker.

Aan dat droombeeld moest ik denken toen een modderstroom het parcours van de Tour de France versperde. Het was buitenproportioneel natuurgeweld in een wielerwedstrijd. Doorgaans gaat het peloton de strijd aan met de elementen. Regen, hagel, storm, extreme windstoten — denk maar aan de woeste editie van de voorjaarsklassieker Gent-Wevelgem in 2015.

Maar dit?

'Mathieu van der Poel en Wout van Aert waren vast doorgereden!' grapte ik in een appje naar een wielervriend. Van der Poel tot aan zijn middel in de modder, Van Aert zwemmend met de fiets boven zijn hoofd. De Tourbaas met rood noodvlaggetje, vanuit het dak van zijn auto die niet meer voor- of achteruit kan.

De veiligheid van coureurs en volgers was in het geding, besloot de organisatie. De natuur trok een lange neus naar het peloton: eindelijk weer eens een keer gewonnen van die fietsertjes.

Wielerfans raakten er niet over uitgesproken. Waarom werden de renners jaar in jaar uit over onverharde wegen en natte kasseien gestuurd? En had iedereen gezien hoe Simon Yates tijdens een afdaling vlak langs een diepe afgrond scheerde op een pad zonder vangrail? Dat was toch ook spelen met een leven?

Voor een documentaire over de klassieker Luik-Bastenaken-Luik heb ik Bernard Hinault geïnterviewd over zijn helletocht in 1980. Hij zegevierde solo in de vrieskou en heeft sindsdien weinig gevoel meer in een paar vingers. De Fransman lacht erom, hij won en had een indrukwekkend verhaal.

Zo ging dat vroeger.

Wielrenners in koers zijn een beetje gek. Hun pijn vinden ze 'te verbijten pijn' en ongeluk zit nu eenmaal in een klein hoekje. Dat is wat kilometers hard fietsen en aangemaakte endorfine met je doen: de waarneming houdt soms geen gelijke tred met de werkelijkheid.

Maar goed, ik ben slechts toeschouwer van de Tour, zij zitten er drie weken middenin.

De aanvankelijke woede na het besluit om de etappe stil te leggen bekoelde pas toen de renners met regenjasjes in de volgauto's de televisiebeelden zagen van dat grijze braaksel diep uit de maag van de berg. Ze werden mak, de heren coureurs.

Het is eenvoudiger het hoofd te buigen voor modder dan voor een valse renner.

Die modderstroom, hét historische moment van deze Tour, leidde tot een nieuwe leider in het klassement. De Colombiaan Egan Bernal besefte dat zijn zojuist aangetrokken gele trui het hoogst haalbare was in zijn vak en begon onbedaarlijk te snikken.

Een uurtje na de bruut verstoorde etappe sprak hij al over een droom die uitkwam. Deze bloedstollende Tour kon op weg naar Parijs.

Op weg naar het échte einde.

De Tour is preuts

De organisatie van de Tour was niet gelukkig met geschilderde penissen en balzakken op het asfalt in de bergen. Nog voordat de renners over de geslachtsdelen konden razen, waren ze haastig overgekalkt. Van twee ballen waren ogen gemaakt en na een paar heen-en-weertjes met een roller vol witkalk kon je, met enige fantasie, in een reuzenscrotum een harige uil zien, die op een tak filosofeerde over het nut van cyclisme in het hooggebergte.

Waar de Tourbazen seksuele uitingen lieten wegpoetsen, zetten ze zonder gêne hoog in op het openlijk vertonen van vuur en verdriet op de gezichten van renners.

Alles mag gezien, alles moet gezien.

In de Pyreneeënritten vocht Thibaut Pinot zich naar een goede positie in het klassement. De Franse renner heeft een uiterlijk waarop goed valt af te lezen hoe zwaar een klim is. Op zijn gezicht, donker door de zware baardgroei, staat de verbetenheid om in de laatste kilometers alles uit het lichaam te persen. Zijn hoofd maakt bij iedere omwenteling van de pedalen een knikje.

De camera dook er bovenop.

Bij zijn overwinning op de top van de Tourmalet keek Pinots vooruitgesnelde ploegleider Marc Madiot achter de finish op een monitor. Hij zag het vechten en zwoegen van zijn renner en krijste een minuut lang als een brulaap tegen het scherm. Een camera bleef schaamteloos dicht op de huid van Madiot, een oud-renner.

Ook het gezicht van Steven Kruijswijk kreeg volle aandacht; het bloed onder zijn huid leek naar elders vertrokken. De Nederlandse renner had het zwaar op de laatste Pyreneeënklim. Hij volgde met moeite het achterwiel van concurrent Geraint Thomas en keek naar het asfalt met een wit uitgeslagen gelaat en die vierkante schouders waarop het zo fijn dozen stapelen is.

Toen geletruidrager Julian Alaphilippe eindelijk 'brak' in de laatste kilometers van de klim naar Foix Prat d'Albis en moederziel alleen reed, was het wachten op een camera die hem close in beeld zou vangen. Een motorrijder met cameraman achterop hield even in, de vermoeide renner schoof voorbij op het scherm. Aan zijn baardje hing een sliert spuug, die bij iedere pedaalslag regelmatig bengelde als de slinger van een pendule.

Overigens was Alaphilippe acteur genoeg om mee te werken aan de soundtrack onder het filmshot, getuige het dramatische 'aahh' uit zijn opengesperde mond.

Eenmaal over de streep kon het poetsen van de gezichten beginnen. Met schone huid en handdoek om stonden de renners voor de camera's.

Vanuit de helikopter waren de overgeschilderde mannengeslachten tijdens de bergetappes nauwelijks in beeld geweest. De preutsheid van de organisatie had het gewonnen van de ordinaire uitingen van het wielervolk.

Ondertussen houden de 'baasjes' van de Tour aloude tradities graag in ere. Terwijl het fenomeen rondemiss mondiaal aan een zijden draadje hangt, drapeerden op het erepodium twee vrouwen de gele trui om de schouders van Alaphilippe en voorzagen zijn wangen van een zoen.

De Tour hanteert nu eenmaal zijn eigen wetten.

De etappe van de pijn

Na een val op het asfalt greep Robert Gesink naar zijn onderrug en trok een mond die zo met hem verbonden is, zijn lippen vormden een langwerpige o. De o van au. De dag erna had Gesink nog laten zien hoe sterk hij was. Ervaren slalomde hij in eigen tempo naar voren en maakte kans op de overwinning, zeker toen de koploper met een van kramp vertrokken gezicht vlak voor de finish leek op te geven. Uiteindelijk won hij toch en werd de Nederlander tweede.

Gesink kon na zijn smak niet verder. Het afstappen was pijnlijk om te zien, maar na een paar uur telde het ongeluk al niet meer. Op hoge snelheid raakte de Australiër Richie Porte van de weg, ging over de kop en kwakte tegen een bergwand. Iedere herhaling van het moment deed zeer.

In dit ongeluk zat de angst voor alle valpartijen verpakt. En niet alleen op een fiets. Ook de noodlottige val van een rotte trap, van een slippende motor in de regen, van een op hol geslagen paard, de val van een baby na een onbewaakt moment tijdens het verschonen.

De nare val van Porte schoot je naar het voorportaal van de dood. Ging hij het redden? Was een afdaling niet te riskant voor het peloton? En, persoonlijker, moest ik in het leven beter oppassen, minder risico nemen, waar en met wie dan ook?

Piekeren na het zien van een zware val is begrijpelijk maar tegelijkertijd onzinnig. Het haalt de vaart uit het leven. Een val overkomt je, de actie gaat voor het denken uit. Je kunt niet anders dan het ondergaan, je moet machteloos afwachten wat het resultaat van een val is. Mankeer je niets? Slechts één schrammetje? Botbreuken? Eeuwige verlamming? Of moet de begrafenisondernemer gebeld?

De enige remedie tegen vallen is – indien mogelijk – doorgaan. En in het peloton betekent dat verder fietsen. Porte kon niets meer. De val had van hem een 'nog nét levende wielrenner' gemaakt. Roerloos liggend op het asfalt kreeg hij een harde kraag rond zijn nek en werd op een oranje baar afgevoerd.

Dit was de etappe van de pijn. Van de gebrokenbottenpijn, de zielenpijn, de pijn van het naderende einde van de carrière van Alberto Contador en helemaal aan het eind, zo bleek, de pijn van onverwacht verlies.

Op de eindstreep gooide Warren Barguil zijn handen omhoog. Hij dacht de sprint gewonnen te hebben van Rigoberto Urán.

Vreugdetranen gleden over zijn wangen. Vijf minuten later kwam de finishfoto in beeld. Haarscherp was te zien dat Urán met een paar centimeter verschil toch had gewonnen.

Een winnaar bestempelen als verliezer. Wrang. Het deed pijn aan de ogen, zeer rond de hartstreek. Au, au, au.

Rugnummer 151

In de smalle hotelkamer in het Belgische Verviers stonden twee eenpersoonsbedden naast elkaar. Een bed voor Robert Gesink, een bed voor zijn collega Steven Kruijswijk.

Gesink is een wielrenner met een vrouw. Veel mannen vinden het plezierig om met hun vrouw te slapen. Ik vermoed Gesink ook. Maar in de Tour de France slaapt hij op een kamer met een collega.

Het televisieprogramma *Vive le vélo* vroeg of ik een kort filmpje wilde maken voor hun uitzending. Een minuut de camera richten op een stille Gesink in zijn kamer, dat leek me een goed plan.

Op de eerste verdieping van het hotel klopte ik op de deur. Gesink deed open. Kruijswijk begreep het meteen. Sprong op van het bed, liet zijn opengeklapte laptop achter en was weg. Hij bleef wachten op de gang.

Ik deed de televisie uit. Stilte.

Robert ging op zijn bed zitten. Hij had zijn trainingsjack aan met eronder slechts een onderbroek. Onder de korte pijpen verscheen een strook blank vlees waar de zon nooit vat op kreeg, iets lager begon de gebruinde huid.

'Moet je geen broek aan als we zo gaan filmen?' vroeg ik.

Gesink keek me verbouwereerd aan. Waar kwam die preutsheid bij mij vandaan? Gedienstig trok hij zijn trainingsbroek aan.

Tijdens het filmen keek ik rond. Een jongenskamer. Uitgeschopte schoenen. Leven vanuit de koffer. Kleding op een hoop. Een leeggedronken fles bronwater op het nachtkastje. En een banaan. Een zeer ouderwetse banaan die lekker lag te rijpen.

Volgens plan maakte Gesink zijn rugnummer vast aan zijn wielershirt. Hij moest het plakken en daarna op vier hoeken bevestigen met veiligheidsspelden. Dit nummer reisde drie weken mee op zijn rug. Een mooi idee, vond ik. Nou, Gesink vond het heel gewoon. Nummer

151 droeg hij. Zei dat nummer hem nog iets? Nee, het zei hem niets.

Het filmen was klaar. Gesink was doodkalm. Verraderlijk rustig na een zware beenbreuk in het najaar. Een rustige Gesink is een goede Gesink.

We namen afscheid. Buiten op de gang passeerde ik zijn vrouw Daisy, met de kleine Anne in de buggy. Ik keek om. De plastic wielen maakten sporen in het tapijt. Een vrouw op weg naar haar man, de wielrenner die ze maar een paar dagen kon volgen. Het leek wel bezoekuur. Aflossing van de wacht.

De volgende dag tijdens de etappe naar Seraing zocht ik op televisie in de laatste steile kilometer naar Gesink. Ik herkende hem aan de hoge schouders en de ingetrokken nek. De veiligheidsspeldjes deden hun werk. Rugnummer 151 fladderde niet.

Gesink sprintte achter het weggeglipte drietal aan. Hij duwde zijn fiets over de streep en werd knap zevende. Hij verdween in de bus. Op naar het hotel. Twee bedden, twee koffers, een laptop en een televisie. Opfrissen. Hangen op bed. Bladeren in het rondeboek om te kijken hoe de volgende etappe groeven ging trekken in het landschap.

Daar was het weer, het vertrouwde klopje op de deur. Robert deed open. Daisy. Met de buggy.

Nog even en Gesink was weer dagen alleen. Met collega Steven Kruijswijk.

Klik-klak

Het fototoestel was van het eenvoudige soort. Het was niet meer dan een zwart doosje met een ingebouwde lens. Instamatic stond erop, dat weet ik nog. Een woord dat niemand bij ons thuis begreep. Het deed vermoeden dat het apparaat alles zelf deed. Eigenlijk hoefde je alleen maar op een knop te drukken.

Klik-klak.

Ik hield van foto's nemen op vakantie. De grote wereld in een klein vierkant kader. Het was zaak om zuinig te werk te gaan. Er zaten maar vierentwintig opnamen op een rolletje. Eén opname ging al verloren aan het vroege vertrek uit onze straat in Rotterdam. De motor van de groene BMW 2000 draaide warm. Vader en moeder voorin, mijn twee broers en ik achterin. Mijn zus ging al zelf op pad in de zomer van 1975.

Ramen opendraaien, zwaaien naar de lens en gas geven.

Op naar Frankrijk.

We wisten dat de elfde etappe van de Tour de France in de buurt van onze camping in de Pyreneeën zou passeren. De Tourmalet leek de ideale plek. 2113 meter hoog. Een berg van de buitencategorie. Op dinsdag 11 juli 1975 stonden we op de top.

Ik was bijna alles vergeten van de uren op de Tourmalet. Terugkijken is niet mijn grootste hobby. Met het overlijden van mijn ouders belandden stapels fotoboeken uit het ouderlijk huis bij mijn zus. Na lang zoeken kwam de serie tevoorschijn. Geplakt in een groen boek, met een gescheurde rug. Geen tekst, alleen een paar afdrukken van negenendertig jaar geleden.

De oude foto's hielpen mijn geheugen op gang.

We moesten een paar uur voor de start van de etappe vertrokken zijn vanaf de camping in Bagnères-de-Bigorre. We reden de steile Tourmalet op. Ik meen me te herinneren dat onze auto het laatste stuk niet trok en langs de kant moest met een kokende motor.

We liepen naar de top en vonden een plekje. Ik hing het fototoestel om mijn nek.

De grote fotodag stond op het punt te beginnen.

Als zeventienjarige jongen, met haren als gordijnen en een corduroy broek met wijde pijpen, richt ik de camera op mijn ouders en mijn twee broers. Ze zitten op campingstoelen. Mijn vader en moeder hebben armleuningen.

Het is fris. Mijn vader heeft een trui over zijn schouders geslagen. Ik zie een stukje scheenbeen, als altijd spierwit. Mijn moeder heeft haar handen tussen haar dijen. Mijn broers hebben kleppetjes op. Zou de reclamekaravaan al gepasseerd zijn?

Ik sta aan de overkant van de weg. Door het ovale glaasje boven op het toestel kan ik zien hoeveel foto's ik nog kan nemen.

In de verte kruipt de karavaan omhoog. Renners als stipjes, gevolgd door een colonne van speelgoedauto's. Hoe krijg ik met mijn klik-klak-toestel een voorbijsnellende wielrenner goed in het vizier? Alles rechts in het kader zetten, dan heb je de meeste kans ze in beeld te vangen.

Auto's, motoren, getoeter, geschreeuw.

Daar zijn ze.

Een voor een klimmen de renners voor mijn lens langs. Geen helmen en zonnebrillen. Ze hebben nog haar en ogen. Ze komen snel achter elkaar. Wie zet ik op de foto? Ik herken de gele trui. Eddy Merckx. Zijn handen op het stuur. Handschoenen met luchtgaatjes. Oranje frame. Dunne buizen. Petje achterstevoren. Zwarte bakkebaarden. Vechtlust op het gezicht.

Klik-klak.

Als hij gelukt is, heb ik de beroemde Merckx vereeuwigd. Of had ik een klappende hand van een toeschouwer in beeld?

Weg is Eddy. Snel het rolletje transporteren door een wieltje met kartels rond te draaien. Er schieten renners voorbij. Ik herken ze lang niet allemaal. Niet fotograferen.

Daar. Luis Ocaña. In een shirt van Super Ser. Intense rode kleur, net als zijn fiets. De Spanjaard met zijn furieuze rijstijl. Hij staat op de pedalen. Aan de overkant kijken de mensen alweer uit naar een andere renner. Stom. Hier moet je kijken. Naar Ocaña. Tourwinnaar van 1973.

Een Frisol-trui. Nederlandse ploeg. Wie is dit? Dat moet een Nederlander zijn. Klik-klak. Thuis maar opzoeken wie het is.

Een bril. Gerrie Knetemann. Op achterstand. In een medisch decor. Aspro staat er op de volgauto. Hoofdpijn is van alle tijden. Knetemann heeft een krant aangepakt. In de afdaling naar de voet van de Aspin zal hij die onder zijn shirt stoppen. Tegen de koude wind. De inkt geeft af, weet ik als krantenbezorger. De letters zullen in spiegelbeeld op zijn bezwete huid blijven staan.

Alle renners zijn voorbij. Na een rij volgauto's wordt het stiller op de berg. Ik loop naar de overkant, naar mijn ouders en broers. Wie hebben zij gezien? Ik heb Merckx. Ik weet het zeker. Ik zag geel. Als de foto maar gelukt is.

Bijna vier decennia later heb ik ze weer in handen, de vierkante foto's uit 1975. Een foto zet de tijd stil, maar start een verweerde film in je hoofd. Ze leven. Ze bewegen. Ik zie een onbezorgde vakantie. Mijn lieve ouders. Jeugd op de hoofden van mijn broers. Gezinsleven oude stijl.

Nog eens turen. Merckx, Knetemann. En Ocaña, die zich in 1994 met een pistoolschot door het hoofd van het leven beroofde. Is die Frisol-jongen Henk Prinsen? Een witte trui, even denken, dat moet een jonge Francesco Moser zijn. En rijdt Francisco Galdos in dat blauwgele shirt van KAS? Het zijn de kleuren uit het verleden.

Tegenwoordig worden foto's gemaakt met een telefoon. Je kunt gebruikmaken van digitale filters als Hipstamatic en Instagram; de foto's lijken dan ouder dan ze zijn. Verlangen naar vroeger. Waarom is dat? Dromen we liever weg bij Merckx op staal dan bij Wiggins op carbon?

Ik weet nog hoe ik een week na de vakantie in de fotozaak de afdrukken uit de enveloppe trok. Ik had de vastgelegde beelden dagen in mijn hoofd gefantaseerd, nu lagen de wielerhelden op de toonbank. Ze waren gelukt. Het wielerbestaan teruggebracht tot een stilstaand beeld op een vierkant stukje fotopapier.

Trots keek ik naar Merckx. Op de top van de Tourmalet. Hij was me op een paar meter gepasseerd. Thuis kreeg Merckx een mooi plekje. De latere verliezer van 1975 – hij zou uit het geel gereden worden door de Fransman Bernard Thévenet – zit al negenendertig jaar met Velpon in het groene fotoboek gelijmd.

Irizar

De Tour de France draaide rondjes over Corsica. De naald van mijn innerlijke kompas tolde alle kanten op, zeker door de helikopterbeelden. Het fietsen over het eiland leidde tot zinsbegoocheling. Wat was het noorden, waar lag het zuiden?

Er kwam nog een prangende kwestie bij: wie was de renner die ternauwernood de tweede etappe won? Jan Bakelants of Markel Irizar?

Ik kwam er niet uit.

Theo Koomen, de Nederlandse radioverslaggever van weleer, maakte zich in de jaren zestig en zeventig niet zo druk om het moment waarop hij de uitslag gaf. Als Koomen vlak voor de finish het uitzicht werd benomen door een wapperende vlag of supporters, nam hij een loopje met de waarheid.

'Nog honderd meter te gaan. O, jongens toch. Wat zien jullie eruit. Ze schreeuwen hier straks allemaal om hun moedertje. Weet ik zeker. Een boterham willen ze, een aai over de bol, een washandje over hun gezicht.'

De renners waren allang over de finish. Koomen weigerde te melden dat hij de sprint niet had kunnen zien.

'Daar komen ze aan.' (Koomen keek ondertussen welke renner werd omhelsd.) 'Wat een fenomenale sprint... het is...' (Koomen wist het nu zeker.) 'Het is Cees Haast die hier nipt wint. Formidabel.'

Met een vertraging van een halve minuut had iedere luisteraar de juiste uitslag vernomen. Dat is bij live-tv onmogelijk.

Ik keek naar 'de Belg' tijdens de finale van de Touretappe in Ajaccio. Er reed een groepje renners op kop. De verslaggevers herkenden vrijwel onmiddellijk hun nationale troef: Jan Bakelants, in zijn RadioShack-shirt. Ik zapte naar de NOS. Volgens hen reed er een Bask op kop. 'Daar is de vlag voor de laatste kilometer. Irizar! Markel Irizar. Hij is er nog niet.'

De man op kop droeg een zonnebril. Ik kende het gezicht van Irizar niet. Hij zou het best kunnen zijn. 'Irizar. Hij gaat het houden. De man die kanker overwon. Teelbalkanker. Net als Armstrong. Er is iemand in Texas die nu heel hard mee zit te juichen.'

Ik schakelde weer naar de Belgische zender. Daar vertelde Bakelants hoe blij hij was. Hij had een tijdje in de put gezeten vanwege zijn rotte knieën.

Wie had er nu gewonnen?

In de avonduitzending van de NOS kwam de samenvatting van de etappe voorbij. Met deels hetzelfde commentaar. Alleen was de naam Irizar steeds vervangen door Bakelants. Het was heel goed gemonteerd. Op het filmpje op de site bleef Irizar nog een tijdje winnen. Pas rond acht uur was daar de juiste versie te zien.

Jan Bakelants in het geel. Fijn voor die jongen. Fijn voor België.

Zonder dat Irizar het wist, had ik met hem te doen. In Nederland was hij een tijdje de glorieuze winnaar van de etappe. Een renner uit Baskenland met een meeslepend levensverhaal, nota bene met een snufje Armstrong erbij.

Kon de fantasie het af en toe maar winnen van de werkelijkheid.

Kom op!

Sportbeelden rijpen in je hoofd. Met het verstrijken van de tijd krijgen prestaties extra glans, teleurstellende resultaten worden zwarter dan ze al waren.

Het waren enerverende weken waarin een dood gewaande sport zich oprichtte. De camera's richtten hun lens op renners en natuur. De Tour als een romantisch zomerboek.

De NOS zond de documentaire *De Tour van Bauke* uit. De Belkin-ploeg had na de dopingwinter alle deuren opengezet. Transparantie was het toverwoord. Verslaggever Kees Jongkind mocht *embedded* de oorlog in. Alles mogen zien; dat lijkt enerverend maar de kans op voorspelbaarheid is groot. Van doping dus geen enkel spoor.

De NOS koos voor kleine, onbemande camera's in de tourbus en in de volgwagen met de ploegleiders. Eerst stond het idee me een beetje tegen. Mag je in de haard van de sport filmen, kies je voor statische beelden met eenvoudige camera's. Geen verfijnde scherptediepte, geen gulden snede.

Toch werd de kwaliteit van deze documentaire me langzaam duidelijk. Niks *Schönfilmerei*. Het was een ode aan de lelijkheid van het wielrennen.

'Dat is godverdomme jammer,' zei ploegbaas Merijn Zeeman na een dag achter het stuur. De ploeg greep naast de slag om de bolletjestrui. Zeeman peuterde vuil uit zijn neus en werkte het weg. Hij was de kleine camera op de voorruit even vergeten. De boerenslimme Nico Verhoeven zat naast Zeeman. Hij pakte de mobilofoon en sprak zijn renners via hun oortjes bemoedigend toe: 'Kom op, mannen.'

De aanmoediging van de ploegleiding in hun gesponsorde polo's zou nog vaak te horen zijn; dan weer welgemeend fel, dan weer tegen beter weten in. Er stond ook een minicamera vanuit de volgauto naar buiten gericht. Ik zag een renner in de verte, door de vuile voorruit. Het was Mollema, hij zat net weer op de fiets na een val. Een vloek in de auto en natuurlijk: kom op!

Naarmate de Tour vorderde, trok Bauke zichzelf leeg, als een batterij. Speelbal van eigen ambitie. Hij strompelde van zijn fiets naar de bus. In de lift van het hotel drong de uitholling van zijn lijf pas goed tot hem door. In zijn kamer stond zijn beloning klaar: een flesje bietensap.

Wielrennen was hol, hard, vies, pijnlijk, euforisch, slap, krachtig, sportief en gemeen.

Pasta slurpen uit een bakje folie met een plastic vork. Wonden behandelen na een val. Ziek op je fiets doorrijden. Dranghekken raken. Sluwe tactiek smeden. Klootzakken die je verkeerd citeren in de krant. We zagen thuis een veelkoppig monster, bespied door smerig glas.

De liveregistratie van de Tour zag eruit als een gelikte show. Deze Nederlandse documentaire toonde de keerzijde van het evenement. En van het bizarre vak 'wielrenner'.

Mars

Ik heb een hekel aan 'de laatste etappe'. De schijn wordt gewekt dat er nog van alles kan gebeuren met het eindklassement. Je bent gek als je niet voor de televisie zit. Maar hoe vaak ben ik al belazerd?

In de Tour de France doen ze helemaal niets meer in de laatste etappe naar Parijs. De slotetappe is een showetappe, op de sprint over de Champs-Élysées na.

Was er nog een geldige reden om de laatste etappe van de Ronde van Spanje te bekijken? Ja, zeiden de rekenaars. Bauke Mollema kon de groene trui winnen. Hij had net als Joaquim Rodriguez 115 punten. Mollema moest in de laatste etappe bij de eerste vijftien eindigen en Rodriguez achter zich laten.

Vooruit. Ik ging er maar weer voor zitten.

Ik keek naar de rondjes in Madrid. Het was weer hetzelfde liedje: het ging uitdraaien op een massasprint. Ik had alle tijd om te gluren naar wat zich achter de toeschouwers langs het parcours bevond. Zag ik daar het Museo del Jamón aan de Gran Vía liggen? Daar had ik nog eens een paar schaaltjes rauwe ham leeggegeten.

Mollema had een goede Vuelta gereden. Als hij finishte in Madrid werd hij vierde in het eindklassement. Heel knap. De Groninger woonde tegenwoordig in een dorp in de buurt van Alicante. Trainen deed hij nog altijd het liefst alleen.

Zijn eerste fietsen kocht hij vroeger via Marktplaats, nieuwe wielerkleding interesseerde hem niet, hij at als hij trek had. En het mooiste: onderweg kocht hij tussen het trainen door graag een Mars in de supermarkt.

Mooi, een Mars. Zo'n kop heeft Mollema, ja. Er past prima een Mars in zijn mond. De wikkel er met de tanden afscheuren, bijten, kauwen, doorslikken en weer beuken tegen de wind in.

'Bauke, waar zit je?' vroeg het duo Smeets en Ducrot zich hardop af vanuit het commentatorhokje aan de finish.

De laatste ronde van de laatste etappe was ingegaan. Inderdaad, waar zat Mollema? Het tempo ging flink omhoog. 63 kilometer per uur, 71 per uur.

'Bauke, je moet naar voren,' riep Smeets.

Ja hoor. Ik was er weer ingestonken. De zoveelste laatste etappe die er niet toe deed. Mollema was in geen velden of wegen te bekennen. Het werd een massasprint.

Het laatste stuk naar de finish ging licht omhoog. Als een sperwer speurde ik de eerste rijen af naar het shirt van Mollema, naar die kromme rug.

Ja. Daar zat hij. Mollema sprintte mee. Hij stak na de finish zijn vuist omhoog. Hebbes. Hij had de groene trui van het puntenklassement te pakken.

Smeets en Ducrot hadden het succes aanvankelijk gemist. Ze zagen het pas toen de uitslag op beeld verscheen. 'Mollema negende. Dus is rekenen niet moeilijk. Er valt wat te vieren.'

Een Nederlandse renner won eindelijk weer eens een belangrijke tricot. En Mollema gaf de laatste etappe weer aanzien.

'Gaaf, zo'n trui,' zei hij na afloop.

Daarom: een doos Mars naar Mollema. Ach, weet je, maak er maar een pallet van.

Fobie

In mijn wielerzaak in Rotterdam-Noord hoorde ik het verhaal van een vrouw die sinds kort gek was van fietsen. Ze had een mooi model aangeschaft, met bijpassende kleding en een helm. Ze wilde in haar eentje op pad voor een lange tocht.

Een dag later stond ze alweer op de stoep. Ze durfde niet. Ze had een probleem. Een imaginair probleem. Ze geneerde zich ervoor en wilde onder vier ogen in conclaaf met de baas van de zaak: de vrouw was bang dat ze – moederziel alleen – een lekke band zou krijgen op een verlaten weg. En dat het dan begon te schemeren.

Om van haar fobie af te komen kreeg ze in de winkel les in het verwisselen van een band. Een nieuwe buitenband is taai, je legt 'm er niet zomaar één-twee-drie op. Er is kracht in je vingers voor nodig. Ligt je nieuwe binnenband er niet goed in, dan merk je bij het pompen al: weer een gaatje. Begin je weer van voren af aan.

De lekke band zorgt vaak voor een hartverscheurend drama in de wielersport. Het publiek veert op. Bij een kapot versnellingsapparaat haalt de leek nog de schouders op. Maar het gevoel van een lekke band op de fiets, dat zit in het collectief bewustzijn.

Een lekke band kan slecht uitkomen. Als je verkering achterop zit na een mooi avondje stappen, als je naar huis fietst en het stortregent, als je een sollicitatiegesprek hebt. Je kont voelt het als eerste. Een harde bonk. Je smeekt dat het niet waar is. Zal het een oneffenheid geweest zijn in het wegdek? Dan, gesis. Een harde klap. Of een trage leegloper. Alles valt in duigen; je afspraak, je wedstrijd. *Psssjt*. Weg stroomt de energie uit je lijf. Vloeken en hardop tegen jezelf praten: 'Godver, lekke pijp.'

Ze hebben er nog altijd niets revolutionairs op verzonnen. Natuurlijk, het materiaal in het profpeloton is vele malen beter dan in de tijd dat renners zelf met een reservetube om hun nek over onverharde wegen moesten.

Op twintig kilometer van de finish van een etappe in de Ronde van Zwitserland reed Bauke Mollema in de kopgroep. Ik zag het aan zijn motoriek: lek. Terwijl hij afstapte, besloten de andere favorieten hard door te fietsen. Mollema verspeelde driekwart minuut.

Zijn ploegleider Frans Maassen was kwaad. Althans, hij zei na de finish: 'Ik ga geen boze dingen zeggen.' Dus was hij heel boos. Op de concurrenten die waren doorgereden na de lekke band van Mollema. Dat hoorde je niet te doen. Je moest even de benen stilhouden.

Onzin.

Dan is het einde zoek. Je gaat niet iemand anders lastigvallen met je lekke band. Zelfs een stelletje dikbuiken moet tijdens hun zondagse ritje bij het lekrijden van een fietsmaat doorfietsen. Iemand moet een reserveband en een fietspompje over de schouder gooien en roepen: 'We zien je zo in de kroeg!'

Mollema was getergd. Heel goed. Hij, de renner die in zijn jeugd weer en wind trotseerde op provinciale fietspaden in Groningen, zal over een paar weken fanatiek aan zijn eerste Tour de France beginnen. Mollema gaat aanvallen in een bergetappe, dat is zeker. De concurrentie zal ervan langs krijgen. Achteraf kunnen we spreken van een perfecte lekke band.

En hij mag nooit vergeten hoe fijn het is dat hij als prof binnen een minuut weer op de fiets zit met een nieuw wiel in zijn frame.

De arme vrouw had zich met haar nieuwe fiets op zo'n verlaten weg in haar eentje geen raad geweten.

Hôtel Neuf

Thuis had ik verlekkerd de site van Hôtel Neuf bekeken. De beschrijving beloofde verzorgde kamers in een verbouwd kasteel, een goede omgeving voor lange fietstochten en — niet onbelangrijk — een jacuzzi.

In een lange dag was ik over tolwegen naar de Languedoc gereden. Rond half tien in de avond naderde ik het landgoed. Ik deed mijn raampje open en snoof de geur van de streek op. Droge dennennaalden. Na een onverharde weg met links en rechts akkers vol wijnranken reed ik op een gesloten poort af. Op een bordje stond dat ik met de auto tot vlak voor het stalen hek moest rijden, het zou dan vanzelf opengaan. Toen het gevaarte hortend en stotend openging en ik stapvoets doorreed, leek het of ik in de negentiende eeuw belandde. De muren van het hotel waren vaal en de markiezen met goudkleurige franjes zagen er verschoten uit.

Een portier begroette me door met de vingers van zijn rechterhand tegen zijn pet te tikken. Zijn wijnrode colbert zat hem te ruim bij de schouders. Het maakte de man kleiner dan hij in werkelijkheid was. Ik knikte beleefd. Hij dirigeerde me naar een parkeerplek onder reusachtige bomen. Er stonden dure auto's met nummerborden uit Duitsland, België, Engeland, Luxemburg. Veel auto's met een hoge instap, viel me op.

Over het pad kwam een bediende aanhollen. '*Bienvenue à l'Hôtel Neuf. Votre valise, s'il vous plaît?*'

Er lag maar één koffer achterin. Het ding woog nauwelijks tien kilo. Ik doe liever alles zelf, zolang ik niets mankeer. Ik heb het niet op koffersjouwers. Dat onhandige moment als je in je kamer op zoek moet naar een euro fooi.

De bediende trok de achterklep al open en viste de koffer uit de bak. Als een schoothondje liep ik achter hem aan. Ook deze man droeg een te ruim hotelcolbert. Wijnrood, die kleur hoorde kennelijk bij de huisstijl.

'De patron komt zo,' zei hij. 'Ik breng uw koffer alvast naar uw kamer.' Met kleine passen liep hij de lift in. De deuren sloten.

In de lobby stond een witte vleugel. Op de klep pronkten twee opengeslagen plakboeken. Ik liet me verleiden en bekeek de foto's en de bijschriften. De verbouwing van het kasteel tot hotel was uitgebreid gedocumenteerd.

Het kasteel was rond 1950 door een rijke Franse familie gekocht. De familie was eigenaar van een *manufacture royale*, een koninklijke stoffenfabriek die een paar kilometer verderop aan een rivier lag. Toen de handel in kleding instortte, ging het bedrijf over de kop. De familieleden waren weggetrokken uit de streek, op zoek naar nieuw emplooi. Het kasteel had in de jaren zestig halfleeg gestaan. De onbewoonde delen verpauperden snel. In 1969 deed het laatste familielid de voordeur achter zich dicht. Hij had de sleutel in het slot laten zitten. Voor wie nog eens naar binnen wilde.

Op een foto uit 2001 was de deplorabele staat van het kasteel te zien toen de huidige eigenaar Christian en zijn vrouw Coco het pand voor het eerst bezochten. Ik las het handgeschreven fotobijschrift dat, getuige de bloemetjes in plaats van puntjes op de letters, van Coco moest zijn: 'Christian en ik stonden op 14 maart op het stukgeslagen bordes van het kasteel. De voordeuren hingen uit hun sponning, we konden zo naar binnen. De eerste aanblik was afschuwelijk.'

Ik bladerde verder. Op een pagina stond een foto van een gammel toilet. Het bijschrift van Coco: 'Zelfs de versteende drollen in de toiletpotten nam Christian voor lief.'

Op de volgende bladzijde wees Christian naar zijn broek. 'Christians broek aan flarden, door een oude spijker in de muur.'

Naarmate ik verder bladerde, zag ik hoe hard er gewerkt was om van het verrotte kasteel een mooi hotel te maken.

'*Welcome in Hôtel Neuf, monsieur eh... de Pays-Bas.*'

De baas van het hotel stond naast me. Ik herkende zijn puntige gezicht en zijn scheve bril van de foto's in het plakboek, al zag hij er intussen flink ouder uit. Hij droeg een ribfluwelen broek. Wijnrood.

'*Leibnitz, I'm the owner of this beautiful pleezz.*'

Als zijn personeel Frans sprak, waarom moest deze Zwitser zich dan in het Engels uitdrukken?

'*Follow me*,' zei Leibnitz.

'*Merci beaucoup*,' antwoordde ik.

We liepen naar een eiken bureau. Alles lag klaar: het incheckformulier en een ouderwetse sleutel met een pluchen kabouter als hanger. Kamer 214.

'U mailde dat u een fietstocht wilde maken? U boft, morgen wordt een stralende dag. Mijn vrouw Coco heeft al een route voor u uitgestippeld. Ze laat zich overigens verontschuldigen, ze verkoopt vanavond haar zelfgemaakte bramenjam op het dorpsfeest.' Leibnitz gooide een roze trui over zijn schouders en legde de mouwen in een losse knoop op zijn borst. 'Loopt u met me mee naar de lift?'

Leibnitz drukte op de knop. Samen keken we naar het oplichtende nummer boven de gesloten deuren. Het bleef lang op 2 staan.

'Het is niet de snelste,' zei Leibnitz. Hij maakte fluitgeluidjes, als voor een onwillige hond. Het hielp niets.

Tergend langzaam gleden de liftdeuren open. Leibnitz schoot voor me langs en drukte op een knopje.

'*Zzere you go*,' zei hij. 'Ik wens u een heel prettig verblijf in ons mooie hotel. Uw kamer is op de tweede verdieping.'

Met de kabouter in mijn handpalm liep ik over de gang naar mijn kamer. Ik opende de deur en zocht naar het lichtknopje. Een plafonnière floepte aan. De bediende had mijn koffer keurig op een laag rek gelegd.

Terwijl ik mijn instappers uitschopte, nam ik de kamer in me op. Behang met kabouters, een reuzenpaddenstoel als tafel en een bed met een dekbedovertrek met een print van gefotografeerde herfstbladeren. Langzaam duwde ik de deur naar de badkamer open. Twee levensechte stenen trollen hielden een spiegel omhoog. Ik zag mezelf in de spiegeling staan, tussen die twee monsterlijke dames. Ik kleedde me uit, poetste mijn tanden en mikte tegelijkertijd met mijn urinestraal heel even op de neus van de lachende trol die het dichtst bij de pot stond.

Mijn god, ik had dit hotel voor twee nachten geboekt. Coco had op de site een vaag verhaal geschreven over hoe ze iedere kamer met een thema had ingericht. Nu begreep ik het pas.

Op het tweede kussen van mijn bed lag een puntmuts. Ik gooide het ding op de grond en deed het licht uit. Bij mijn eerste draai voelde ik iets harigs onder de dekens. Ik deed het licht aan en sloeg het dekbed weg. Er lag een pop, een kaboutervrouwtje.

Ik had het kunnen weten. Een viersterrenhotel met de naam Hôtel Neuf is verdacht. Je voelt je altijd prettig in hotels met namen die iets zeggen over de plek: Hôtel de la Poste, Hôtel Belvédère, Hôtel de la Gare. Hôtel Neuf, die naam deugde al niet. In Nederland zou ik Hotel Nieuw resoluut overslaan. Ik begreep nu waarom dit hotel op boekingssites vier sterren kreeg en geen vijf. Hôtel Neuf was als een bevallig lichaam met een afstotelijk parfum.

Met een harde trap werkte ik het kaboutervrouwtje uit bed.

In de ontbijtzaal keek ik om me heen. Er zaten overal oude mensen aan tafel. Had ik iets over het hoofd gezien op de hotelsite? Naast me hield een man een suikerzakje boven zijn thee. Hij hoefde er niet mee te schudden, dat ging vanzelf. Zijn vrouw at met zuinige hapjes van een stuk stokbrood. Een tafeltje verder zaten twee dames tegenover elkaar. Ze waren in de zeventig en droegen precies dezelfde beige zomerjurk. Twee halen, één betalen. Een van hen sneed haar croissantje in partjes om die even later een voor een met behulp van een vork in haar mond te stoppen.

In de hoek van de zaal zat een man alleen. Een veertiger, schatte ik. Hij had een Ray-Ban-zonnebril op en droeg een cap met een logo dat ik niet kende. De pet was niet aangedrukt, waardoor hij losjes op de roodbruine krullen lag. Met een lepel harkte de man een grote omelet van zijn bord. Zijn ellebogen steunden op de armleuningen van een rolstoel.

De serveerster zag me zwaaien. Opgewekt kwam ze op me af.

'*Bonjour*. Mag ik uw kamernummer, monsieur?'

Ik pakte de sleutel en slingerde met de kabouter.

'*Ah oui*, de kabouterkamer. Nummer 214.'

Ik liet de pluchen kabouter knikken met zijn bolle toet, keek scheel en perste mijn wangen rond. Het meisje keek even om zich heen en boog toen voorover. 'Het kan nog veel erger.'

'Onmogelijk,' zei ik.

'Wat dacht u van de vleermuiskamer, helemaal zwart geschilderd, zwart beddengoed. Er is zelfs zwart wc-papier.'

Ik knikte. 'En hebt u nog iets stoers in de aanbieding, *mademoiselle*?

'Dan beveel ik u de ridderkamer aan. Zwaarden boven het bed, schilden aan het plafond, maliënkolders aan de muur.

Ik kruiste mijn wijsvingers voor mijn gezicht. '*En garde!*'

Ik kreeg een onbedaarlijke zin om me jonger voor te doen dan ik was.

'Hete koffie of lauwe thee?' vroeg ze grijnzend.

'Eikeltjeskoffie?'

Ze keek over mijn schouder naar de deuropening. Haar gezicht stond meteen weer in de seniorenplooi.

'Goed, koffie, meneer, ik kom het u zo brengen.'

Achter me hoorde ik langzame voetstappen. De aankomst van de Roze Trui.

'Lekker geslapen, meneer de wielrenner?'

'Ja, heerlijk. Ik waan me in een sprookje van Hans Christian Andersen.'

De Roze Trui glom. Hij legde de lamswollen mouwen in een strakkere knoop.

'Ik zal mijn vrouw Coco vertellen dat u de inrichting mooi vindt. Dat stelt ze op prijs.'

De Roze Trui liep in hoog tempo de andere tafels af om te informeren of alles smaakte.

Terug in mijn warme kamer ging ik op het onopgemaakte bed liggen. Na een sloot Franse koffie, twee croissants met Coco-jam en een omelet moest de broekriem een gaatje ruimer. Met de afstandsbediening zapte ik van kanaal naar kanaal, tot ik bleef hangen bij een zwart-witfilm op de RAI. Een puber reed met zijn scooter over de ringweg van Rome. De kilometerteller werd close in beeld gebracht; hij reed 95. De jongen gaf extra gas en trok toen zijn voorwiel omhoog. Toen hij langs een vriendenclub reed, trok hij het sleuteltje uit het contact op het stuur. Terwijl hij op één wiel balanceerde, zwaaide hij er even mee. De vriendenclub in de berm was euforisch door de stunt. De jongen stak het sleuteltje er weer in, startte de motor en landde op zijn voorwiel.

'*Yeah*,' riep ik, vanaf mijn bed.

Een meisje met sluik haar voor haar dromerige ogen liep naar de jongen toe toen hij tot stilstand was gekomen. Ze pakte zijn gezicht en zoende hem langdurig op zijn mond. De camera draaide om de twee heen.

Ik zapte verder. Op Eurosport was een herhaling van een zeilwedstrijd. Ik trok het tweede kussen onder mijn hoofd en volgde de boten op het scherm. Een saaie kijksport zonder duidelijke finish. Het kaboutervrouwtje lag naast me op de grond. Ik trok haar aan de korte beentjes naar me toe en hield haar voor mijn gezicht. Ze keek dom uit haar ogen.

Met mijn linkervuist gaf ik haar een uppercut. Ze klapte hoog tegen de muur en tuimelde achter de televisie.

Ik zette het geluid uit en zag hoe twee meiden een boot in het gareel hielden op het wilde water. Een van hen hing in een trapeze. Ze scheerde met haar rug over het wateroppervlak. Hard werken. Nergens bespeurde ik een laagje vet op haar lichaam. Dit waren topsporters.

Mijn benen voelden nog stram van de autorit. Ik snakte naar beweging. Mijn hand gleed over mijn dijen naar mijn buik. Nee, geen sixpack. Verre van. Maar hier in Hôtel Neuf had ik al snel het lichaam van een jonge god. De andere gasten zouden zich alleen in de nabijheid van een defibrillator aan een kwartiertje ochtendgymnastiek wagen.

Toen ik mijn ogen opendeed zag ik op televisie een autoreclame voorbijflitsen. De digitale klok onder de televisie gaf half twaalf aan. Ik had bijna twee uur geslapen.

Het was de hoogste tijd om te sporten. Mijn fiets lag nog in de doodskist op de auto. Tot voor kort dacht ik dat er alleen ski's in lagen. En lijken, zoals in slechte speelfilms. Een fiets bleek er ook wonderwel in te passen, al moest je de wielen losmaken van het frame.

Ik pakte de hoorn van het telefoontoestel naast mijn bed en drukte de 9 in.

'*La réception, bonjour.*'

'*Madame Coco?*' zei ik, mijn Frans zo goed mogelijk articulerend.

'*Yes.*'

'*C'est chambre 214.* Ik kom straks de fietsroute bij u afhalen, goed?'

'*Yes, very nice. À bientôt.*'

Ik stapte uit bed en kleedde me om. Ik koos voor het wielershirt dat ik op internet had besteld: een model in de kleuren bruin en zeegroen.

In het midden liep een witte horizontale baan waarop in kapitalen het woord GALIBIER stond, als ode aan de hoge Alpentop die sinds 1911 in de Tour de France wordt bedwongen. Dat zouden de mensen uit de Languedoc kunnen waarderen, gevoelig als de Fransen zijn voor traditie. Vooral als het hun eigen historie betreft.

Via een zijuitgang van het hotel liep ik naar mijn auto. Ik strekte me om de skikoffer open te klikken en het frame eruit te tillen. Naast me zag ik vanuit een geparkeerde Nissan een man naar me gluren. Belgisch nummerbord. Geen taalbarrière. De man stak zijn hoofd door de raamopening.

'Die kunststof dingen wegen niets meer in deze tijd, hè?'

Die opmerking had ik al zo vaak gehoord.

'Ik rij nog op een stalen frame,' antwoordde ik kalm.

'Bent u niet bang dat u valt? Eén steentje op de weg en hup, daar ligt u.'

'Er zijn ook mensen die dood in bed worden gevonden,' zei ik.

Het bleef stil.

Ik tilde mijn frame boven mijn hoofd en zette het zorgvuldig op de grond. Daarna pakte ik de wielen uit de achterbak. Ik begon ze vast te draaien.

'Nou, goede reis dan maar,' zei de man.

'Merci.'

Met de fiets aan de hand liep ik naar het hotel. Een route halen en wegwezen. Ik zette de fiets tegen een muur naast de ingang.

Madame Coco stond bij de receptie achter een tafel met kleine potjes jam en stukken ezelinnenzeep.

'Ah, daar bent u,' zei ze. Ze wapperde met een kopietje van de streek waarop de fietsroute stond gemarkeerd. 'Het is een lekker tochtje van veertig kilometer, uitgestippeld door een van onze obers uit het restaurant. Hij komt hier uit de buurt en fietst ook graag een rondje. Niet al te heuvelachtig, weinig auto's, prachtige natuur.'

Met mijn wijsvinger volgde ik de route, die met rode stift was aangegeven.

'O ja, nog iets. Als ik zo vrij mag zijn. Aan een andere gast, mister Collins, vertelde ik over uw sportieve plan. Hij zou graag met u meefietsen.'

Ik dacht na. Fietsen deed ik het liefst alleen, gezelschap was het laatste waar ik zin in had. Met een paar vrienden in Rotterdam deed ik weleens een rondje rond de Rotte. We kenden elkaars kracht; we reden graag stevig door, demarreerden een paar keer, maar nooit met het idee om elkaar te lossen. We reden meestal in eenzelfde tempo.

'Mister Collins zit omgekleed en wel in zijn kamer op de begane grond. Hij vroeg of ik hem wilde bellen als u ermee instemde. Dan staat hij hier zo voor de deur,' zei Coco.

Ze moest aan me zien dat ik twijfelde.

'O, wees niet bang dat u hem niet verstaat. Het is een Amerikaan.'

Een Amerikaan. Die reed op zo'n lelijk model van Trek. Wedden? Of op een Ridley. Een oud-profrenner beweerde ooit dat een Ridley-frame gemaakt is van oude kachelpijpen. Stijlloze fietsen.

Ik haalde diep adem en liet de lucht langzaam via mijn neus onhoorbaar weer naar buiten lopen.

'Oké,' zei ik.

Madame Coco knikte. Ze pakte de telefoon en tikte een nummer in.

'*Bonjour, this is Coco calling. It's all right. You're welcome... Okay, bye.*'

Ze hing op.

'Mister Collins staat in een paar minuten voor de ingang van het kasteel. Veel plezier.'

Ik liep naar buiten en zag de twee oude dames van het ontbijt bij mijn fiets staan. Een van hen had mijn bidon in haar hand. Ze rook aan het tuitje. Ze schrok toen ze me zag aankomen.

'O, daar bent u alweer. Mag ik vragen wat er in dit ding zit?' Het waren Nederlandse vrouwen, zussen zo te zien.

Ik trok de bidon uit haar hand. 'Een isotone dorstlesser met een geselecteerde hydraatsamenstelling, die verloren mineralen meteen aanvult.'

'Het rook een beetje naar citroensap,' weerde de vrouw zich moedig.

'Nee hoor, er zit bosui in, met een snufje koriander en saffraan.'

De dame keek naar haar zus, enigszins uit het veld geslagen. 'Juist, ja,' zei ze. Ze trok haar zus mee en in een traag tempo liepen ze gearmd de tuin in.

Tussen de parkeerplaatsen en de entree van het hotel was een terras gemaakt. Een groot deel van de stoelen in de schaduw was bezet door hotelgasten. De grijsaards keken stuk voor stuk mijn kant op. Alsof ze nog nooit een man op een fiets hadden gezien.

'*Hi, I'm Fats*,' klonk het achter me.

Ik draaide me om. Dit was dus mister Collins. Ik herkende hem aan zijn cap. Een man zonder benen. Hij zat laag in een kuipstoeltje met verchroomde wielen ernaast.

Ik gaf hem een hand.

Fats droeg een oversized mouwloos T-shirt met in woeste letters HELL erop. Aan zijn wielen zaten twee cirkelbuizen bevestigd die hij met zijn handen kon ronddraaien. Vanuit zijn kuipstoel liep een smal frame naar voren met aan het uiteinde daarvan een klein zwenkwiel.

'*Let's go!*' riep Fats. Hij draaide met een handige beweging aan de wielen en reed de poort uit.

Pas halverwege de oprijlaan fietste ik naast hem. Ik moest zo gewoon mogelijk doen, nam ik me voor. Dit was een volstrekt normaal ritje met een man zonder benen die fietste met zijn armen.

'Hier rechts,' zei ik.

De namen van de dorpen waar we op af moesten koersen zaten in mijn hoofd. En anders stonden ze op het opgevouwen A4'tje van Coco in mijn achterzak.

De smalle asfaltweg voerde ons door het glooiende landschap. De boeren hadden het hooi bij elkaar gebonden, het lag in grote ronde balen her en der op het land.

Het was goed dat Fats dikke handschoenen aanhad; hij was niet zuinig op zichzelf en gaf de buizen aan de wielen voortdurend een flinke zwieper. Vlak voor zijn ongeschoren gezicht zaten twee hendels waarmee hij zijn verzet kon aanpassen.

De rustige weg was hier een stuk vlakker. Zonder gevaar kon ik naast hem rijden.

'Je hebt er zin in,' zei ik.

Hij keek voor zich uit met een serieuze blik. 'Hoe bedoel je?'

'Nou, je rijdt lekker door.'

'Wat dacht je dan?' reageerde Fats geërgerd. 'Dat ik een beetje zielig zonder beentjes op een kleedje bleef zitten bij die teven in Hôtel Neuf? *Come on!*'

Hij schakelde naar een zwaarder verzet en dreef zijn rijwiel naar een hogere snelheid. Ik keek op mijn teller. 33 kilometer. Een hoog tempo voor een handwielrenner.

Dit was een Amerikaan van de gestampte pot: niet kleinzielig, open.

'Auto-ongeluk?'

'Nee, bermbom, in de buurt van Jalalabad. Taliban. *Motherfuckers.*'

Fats versloeg me in directheid.

'Waar kom je vandaan?'

'Uit Buckeye, vlak bij Phoenix, Arizona. Ken je het Gila National Forest? Daar fietste ik altijd op mijn mountainbike, met mijn godverdomde poten, als ik vrijaf had van Afghanistan. Elanden en beren, dat waren mijn vrienden als ik op hoogte kwam. Ik bleef vaak boven in een tentje pitten.'

Hijgen deed Fats niet.

We reden door een dorp. Ik herkende de naam van Coco's routekaart. Na het centrum zou er een flinke klim van 6 procent beginnen naar een hoger gelegen bos.

'Het wordt straks even steil,' zei ik, beseffend dat het voor Fats loodzwaar zou zijn.

In de verte zag ik het asfalt al omhooggaan.

'*Allez, allez!*' riep een man langs de kant. Hij had een vuile overall aan en maakte zijn handen schoon met een poetsdoek.

'*Fuck off, French pig!*' hoorde ik naast me.

We zaten op het steile stuk. Fats zwalkte met zijn rijwiel van links naar rechts. Zijn T-shirt raakte doordrenkt van het zweet. Hij ging stapvoets. Ik ging met één hand rijden en gaf hem ondertussen een duw.

'*No pushing, fucker!*'

'Sorry,' zei ik haastig en ik trok mijn hand terug.

Fats wilde op eigen kracht boven komen. Het lukte hem nog ook. Boven daalde de weg meteen weer. Hij schakelde naar een zwaarder verzet en draaide een paar keer fanatiek aan zijn wielen. Het tempo vloog omhoog. Zonder reserve begon hij af te dalen. Hij gooide zijn bovenlijf de bochten in. Ik keek op mijn tellertje: 62 kilometer.

Fats was gek.

Ik moest denken aan de tijd dat ik verpleeghulp was, na mijn middelbare school. Een half jaar lang werkte ik in een verpleegtehuis om geld te verdienen voor een reis. In een kleine kamer woonde een blinde Surinamer zonder benen. Aangevreten door suikerziekte. De man duldde nauwelijks hulp. Onverwoestbaar was hij. Zijn armen hadden veel werk overgenomen van zijn ontbrekende benen. Hij kon zichzelf met behulp van zijn armen van een liggende houding in bed in een rolstoel krijgen. Het kostte hem alleen moeite om op het toilet te komen en tijdens mijn dienst moest ik hem daarbij helpen. Het was de eerste keer dat ik stompjes zag: zwarte ballonnen met een knoopje aan de onderkant.

De afdaling was voorbij. Fats en ik reden weer naast elkaar.

'Ik heb na het ongeluk een paar marathons gedaan,' zei hij hijgend. 'Boston, New York. Was niks. Moest je een half uur na de lopers starten, dan kwam je nog eerder aan. Daar baalden de organisatoren altijd van. En de omroepmensen helemaal. Zaten ze te wachten op zo'n snelle Keniaan op dunne beentjes, zoefde ik voorbij in mijn bolide. De paniek op die gezichten als ik bij de finish aankwam. Haha. Motherfuckers.'

De bovenarmen van Fats waren bijna net zo dik als mijn dijen. Ik moest echt tempo rijden, anders raakte ik hem kwijt. Af en toe dook ik achter zijn brede rug om uit de wind te rijden. Zoals baanrenners een luw plekje vonden achter een lijvige gangmaker. In formatie reden we door het centrum van het volgende dorp. Er stond een terras uit bij de traditionele Bar Tabac. Remmen, daar deed Fats niet aan. Ik keek van angst naar beneden toen we het dorpskruispunt overstaken. Gelukkig, niets van rechts. Toen ik opkeek zag ik de bezoekers van het terras naar ons staren, met hun handen als zonnekleppen boven hun ogen.

Bij een veld vol zonnebloemen wuifde Fats met zijn rechterhand. Hij schoof zijn wagentje langzaam naar rechts. Toen hij bijna geen snelheid meer had, reed hij het ding de berm in en zette zijn wielen op de handrem.

'Nog een nadeel van het ongeluk: ik moet om de haverklap zeiken. Dat hele handeltje van onderen is naar de kloten.'

Discreet bleef ik schuin achter Fats staan, nog net op het asfalt. Hij schoof naar de rand van het kuipstoeltje en rommelde aan zijn kruis. Even later druppelde hij zijn blaas leeg. Een straal kon je het niet noemen.

'Het is maf. Ik voelde de druk van een brandweerslang, maar uiteindelijk is dit het resultaat.' Het gedruppel ging door.

Wat kon je zeggen tegen een man zonder benen die in de berm onhandig een plas deed?

'Kijk uit dat je niet over je schoenen pist,' floepte ik eruit.

Ik zag de rug van Fats schudden. Daarna begon hij te bulderen. Hij stopte alles wat buiten hing terug in zijn fladderbroekje en duwde zichzelf met rare heupbewegingen weer achter in de stoel van zijn fiets.

Voor ik er erg in had klikte hij de handremmen los, reed achteruit en stond weer op de weg.

Ik keek in een lachend gezicht. '*Like your style, motherfucker,*' zei Fats. Hij hief zijn rechterhand om een high five te ontvangen. Droog was de handschoen allerminst, maar ik kletste die van mij er toch maar vol op.

Het was heet geworden. Ik wees naar een koninginnenpage. De geelwitte vlinder fladderde van tak naar tak en stak zijn roltong in paarse bloemen om de nectar op te kunnen zuigen.

'Mooi leventje. Vliegen, in de natuur rondhangen, beetje eten en drinken in de zon,' zei ik.

Er kwam nog een tweede koninginnenpage naar de bloem gevlogen. Ik was te weinig thuis in de vlinderwereld om te weten of het hier een stelletje betrof.

'En echt oud worden ze niet. Lijkt me ook fijn,' zei Fats.

Hij lurkte aan het doorzichtige slangetje dat aan zijn bidon was gemonteerd. Blauwe vloeistof ging tegen de zwaartekracht in omhoog zijn mond in. Zijn nectar.

'Logeer je in je eentje in het hotel?' vroeg ik.

Fats knikte. 'Drie jaar geleden had ik ook een kamer in Hôtel Neuf. Met mijn vrouw. Ze was gek op de rode wijn uit deze streek. Bitch. Ze is van me af. Ze trok het niet dat ik mijn poten kwijt was.'

Hij zoog weer wat sportdrank uit zijn bidon. Ik zag zijn adamsappel werken.

'O, ze was zo begaan, de eerste maanden. Karretje duwen, mij in bad doen, haartjes wassen. Maar ja, ik zei je net, van onderen is die handel van mij naar de maan. Nog geen jaar later was ze weg, met een vriend van me uit het leger. Een lul op twee benen.'

Fats keek naar de struiken voor hem. De vlinders waren inmiddels vertrokken. Rond de leeggezogen bloemen cirkelde een hommel. Door zijn schichtige bewegingen kreeg ik de indruk dat hij niet in de smalle kelk durfde te landen. Op hoge snelheid vloog hij weg.

'En jij? Ook alleen?'

'Eh, hier wel, ja. Mijn vrouw is thuisgebleven. Ze moest werken.'

Fats keek me aan. 'Fijn toch? Kun jij zonder geouwehoer lekker fietsen. Is ze slim?'

Ik knikte.

'En mooi ook zeker?'

Ik knikte nog eens. 'Ja. Ongelooflijk lange benen.'

'Motherfucker.'

Het laatste deel van de tocht zat ik achter de rug van Fats. Waar haalde hij de energie vandaan? Op een klim over een flinke heuvel na ging de kilometerteller nergens onder de 30. Hij leefde met de helft van zijn lijf. Zou hij last van fantoompijn hebben? Hoe langer ik me fixeerde op Fats' armen, des te meer zag ik er benen in: harige benen, met ellebogen als knokige knieën, handen als enkelgewrichten met extreem lange tenen. Hij was een druppelaar, maar ook een ijzersterke geest in een half lichaam.

We reden de onverharde weg naar Hôtel Neuf op. Met onze voorwielen reden we tot aan het automatische hek. Het bleef potdicht. Kennelijk reageerde het systeem alleen op autobanden. Ik duwde op een belletje aan de muur. Het hek ging knarsend open.

Er was niets veranderd op het landgoed. De portier met het wijnrode colbert tikte met zijn vingers aan zijn pet toen we langsreden. Fats salueerde serieus, als een officier. Kin omhoog, borst naar voren, hand strak aan het hoofd, alleen het klakken met de hakken ontbrak.

Ik klikte een schoen los van het pedaal en stopte op de parkeerplaats. Fats hield ook in. Het terras verderop zat vol met hotelgasten. Een ober bediende de dames met hun identieke jurken. Twee kopjes thee, daar durfde ik om te wedden. De gasten hadden ons nog niet opgemerkt.

Op een afgezaagde boomstronk naast de entree rookte het ontbijtmeisje een sigaret. Ze maakte een tingelend gebaar met haar vrije hand, als teken van herkenning. Ik vond haar nog mooier dan die ochtend.

Fats zag onze begroeting. 'I Feel Good', zong hij, voorafgegaan door een James Brown-kreet.

'Dorst?' vroeg ik hem.

'*A Heineken*,' antwoordde hij.

Een Heineken-pils in Frankrijk, dan was je een rijk man. Ik wenkte het meisje. Ze drukte haar sigaret uit onder haar schoen en liep onze kant op.

'We wilden graag een bestelling plaatsen,' zei ik. 'Of zit je werk erop voor vandaag?'

'Nee hoor. Wat mag het zijn?'

'*Heineken, bottles*,' zei Fats, terwijl hij twee vingers opstak.

Overtuigd dat Fats zou meedoen, deed ik het meisje een verzoek. Ik kneep mijn linkeroog een beetje dicht.

'Wil je ze naar de jacuzzi brengen?'

Ze aarzelde. 'Eigenlijk mag er geen glaswerk naar de jacuzzi.'

'En eigenlijk mag jij hier niet roken,' zei ik.

Ze keek schalks en hield haar wijsvinger voor haar gesloten lippen.

Bij wijze van eed stak Fats zijn hand omhoog.

Het meisje knikte. Ze liep weg op de voorkant van haar voeten, waardoor ze bij iedere pas leek te zweven.

'*Great chick*,' zei Fats.

De jacuzzi lag ongeveer honderd meter verderop in de tuin. Je kon er via een onverhard pad komen. Alleen het laatste stukje moest je over het gazon. Ik klikte mijn pedaal vast en begon te trappen. Natuurlijk wilde Fats niet achterblijven. Hij draaide wild aan zijn wielen. We raasden langs de ingedommelde meute op het terras.

Fats deed het geluid na van een claxon.

'*Attention, attention!*' schreeuwde ik.

De oudjes verstijfden in hun stoel. Een van de zussen liet haar schoteltje op het gras vallen.

We reden het pad af, het gazon over en stopten bij de jacuzzi. Ik stapte van mijn fiets. Uit mijn ooghoeken zag ik hoe moeilijk het voor Fats was om zelf van zijn rijwiel te stappen. Ik stak mijn armen uit. Hij wilde er niet van weten. Met zijn armen stuwde hij zijn lijf naar voren. Pas toen hij zag dat de jacuzzi een lastig opstapje had, accepteerde hij mijn hulp. Als een gemankeerde aap gooide hij zijn armen om mijn nek. Ik sleurde hem de treden op en hielp hem het water in.

Het was een groot bad. Fats en ik konden tegenover elkaar zitten en dan nog hadden we een zee van ruimte. Hij trok zijn T-shirt uit. Ik deed hem na. De woorden GALIBIER en HELL lagen als een wielergedicht naast elkaar op het gras.

Bij mijn hoofd zaten de knoppen om de jacuzzi aan te zetten. Het paneel zag er ingewikkeld uit. Ik drukte maar wat in. In mijn rug voelde ik harde waterstralen pulseren. Onder Fats kwamen enorme luchtbellen vandaan. Hij zette grote ogen op.

'*French garlic,*' zei Fats hinnikend. Hij wapperde met zijn handen heen en weer.

'Heineken, *messieurs*. Ik zet ze op de rekening van de kabouter.'

Het meisje hield de twee flesjes boven onze hoofden. Het leek wel een spel op de kermis. We grepen gretig naar het bier.

'*Join us, baby,*' riep Fats het meisje overmoedig toe. Ze schudde haar hoofd.

'Sorry, ik moet kabouters poetsen.' Ze liep met een leeg dienblad over het gazon terug naar het kasteel.

Met de kop van het bierflesje duwde ik op een andere knop. De jacuzzi begon te bruisen. De stompjes van Fats kwamen bovendrijven. Ik zag hoe slecht de huid aan elkaar was gehecht. Overal wild vlees.

'Ik zit hier morgenmiddag weer,' zei ik. 'Jij?'

Fats was even stil. 'Ik zou wel willen, maar ik heb een belachelijk duur hotel geboekt in Normandië. Ik ga naar de krijtrotsen, kijken hoe de geallieerden daar ooit aan land zijn gekomen. En daarna naar een Amerikaanse begraafplaats. Al die witte kruisjes, daar moet ik een keer in mijn leven langs gereden zijn.'

Hij zakte met zijn hoofd en bleef onder water.

Over het gazon kwam iemand aanlopen. Ik herkende de oneven pas van de Roze Trui.

'Alles naar wens?' vroeg hij.

'Zeker,' antwoordde ik.

Fats kwam traag en proestend bovendrijven.

'Mag ik u in het vervolg verzoeken om niet over ons gazon te fietsen? Het is pas bemest. O ja, en wilt u de jacuzzi niet te lang in deze hoge stand laten staan? Zo verbruikt hij veel energie. Merci.'

De Roze Trui ontknoopte de mouwen van zijn trui en liet ze los naast zijn buikje bungelen.

Fats keek de man na. 'Wat een motherfucker. Zet dat ding eens hoger, op tien.'

'En dat allemaal voor maar tweehonderd euro per dag,' zei ik.

Expres drukte ik alle knopjes tegelijk in. Het bad dampte en kolkte. Fats trok zijn sportbroekje uit en gooide het naar zijn fiets. Ik kon niet achterblijven. Ondertussen stuwde het bruisende water van de jacuzzi ons omhoog.

Als twee witte baby's dreven we.

De zolder van Bartali

De perkamenten hand van Gino Bartali glijdt over de oude tubes. De rubberen laag is tot op de draad versleten. In de leeggelopen banden zitten hier en daar steentjes geplakt. Steentjes uit een beroemde koers, misschien grind van een mistige afdaling van een berg uit de Tour de France. Of gruis van een Toscaanse landweg, onbedoeld meegenomen tijdens een van zijn laatste trainingsrondjes in de buurt.

Gino Bartali staat op zijn halfdonkere zolder naast een rij afgebladderde fietsen. Zijn hand pakt een frame beet met de vanzelfsprekendheid van een renner die weet hoe hoog zijn zadelpen moet staan. Voor Gino geen gesleutel meer. Geen zorgen om een doorgezeten zitvlak, geen controle van de ketting op de kransjes. Gino hoeft niet meer.

En toch sluipt er op deze kamer vol *Bartalaria* weer iets van fanatisme in het lijf van de meest volkse renner van Italië.

Een etage lager schuift zijn vrouw Adriana onzichtbaar door de kamers. Onder de rimpels zit een jeugdige lach. Dat is vroeger een knappe dame geweest. Ze heeft lippenstift op, een tikje te roze. Je ziet de afdruk op het koffiekopje zitten. Ze is de waakvlam van Gino's bestaan. Zij bepaalt de agenda, de afspraken, de uren van rust. Gino is ruim in de tachtig, al een paar keer vervaarlijk naar de dood afgegleden.

Door de telefoon had hij nogal hoesterig geklonken. Een interview? Ja, kom morgenochtend maar langs. Na elven in Ponte a Ema, net buiten Florence. Niet langer dan een halfuurtje, roept zij op de achtergrond. Gino voelde zich niet helemaal lekker. Hij herstelt van een longontsteking.

Nu loopt hij onder de schuine balken van de zolder in het rond en bekijkt iedere beker, lauwerkrans, iedere oorkonde en koersfiets met een liefde, zoals een opa zijn kleinkinderen aanschouwt.

'Ik hoef hier nooit meer weg. Dit is mijn geboortegrond. Vlak bij Florence, de mooiste stad van de wereld. Toscane. Tafi, Cipollini, dat zijn sterke mannen, komen ook uit Toscane. Hier liggen mijn herinneringen.' Hij loopt naar een oud frame. 'Kijk, op deze heb ik in 1950 Milaan-Sanremo gewonnen. Denk ik.'

Hij buigt voorover en morrelt wat aan een staaldraadje. 'Zie je wat voor een simpele remmen wij nog hadden?' Bartali krabbelt een vies stukje achter het remblokje weg. *'C'è un po' di gomma.'*

Ik laat me ieder Italiaans woord uit de mond van Bartali smaken. *Gomma*. Rubber. Het hese stemgeluid van Marlon Brando in *The Godfather* verbleekt bij de doorleefde klank van Bartali. Brando? Een ijdel acteursmietje met soppende watten in de wangzakken is het, te beroerd om hard te werken.

Het halfuur is allang verstreken. De oude vos weet maar al te goed dat zijn vrouw beneden op de klok kijkt. Maar het is 'koers' nu. Bartali geeft nooit op, zelfs niet op een zolderkamer. In de koers, daar zijn geen vrouwen, hooguit langs de kant of aan de finish. Hij staat in zijn eigen museum en hij brengt zijn wielerverleden tot leven. De fietsen, vrienden, vijanden, banden, claxons, volgwagens, tifosi, onverharde wegen, lege drinkbussen en banden om de nek.

Hij buigt voorover en wijst op een inscriptie in een grote beker. 'Coppa della Montagna in de Giro van 1936. Staat er, toch?'

Ik kan het niet lezen en vraag naar het lichtknopje.

'No, non c'è luce.'

Hij wil zo graag een museum voor alle prijzen. Hij weet dat hij het verdiend heeft. Het licht mag schijnen over al zijn overwinningen.

'De gemeente hier praat erover, de wielerunie... maar ja, in Italië praat men veel en doet men niets. *Troppo politica*. Jammer hoor, hier moet je kijken, prijzen, prijzen, om gek van te worden, zoveel. Hier, weer un premio della Montagna. Een bergprijs uit...1947...1948... Die moest eigenlijk terug naar de bond. Maar wat heb ik aan die bond te danken. *Nulla*, niks. Dus heb ik die prijs zelf gehouden. Ik wil alle spullen in een museum dat ik voor mijn dood kan bezoeken, het liefst vlak bij mijn huis. Tot zolang geef ik niks meer aan niemand.'

In het halfdonker, achter de chaotisch uitgestalde prijzen, tegen de borstwering van de zolder staan kartonnen dozen vol met nog meer herinneringen aan Bartali's carrière. Tifosi zouden er een moord voor doen. Alles van Bartali heeft waarde. Bartali weet het. Ieder jaar weer duikt hij als mascotte op tijdens de Giro of Milaan-Sanremo. Met een wielerpetje uit de reclamekaravaan op het kale hoofd zwaait hij naar het publiek en vooral naar de camera. Verslaafd aan aandacht, verslaafd aan alles wat op een fiets lijkt. Het publiek adoreert hem. Hij is op late leeftijd een reclamepop voor de wielertraditie in Italië, een levend Michelin-mannetje. Ik vind hem zielig met zo'n reclamepetje op, bijna net zo zielig als de Franse oud-renner 'Poupou' Poulidor die maar niet uitgezwaaid raakt in de Tourkaravaan.

Poupou et Gino, geen betere titel voor een wielerstrip.

Daar gaan de vingers weer naar een ander frame. De schorre stem kraakt wellustig.

'Piombino.'

Het loodje.

Gino's vingers grijpen naar een klein, zwart rondje aan het stuur van de fiets.

'Als je met een fiets over de grens wilde, moest je bij de douane zo'n loodje halen voor aan je fiets. Hier, deze is om van Frankrijk naar België te kunnen. Ik moest de douane altijd zelf betalen. Als je weer terug naar huis ging, kreeg je aan de grens al dat geld weer van ze terug.'

Met een blauwe polo over zijn torso kijkt hij naar een aftandse hometrainer die tussen de andere fietsen staat. Het lijkt een model uit de jaren zeventig, een digitaal klokje aan het stuur is ver te zoeken. De buizen zijn vierkant en bonkig.

'Ik kan niet meer buiten fietsen. Dat gaat niet meer. Maar op zolder hier, met deze, dat kan nog wel. Maar rustig aan hè, *piano, piano*, alleen als ik me lekker voel. Een kwartiertje, twintig minuten, zonder te zweten.'

Bartali op een hometrainer. Een kwartiertje maar. Een stevige pedaaltred. Doormalen in hoog tempo. Pas op het einde van de koers wordt afgerekend, weet hij.

'Sono un diesel.'

Een zware, stinkende motor die moeiteloos drie keer de klok rond kan. Hij reed in zijn carrière 150.739 kilometer over de weg, bijna 30.000 meer dan Coppi. In dat opzicht versloeg hij zijn rivaal met wie hij 416 keer een strijd uitvocht. 150.739 kilometer... Hoeveel keer is dat de wereld rond?

Af en toe klinkt een hoest en een zucht uit het lijf van Bartali. Het hart is zwak. Hij draagt een pacemaker. Ik mag eraan voelen. Het is net of er een damschijf onder zijn huid ligt. 'Het moest wel, op een gegeven moment was mijn hartslag nog maar 37.'

Bijna drie jaar later ben ik in Turijn, het is 6 mei 2000. Op de Via Pietro Micca neem ik een espresso aan de bar en lees ondertussen de sportkrant. Grote kopletters brengen het nieuws: Bartali dood. Gisteren rond twee uur in de middag is hij overleden, 85 jaar. Rechtsboven een foto in sepia met een solerende Bartali, ergens op een flank van een berg. Hij gooit tijdens de klim zijn fiets een beetje naar links, het voorwiel rijdt over de ononderbroken streep van de weg. Supporters kijken hem na.

Addio Ginettaccio, kopt een andere krant, de *Corriere dello Sport*. Hoe bijzonder een gewoon mens kan zijn, zegt de krant. Na tien sportpagina's eerbetoon aan Italiës wielerheld giet ik de lauw geworden espresso in mijn keel en loop naar de Piazza Solferino.

Bartali overleden. Op 5 mei.

Ik probeer me zijn hand te herinneren bij binnenkomst in Ponte a Ema. De geur van een gewoon Italiaans huis aan een plein, de plavuizen in de woonkamer, dat smalle trapje naar de vliering. 'Ik ga wel voor,' zei hij die ochtend en terwijl hij behoedzaam de treden nam, keek ik tegen zijn achterste aan. Met die billen... meer dan 150.000 kilometer op een hard zadel.

Bartali sterft in Florence, dat is als: Cruijff sterft in Amsterdam. Vandaag vraagt men op alle Italiaanse sportplekken om een minuut stilte, een minuut denken aan Bartali.

Zijn vrouw Adriana had in zijn laatste uren bij hem aan bed gezeten, samen met hun drie zoons. Gino lag aan het infuus, het hart zwakker dan ooit. Vanuit het niets was hij tegen zijn familie begonnen over 'bergen'. Over welke bergen praat je, vroeg iemand in de ruimte.

'Alle bergen, er is er geen een die ik niet gekend heb.'

Daarna werd de ademhaling zwakker en zwakker. Het lichaam was na 85 jaar op. Bartali voelde zich voor het eerst in zijn leven moe. Een aantal dagen eerder, tijdens het laatste sacrament, kreeg hij de hostie zelfs niet meer doorgeslikt. Hij, de vrome fietser, moest de laatste hostie aan zijn maag voorbij laten gaan.

Adriana omhelsde hem in de laatste minuten, Gino sprak niet meer, zijn ogen hield hij dicht, het hoofd zakte, zonder zuchten, zonder kreunen. Hartmassage mocht niet meer baten.

Plotseling bedenk ik me dat ik daags na de dood van Bartali in een rivaliserende regio rondloop. Turijn is hartje Piemonte. En Piemonte is Coppi. Dan hoor ik Gino Bartali weer op zolder, pratend over zijn rivaal.

'Coppi... ach Fausto is in de hemel. Met zijn broer Serse. Ze zijn gelukkig samen, als geesten. Ze hebben vleugels. Het zijn een soort vogeltjes. Daarboven in de hemel zijn geen straten. Geen auto's, geen fietsen, geen stoplichten.'

De liefde waarmee Bartali die ochtend over Coppi sprak, is me altijd bijgebleven. Met een goede tegenstander hoef je niet te spotten.

Boven in de hemel zat al iemand op Bartali te wachten. Zijn kleine broertje Giulio hield ook van fietsen, hij verongelukte in 1936 in een koers na een kwajongensachtige vlucht. Volgens het geloof van Bartali zitten hij, broer Giulio, Fausto en Serse nu met z'n vieren als vogeltjes in de hemel. Dat stemt rustig.

Ik hoor nog de twee woorden uit de mond van Bartali rollen toen hij die ochtend met een glimlach over zijn laatste levensjaren praatte. Zelfverzekerd wees hij naar omhoog. Er was maar één richting.

'Andiamo su.'

We gaan naar boven.

Markante neus

Een januarizonnetje zet de huizen aan de Piazza Elia Dalla Costa in het licht. Hier, in een dorp vlak bij Florence, in Ponte a Ema om precies te zijn, bezocht ik tien jaar geleden de beroemde Italiaanse wielrenner Gino Bartali. De drievoudig Tourwinnaar was al ruim over de tachtig. Ik zie hem zo weer staan in de deuropening van zijn huis; een kleine, kalende man met pretogen, een forse neus en een schor stemgeluid.

Op twee naambordjes staat 'Bartali'. Ik druk op de bovenste bel. Op de derde verdieping gaat een raampje open. Het is de vrouw van Bartali, Adriana. Ze wil liever niet meer praten over haar man nu hij dood is en verwijst me naar haar zoon, een bel lager. Als hij in de deuropening staat, blijkt de zoon net zo klein als zijn vader. En hij heeft, onmiskenbaar, de Bartali-neus.

Luigi Bartali opent zijn kantoor, naast het ouderlijk huis. Hij doet iets in verzekeringen. Hij gaat achter het bureau zitten met een blik of ik waterschade kom melden. Aan de muur hangt een tekening; het is overduidelijk Luigi's vader. Onder het portret staat een tekst: *Gino, hai sempre vent' anni.* Gino, je bent voor eeuwig twintig.

'Mooi om weer op de plek te zijn waar ik toen met je vader was,' zeg ik.

Luigi luistert naar mijn herinneringen. Ik mocht destijds aan Gino's pacemaker voelen, hij toonde mij zijn prijzen op zolder en het kapelletje op de overloop waar hij iedere ochtend een gebed prevelde.

Zijn zoon trekt een fotomap uit een archiefkast. Tussen plastic velletjes liggen allerlei familiekiekjes. Hij wijst naar twee foto's: vader en zoon, allebei als jongen in het leger. Gino Bartali kijkt lachend in de lens. Hij heeft zijn baret scheef op zijn hoofd en hij draagt een driekwart pofbroek. Als militair zijn vader en zoon identiek.

'Ik zag mijn vader nooit, de eerste jaren van mijn leven,' vertelt Luigi. 'Hij was om vijf uur naar de koers en bleef vaak lang weg. Op mijn zevende heb ik pas voor het eerst samen met hem gefietst. We hadden een tweede huis in Siena. Hij wilde met mij terugrijden vanuit Castellina in Chianti. Mijn fietsje was meegenomen in de Topolino, ons autootje. Ik reed voor het eerst op de fiets naast mijn beroemde vader. We gingen de heuvel af. Al bij de tweede bocht was het mis. Onze fietsen raakten in elkaar. We vielen. Ik mocht van hem geen wielrenner worden, hij vond het te gevaarlijk.'

In het fotoalbum zie ik Gino Bartali halfbloot op apegapen liggen in een strandstoel, in Pescara. Er zit weinig leven in, denk ik. Zijn dikke buik is ontbloot, het witte hemdje is omhooggeschoven tot aan zijn hals. Hij draagt een lichtblauwe korte broek.

Toen ik hem tien jaar geleden ontmoette, had hij geen buikje. Bartali is van 1914, hij stierf in mei 2000. Italië was in diepe rouw.

Luigi pakt een pijp van een plank. Uit het hout is de kop van Gino Bartali gesneden. Weer die markante neus. 'Heb ik van mijn vader gehad,' zegt Luigi. 'Ik hou die pijp, hij gaat niet naar het Bartali-museum. Mijn *babbo* rookte als een ketter. Soms twee pakjes per dag. Het liefst van het merk Nazionale, sigaretten in een groen pakje.'

Hij bladert verder. 'Kijk, dat ben ik. Op de racefiets van mijn vader. Dit is op het plein voor de Sint Pieter in Rome.'

Luigi zit er een tikje triest bij, op zondagmiddag in zijn kantoor. Het moet een loden last zijn de zoon van Gino Bartali te zijn. Altijd maar die verhalen over vroeger, over de roem die niet te evenaren is. Het is even over vijven op zijn gele sporthorloge. Hij geeft me een oude persfoto mee van zijn vader.

Luigi wil terug naar zijn huis. Hij gaat naar boven, naar zijn vrouw. Morgen duikt hij weer in de verzekeringen.

Buiten bekijk ik de persfoto. Gino in het geel, hij lacht, met zijn achternaam op het shirt. Bartali.

Munkzwalm

Het was Munkzwalm. Geen stad, geen dorp, geen gehucht. Nee, Munkzwalm. Een strook Vlaamse kleigrond met een asfaltweg eroverheen. Links een huis, rechts een huis, een slager, een bakker, en vooruit, nóg een huis. En in de bocht een Mariabeeld dat van pure verlatenheid roestige tranen huilt. Zelfs de bomen schamen zich voor het nietige Munkzwalm en hangen voorover. De groene voorjaarsblaadjes blijven wijselijk in de knop.

Het is op een zondagmiddag in april dat ik er mijn auto parkeer, naast een losstaand bouwsel dat de naam Café Taxi draagt. Nog ruim een uur voordat de Ronde van Vlaanderen langskomt. Ik stap het café binnen. Het is rond twaalven. De kroeg staat al helemaal vol. De waardin, een meter zestig, een schort tot op de grond, tapt bier dat het een lieve lust is. Op heilige wielerdagen willen de Hollanders graag bij de Belgen horen. Dus zeggen ze voor één dag pintje tegen pils. En zeker en vast, terwijl het vast en zeker is.

Taxi heet de kroeg, maar niemand maakt aanstalten om te vertrekken. Hier wil iedereen blijven. Wachten. Stilstaan. De televisie kakelt. De Ronde nadert. Het echte spel moet nog beginnen. Het peloton trekt de jacks nog eens goed dicht. De renners zijn met hun gedachten al bij de kinderhoofdjes op de Molenberg, de eerste helling van de dag.

Achter de vitrage van het café ligt het parcours, onbereden, onschuldig nog. Ik kijk door het raam en zie de ruggen van toeschouwers langs de weg. Regenjassen. Lange, korte, beige, bruine, zwarte, vieze, gestreken, vrouwelijke met split, mannelijke met zakken.

Alle hoofden boven die regenjassen kijken naar links. Alsof in Munkzwalm een acute epidemie van nekkramp is uitgebroken.

Ik kijk op de klok. Als-ie op tijd loopt, en waarom zou de klok in café Taxi niet op tijd lopen, passeren de renners over een uur Munkzwalm.

Een uur. Een uur nog maar. Een uur voor de Ronde langskomt.

Steeds meer bezoekers van de kroeg trekken naar buiten, naar de rand van de weg. De televisie geeft een beeld van het nog compacte peloton. Ik herken shirts, soms een kop onder een helm.

Het café wordt leger en leger. De waardin geeft me een knipoog en zet een tweede pint voor me neer. Nog even en ik ben alleen met haar. Ze loopt een klapdeurtje door naar een andere ruimte. Vermoedelijk woont ze achter de kroeg. Het vooruitzicht om in een ledikant tegen haar warme batterij aan te liggen, is aanlokkelijk. Maar wacht, drie kwartier nog maar en de renners komen, daar moet alles voor wijken. Munkzwalmse erotiek in Café Taxi, dat doe je jezelf niet aan op een koersdag.

Ik betaal de waardin en loop snel naar buiten. In een iets te moderne winterjas voeg ik me tussen het volk. Het is koud. Waterkoud. Wielerkoud. Verwacht in april tijdens de Ronde van Vlaanderen geen warmte van de kleigrond. Om me heen staan mannen met hun voeten te stampen. Naast me haalt een vrouw met een wielerpetje op haar hoofd een gekookte worst uit een plastic zakje en begint er manisch aan te knagen. Even verderop staat het drie rijen dik bij een klein kereltje met een transistorradio. De commentator tettert overstuur door het speakertje.

Een keer per jaar doet Munkzwalm ertoe. Een keer per jaar is het feest. Een keer per jaar is Munkzwalm op tv. Wereldroem voor Munkzwalm, kilometer 128 van de Ronde.

Wachten op renners is een vak. Wie tijdens de Ronde niet langs de kant heeft gestaan, weet niet wat het is.

Daar is de helikopter. Het geluid van de propeller brengt Munkzwalm in staat van oorlog. Gele vlaggen met leeuwen gaan als bajonetten de lucht in, spandoeken verraden de liefde voor een held. De bevolking van Munkzwalm werpt zich als kanonnenvoer op het asfalt. De lenzen van fototoestellen richten zich op de verte. Daar. Daar moeten de jongens stilaan toch komen.

Eén fototoestel tuurt naar ons. De man knikt. Klikt. Hij gaat zijn gang maar. Wij, het wielervolk, wij hebben het nu even te druk met het rekken van onze nekken.

De helikopter hangt boven onze hoofden, een vrouw met kind zwaait omhoog, naar de familie thuis. Motorrijders met sirenes scheuren voorbij.

Daar komen ze, de renners. Als een lange kameleon verandert het peloton voortdurend van kleur en vorm. Vierhonderd tubes zingen ons toe. Dit is zondagse muziek.

Daar komen ze.

Daar zijn ze.

Dat waren ze.

Het is voorbij, verleden tijd alweer.

Dit was Munkzwalm. We zien nog modderspatten op de billen van een achterblijver. Hij zit na een val scheef op zijn fiets. Bij zijn ellebogen is de huid opengeschaafd. Het vuil van de Ronde zit in de wond. Maar hij moet door. Hij kan niet wachten.

Café Taxi stroomt weer vol.

Een moeder met kind vraagt de waardin of ze in beeld waren. De waardin heeft niemand herkend. En haar café was niet op tv. Vorig jaar tijdens de Ronde ook al niet.

We drinken weer. We eten. We worden warm. Het lijkt lekker, maar we missen iets. Tv is surrogaat, je ziet alles en dat is saai. Het is bloot, zonder lingerie. Niet alles zien is minstens zo prettig. Wij, het wielervolk, wij fantaseren liever onze eigen koers.

Het tweede glas is leeg. Ik neem afscheid met een knipoog naar de waardin. Tot volgend jaar, lieg ik. Ze lacht haar paar tandjes bloot. Ik rijd met de auto over het parcours. De plek waar we stonden is leeg.

Het Mariabeeld is gestopt met huilen. Een anoniem landschap. Klei, asfalt, hier een huis, daar een huis. Munkzwalm wordt weer langzaam Munkzwalm.

Ravissant

Tom Boonen kreeg vlak voordat hij op de fiets stapte voor de Ronde van Vlaanderen de vraag hoe hij zich voelde: 'Eel goe.'

Het inslikken van medeklinkers is een mooi Vlaams gebruik, je hoort het veel tijdens koersdagen in België. Ik moet er altijd even aan wennen. Maar goed, dit is dé dag voor de Vlamingen. Zij zijn thuis, ik ben de 'inwijkeling', zoals mijn oudtante Ida Daems uit Antwerpen altijd sprak over buitenlanders in haar buurt. Eel goe.

Tom Boonen praat lekker sappig, vrolijk, met ronde toon. In Vlaanderen horen ze het liefst hun eigen taal uit de mond van een winnaar komen. Het moeten hun wielrenners zijn die in de finishstraat van Meerbeke met de eer gaan strijken.

In 1997 stond ik aan het parcours naast een klein oud kereltje dat zichzelf in dat jaar vereeuwigd zag in brons, in het centrum van zijn geboortedorp Kanegem. Het was Albéric Schotte, bijgenaamd IJzeren Briek. Hij reed de Ronde van Vlaanderen twintig keer, won twee edities en stond in totaal acht keer op het podium. Terwijl het peloton voorbijsnelde, wapperde de oud-renner uit zijn regenjas. Hij murmelde wat. De letters waren niet alleen ingeslikt, ik hoorde een heel nieuw vocabulaire.

Ze noemden Schotte de 'Laatste der Flandriens'. Flandriens waren onverschrokken vechtjassen die niet van pijn en kou wilden weten. Mannen van de streek. Ze vielen aan terwijl anderen hun benen stilhielden. Deze renners woonden in dezelfde dorpen met namen die maar één keer per jaar hardop werden uitgesproken. Alleen tijdens de Ronde van Vlaanderen.

Is Tom Boonen een echte flandrien? Briek Schotte verwoordde de eretitel zo: 'Een flandrien kan afzien. Hij is 'nun tiep van vroeger, een renner die nooit zeurt.'

Boonen kan afzien en zeurt niet. En toch is hij geen flandrien. Omdat hij geen type van vroeger is. Hij arriveerde in een zwarte sportwagen, de haren eigenwijs met gel overeind. Hij verkaste van Vlaanderen naar Monaco.

Zijn ploegmaat Filippo Pozzato leek in de Ronde op een flandrien, al was hij van Italiaanse makelij. Hij ramde tegen de wind in op de pedalen en vloog over de bergjes met kasseien. Pozzato reed in de heuvelzone zo hard op kop dat het gezonde sap in de benen van de andere renners plaatsmaakte voor krachtdodend zuur. Behalve bij Boonen dan.

Pozzato bepaalde met zijn sloopwerk de einduitslag.

Toen Pozzato in 2006 in de klassieker Milaan-Sanremo als eerste over de streep kwam, zag ik hoe een vrouw met microfoon over de Via Roma achter hem aan holde en alleen maar zijn naam kon schreeuwen. Het had optisch weinig met journalistiek van doen. Er was een held geboren en de wereld om hem heen veranderde in één klap.

Op de avond na de winst was Pozzato het rennershotel binnengestapt in het gezelschap van twee dames. De hele eetzaal was stilgevallen, zo oogverblindend waren Pozzato's vriendinnen.

Op de Nederlandse televisie werd gesproken van 'ravissant'. Ravissant? Ik zie zonnebrillen in opgestoken haar, ik ruik een exclusief geurtje, ik hoor tikkende naaldhakken.

Een flandrien heeft geen ravissante vriendin.

Hij heeft een anonieme vrouw, die thuis op haar soepslurpende man wacht. Een flandrien heeft een bed om in te rusten. Hij ligt onder de dekens om koersen te winnen, niet om zijn vrouw te plezieren.

Pozzato en Boonen zijn de kampioenen van deze tijd. Ze zijn mondain, zien er knap uit en tonen zonder gêne hun weelde. De Brylcreem is vervangen door gel.

De flandrien is dood, leve de vedette.

Retroland

Freddy – iedereen in Vlaanderen zegt Freddy tegen Freddy Maertens, ik ook – is een icoon in België. Een levend wielerplakplaatje. Tweevoudig wereldkampioen, veelvuldig winnaar van etappes in de Tour de France. Kwam in 373 koersen als eerste over de streep. De Ronde won hij nooit. In 1973 werd Freddy tweede.

Vlak voor de start van De Ronde van Vlaanderen kreeg Maertens 's ochtends op de markt van Brugge een vorstelijk applaus van de toegestroomde wielerfans.

Ze houden in Vlaanderen van oude helden.

Na de start is Freddy in vliegende vaart met de auto naar Oudenaarde gereden. Hij werkt daar als gids bij het Centrum van de Ronde van Vlaanderen. Hij vertelt alle bezoekers wat er zo mooi is aan fietsen in deze streek. Vandaag is het druk, iedereen volgt het televisieverslag van de Belgische wielerklassieker.

Verderop in de gang draait een documentaire met Briek Schotte. Markante kop. Zwart-witbeelden van een overwinning in de Ronde: 'Ik reed de hele dag op kop. Ik was gewoon de sterkste.'

Briek – weer een man met louter een voornaam – was de flandrien der flandriens. Hij is in 2004 overleden. Freddy hielp tijdens de begrafenis mee met het dragen van de kist.

Icoon droeg icoon.

De Ronde is in volle gang. Op het grote televisiescherm in de ontvangstzaal is een valpartij te zien. Freddy pakt de microfoon. Hij weet waar die botsingen van tegenwoordig door worden veroorzaakt. 'De ploegleider zit de hele tijd te lullen in het oortje van de renner.' Applaus. Freddy klinkt lekker ouderwets.

De grote Maertens lijkt kleiner dan ooit, alleen zijn oren en neus groeien maar door. Lieve man met liefde voor de fiets.

België moet tijdens de Ronde van Vlaanderen heel erg op België lijken, op het oude België. 'Knotwilgen, heuvels, kapelletjes en een hardwerkende flandrien als winnaar, dat willen de mensen zien,' zegt Rik Vanwalleghem, directeur van het centrum. 'Maar daar schuilt ook het gevaar van het succes van zo'n dag als deze. We denken te regionaal.'

Op het parkeerterrein staan stadsfietsen klaar. Iedereen mag erop, richting de Koppenberg, een van de zwaarste hellingen in het parcours. Ik loop iets te laat naar buiten en moet noodgedwongen op een damesmodel naar de steile heuvel, vier kilometer verderop.

Freddy gaat niet mee, al te veel gefietst in het leven.

Op de top van de Koppenberg wurm ik me tussen de menigte langs de kant. Aan de overkant van de weg staat een huis te koop. Een foeilelijk pandje, met rottige dakpannen en ramen van niks. Er mag niets aan verbouwd worden. Het heeft monumentale waarde.

Ik droom weg. Een huis aan het parcours van de Ronde van Vlaanderen, dat wil toch iedereen? Maar ach, nee, het is hier natuurlijk maar één dag plezierig. Op de zondag van de Ronde. De overige dagen baal je van het lekkende dak en die rothelling voor je deur. Op de Koppenberg willen wonen is je geluk bouwen op valse romantiek, bedenk ik net op tijd.

De kopgroep rijdt voorbij. Een deel van het publiek holt weg, op zoek naar een nieuwe plek langs het parcours om de renners te kunnen zien.

Terug in het Centrum van de Ronde loop ik de aanpalende winkel met allerlei fietsspullen binnen. Mijn hand glijdt over nieuwe wielershirts die gemodelleerd zijn naar de tenues uit de zeventiger jaren. Het rode Flandria-shirt van Freddy Maertens hangt er ook tussen, alleen is de merinowol vervangen door moderne, synthetische stof.

Oude shirts met oude typografie, oude renners met vervlogen verhalen. Ik ben in retroland.

Een Vlaming uit de streek kijkt naar mijn opengeklapte laptop als ik op zondagavond de laatste regel van dit stuk tik. 'Niks negatiefs schrijven, hoor. Alles was mooi. De schoonste dag van het jaar.'

Sleutelbeen

Fabian Cancellara was gevallen. Aan zijn houding viel af te lezen dat hij niet meer op de fiets ging zitten. Hij lag in een slaaphouding; met de knieën opgetrokken, de ogen gesloten. Er hoefde alleen nog maar een laken overheen.

Een oud-verzorger vertelde me dat hij alleen schrok van een valpartij als bij de renner de schoenen waren uitgevlogen. Hij wist uit ervaring: een liggende renner zonder schoenen was dood.

'Verdomme toch, hoe is het in godsnaam mogelijk,' zei tv-verslaggever Michel Wuijts terwijl Cancellara werd omringd door artsen en ploegleiders.

Alles is mogelijk in de Ronde van Vlaanderen, ongeacht welke route je neemt. Met of zonder Muur. Het onheil ligt altijd op de loer.

Een helikopter met televisiecamera aan boord cirkelde boven Cancellara. Het was het beeld van de dag: een levenloze man, gefilmd door de takken van een boomkruin.

Ik keek naar de voeten van Cancellara en zag aerodynamische overtrekken. Daar zaten zijn schoenen onder: Fabian leefde nog. Fabian hield de ogen gesloten en liet merken pijn in zijn schouder te hebben. Natuurlijk, het sleutelbeen. Welke idioot had dat bot verzonnen? Welke idioot had het juist daar op die kwetsbare plek onder de huid gelegd?

Een paar weken geleden zat ik tijdens Tirreno-Adriatico naast de massagetafel waarop Cancellara zijn dagelijkse kneedpartij kreeg. Hij was van onderen bloot. Er lag alleen een schaamlap over zijn kruis. Die dijen, die billen. Ik werd verlegen bij het zien van zoveel kracht, samengebald in één lijf.

Terwijl Cancellara vertelde over zijn vak, gingen de handen van de masseur over de welvingen. Ik heb zijn sleutelbenen niet gezien die dag. Hij droeg tijdens de massage in de hotelkamer een strak hemdje met lange mouwen.

Wuijts, na de val: 'Wat is zo'n koers onrechtvaardig.'

Een val van een renner haalt niet alleen hem, maar ook de kijker uit het ritme. Het langsglijdende landschap wordt stilgezet: als een foto. Om Cancellara heen zag ik benen, vlaggen, stokken, kinderen, honden. Hij had over van alles kunnen vallen. Maar zijn wiel reed uitgerekend over een gevallen bidon. Het was de schuld van het wielrennen zelf.

Rond de nog altijd liggende Cancellara liep een vrouw met een zwarte paraplu. Van boven was te zien dat er een cijfer op stond: 22. Scheelt maar 1 gram met 21 gram. Dat gewicht schijn je te verliezen wanneer je ziel uit je lichaam glipt na het intreden van de dood.

Wuijts ziet iemand bij Cancellara knielen. Het voorseizoen is voorbij voor de Zwitserse reus: 'Arme Cancellara. De dokter praat met hem.'

Tijdens de massage had Cancellara me verteld hoe het voelde als je een slechte dag had, als je niet mee kon met de eersten. 'Heel alleen,' zei hij. Zo zag Cancellara eruit op de grond: heel alleen.

Doodop

Doodop was ik.

Geen meter gefietst en toch bekaf: van het kijken naar wielrenners die een dag lang als kamikazepiloten over de weg scheerden.

Vanaf een bankje in een druk café in Oudenaarde keek ik naar de Ronde van Vlaanderen. In dit stadje was later op de dag de finish. De wielerklassieker werd zo intens in beeld gebracht dat je maar één ding kon doen: denkbeeldig meefietsen, net als de renners tegen het asfalt smakken en heel misschien na de finish een vrouw omhelzen.

Halverwege de koers stond er iemand met een rode regencoat in de berm. Er kwam een groepje renners aan. Een pand van de jas werd opgelicht door de wind en raakte Jaroslav Popovitsj. Hij ging hard onderuit.

'Ai!'

Het hele café kwakte mee op de grond. Geschreeuw. Schaafwonden. En de fiets? Hoe was het met de fiets? Door, door, door.

Boven op de top van de Kanarieberg was muziek, werd gemeld. Ik geloofde mijn oren niet. Je zou er toch mogen wonen, op een plek met zo'n naam. Na een lange nacht tegen een taxichauffeur kunnen zeggen: 'Kanarieberg, alstublieft.'

In het café gingen de handen voor het gezicht. Er lag een renner voorover in de berm, begraven onder drie fietsen. Een paar meter verder stond een andere coureur met het voorwiel tussen zijn benen. De simpelste manier om je stuur weer recht te zetten.

Ik dronk in hoog tempo een glas trappistenbier leeg. Flandrien was het merk en zo smaakte het ook.

Een coureur werd over de berm in het veld gekatapulteerd. Hij lag op zijn rug. Toen hij moeizaam overeind kroop, zag ik een afdruk. De renner liet zijn evenbeeld achter in het geplette gras en ging op zoek naar zijn fiets. Dit was een artistieke val.

Er waren ook zwaardere ongelukken in De Ronde. Niemand weet precies hoe het komt dat er zoveel gevallen wordt de laatste jaren.

Omdat de camera's nergens lang stilhielden, leek het of je door een slagveld reed. Kermende renners in de berm, aangereden toeschouwers, bloed op het asfalt. Vlaanderen was oorlogsgebied, maar de verslaggevers moesten door. Het verlangen naar de finish was te groot.

In de laatste kilometers spoot Fabian Cancellara een 'gelletje' in zijn mond en won de sprint van de kopgroep. Na de finish dook ik – samen met Fabian – in de armen van mevrouw Cancellara. Heerlijk zacht, na zo'n inspannende dag. Een paar seconden de ogen dicht. Diepe zucht.

Toen ik ze opendeed, was het café al leeggestroomd. Buiten zag ik de gearriveerde renners een voor een in slakkengang naar hun bussen op het plein van Oudenaarde rijden. Een enkeling werd voortgeduwd door een mecanicien of een familielid. Ik zag hun gezichten na 256 kilometer fietsen door Vlaanderen.

Doodop, waren ze. Niet zoals ik een beetje moe. Nee, echt doodop.

Luipaard in zwart-wit

'Ben je met de auto?'

'Ja, ik rij op de Vondelweg.'

'Dan ben je vlak bij mijn huis. Rechtuit.'

'Hoever is het nog, Theo?'

'Een kilometer.'

'Hoelang doe jij daar over?'

'Ongeveer één minuut.'

'Haal ik met de auto ook.'

'Lukt je nooit. Er komt een rotonde.'

Theo Bos heeft gelijk. Ik rijd al anderhalve minuut door hartje Alkmaar en zoek zijn huis. Ik bel nog maar een keer met mijn mobieltje. Vanaf het balkon van zijn appartement loodst hij me naar zijn straat. Hij komt naar beneden, ik mag onder de nieuwbouwflat parkeren.

Binnen in zijn huis loop ik in de gang tegen een ingelijste poster. 'Die moet nog weg daar,' zegt hij, verontschuldigend. Ik bestudeer de grote foto. Theo Bos fietst over de baan, het ideale atletische lichaam snijdt in perfecte zit zowat door het fotopapier heen.

De sprinter is in de keuken met een busje oploskoffie in de weer. Het verraadt dat dit huis niet bedoeld is voor gezelligheid. Als ik rondkijk, valt het me op dat alles zwart of wit is. Zwarte plavuizen, zwart keukenblok, zwarte breedbeeldtelevisie, zwarte bank, witte muren, witte kozijnen, wit plafond. Heel stijlvol.

In het midden van het appartement staat een spinner, met het stuur naar de televisie gericht.

'Jij bent de modernste monnik van Nederland,' zeg ik.

Theo kijkt rond in zijn eigen ruimte. Hij is hier vijf dagen in de week. Hij verhuisde naar Alkmaar, omdat deze stad een goed geoutilleerde wielerbaan heeft.

'Ik vind het mooi, zo'n strakke inrichting. Je moet zo min mogelijk troep in je huis hebben, dan hoef je niet op te ruimen, kost alleen maar energie. Ik leef heel minimalistisch en functioneel. Trainen, slapen, eten, dat is het eigenlijk.'

Hij gooit een paar schepjes oploskoffie in een tweede mok.

Een paar dagen geleden zat ik op het middenterrein van de overdekte wielerbaan van Alkmaar. Het was de eerste trainingsdag van de Nederlandse baanploeg. Bondscoach Peter Pieters stond aan een tafeltje met rotzooi. Dozen met Brusselse wafeltjes, hoge kannen waar je zelf koffie en thee uit moet tappen. En lijstjes. Lijstjes namen met daarachter handgeschreven, handgeklokte tijden.

Midden op de houten baan reed een clubje renners in de rondte. Theo zat naast me op een bankje, in regenboogtenue, zijn fiets binnen handbereik tegen een hek. Hij trok het achterwiel uit het frame en pakte een forse verchroomde sleutel. Met de handigheid van een mecanicien draaide hij een tandwieltje los, schroefde er een ander voor in de plaats. Met een grote sleutel draaide hij het tandwiel stevig aan. Muurvast. Theo stak het wiel weer in het frame en tikte met de sleutel nog even tegen de ketting, om de spanning te controleren.

'In een wedstrijd rij ik meestal met 14 tandjes achter, voor 51. Op de training wissel ik heel vaak. Dan doe ik er een 13 op. Of juist een lichtere, 15 of 16. Om het lichaam een beetje te pesten. Je moet het blijven prikkelen. In een wedstrijd trap ik met de 14 ongeveer 165 keer rond. Met een 16 is de trapfrequentie misschien wel 185. *Overload* is bij een training superbelangrijk; meer doen dan normaal bij een wedstrijd. Die zenuwen op mijn spieren moeten dan extra snel aanspannen. Ik kan alle zenuwen in één keer aanzetten. Een sprinter heeft veel meer zenuwen dan een minder getraind iemand. Zoals jij.'

Klopt. Ik train te weinig. Het komt er doordeweeks niet van. Veel te druk met andere zaken. Geen monnikenbestaan. Fietsen is bijzaak.

Daarbij komt dat ik de laatste weken niet lekker op mijn zadel zit. Mijn linkervoet wordt koud na een kilometer of vijfentwintig, het lijkt of ik voortdurend naar voren glijd en ik heb last van een afgeknepen zak. Zou mijn frame soms te klein zijn?

'Ik zit volgens mij niet goed, Theo.'

De oploskoffie is inmiddels aangelengd met kokend water. Ik laat de mok nog even onaangeroerd en stap op de chromen spinner af. 'Mag ik er even op, om te laten zien hoe ik zit?'

'Tuurlijk.'

Ik spring erop en voel meteen hoe lang Theo is.

Theo komt omhoog van de bank en zet het zadel lager. 'Als je met de hak van je schoen op het pedaal staat, moet je been recht zijn. Zonder knik. Als je in je pedaal zit, hou je een klein knikje over bij je knie. Je mag best een beetje hoger zitten, zie ik.'

'Mijn fietsenhandelaar zegt dat je in deze stand meer *hefboom* à la Armstrong krijgt, vanuit je dijbeen,' zeg ik.

Theo kijkt naar me. Armstrong? Wat doet die naam hier in het pand? *Who the fuck is Armstrong?* Weet hij wat een sprint op de baan is?

'Zoals je nu zit, breng je je kracht maximaal over op je fiets. Dit is een goede zit. Als je nu nog last houdt van die voet of je zitvlak, moet je eens van zadel veranderen, dat kan veel schelen. Of misschien zitten je schoenen te strak,' zegt Theo ijzig kalm.

Ik stap af. Theo gaat erop. Hij zet het zadel weer hoog en laat zien hoe hij een staande start doet. Hij gooit zijn lichaam naar voren zodra de fiets los is, alsof hij als honderdmeterloper uit een startblok komt. 'Na de eerste pedaalslag rij ik al 15 kilometer per uur. Bij de tweede pedaalslag moet ik echt fietsen. Het is zaak zo snel mogelijk tempo te rijden, net als mijn broer Jan bij het schaatsen na de start zo snel mogelijk wil glijden. Ik zet mijn pedaal bij de start altijd evenwijdig aan de baan, op dat punt is de krachtsoverbrenging maximaal. En ik let er altijd op dat mijn heup in één lijn met mijn voet staat. Dan trek ik op, uit het zadel, halverwege de baan ga ik zitten. Tellen doe ik niet, ik weet precies waar ik op het zadel ga zitten, ik doe alles op gevoel.'

Terwijl Theo zonder nadenken een paar keer de trappers ronddraait, let ik op de stand van zijn voet. Krachtig en secuur. Ik haat fietsers met een lelijke stijl. De Amerikaan Levi Leipheimer is er zo een. Afzichtelijke renner. Het komt door zijn pedaalslag. Alsof je een eend een brandende aansteker onder zijn poten houdt. Daarbij vergeleken is Theo een stilist; alle spieren en pezen worden met één doel aangespannen. Energieverkwisting is uit den boze.

'Toevallig dat je over de stand van mijn voet begint,' zegt Theo. 'Ik had op de training een gesprek met Tim Veldt, ook een sprinter. Voor mijn gevoel maak ik een aaibeweging met mijn voet als ik fiets. Tim zegt dat ik mijn voet juist strak en horizontaal hou. Als hij achter me rijdt tijdens de training is mijn kuit blijkbaar altijd aangespannen. Tim beweert dat ik zo optimaal gebruikmaak van mijn kracht. Als je veel met je kuit werkt, kun je langer doorgaan met je hele been.'

Wie Theo Bos op zijn fiets ziet zitten, weet dat die twee voor elkaar geschapen zijn. De fiets voegt zich met plezier naar het lijf van Bos.

'Er zit een rug op,' zeggen kenners over Theo Bos. Ja, maar Bos heeft ook machtige dijen en een ferme kont waar vrouwen meer in zien dan alleen een prettig zitvlak. En dan het gezicht en de stem: zo nuchter als een glas volle melk bij een ontbijt.

De avond valt over Alkmaar. Aan de voorkant van zijn appartement kijkt Theo Bos uit over een binnenhaventje, waar hippies hun flowerpowergeschilderde woonboot in ere houden. Ze hebben geen idee wie die jongen is die zo vaak in huis op die fiets zit en ondertussen televisie kijkt – gordijnen heeft hij nog steeds niet aangeschaft.

Het gezicht van Theo wordt witter en witter. Naarmate de avond vordert, krijgt hij steeds meer trekken van zijn schaatsende broer Jan.

Hij loopt naar de koelkast.

'Ook een cola light?'

'Heb je geen gewone?'

'Nee, is niet goed voor me.'

Ik ben ook opgestaan van de bank en loop naar het keukeneiland.

'Kook je altijd voor jezelf?'

'Ja, meestal wel. Koken is niet zo moeilijk. Ik maak pasta, zonder saus maar met veel verse groenten. En ik eet veel biefstuk. Nooit varkensvlees. Thuis bij mijn ouders in Hierden kregen Jan en ik ook altijd biefstuk. De slager gaf hem mee aan mijn moeder. "Hier, voor de jongens, kunnen ze er weer tegenaan." Mijn ouders zijn echte vleeseters. Toen Jan en ik in de sport gingen, vonden mijn ouders dat we goed voor onszelf moesten zorgen.'

Theo komt drie, vier keer in de week bij de slager. Hij kan de zaak door zijn zijraam zien. Door het schijnsel van de lantaarnpaal zie ik

CULINAIR SLAGER op de pui staan. Het slagersmeisje vraagt zich ongetwijfeld al maanden af wie toch die knul is die altijd hetzelfde bestelt.

'Een biefstuk van de haas van 300 gram of zo, bestel ik dan. Best duur, hoor. Dan pakt ze het in en bij het weglopen zegt ze vaak: "Nou, dat wordt weer een lekker maaltje, meneer!"'

Thuis gooit Theo Bos de biefstuk in de pan. Om en om bakken. Rood van binnen. 'Vlees is belangrijk. Er zit creatine in, een belangrijke stof voor een sprinter. Ik ken een Maleisiër, Ng heet hij, twee letters, heel rare naam, die had nog nooit van zijn leven vlees gegeten. Die mist dan die creatine uit het vlees. Hij was net als ik bij de keirinwedstrijden in Japan, deze zomer. Nou, ging hij toch maar eens aan het vlees daar. Begon zijn maag te rommelen, ja, zijn enzymen worden niet aangemaakt, dus hij ging verschrikkelijk aan de schijterij. Is onze Ng maar weer met vlees eten gestopt.'

Theo Bos reist stad en land af met zijn sprintfiets. Hij doet mee aan alle belangrijke toernooien, is te zien tijdens wedstrijden op ouderwetse betonnen banen in Frankrijk, is de showman tijdens zesdaagsen en zit in de zomer twee maanden in Japan voor de keirintoernooien.

Bij 'thuis' denkt Theo niet aan zijn woonplaats Alkmaar. Thuis is Hierden, het dorp waar hij opgroeide, bij zijn ouders op de boerderij, met zijn oudere broers Willem, Jan en Anton.

Door de open ramen van zijn Alkmaarse appartement waait het geplop van een zware Harleymotor naar binnen. 'Ik moet nog steeds wennen aan de geluiden. Vooral 's nachts. Alkmaar is natuurlijk geen grote stad, maar het is hier nooit stil. Ik slaap maar met de ramen dicht. Ik leef hier voor mijn beroep. Zodra het kan, ga ik weer in Hierden wonen.'

De wereldreiziger Theo Bos: hij kan maar niet loskomen van het leven op het platteland. In de weekenden gaat hij vaak terug naar Hierden. Zodra hij op het erf uit de auto stapt, weet hij al wie op hem wacht. Dinky, de trouwe hond. 'Dinky, die mis ik hier echt. Het is zo lekker als je hond op je af komt. Ik ga meestal met hem wandelen op het land. Onze boerderij is omgebouwd tot woonhuis. Het leven is simpel daar. Je leest een krantje, zegt iedereen gedag. 's Zomers loop ik de tuin in, dan kijk ik naar het weiland. Je kunt heel ver kijken.'

Opa woont naast de ouders van Theo Bos. Theo gaat altijd even bij hem langs. Een man van drieëntachtig jaar, bij droog weer zit hij op het houten bankje voor het huis. Het is stil, het uitzicht weids. Theo, weer gewoon de boerenjongen, schuift aan, Dinky kwispelend in de buurt.

'Hoi opa, alles goed?'

'Dag Theo, mooi dat je er bent.'

Dan valt het alweer stil. Dinky snuffelt in het gras. De paarden lopen verderop in de wei. De pony kijkt even op. Hierden. Simpel. Groen. Theo snuift de geur op. 'Om je heen kijken is al genoeg.'

Als zijn moeder het eten klaar heeft, schuift hij aan. Hierden, waar de schaduw van de Nederlands Hervormde Kerk over de huizen draait. In het dorp is iedereen nog steeds streng in de leer. Theo is ook met de Bijbel opgevoed. Aan tafel wachten met eten, eerst bidden.

'Ik ben nog steeds gelovig,' zegt Theo. 'In de kerk kom ik al jaren niet meer. Het kon ook niet meer, Jan en ik moesten in het weekend altijd sporten. Ik ben vrij rationeel, alles – zeker in het fietsen – moet voor mij te verklaren zijn. Het geloof heb ik nooit als een juk ervaren, mijn ouders gingen er vrij mee om. Ik zat in het dorp op een basisschool met de Bijbel. Als ik later kinderen neem, wil ik dat ze dezelfde opvoeding krijgen. Ik denk heel simpel: als je goed leeft, ga je naar de hemel. En een moordenaar gaat naar de hel.'

Theo Bos neemt de Bijbel niet mee in zijn reistas. Hij holt ook niet naar het nachtkastje van een hotelkamer om te kijken of er een in de la ligt. En toch, er zijn momenten op de baan dat hij even contact met boven zoekt. 'Voor een wedstrijd zit je vaak te piekeren. Ik vraag dan om kracht, om durf, een steuntje in de rug. Als de wedstrijd goed is afgelopen, vergeet ik op de baan vaak te bedanken. Na een week denk ik dan: shit, vergeten! Wat ben ik toch slecht. Als ik ergens helemaal alleen ben, bedank ik alsnog.'

'Heb je al boete gedaan voor onze olympische nacht in Turijn?' vraag ik.

Hij begint te lachen. Dat was in het voorjaar van 2006. Ik zie hem nog staan in de gang van het hotel waar we alle twee een kamer hadden, het werd al bijna ochtend. Hij met een wit bekkie, warrig haar. Totaal naar de kloten na een nacht stappen in Turijn.

We waren samen op uitnodiging van de NOS te gast in de late sportshow van Mart Smeets. 's Middags maakten we eerst samen een filmpje. We fietsten op gehuurde mountainbikes de heuvel Superga op, even buiten het centrum van de Piemontese hoofdstad. Tijdens een noodweer crashte daar op 4 mei 1949 een vliegtuig tegen de kathedraal op de top. Aan boord zat het sterrenelftal van voetbalclub Torino. We brandden een gelukskaarsje naast het altaar, voor broer Jan, die de 1000 meter op de Olympic Oval moest rijden.

Theo herinnert zich het klimmen en dalen op de Italiaanse heuvel, in het frisse voorjaar. 'Shit man, jij reed in een gloednieuw kostuum. Bij de afdaling scheurden we met 75 naar beneden. Het begon te regenen. Je zat onder de modderspatten. Heb je dat pak nog schoon gekregen?'

'Stomerij, hè.'

'Toen zag ik dat je nog wel aardig kon klimmen.'

'Beter dan sprinten, ja.'

Theo en ik hadden op de tribune van de ijsbaan naast elkaar gezeten. Onze aanmoedigingen mochten niet baten. Met de lange nacht stappen probeerden we de mislukte 1000 meter van Jan te vergeten. Vanuit het Holland House slenterden we naar de uitvalsweg. In het donker moesten we bijna een half uur wachten op een taxi. We namen er een die eigenlijk voor anderen bestemd was. Theo en ik wurmden ons erin. We riepen het adres van het hotel. De chauffeur deed er drie kwartier over het te vinden.

'Ik weet nog goed dat je zei: zo'n nacht doorzakken is zó slecht voor mij.'

'Ja. Eigenlijk kon het ook niet. Maar ja, mijn broer schaatst één keer in de vier jaar op de Olympische Spelen, daar moest ik gewoon bij zijn. Ik had net een goede trainingsperiode gehad. Af en toe moet dan de druk van de ketel.'

Theo kon die nacht niet meer slapen, binnen één uur kwam de taxi om hem naar de luchthaven te rijden. Daar stond een vliegtuig klaar dat hem naar Sydney zou brengen voor een sprinttoernooi.

'Merk je wat van zo'n nacht stappen en meteen daarna een lange vlucht, als je weer op de fiets zit?'

'Ja, meteen. Je spieren zijn strammer. En als je een sprint trekt, haal je je topsnelheid niet. En toch, soms is het goed om even de weg kwijt te raken en je lichaam door elkaar te schudden. Een stapnacht in het seizoen is niet goed, dan werkt het carrièreverkortend, maar die dag kon het. Ik ben 23 jaar hè, mijn lichaam is sterk genoeg. En ik ben later in het jaar gewoon wereldkampioen sprint geworden op de baan van Bordeaux. Dus...'

Theo pakt het boek *Te midden der kampioenen* van journalist Joris van den Bergh erbij. Het is een sportboek uit 1929. Het gaat over Piet Moeskops, de legendarische sprinter uit de jaren twintig. Theo legt het vergeelde exemplaar op de inductieplaat van het keukeneiland. Hij slaat het boek open en zoekt.

'Hier,' zegt hij bij een foto, 'dat is Moeskops.'

De renner is vlezig en gespierd.

'Jammer dat ik niet in die tijd van Piet Moeskops fietste. Ik kijk graag naar plaatjes uit die periode. Ik hou van zwart-wit, je denkt ook zwart-wit, over die tijd. Die duizenden mensen op de tribune. Met petten en hoeden op. Baanrennen was een volkssport. Ik ben net zo compleet als Moeskops. Hij was een natuursprinter, ik ook. Je hebt ook gemaakte sprinters. Wij hebben het van onszelf, zet ons op een fiets en we rijden meteen hard.'

Al bladerend in het boek zie ik een foto van een beeldhouwwerk; een blote man op een kaal fietsframe zonder wielen.

'Mooi beeld van Moeskops, hè? Het is in 1929 gemaakt door een Italiaanse beeldhouwer, Ezio Roscitano. Moeskops was beroemd. Hij werd vijf keer wereldkampioen op de baan. Ik ben al een tijdje op internet bezig om het beeld op te sporen. Een kopie van deze foto heb ik naar een familielid van Moeskops gestuurd. Heel gek, die man wist niet eens dat er zo'n beroemde wielrenner in zijn familie zat. Ze zijn de hele stamboom nagegaan. Maar dat beeld van Roscitano, nooit teruggevonden. Ik zou het zo graag een keer zien.'

Theo's vingers glijden over de foto in het boek. 'Die houding, hij zit perfect op de fiets. Heel diep. *Supercool*. Echt heel diep.'

Ik pak het boek en lees in een passage dat Moeskops tijdens het poseren voortdurend inpraatte op Roscitano. Moeskops zag zichzelf stukje bij beetje worden nagebouwd en vond de spierbundels wat overdreven uitkomen. Moeskops zou gezegd hebben: 'U maakt het te zwaar, vooral de beenen.' En de beeldhouwer antwoordde: 'Ik wil er op hevige wijze de kracht in uitdrukken.'

Theo Bos houdt van wielerhistorie. Vlak voor het slapen gaan een paar pagina's over Moeskops en hij heeft de dag erop genoeg energie om te trainen. Hij bestudeert de ouderwetse poses op de vergeelde foto's.

Fotograaf Rens Horn portretteerde Theo Bos eens in zo'n houding. Horn liet hem op zijn fiets poseren op de baan van Alkmaar. De neus van de rechterschoen van Bos steunt op de houten latten, het linkerpedaal staat op de juiste hoogte om kracht te kunnen zetten. Theo kijkt recht in de camera. Ik zie de stilte voor een krachtexplosie. Als je de foto's van Moeskops en Bos naast elkaar houdt, zou je willen dat die twee elkaar konden beloeren in de sprint van de eeuw.

Theo weet dat er ergens in het boek een treffende uitspraak van Moeskops staat over de puurheid van een sprint. Een echte sprint wordt pas op de streep beslist, in een eerlijk gevecht. Theo zoekt naar de passage. 'Moet je horen. Hier heb ik hem. Moeskops zegt dat je bij een sprint je tegenstander niet te hard mag passeren. Met twee lengtes verschil winnen is niet goed. Dan toon je geen respect. Je moet nooit hard doorrijden om één lengte van een fiets te pakken op de ander. Ik ben het daar wel mee eens.'

Zijn mooiste sprints reed Theo Bos tijdens het WK in Melbourne in 2004. Hij haalt ze met gemak voor de geest. Theo begint over de kwartfinale. Hij moet tegen de Engelsman Jamie Staff.

Theo gaat erbij staan. Hij houdt een denkbeeldig stuur in zijn hand, trekt de grimassen bij de laatste meters als zijn spieren bijna verzuren. Als hij, vlak bij de kookplaat, bij mij in de buurt komt, duwt hij met zijn schouder tegen me aan. Ik ben die Engelse sprinter geworden, onder hem in de baan, en hij moet en zal over me heen razen.

Het is of Theo de hele sprint met Jamie Staff in Melbourne met drie camera's heeft geregistreerd. Eén vanuit een vliegend helikoptertje, één vanaf zijn stuur, één vanaf zijn helm. Ik mag als enige toeschouwer op zijn schouders mee de baan op. Hou je vast, daar gaan we.

'Die Staff beweegt zijn fiets helemaal niet, hij is net een tank. Hij zit stil, maar kan ontzettend hard rijden en versnellen. Komt uit die BMXwereld. Power. Ik wist: die kan op een goede acceleratie een wedstrijd winnen. Dat soort gasten schiet aan je voorbij. Boem! Ben je geklopt. Ze rammen die bocht door en dan moet jij er maar overheen zien te komen. Dat ga je nooit redden. Echt niet.

Ik ga de baan op. Ik start boven in de baan. Ik dacht: ik zal jou eens opdrijven naar je topsnelheid, dat je heel lang op kop moet rijden. En dan passeer ik je in de laatste bocht. Passeren, gelanceerd komen en door. Zoals het hoort, hè?

Het liep een beetje anders.

Hij versnelt, ik rij onder in de baan, daar ga ik, gelanceerd! Hij versnelt nog eens, heel erg hard. Ooo, zeg! Fuck. Dat gaat rap. Ik zie 'm gaan. Shit. Wordt moeilijk, rammen, rammen, wordt moeilijk. Ga ik het redden of niet? Wordt echt moeilijk! Ik kom dichterbij... dichterbij... dichterbij... Ingaan bocht, rechte stuk... rechte stuk... dichterbij... in de buurt van de finish... ik kom ernaast, kom ernaast, kom ernaast... en ik ga zo een jump maken. Zo! Ik heb 'm of ik heb 'm niet. Streep. Ik jump, hij ook een jump! Trekt zijn voorwiel iets op, komt neer, helemaal schuin die fiets. Maakt een slinger. Shit! Haal het niet. Door die slinger. Hij raakt me.

Beng!

Onderuit. Ik glij zo over die baan. Door de bocht heen. Superkut, superklote, ben helemaal kapot. Als je na de finish doorfietst, herstel je alvast een beetje. Je spieren pompen het bloed nog door. Maar bij een val, als je in één keer stilligt, dan moet je hart extra had pompen om het bloed rond te krijgen. Ik lig op de grond, denk: wat is er met mijn hart aan de hand? Pompen, jongen! En ik wist dat ik verloren had. Helemaal naar de kloten.

Maar goed, ik heb nog twee kansen. Volgende twee ritten winnen. Ik trek een nieuw snel pak aan. Trek de splinters van de houten baan uit mijn benen. Waren er zo veel. Laat maar zitten, denk ik. Rugnummer op. Weer starten.

Halve ronde nog. Hij rijdt iets omhoog, ik ga gelijk het gat in. Hij stuurt naar beneden. Baf! Hij duwt me. Ik zit in de bocht. O, o. Ik val gelijk om. Tak! Recht op mijn ribben. Ik... eh... zonder adem. Knal. Wedstrijd afgeschoten.

Opnieuw starten.

Weer rijden. Aanvallen, denk ik. Niet afwachten. Aanvallen. Voor de één na laatste bocht moet ik al naast hem zitten. Als mijn stuur vóór het ingaan van de laatste bocht voor het stuur van mijn tegenstander komt, kan ik winnen. Dan heb ik een hogere topsnelheid en dan zit hij, zeg maar, te wrikken. Dit was mijn plan. Hij zet aan, ik kom er gelijk naast. Hij werken. Bocht door, boven elkaar, doorrijden. Ik haal het, ik haal het. Finish. En baf! Bijna niet te zien met het blote oog, maar ik voel: hebbes.

Nog één rit. De beslissende.

En, goed, dat was een sprint, uh, uh, uh! Ga ik 'm halen of niet uh, uh, ja ik heb 'm!

Hij had elke keer dezelfde tactiek, bleef gewoon onder in de baan. Ik erachter. Hij steeds in de bochten accelereren en op het rechte stuk wachten. In de bochten versnelt hij, zodat ik niet omhoog kan omdat hij dan te veel voorsprong pakt. Engelse tactiek, eigenlijk een beetje dom van hem. Dus ik moest laag blijven. Ik ging op het rechte stuk wat harder rijden op de momenten dat hij rustiger aan wilde doen. Opeens ging ik hoog rijden. Ik zat boven al naast 'm. Hij moest mee omhoog. Hij wilde bij me in de buurt blijven. Zat-ie hoog, wist-ie niet wat-ie moest doen. Ik, bam! Onderdoor. Hij mee naar beneden. Nog anderhalve ronde. In de bocht, ik omhoog, hij weer omhoog. Hij gaat veel te langzaam. Dus ik ga. Boem! Over hem heen. Ik heb die gozer niet meer gezien.'

Bos in de halve finale.

Later wint hij ook de finale. Theo krijgt de regenboogtrui.

Zijn eerste.

Ogenschijnlijk doet Theo Bos niet veel op een gemiddelde trainingsochtend. Ik zag hem op de baan in Alkmaar een beetje warmrijden, prutsen aan zijn fiets, wat eten en drinken, kletsen met andere baanrenners en met baancoach en oud-renner Peter Pieters. Zestig meter sprinten, flink uitrusten, weer zestig meter, uitrusten, dan honderd meter, weer uitrusten. En zo door.

Theo Bos wordt wel eens met een luipaard vergeleken. De hele dag met een langzame tred over het gras totdat de honger in de maag het wint van de slome geest. Dan trekken alle spieren aan voor een duizelingwekkend snelle vlucht naar de prooi. Met een paar felle bewegingen is het arme beest ingehaald. Een sprong, de tanden in het vel. En de rust keert weer.

'Tijdens een training doen we alles kort, maar wel maximaal. Het is vol gas, heel eventjes maar, en dan weer rusten. We trainen alleen maar op kwaliteit. Shimizu, je kent hem wel, de schaatser, is ook een sprinter. Als je die ziet trainen... Hij komt op het ijs, schaatst, doet één sprintje en is weer vertrokken. In mijn sport draait het om explosiviteit. Het is heel anders dan een sprint aan het einde van een Touretappe. Dat is eigenlijk geen sprint. Dat is: wie fietst er nog het hardst na zo'n lange dag van meer dan 200 kilometer? Tom Boonen is geen sprinter, dat is een hardrijder.'

Om zijn gelijk te bewijzen heeft Theo Bos een keer gesprint tegen Robbie McEwen, de groene-truiverzamelaar van de Tour de France. 'Dat won ik natuurlijk. Mijn topsnelheid ligt gewoon veel hoger. Weet je wat het is? Ik ben een compleet renner. Ze kunnen me eigenlijk nooit iets opdringen waar ik slecht in ben; ik kan hard op kop rammen, heel lang op hoge snelheid rijden en als ik eenmaal 30 kilometer per uur rij, kan ik makkelijk accelereren. Alleen vanuit stilstand naar 30 kilometer kan nog sneller. Voor de kilometer met staande start is dat nog een probleem. Daar train ik veel op.'

In het voorjaar sprak ik Theo Bos in Bergen aan Zee. Ik moest naar een hotel direct achter de zeedijk. Er zat niemand bij de receptie. Tegen de voordeur lag een laagje zand, door een straffe zeewind in de hoek geblazen.

Ik belde aan. En ja, daar was Theo Bos, in trainingspak. Hij was de enige bewoner van het hotel. Het was buiten het seizoen. Geen Engelsen voor een stevig ontbijt met eieren en worstjes, geen Duitsers, geen Fransen.

In de verlaten lobby zag ik zijn racefiets staan. Van hieruit maakte hij rondjes door de duinen, net zoals Piet Moeskops dat vroeger graag deed.

Theo heeft goede herinneringen aan de trainingsweken in Bergen. 'De eigenaar van het hotel vond het prima. De sleutel van de voordeur lag gewoon onder de mat. Ik had kamer 10, dat werd een soort woonkamertje voor me. Eten deed ik meestal buiten de deur. Eén keer stierf ik 's nachts van de honger. Op de kamer had ik niks. Ben ik uit bed gestapt en door het hotel gaan zwerven. Moet je je voorstellen, loop ik daar in het duister door een roestvrijstalen keuken, op zoek naar brood. Ik voelde me net een dief. Uiteindelijk vond ik een krentenbol. Heb ik keurig laten weten aan de baas, de volgende dag.'

Het is elf uur in de avond. Theo doet de televisie uit die de hele tijd zonder geluid op Net 5 heeft gestaan. Ik moet weg, besef ik. Theo moet gaan slapen. Voel me even als zijn vader.

'Theo, jongen, bedtijd.'

Hij stelt het uitzwaaien nog heel even uit. Op zijn laptop laat hij een foto zien van zijn gloednieuwe frame, gemaakt bij de Hollandse firma Koga in Heerenveen. 'Het is nog een prototype. Mijn concurrenten mogen hem niet zien. Met alles erop en eraan, inclusief testen, kost de fiets zo'n half miljoen euro. Kijk, het zadel is geïntegreerd in het frame. Was mijn eigen idee. Ik heb geen zadelpen, geen boutjes meer. Het is uit één stuk. Dan is de fiets nóg stijver. Ik zit op een zadel van carbon, misschien moet er nog leer overheen. Mijn hoogte ligt vast, 82 centimeter, punt van mijn zadel 6 centimeter achter de *bracket*. Ik ben geen mierenneuker, ik zit al heel lang hetzelfde.'

Nu moet ik echt weg. Theo moet slapen.

Hij brengt me naar mijn auto. Er ligt een fotoboek op de achterbank, *Moord in Rotterdam. Diverse photografieën 1905-1967*. Oude politieplaten van dodelijke zaken. Zwart-wit, natuurlijk. Theo Bos mag het boek hebben. Ik blader naar mijn lievelingsfoto van een man met een dolk dwars door zijn hoofd. Hij ligt vredig en dood op de voorbank in de cabine van een vrachtwagen.

'Supercool,' zegt Theo.

Ik start de auto.

De wereldkampioen zwaait.

Ik toeter en neem de weg terug naar huis.

Morgen gaat mijn zadel omhoog.

Solo

Ik rij het liefst alleen. Solo. Zelf het moment kiezen dat ik mijn fiets pak en van huis wegga. Fietsen als solitaire aangelegenheid. Een landschap, een fiets, een gevulde bidon, een reep in de achterzak en mijn tocht is goed.

Maar als ik iemand in de verte zie rijden, kan ik het niet laten; dan wil ik me meten.

Deze zonnige middag rijdt er een fietser met een rood shirt tweehonderd meter voor me. Mijn tempo gaat omhoog. De afstand wordt kleiner. Ik ben al zo dichtbij dat ik kan inschatten hoe hard de fietser trapt.

Hij rijdt minder snel dan ik, dat is zeker.

Mijn voorwiel is nog maar een paar meter van zijn achterwiel verwijderd. Ik taxeer op welke tandwielen zijn ketting ligt. Voor rijdt hij op het kleine blad, mijn ketting draait op het grote blad.

Even aanzetten en passeren, met een vriendelijk knikje. Zoals wielrenners elkaar in het voorbijgaan groeten. Ondertussen wil ik wel alleen verder. Na een aantal forse trappen kijk ik om. Hij blijft achter.

Ik ben weer alleen.

Na twee uur fietsen, van Rotterdam via Vlist en Schoonhoven, kom ik aan bij een kruising. Het stoplicht voor fietsers staat op rood. Het is een druk verkeersplein; het duurt even voordat alle auto's kunnen doorrijden.

Terwijl het puntje van mijn linkerschoen op het fietspad steunt, strek ik mijn vermoeide rug. Toch weer in een te hoog tempo gereden. Gaat dat ooit over, mijn kracht overschatten?

Ik sta vooraan met mijn voorwiel net voor de witte streep. Om me heen en achter me verzamelen zich steeds meer fietsers. Ik hoor het geluid van een stationair draaiende motor.

Het groene fietsertje licht op.

Vanuit stilstand wil ik graag als eerste optrekken. Hoe sneller weg, des te eerder ben ik weer in mijn geliefde positie: solo.

Aanvankelijk lukt dat. De meeste fietsers maken voorzichtig steppend hun eerste meters. Ik heb beide voeten al in mijn pedalen geklikt. Mijn snelheid neemt toe. Een vaartje van 20, 25, 30 kilometer per uur.

Achter me hoor ik de motor toeren maken. Ik kijk heel even om: een brommer, met twee personen erop. Niets is lekkerder dan met vermoeide benen in de slipstream van een voorganger te kunnen rijden. Dan hoef ik niet per se alleen te blijven fietsen.

Ik schakel alvast een tandje zwaarder. Nog even en ik word meegezogen. De brommer rijdt langzaam voorbij. Voorop zit een man, achterop een jongen. Vader en zoon, vermoed ik. De brommer zakt diep door zijn vering. Als hij eenmaal voor me rijdt, ga ik recht achter hem rijden, met mijn voorwiel bijna tegen het spatbord aan, dan heb je het meeste voordeel van de zuigkracht.

Het achterlicht brandt terwijl het midden op de dag is.

De jongen achterop heeft een paardenstaart die onder zijn helm vandaan komt. Een paardenstaart met blonde krullen. Ik zie een deel van het gezicht van de bestuurder omdat hij me via de twee achteruitkijkspiegels in de gaten houdt. Dikke onderkin. Hij draait zijn hoofd een kwartslag naar de jongen achterop en roept iets dat ik niet versta.

De jongen kijkt om en bestudeert de afstand tussen ons. Ik lach vriendelijk en blijf met mijn voorwiel vlak achter het spatbord rijden.

We zijn een eendrachtig koppel dat over de secundaire weg richting de Algerabrug over de IJssel rijdt. Abri heet het meezuigeffect in wielertermen. Je voelt het als je achter de brede rug van een fietser rijdt, maar met een brommer kun je een nog hogere snelheid bereiken.

De jongen kijkt nog steeds naar mijn voorwiel. Hij zegt iets tegen de man en draait zich weer om.

'Doe normaal, man!' roept hij.

Ik ben perplex. Ik dacht dat hij het mooi vond dat ik achter hun brommer meegezogen werd.

'Wat bedoel je?' schreeuw ik terug.

'Opflikkeren!'

'Wat is er?'

'Je moet niet zo hard rijden.'

'Hard? Ik rij nog geen 30.'

De jongen trekt een furieus gezicht.

'Als je nou niet oprot...'

'Rustig maar,' zeg ik. 'Ik mag hier gewoon rijden, hoor.'

Hij draait zich om naar de man achter het stuur. De bestuurder kijkt me aan via de spiegels. Zijn gezicht staat op onweer.

Ik schakel en fiets de brommer voorbij.

'Zo goed?' vraag ik.

Ik denk dat ze jaloers zijn omdat hun brommer niet harder gaat dan een racefiets. Als ik lachend omkijk, komt de jongen woedend omhoog van de zitting. Hard doorrijden is nu het beste dat ik kan doen. Ik hoor hoe de brommer vaart mindert. Ze moeten rechtsaf, een tunneltje door.

'Klootzak!' roept de jongen me na.

'Wat lul je nou, man?' zeg ik terug.

Ik zie de bestuurder twijfelen of hij toch niet achter me aan moet. Geschrokken zet ik extra kracht op mijn pedalen.

Het zijn toch niet van die idioten die meteen een pistool trekken? Voor alle zekerheid buig ik wat dieper voorover en rij flink door. Pas als ik afsla naar de oprit van de brug, kijk ik weer achterom: ze zijn weg.

De adrenaline giert door mijn lijf.

Ontspannen. Rustig ademhalen. Niets aan de hand. Negeren, die gekken.

Ik klim naar het hoogste punt van de brug. Pas in de afdaling raak ik meer op mijn gemak. Door de harde wind begint een oog te tranen. Ik veeg de druppel van mijn wang. Ik ben niet ver van huis. Een slok uit de bidon. In een lekker tempo rij ik over het rode fietspad.

Niemand voor me, niemand achter me.

Alleen rijden is een zegen.

Postbode

Glas mocht absoluut niet in de koers. Angst voor scherven op het asfalt. En zo reed Lance Armstrong tijdens de laatste etappe met een plastic bekertje champagne tussen zijn ploegmaten. Hij nam nagenoeg niets en gaf de drank snel door aan Andrea Tafi. Toscanen weten wel raad met alcohol in werktijd. Tafi sloeg de inhoud in twee teugen achterover en reed even later als een bezetene het centrum van Parijs binnen.

Champagne drinken uit plastic, de leverancier kon zijn televisie wel van de muur rukken. Waar zijn de tradities in de Tour gebleven? De Tour is niet meer zoals vroeger, vertelde Armstrong tijdens de laatste persconferentie. Klopt. Vroeger was alles beter.

In 1949 rijdt er maar een coureur in de ronde van het gehucht Follainville. Zijn naam is Jacques Tati. De Franse cineast speelt in zijn eigen film *Jour de Fête* de rol van François, een overijverige postbode die in een recordtempo brieven wil bezorgen.

De dienstfiets van Tati is een aftandse Peugeot zonder versnellingen. Het voorblad is heel klein en telt niet meer dan dertig tandjes. François maalt de trappers in het rond, het aantal omwentelingen in de film is duizelingwekkend. Hij schiet door het landschap heen. Tijd voor een praatje met de bewoners heeft hij niet. *Rapidité, rapidité!* De fiets is een karakter in de film, een trouwe vriend die altijd in de buurt blijft. In een afdaling, tijdens een val, buiten tegen een muur van het café. Zelfs zonder de postbode op het zadel rijdt het ding uit zichzelf de weg af. Er kwam geen filmtruc aan te pas. Zo zie je, een fiets is tot veel in staat.

In de Tour van Tati zijn geen gendarmes, geen motoren, geen reclamekaravaan die kleine kinderen van zeven op het parcours lokt met strooigoed. De held van de film is een solist. Als hij bij toeval een peloton renners tegenkomt, weet hij niet hoe snel hij van die lastpakken af moet komen. François heeft ruimte nodig voor zijn capriolen. De fantasie slaat op hol. Hij gaat achter een rijdende vrachtwagen fietsen en gebruikt de uitgeklapte laadklep voor het sorteren van de post. Het aannemen van een eetzak tijdens de ravitaillering in de echte Tour is plotseling kinderspel geworden.

De postbode heeft gezien hoe Amerikanen de post bezorgen. Alles moet sneller. Hij wil de hele bezorging van het dorp in zijn eentje doen. De Franse bevolking weet de gek op de fiets maar net te ontwijken en wijst naar het voorhoofd. Kijk uit, daar heb je François, hij doet het op zijn Amerikaans. En daar flitst de postbode weer voorbij. De service is ver te zoeken, alleen de snelheid telt. Een soort US Postal *avant la lettre*.

Tijdens de persconferentie maakte Armstrong van de tijdrit een mathematische gebeurtenis. Volgens hem was het simpel: je hebt een start, je rijdt drie minuten na elkaar weg en je komt over de finish. Dat was de Tour: topsport. Misschien is een tijdrit niet meer dan dat, maar zo wil ik een winnaar niet over zijn vak horen spreken. Je hebt een start en een finish, godallemachtig! Dit was wiskunde voor beginners. Waar is het plezier gebleven? O ja, de mannen van US Postal hadden onderling veel lol met het draaien van muziek van ZZ Top. *Fun*. Maar dan wel in een rennersbus met zonnebrilruiten, het publiek op afstand.

De Litouwse renner Raimondas Rumšas had na afloop van de tijdrit een smakelijker verhaal. Hij was vergeten zijn stuur goed vast te zetten. We kregen slapstick op de fiets in de stijl van Tati: de fiets leefde. Het stuur begon steeds meer te bewegen en de remmen zakten bijna tot op het asfalt. Je zag het al voor je, Rumšas met losgetrokken stuur in de handen door de bocht. *Rapidité, rapidité!*

Tati liet zich inspireren door de Amerikaanse manier van postbestellen en leverde een filmklassieker af. Ruim vijftig jaar later kan Armstrong voor een paar dollar *Jour de Fête* huren bij de videotheek en zien dat een werknemer van een postbedrijf naast kracht, souplesse en inzicht ook nog wel een tik mag hebben. Rekenen op de fiets, het is zo saai. Het beste jongetje uit de klas neem je niet mee naar een feest. Armstrong moet maar een voorzichtig beginnen met drinken tijdens het werk. Uit een nepglas, vooruit dan maar.

Isabella's moedervlek

Lopend langs de arcades van Rue de Rivoli dacht ik alvast aan de laatste zondag van juli. De Parijse boulevards zullen weer zijn afgezet met hekken, de camera ter hoogte van de Obelisk op Place de la Concorde krijgt de eerste renners in het vizier. De Tour de France komt thuis. Uit de wind gehouden door zijn ploegmaten concentreert de drager van de gele trui zich op het wegdek, zijn voorwiel en het achterwiel van zijn voorganger.

An American in Paris.

Lance Armstrong kan zijn zesde winnen. Een record. Knap en saai. Zeer saai. Ik haat meervoudige Tourwinnaars, ik wil in juli geen Amerikaanse winnaar in Parijs. Liever een Est, een Let, een Belg, desnoods een Fransman, voor mijn part een onbekende Koerd. Maar ik zal er niet aan ontkomen, Parijs is straks in de ban van de Amerikaan.

Op Boulevard Saint-Germain kreeg ik op deze lentedag al een voorteken. Op een terras werd mijn aandacht getrokken door een stola om een vrouwenhals. Waar zie je tijdens een warme meimiddag nog een paarse stola, losjes liggend op de schouders? Juist, in Parijs.

Bij nadere bestudering werd de stola nog mooier, het kledingstuk hoorde bij de bleke huid van de actrice Isabella Rossellini. Ik zag een moedervlekje onder de stola naar me knipogen in de voorjaarszon. Ik had geen tijd meer voor het spellen van interviews met Thierry Henry en Roger Federer in de Franse sportkrant. Alle sport kon me gestolen worden, ik concentreerde me op het vlekje en associeerde er lustig op los. Dit heuveltje op de huid was het vulkanisch eiland Stromboli waar haar ouders — de actrice Ingrid Bergman en de regisseur Roberto Rossellini — tijdens het filmen verliefd werden.

Isabella zat moederziel alleen aan het tafeltje. De ober herkende haar, ze hoefde niet te wenken, hij liep al haar kant op. Even later kwam hij terug met een salade, een glas witte wijn, een club sandwich en een grote cola. Dit kon onmogelijk de lunch van Isabella alleen zijn. Met haar getuite mond knakte ze een fris slablaadje en keek de boulevard af. Ze zwaaide. Daar was een man. Jammer. Een heel dikke man, met een grijze baard. Hij hapte in de club sandwich waaruit een straaltje wit sap lekte. Hij deed zijn mond open, ik hoorde Amerikaans.

An American in Paris. Ik wil geen Amerikaan in Parijs.

In de hotelkamer herkauwde ik de sport van de dag. De Franse zender toonde een valpartij tijdens de eindsprint in een etappe van de Giro d'Italia. Alessandro Petacchi won voor de zesde keer. Knap en saai. Wat beweegt een wielrenner om zes keer te willen winnen? De Franse presentator meldt droog dat de zegetocht van Lance Armstrong in Frankrijk is begonnen. Hij won zojuist een bergetappe in de Ronde van de Languedoc-Roussillon. De Amerikaan is al twee weken in Europa, zo bleek. 'Ik ben meteen na aankomst gaan trainen in de Alpen.' Er stond al 2000 kilometer op zijn teller, getraind in de bergen. Ik word al moe bij de gedachte die afstand per auto af te leggen. 'Ik zit dicht tegen de vorm aan die ik in juli moet hebben,' zei Armstrong.

Liegbeest. Hij is nu al beter dan wie ook.

Vanaf de maan gezien zijn we allen even groot, beweert Multatuli. Niet waar. Vanaf de maan gezien – het is niet anders – steekt Lance Armstrong met kop en schouders boven het hele peloton uit.

Je kunt ervoor vluchten, uren naïef wegdromen in het bruin van een moedervlek, het helpt allemaal niets. Een Amerikaan is altijd om de hoek. De Tour is beslist. Voor de zesde keer hetzelfde liedje. An American in Paris.

Wit schort

Twee showmeisjes op het podium hielpen Alberto Contador met het aantrekken van de gele trui. Hij zat opvallend ruim. Het shirt fladderde aan de zijkanten en bij de mouwen. Alsof een andere winnaar was verwacht.

Dom.

Er kon er maar één als eerste boven komen in de klim naar Verbier. Wekenlang was Contador in zichzelf gekeerd. Hij leek op een verlegen Spaanse jongen die doodstil op de stoel wachtte tot de schilder hem vereeuwigd had voor het nageslacht.

Ondertussen koos zijn ploeggenoot Lance Armstrong voor de *flash*. Hij kan niet lang stilzitten voor een portret. Overal wordt zijn aandacht verlangd. Een fotootje hier, een filmpje daar. Met Twitter als zijn persoonlijk persagentschap. Armstrong regisseerde zijn eigen circus rond de Tour de France.

Eén keer eerder durfde Contador onder de veren van Armstrong uit te schieten en onderweg zijn eigen plan te trekken. Je zag de Amerikaan denken: hoe haalt die Spanjool het in zijn hoofd?

De ploegleider van de twee kopstukken, Johan Bruyneel, glimlachte om de interne strijd. Hij hoefde niet te kiezen, Contador en Armstrong moesten het zelf maar uitmaken. De sfeer was goed: 'Ze praten niet met elkaar, ze eten wel samen.'

Je ziet ze zitten, als een ongelukkig koppel in een restaurant dat in stilte drie gangen naar binnen werkt, met een laconieke patron als tussenpersoon. Bruyneel was de afgelopen tijd een ober met een wit schort tijdens een ongemakkelijk diner tussen twee mannen.

Ik heb het niet zo op Astana. De ploeg uit Kazachstan gedraagt zich als het Real Madrid van het wielrennen. Koopziek zonder ziel. En het geld lijkt louter gedekt met schulden. Armstrong en Contador op de pof. Dat is de natuur van Astana. De sponsor is een tikje ordi. Meerdere kopmannen in één ploeg? Dan vraag je om interne strijd.

In een hotel in Beaune keek ik naar de etappe door de Alpen. De Saxo-ploeg legde vlak voor de slotklim een moordend tempo aan de dag. Het ging ze maar om één ding: iedereen de adem benemen. Verstoppen achter een rug hielp niet meer. De gezichten van de kanshebbers zagen grauw en waren doorleefd, nog vóór de klim naar Verbier.

Het was de 'putsch' van Saxo-ploegleider Bjarne Riis die Contador in het zadel hielp. '*Le nouveau Federico Bahamontes*,' riep de Franse tv-verslaggever toen hij de Spanjaard zag klimmen. Inderdaad, Contador reed in een mooie stijl en op souplesse omhoog, maar de meeste benzine haalde hij uit zijn boosheid.

Zo sterk wordt een wielrenner als je zijn kracht negeert.

Armstrong weigerde Contadors aanval te verdedigen, zoals iedere andere ploegmaat zou doen. Hij vocht zich kapot. Vooraan voelde Contador zich bevrijd. Ik vloog met hem mee. De Tour leefde weer op na een hopeloze week door het slecht getekende parcours. De Tourmalet als tussendoortje in een slappe bergetappe, zijn ze gek geworden?

Deze Tour wilde iedereen met Armstrong gezien worden. Als je geld had, beroemd of vroeger grappig was (zoals beroepsgiechelaar Robin Williams), mocht je met hem op de foto. Kunstenaar Damien Hirst was bezig met een speciale fiets voor de renner uit Texas. Zijn beroemde diamanten schedel was een passender cadeau voor Armstrong geweest; hij is veel geld waard, maar dood en verderf schemeren erdoorheen.

Bocht

Het leek of ik de wereld door een plastic boterhammenzakje zag. Bomen als groene vlekken, de lucht een grijze deken.

Ik voelde een druppel over mijn slaap lopen. Mijn ogen bleven tranen. Heel even slaagde ik erin de snelheidsmeter op mijn stuur af te lezen. 69 kilometer per uur. Snel keek ik weer naar het asfalt voor me. Mijn blik was wazig.

Dalen was een genot. Het fietsen werd teruggebracht tot lef. Lef om hard te rijden. Mijn gewicht drukte op mijn polsgewrichten. In de remmen knijpen was uit den boze. Goede dalers remden al voor de bocht door met hun bovenlichaam precies genoeg wind te vangen. In de bocht namen ze weer hun aerodynamische zit aan, waardoor de snelheid opliep.

Dalen was evenwicht bewaren tussen hersens en onderbuik, tussen harder en zachter, tussen trappen en remmen. Elk moment kon de snelheid je de baas zijn. Dat mocht je nooit laten gebeuren.

Vanuit mijn hotel in Spoleto was ik op de bonnefooi gaan rijden. Dit deel van Umbrië was glooiend en ruw. In het eerste uur van mijn tocht was ik over goed onderhouden wegen door dorpjes geslingerd. Aan één stuk door rijden lukte niet. Ik moest in de straten inhouden voor parkerende auto's, opbrekingen, loslopende honden en marktkramen.

De afgelopen kilometers was het landschap leger en leger geworden. De wegen hadden geen markering meer en verkeer was er nauwelijks.

Ik knipperde weer met mijn ogen om de snelheid af te kunnen lezen. 71 kilometer. Ik boog verder naar voren; het puntje van mijn neus kwam bijna tegen het stuur. De bochten liepen hier mooi; ik kon ze goed aansnijden en hield overzicht voor het geval er een tegenligger kwam.

In de binnenberm stond een verkeersbord, dat een bocht naar links aankondigde. Ik voelde me zeker van mijn zaak. Het wegdek was droog, ik kon straks lekker scheef gaan hangen.

Een ervaren profrenner had me eens verteld hoe je een bocht goed doorkwam. Nooit vlak voor je kijken, was zijn devies. Volgens hem registreerden je ogen oneffenheden in het wegdek veel beter van grotere afstand. Als je pas op een paar meter van je voorwiel een gat in de weg opmerkte, had je het niet goed gedaan. Je had het al veel eerder moeten zien.

Daar was de bocht al. Mijn linkerknie duwde ik naar buiten. Zo moest het. Ik dook op hoge snelheid in elkaar. Handen in de beugel. Scheef hangen. Heup naar het wegdek. Niet wrikken met mijn billen. Linkerpedaal in de hoogste stand zodat hij het wegdek niet zou raken.

Het ging goed.

De bocht was iets scherper dan ik had verwacht.

Geen paniek.

Verhoogde activiteit in mijn hersens. Niet remmen. Ik zag de roestige paal van het verkeersbord, ik zag dat het gras rond de paal hoger was dan in de rest van de berm, ik zag een paar meter verder een wit plastic paaltje met een reflectieplaatje staan, ik zag dat het plaatje met drie kruiskopschroeven was vastgemaakt.

Verdomme. Ik reed te hard.

Ik ging rechtop zitten om meer wind te vangen. Onzeker schoof ik naar achteren op het zadel. Ik probeerde meer naar de binnenkant van de weg te sturen, maar dreef er juist verder vandaan. Er was niets aan de hand. Helemaal niets. Geen gekke manoeuvres maken. Ik had nog alle tijd om in te grijpen.

Ik zag de kronkelige scheurtjes in het asfalt onder me, ik zag het kleurverschil van de steentjes in de binnenberm.

Door de snelheid moest ik uitwijken naar het buitenste deel van de bocht. Ik keek voor me: geen tegenliggers. Mazzel.

Ik had de bocht nu voor de helft gerond. Ondanks het rechtop zitten bleef mijn snelheid te hoog. Remmen was onverstandig, dan zou het wiel onder me vandaan slippen. Er lag nog maar één meter asfalt rechts van me. Ik moest meer naar het midden zien te komen. Toch maar in mijn remmen knijpen?

Ik zag het grind, vlak voor me op de weg. Kleine losse steentjes.

Remmen?

Nee.

Of toch?

Ik remde en gaf een ruk aan het stuur.

Te laat.

Het was stil. Merkwaardig stil. Het geluid van de suizende wind was verdwenen. Ik keek om me heen. Ik lag in de berm op een bed van prikkende takken, met de asfaltweg aan de ene kant, het dal aan de andere kant.

In mijn linkerschouder voelde ik een stekende pijn. Alsof er een dolk in gestoken was. Voorzichtig trok ik de arm naar me toe. Tijdens het schuiven merkte ik dat doornen in mijn huid krasten.

Ik lag op mijn rug in een struik, met mijn gezicht naar de hemel gericht. Langzaam duwde ik mijn kin op mijn borst. Op mijn armen, maar ook op mijn benen, zag ik rode krassen. Ik kreeg mijn linkerarm niet verder omhoog. Mijn rechterarm was nog in orde.

Ik voelde aan mijn wang en bekeek daarna mijn vingers. Bloed.

Om bij de grond te komen reikte ik omlaag. Lukte niet. Weer zaten de takken met doornen in de weg. En weer voelde ik een gemene steek in mijn linkerschouder.

Sleutelbeen gebroken? Hoeveel wielrenners had ik na een val niet naar dat bot zien grijpen?

Door de snelheid was ik zeker drie meter van de weg af geraakt. Ik draaide mijn hoofd de andere kant op en zag dat de berm vervaarlijk schuin naar het dal afliep. Dit was een slechte plek geweest om te landen. Ik had hulp nodig. Zelf kon ik onmogelijk uit de struik komen.

Ik deed een grove telling van de takken die mij met hun doornen omstrengelden. Vijftig, misschien wel zestig. Ik probeerde er een los te trekken, maar de tak was zo sterk en koppig dat hij direct weer terugveerde in zijn oude stand. Ik probeerde een andere tak, maar ook deze kreeg ik niet los.

In de verte hoorde ik het geluid van een auto; ik hoorde aan de motor dat de bestuurder naar een hogere versnelling schakelde. Zou de bestuurder me straks zien liggen? Er lagen veel takken over me heen.

Het motorgeluid kwam dichterbij. Ik zwaaide met mijn goede hand en begon te schreeuwen. 'Help, help!'

Door de struiken heen ontwaarde ik een rode auto. Met een Italiaans nummerbord.

'*Aiuto!*' riep ik in schoolboeken-Italiaans.

Mijn geschreeuw werd overstemd door de auto, die ronkend de bocht nam. Ik zag hoe de achterkant van de bestelwagen uit beeld verdween. Op de bumper herkende ik een sticker van AC Milan. Een haastige noorderling.

Het was laat in de middag, de zon ging schuil achter een grijs wolkenpak. In mijn schouder bonkte het bloed, dat geen doorgang leek te krijgen in het gewricht.

Mijn fiets hing naast me in de struik, op het eerste gezicht zonder schade. Ik zag nu pas dat mijn schoenplaatje aan het pedaal was blijven zitten. Het moest tijdens de val van mijn schoen afgescheurd zijn.

Het drong tot me door dat ik op mezelf was aangewezen. De streek was dunbevolkt, de kans was klein dat er snel weer een auto zou langskomen.

Mijn blauwe wielershirt zat onder de donkere vlekken. Twee kleuren rood. Het heldere rood van bloed uit mijn snijwonden. En roodpaars. Ik zag nu pas dat ik omgeven was door bramen. Ik plukte er een en stopte die in mijn mond. Lekker zoet. Van de honger zou ik voorlopig niet omkomen.

Het begon harder te waaien. Aan de donkere wolken te zien was er regen op komst. Ik kreeg kippenvel op mijn bezwete huid. Er zou toch wel een keer iemand langs komen wandelen? Een natuurliefhebber tijdens een lange wandeling op zoek naar stilte? Of waren er geen toeristen in deze omgeving?

Nog niet zo lang geleden had ik in een tijdschrift gelezen hoe een stelletje tijdens een vakantie in Australië was vast komen te zitten met hun huurauto in de woestijn. Nietige speldenknopjes in een overweldigende natuur. Reddingswerkers in helikopters moesten de ogen van een sperwer hebben om gestrande mensen te vinden. Het stel was niet op tijd gevonden.

Stom genoeg had ik mijn telefoon in het hotel gelaten. Niet nodig tijdens een klein rondje, dacht ik.

Als er straks weer iemand langskwam, moest ik ergens de aandacht mee trekken. Ik kon mijn shirt uitdoen en ermee zwaaien. Maar het zou me niet lukken om het uit te trekken; ik kon mijn bovenlichaam door de stugge braamtakken nauwelijks bewegen en als ik mijn linkerarm ook maar een klein beetje opschoof, verging ik van de pijn.

Zou mijn hotel alarm slaan als ik vannacht nog niet terug op mijn kamer was? Voor hetzelfde geld bekommerden ze zich niet om het wel en wee van de gasten of hielden ze discreet afstand. Ze hadden het bedrag voor mijn verblijf al binnen. Ik had vooruitbetaald voor een lang weekend.

In de verte hoorde ik een auto komen. Bergopwaarts deze keer. De bestuurder had een sportieve rijstijl, hij schakelde veelvuldig en gaf tussengas. De motor maakte een driftig geluid door het hoge toerental.

Ik begon alvast te schreeuwen. Deze kans moest ik aangrijpen. Misschien dat korte uithalen meer opvielen.

'Hé-hé-hé-hé-hé!'

De auto scheurde op hoge snelheid door de bocht.

Het was duidelijk dat mijn noodkreet niet gehoord was. Het geluid van de motor weerkaatste tegen de flanken van de omliggende heuvels en ebde weg.

Ik probeerde opnieuw een dikke tak van mijn lichaam af te draaien. Het lukte niet. De tak zwiepte als een stugge zweep terug.

Daar lag ik dan. Weerloos, op doornentakken. Een vuurtje eronder en ik was de Maagd van Orléans. Ik kantelde mijn hoofd en keek naast me, naar mijn fiets. Met mijn vingers kon ik misschien tot bij de bidonhouder komen. Ja, met mijn wijsvinger raakte ik de onderkant. Ik strekte me uit. De bidon had nog een duwtje nodig. Ik trok een droog takje los van de struik. Met één beweging prikte ik de bidon uit de houder. Hij viel boven op de struik en rolde mijn kant op.

Mazzel.

Terwijl ik de zoete smaak van de dorstlesser proefde, wist ik: deze bidon kon mij redden.

Ik had maar één kans. Ik moest hem over de struik slingeren en hopen dat de bestuurder van de volgende auto hem zou zien vliegen. Dat zou genoeg argwaan moeten wekken om te remmen.

Ik nam nog een laatste slokje, niet te veel, ik had het gewicht van het vocht in de bidon nodig om lekker te kunnen gooien.

Het was zeker een half uur geleden dat de laatste auto gepasseerd was. Het begon te schemeren. Ik rilde aan één stuk door en in mijn schouder bleef het bloed bonken. Als een handgranaat lag de bidon in de palm van mijn hand.

In de verte meende ik motorgeluid tussen de hellingen te horen. Af en toe was het weg, maar het kwam terug, steeds iets duidelijker.

Eén kans. Ik wist het.

Het kwam op goede timing aan, een slinger met de arm. Beter iets te vroeg dan te laat, anders kon je de bidon niet zien. Als het misging zou ik in deze struik de nacht moeten doorbrengen.

Het geluid klonk hoog, vermoedelijk remde de bestuurder tijdens de afdaling op de motor. Het leek me geen grote auto.

Met mijn ogen dicht taxeerde ik het motorgeluid. Ik schatte dat de auto nog ongeveer honderd meter van me verwijderd was. Ik controleerde of de dop van de bidon goed dichtzat en gooide hem een paar keer een klein stukje omhoog om te wennen aan het gewicht.

Het motorgeluid kwam dichtbij. Voor ik de auto zou zien opdoemen, moest ik al gegooid hebben. Ik wachtte nog heel even.

Door de takken heen zag ik het schijnsel van een koplamp.

Nu.

Ik strekte mijn arm, haalde diep adem en gooide de bidon over de struik. Ik keek het ding na. Hij had de goede snelheid en hoogte.

De auto draaide door de bocht, ik keek recht in een dunne baan licht. Waar bleef de tweede koplamp? Stuk?

Nee. Het was een motorfiets.

De motorrijder trok aan zijn stuur om de bidon te omzeilen. Met een klap was het ding een paar meter voor het voorwiel op de grond gevallen. De dop schoot los. Het vocht spatte door de lucht. Door de struik heen zag ik de motorrijder remmen. Zijn banden gleden door. Hij moest alle zeilen bijzetten om niet te vallen. Vlak voor de berm kwam hij tot stilstand.

Ik begon te schreeuwen.

'*Aiuto! Sono qui, aiuto!*'

Ik zwaaide met mijn arm in de hoop dat mijn hand boven de struik zichtbaar zou zijn. De bestuurder zette zijn voeten naast de motor. Hij stond een paar meter bij me vandaan.

'*Qui, qui!*' riep ik uitgelaten.

De motorrijder stapte van zijn motor af, duwde hem in de berm en tikte met zijn laars de standaard uit. Hij deed het vizier van zijn helm omhoog. '*Stronzo. Faccia di cazzo!*'

Zijn stem klonk woedend. Hij zocht een manier om bij me in de buurt te komen. Hij schreeuwde iets in het Italiaans. Wat ik ervan verstond was dat hij wel dood had kunnen zijn.

'*Scusi*,' zei ik, terwijl ik met mijn ene hand een hulpeloos gebaar maakte.

De motorrijder stond naast de struik. Ik richtte mijn hoofd zo ver mogelijk op.

Vurige ogen, een snor boven vlezige lippen. Stoere kop.

Het licht van de motor scheen door de struik.

Ik wees naar mijn sleutelbeen en trok een grimas van de pijn. Ik imiteerde het geluid van een botbreuk. 'Krk!'

'*Broke?*' vroeg de motorrijder.

Ik knikte.

De man taxeerde de ligging van mijn lichaam.

'*One moments*,' zei hij.

Hij liep naar zijn motor en hing zijn helm aan het stuur. Vanonder het zadel trok hij een leren etui tevoorschijn. Ik hoorde het kletteren van gereedschap.

Hij kwam op me af gelopen met een tang. Gedecideerd pakte hij de onderkant van een bramentak vast en knipte hem door.

'*Grazie*,' zei ik.

Terwijl ik doodstil bleef liggen, knipte de motorrijder de takken een voor een voor mijn gezicht weg.

'*Grazie mille*.'

De man bleef knippen. Tussendoor veegde hij het zweet van zijn voorhoofd. Hij trok de rits van zijn jack een stukje open. Hij droeg een rood T-shirt met een lage hals. Aan een kettinkje op zijn borst danste een kruisje.

Nu begon hij takken rond mijn bovenlijf weg te knippen. Ik kreeg meer bewegingsvrijheid. Met mijn rechterarm hielp ik hem; ik hield de takken stuk voor stuk stil, hij knipte ze door, ik gooide ze weg.

Ik probeerde een laatste grote tak van mijn benen af te krijgen. De Italiaan nam hem van me over. Eindelijk was ik los. Opgelucht wurmde ik me uit de struik. Ik voelde hoe mijn kuiten nog een paar nieuwe diepe krassen opliepen.

Ik was vrij.

De motorrijder ging op zijn hurken naast me zitten en keek naar de sneeën in mijn bovenbenen.

'*No good*.'

Ik klikte mijn helm los en legde hem naast me neer. Met mijn vingers voelde ik aan mijn wang. Een diepe snee.

De motorrijder greep in de zak van zijn jack. Hij gaf me een rode boerenzakdoek en tikte met zijn vinger tegen zijn wang. Ik vouwde de zakdoek een paar keer dubbel en duwde hem tegen de wond.

Terwijl ik mijn wang depte, klonk uit het jack van de motorrijder een vrolijke ringtone. Het zwoele Italiaanse deuntje deed me denken aan een dagje strand. De motorrijder pakte de telefoon en drukte een toets in. Hij luisterde meer dan dat hij zei. Af en toe een '*si*' en een korte vraag. Zijn gezicht betrok. Hij keek op zijn horloge.

'*Okay, vengo subito*.'

Hij drukte het gesprek weg.

'Wat is er aan de hand?' vroeg ik.

Hij zweeg en dacht na.

'*Hospital*. Mijn vrouw is met spoed opgenomen. Ik moet weg.'

Met zijn duim wreef hij regendruppels van het display.

'Ze is zwanger. Het kind dreigt te vroeg te komen.'

'Hoeveel maanden is ze?' vroeg ik.

'Zevenentwintig weken. Het is nog veel te vroeg. Ze ligt in het ziekenhuis van Spoleto, ik moet er snel heen.'

Dat hij haast had begreep ik. Maar ik mocht op deze inmiddels donkere, verlaten plek mijn eigen belang niet uit het oog verliezen. Zijn vrouw was vermoedelijk al in goede handen. Haar hartslag werd in de gaten gehouden, koude stethoscopen gleden over haar buik, een vol infuus hing klaar aan de haak.

'Mag ik mee naar het ziekenhuis?'

'Wat? Achter op de motor? Nee. Sorry.'

De motorrijder deed de rits van zijn jack dicht. Hij keek weer op zijn horloge en schudde zijn hoofd.

'Waarom eigenlijk niet?' vroeg ik.

‘Gewoon, omdat het niet kan,’ zei hij kortaf.

‘Je laat me hier toch niet achter?’

‘Het is een te klein zadel voor ons twee.’

Ik keek naar de motor. Het zadel had inderdaad een bescheiden maat.

Hoe kreeg ik de man alsnog zover? Ik tikte tegen mijn sleutelbeen en liet duidelijk horen dat het pijn deed.

‘Wedden dat je ervoor wordt beloond?’ zei ik.

‘Hoe bedoel je?’

De motorrijder keek me verward aan.

‘Ik zag je kruisje. Je bent katholiek.’

De ogen van de man schoten heen en weer. Hij keek weer op zijn horloge en controleerde meteen daarna zijn telefoon. Hij mompelde iets onverstaanbaars.

‘Goed, we doen het. Laten we ouderwets bidden dat het goed gaat,’ zei hij.

De zakdoek kreeg hij van me terug. Hij wierp hem resoluut in de berm.

Ik negeerde alle spierpijn en liep met mijn linkerarm tegen mijn buik gedrukt de paar stappen naar de motor. De man deed zijn helm op en duwde zijn motor van de standaard. Hij gooide zijn been over het zadel en wenkte me. Met mijn goede hand greep ik zijn schouder beet. Ik hees mezelf op het kleine zadel en zette mijn schoenen op de voetsteunen. Het zadel liep schuin naar voren, waardoor ik tegen hem aan gleed. Mijn pijnlijke arm zat tussen mijn borst en zijn rug geklemd.

‘Okay?’

Ik stak mijn duim op.

De man klapte zijn vizier dicht en startte de motor.

‘Houd me maar bij mijn middel beet,’ riep hij.

Gegeneerd legde ik mijn arm om zijn buik.

Voorzichtig gaf hij gas. Langzaam reden we weg van de plek, weg van mijn fiets. Gelukkig lag hij uit het zicht. Ik zou hem morgen met een hotelbusje kunnen ophalen. Hopelijk werd hij vannacht niet gestolen.

‘*How many kilometres?*’ vroeg ik.

‘*Quattordici. Pain?*’

‘*Little bit*,’ zei ik terwijl ik steken in mijn arm voelde.

We konden elkaar ternauwernood verstaan boven het geluid van de ronkende motor uit. Het was een oud beestje, zag ik aan het logo op de tank. Een Moto Guzzi.

De motorrijder bewoog zijn bovenlijf heen en weer.

'*You the same*,' riep hij.

Ik begreep het: hangen in de bocht, het bovenlijf meebuigen.

Het asfalt glom van de regen. Vlak voor de bocht kneep ik met mijn vingers angstig in het jack van de motorrijder. Ik sloot mijn ogen. We helden naar links, de motor lag schuin in de bocht. Het voelde precies hetzelfde aan als op de fiets. Ik ging scheef hangen en drukte me stevig tegen hem aan.

De man reed op hoge snelheid door de bocht. Door mijn wimpers heen zag ik dat zijn knie maar een paar centimeter boven de weg hing. Als ik een onverhoedse beweging maakte, lagen we samen op de grond. Ik sloot mijn ogen weer en gaf me over aan zijn stuurmanskunst.

Er volgde nog een bocht. En nog een.

Toen ik merkte dat we minder schuin reden, opende ik mijn ogen. Zonder problemen reden we de laatste bocht uit. Er lag nu een lange strook voor ons die naar het dal leidde.

De motorrijder keek om. Hij deed de klep omhoog. Ik keek in zijn lachende gezicht. Nu we eenmaal reden, leek de spanning rond de zwangerschap van zijn vrouw van hem af gegleden.

'Je bent je helm vergeten,' riep hij.

Hij lag nog in de berm.

'*Stupido!*' riep ik.

De motorrijder tikte het vizier naar beneden, keek weer voor zich en schoof naar achteren op het zadel. Misschien zat hij normaal wat verder van het stuur.

Ik schoof ook iets naar achteren. Een felle steek in mijn schouder. Ik onderdrukte een schreeuw. De man draaide het gaspedaal open. Ik keek over zijn schouder. Honderdtien kilometer, op een smalle weg, in de regen. Veilig was anders.

Om te benadrukken dat ik hem dankbaar was, zocht ik weer contact.

'*The baby is your first child?*' vroeg ik.

'*Yes, primo*,' antwoordde de man terwijl hij opzij keek.

We draaiden een flauwe bocht in. Hij nam nauwelijks gas terug.

'*Vacanze?*' schreeuwde hij.

'Yes, yes.'

'Solo?'

'Solo, with the bike, yes.'

We passeerden een verkeersbord met SPOLETO erop. Nog vier kilometer te gaan.

De motorrijder leek het als een aansporing te zien om flink gas te geven. Hij schoof weer wat naar achteren. Ik schoof mee. Als ik nog verder naar achteren zou schuiven, zou ik van het zadel glijden.

Terwijl de snelheidsmeter op 120 kilometer stond, keek de motorrijder om, hij beet op het puntje van zijn tong en grijnsde. Ik moest maar stevig beethouden, anders viel ik.

Hij moest afremmen voor een stoplicht. We kwamen in de buurt. Ik zag het stadje voor me tegen een heuvel liggen. De motorrijder stak zijn duim omhoog. Door het vizier zag ik zijn vragende blik.

Ik knikte.

'Nervous?' vroeg ik.

'My wife is strong.'

'What's her name?'

'Raffaella.'

Groen. Ik gooide mijn arm weer om zijn middel. We reden door de straten van Spoleto. In een zijstraat herkende ik het uithangbord van mijn hotel. Ik had zin om een paar pijnstillers in te nemen en in bad te gaan liggen.

Het geluid van de motor galmde na in de nauwe straat. In de spiegeling van winkelruiten zag ik hoe we erbij zaten: een wielrenner in fietsbroek, verstrengeld met een motorrijder in een glimmend leren pak.

Het wegdek werd hobbeliger. Minder asfalt, meer klinkers. Ik taxeerde mijn sleutelbeen door er lichtjes mee te bewegen. Een breuk, een zware kneuzing?

De motorrijder ging stapvoets rijden en stopte vlak voor de hoofdingang van het ziekenhuis. Hij strekte zijn arm zodat ik op hem kon steunen bij het afstappen. Daarna zette hij de motor op de standaard. Hij trok de helm van zijn hoofd en hield hem onder zijn arm. Samen liepen we naar binnen, gadegeslagen door twee rokende patiënten met infusen op wieltjes.

De onbezorgdheid van de motorrijder was verdwenen. Zijn duim draaide rondjes op het display van de telefoon. Bij de centrale balie vertelde hij haastig waar hij en ik voor kwamen. Terwijl hij ratelde, keek hij me af en toe aan.

'Hier links om de hoek kunt u plaatsnemen. We helpen u zo snel mogelijk,' zei de receptioniste tegen me in kalm Italiaans.

'*Grazie*,' zei ik maar weer.

De motorrijder holde weg naar de kraamafdeling.

'Succes met je vrouw,' riep ik door de gang. 'En met de kleine.'

Onder de pijpen van zijn motorpak zag ik de zoom van een spijkerbroek. Stonewashed.

Op het kuipstoeltje naast me zat een vrouw met een vaatdoek om haar duim. Het bloed schemerde erdoorheen. Ze keek naar de krassen op mijn huid en fronste haar wenkbrauwen.

'*Bicicletta*,' zei ik.

Ze stak haar provisorisch verbonden duim omhoog en maakte met haar andere hand een snijbeweging.

'*Pancetta*.'

Een verpleegkundige kwam me halen en bracht me naar de behandelkamer. Terwijl ze alle krassen op mijn lijf naliep, concentreerde een arts zich op mijn schouder. Zijn bril stond scheef op zijn neus. Hij klopte met zijn vingers op het gewricht.

'*No broke*,' zei hij.

Hij liep de kamer uit. De verpleegkundige pakte gaasjes en maakte de krassen op mijn huid schoon met jodium. Terwijl ze mijn arm zorgvuldig in een mitella legde, moest ik aan mijn fiets denken die kilometers verderop in de struiken lag. Ik had hem in de steek gelaten. We sliepen vannacht gescheiden, mijn fiets en ik.

De verpleegkundige ging aan een klein bureau zitten en vulde formulieren in. Ik moest mijn personalia opgeven. Ze zette een kruisje waar ik een handtekening moest plaatsen. Gelukkig kon ik het ook met rechts.

'*No bici, this week*,' zei ze, met een quasi-strenge blik.

Vriendelijk kneep ik mijn ogen toe en liep de gang op.

Ik was hier al een uur, zag ik op de klok.

Bij de balie vroeg ik naar de kraamafdeling.

'*Primo piano*,' zei de vrouw die me eerder geholpen had.

Ik nam de lift naar de eerste verdieping. Weer een balie. Een verpleegkundige keek op van haar computerscherm. Achter haar zaten een paar mannen in de gang. De motorrijder was er niet bij. Ze vroeg wat ze voor me kon betekenen. Ik zocht naar de juiste woorden, mijn Italiaanse vocabulaire was te beperkt.

'Is er een coureur op uw afdeling?'

Ze keek me niet-begrijpend aan.

'*Uomo moto. Moglie...*' Ik tekende met één hand een bolle buik.

'*His name?*'

Ik wist alleen de naam van zijn vrouw. '*Sua moglie Raffaella.*'

Ze tikte met twee vingers iets op het toetsenbord en keek op het scherm.

'Raffaella Cellini. Raffaella Vanoni. Raffaella di Napolitano.'

Vragend keek ze me aan. Ik had de keuze uit drie Raffaella's.

Achter de glazen wand van de afdeling verloskunde liepen artsen, zusters en een paar vrouwen met dikke buik en hun mannen.

'*Raffaella twentyseven weeks,*' zei ik, weer een imaginaire buik makend.

'*O dio...*' Ze beet kort op haar onderlip.

'*Dangerous?*' vroeg ik.

Ze knikte, meer voor zichzelf dan voor mij. Ze wees naar me.

'*Family?*'

'*No, friend.*'

'*Passaporto? ID?*'

Ik schudde mijn hoofd en dacht aan het zijvak van mijn koffer waarin ik mijn belangrijke documenten had gestopt.

'*Passaporto in hotel,*' zei ik.

De verpleegkundige trok een treurig gezicht. '*Closed,*' zei ze. Bedoelde ze dat het een gesloten afdeling betrof?

In een glazen ruimte achter in de gang zag ik een paar couveuses staan. De verpleegkundige had gelijk om me niet toe te laten. Met alle wonden op mijn huid en de mitella zag ik er niet fris uit. Misschien was ik ook wel eerder nieuwsgierig dan echt betrokken. Ik deed een stap opzij voor een man achter me die haar iets wilde vragen.

Toen ik nog een keer door het glas keek, herkende ik het postuur van de motorrijder bij een couveuse. Hij droeg een blauw haarnetje en had een kapje voor zijn mond. Met zijn handen wreef hij over zijn gezicht.

Weifelend stak ik mijn hand op. Zou hij me herkennen aan mijn wielershirt?

Ja, hij stak ook zijn hand op.

We keken elkaar even aan.

Ik deed mijn duim omhoog.

Hij schudde zijn hoofd. Het glas vervormde het beeld. Ik kneep mijn ogen samen.

Zijn duim wees naar beneden.

Water en Zeep

Met het wielertenue van Acqua e Sapone – Water en Zeep – in de tas vertrok ik naar het Nederlands Kampioenschap voor Journalisten. De wedstrijd werd verreden in Boekel. Ik had de afgelopen weken flink getraind om goed voor de dag te komen bij mijn fietsende collega's.

Door een file op de brug bij Zaltbommel kwam ik in tijdnood. Om kwart voor drie stond ik met de grill van de auto tegen een stalen dranghek in Boekel. Ik mocht er niet door. Het parcours was vrijgegeven aan de Heren B. Ik haalde mijn shirt uit de tas en liet het aan de vrijwilliger zien.

'Ik ben ook Heren B,' zei ik.

Het shirt maakte geen indruk. Ik reed mijn auto achteruit en vond een parkeerplek op een verlaten industrieterrein. Naast de auto trok ik mijn broek en shirt aan. Een rood pak met Acqua e Sapone op de borst, lichtblauwe zeepbellen eromheen. In deze kleding oogde ik sterker dan ik in werkelijkheid was.

Net op tijd kwam ik bij de startstreep aan. Een van mijn collega's herkende me: 'Hé, daar hebben we Frank Vandenbroucke.'

Inderdaad, Vandenbroucke had sinds een paar weken een contract bij de Italiaanse sponsor. 'Het grootste Belgische wielertalent sinds Merckx' reed voor Water en Zeep. Had hij zijn verleden vol dopinggedoe, dreigen met een jachtgeweer en zelfmoordplannen schoongewassen?

De eerste groep moest ik na twee rondjes Boekel laten gaan op het stratencircuit. Er formeerde zich een tweede groep die nog altijd hard reed, rond de 37 kilometer per uur. Het was aanpoten. Om kort te gaan, ik werd elfde van de veertig.

Vandenbroucke werd in Lombardije gesignaleerd tijdens een koersje van zestig kilometer. Voor junioren. Hij had zich ingeschreven onder een valse naam – Francesco del Ponte, het had eigenlijk Francesco del

Pantalone moeten zijn – en had op zijn licentie een pasfoto van zijn Belgische collega Tom Boonen geplakt.

Onder toeziend oog van zijn vrouw Sarah Pinacci – die een paar jaar geleden nog in de loop van Franks jachtgeweer had moeten kijken – ontsnapte Vandenbroucke aan het knapenpeloton. Hij reed vooruit. Eén kilometer voor de streep werd Vandenbroucke ingelopen. Hij nam meteen een zijweggetje.

Zijweggetjes.

Een zijweggetje in vakantietijd. Een zijweggetje om uit de file te raken. Ik zag ook veel zijweggetjes tijdens het Nederlands Kampioenschap voor Journalisten. Zeker toen het me allemaal te hard ging. Er gaat niets boven zijweggetjes. Daar vind je rust.

De carrière van *Frankyboy* leek voorbij. Welke ploeg zou zich nog over hem willen ontfermen? Juist: Water en Zeep.

En het ongelooflijke is gebeurd. Op het moment dat ik rondjes draaide in het Brabantse Boekel, reed Vandenbroucke zijn eerste koers voor zijn nieuwe sponsor. Hij reed óók rondjes, dertien in getal. In totaal fietste hij 199 kilometer tijdens de GP Misano-Adriatico, een serieuze koers met een klim erin. Bennati van Lampre won, Vandenbroucke eindigde op slechts 15 seconden knap als negentiende.

Met dank aan Water en Zeep. Een renner heeft – naast een reguliere bestelling bij de Spaanse dopingdokter Fuentes – niets meer nodig dan een warme douche en een stuk zeep. Frank en ik, wij kennen de onschatbare waarde van dit shirt. Misschien stoppen we voorgoed met fietsen. Ons shirt mag naar een talentvolle junior.

Nemen wij een zijweggetje.

De centimeters van Merckx

Tandwielen, schroeven, spaken, zelfs de schakels van de ketting worden stuk voor stuk aan een laatste inspectie onderworpen. Steeds glijden de smeervingers van de mecanicien weer over de fiets. Het is aaien, masseren, drukken, kietelen.

De fiets is een vrouw die aandacht behoeft.

Het is 1976, de vooravond van de klassieker Parijs-Roubaix. De Molteniploeg zit in een hotel vlak bij Chantilly. De mecanicien is in een onbestemde ruimte in de weer met de fiets van zijn kopman. Alles is afgesteld op het denderen over de kasseien. Zijn werk is klaar. Denkt hij.

Eddy Merckx valt binnen. In koeterwaals-Italiaans spreekt hij over getallen, over de ideale zit. Over centimeters, nee, over millimeters.

De mecanicien pakt een meetlint en rekent uit hoe hoog het zadel boven het bruinoranje frame uitsteekt. Alle millimeters staan in verhouding tot het lijf van Eddy. Wat wil zijn rug? Hoe ver kunnen de pezen en spieren uitrekken bij een omwenteling? Gaat zijn nek pijn doen na tien stroken kinderkoppen? Eddy moet straks de hel van het noorden in. Iedereen verwacht dat hij wint. Zoals altijd. Daarom moet het zadel perfect staan. De mecanicien pakt een uitschuifbare meetlat waarmee hij de hoogte en de stand van het zadel controleert.

Merckx gaat op een bankje achter zijn fiets zitten. Hij tuurt naar het zadel. Donkere timmermansogen.

De mecanicien houdt het uiteinde van de meetlat tegen de stuurpen aan. Aan de andere kant duwt hij de schuif strak tegen de achterkant van het zadel. Hij rommelt onder het zadel. Hij gaat daarna zelf even op de fiets van Merckx zitten. Dit moet goed zijn.

Merckx geeft zich over. De fiets is klaar voor vertrek.

Vlak voordat de ploeg via een slingerroute naar de start fietst, knijpt Eddy in de remmen. De mecanicien komt naast hem staan. Het stuur. Hoe hoog staat het stuur?

Eddy zelf legt het meetlint langs de stuurpen: 'Hoger.'

De mecanicien draait met een inbussleutel de schroef los. Hij trekt het stuur omhoog. Eddy's ogen houden de streepjes op het meetlint in het vizier.

'*Encore plus?*' vraagt de mecanicien.

Het stuur glijdt tergend langzaam omhoog, millimeter voor millimeter.

'Ho-ho-ho. Stop!' zegt Merckx. De hoogte is goed zo.

Toch staat in de ogen van Merckx nog twijfel. Staat het stuur precies haaks op het frame? Zijn vingers zitten in witte, wollen handschoenen. Het is nog koud in de ochtend. Met de duim en wijsvinger van beide handen zet hij het losse stuur goed.

De mecanicien wacht met aandraaien totdat zijn coureur een teken geeft. Het is stil. De handen van Merckx houden het stuur secondenlang beet.

Merckx kijkt naar de stand van het stuur. Nu kan het nog bijgesteld worden. Straks zit hij in de koers en vliegt alles aan hem voorbij: steentjes, stof, een putdeksel, een doodgereden kat, het achterwiel van een zware motor.

Ja. Het stuur staat recht. De mecanicien mag het vastdraaien.

Het startschot op het plein in Chantilly. Het peloton staat klaar. Wielerfans staan te dringen. Hun helden zijn aanraakbaar. Ze speuren. Daar is Eddy. Met dat bruin in het shirt, bruin dat niet in één chocolaterie te vinden is. Kenners turen naar zijn fiets. Ze tellen de tandjes in het achterwiel.

Klak, een foto.

Tik, op de schouder.

Het peloton rijdt weg. Motoren met cameramannen achterop zoemen om de renners heen. Van het gezicht van Merckx is af te lezen dat hij er niet gerust op is. Is zijn stuur wel goed afgesteld? Voelt hij iets aan zijn pedaalslag, aan de stand van zijn benen, aan zijn rug?

Plotseling knijpt iedereen in de remmen. Er is een staking gaande,

Franse actievoerders versperren de weg. Geluk bij een ongeluk. Merckx draait om. Hij houdt een volgwagen van de Brooklynploeg aan, het team van zijn rivaal Roger De Vlaeminck.

Vanuit de blauwe Fiat komt een hand met een sleutel. Merckx kijkt onrustig over de ruggen van het peloton heen. De renners staan nog stil.

Merckx stapt af en begint te sleutelen. Met zijn linkerhand omklemt hij de punt van het zadel. Of er een droge worst in zijn handpalm ligt. Hij slaat tegen de achterkant zodat het zadel een millimeter naar voren schuift. Hij draait de bout onder het verschoten leer aan. De mecanicien van Brooklyn krijgt zijn sleutel terug.

Merckx rijdt weg. De kasseien schudden de fietsen door elkaar. Eddy voelt elk venijnig randje van de stenen in zijn zitvlak. Het zadel is de sensor van de renner. Het is eenvoudig: zit je lekker in de koers of niet.

Eddy zit vandaag niet lekker.

In de middag gaat Marc Demeyer als eerste over de streep in Roubaix. Merckx wordt zesde. Als hij over de finish rijdt, kijkt hij achterom. Een goede Merckx kijkt alleen maar vooruit.

Dat stomme Brooklynsleuteltje. Die ene millimeter naar voren was niet genoeg. Het zadel stond niet perfect.

Niet perfect genoeg.

Jongensdroom

Zoals Niki Terpstra de laatste kilometers solo naar de beroemde wielerpiste van Roubaix reed, zo hoort het: de rug bijna horizontaal met de weg, soepele omwenteling van de benen (let op zijn lange, witte sokken) en het bovenlichaam zo stil mogelijk houden, zelfs tijdens de zwaarste inspanning.

Zijn tegenstanders weten het al jaren: als Terpstra in die stijl in zijn eentje wegrijdt, ben je reddeloos verloren. De stijl van Terpstra demoraliseert. Toen hij na de kasseienstrook van Hem demarreerde, liet iedereen na korte tijd het hoofd hangen. Terwijl Terpstra – net als andere renners – op sterven na dood was.

Dat draadje slijm in de opengesperde mond toen Terpstra als eerste over de finish kwam. Zo mooi van viezigheid. Afgezien van de tandarts kijkt niemand met plezier in een keel. Maar het spuugdraadje van Niki ontroerde. Tot aan zijn huig mochten we naar binnen gluren.

In Niki's keel kon je zien hoe slopend en stoffig deze klassieker was geweest. Twee jaar geleden wilde ik zelf ervaren hoe het rijden over kasseien in Noord-Frankrijk aanvoelde. Sinds dat ritje doet de wijsvinger van mijn linkerhand raar. Iedere ochtend blijft hij staan terwijl de rest van de vingers buigen.

Een *triggerfinger* als herinnering aan de Hel van het Noorden. Ik ben er zuinig op, hopelijk is het blijvend.

Terpstra besefte na de finish dat hij een grote held was geworden in eigen land. Na dertien jaar won er weer een Nederlandse coureur in Roubaix. Zijn stem sloeg over bij het woord 'jongensdroom'. Hij was zijn emoties niet de baas.

Het kostte Terpstra moeite de gewonnen kassei boven zijn hoofd te torsen. Na een paar seconden zette hij het ding op de grond. Zo'n steen hoort ook niet in de lucht.

Kasseien doen al eeuwen dienst als plaveisel. Ze worden de grond in gedrukt door auto's en tractoren. En één dag in het jaar rammen profwielrenners over hun kruin.

Terpstra won de mooiste klassieker op aarde. De beelden van zijn kop met opengesperde mond op weg naar het einde, ze zullen me altijd bijblijven.

Op het podium straalde Terpstra van oor tot oor. Hij zag eruit als een stripfiguur. Die brutale bek, dat petje met de klep omhoog boven die vrolijke ogen.

De Noord-Hollandse renner was in de laatste kilometers van de wedstrijd *tête de la course* geweest. Ja, nu ik hem zo zag staan, was dat de passende titel voor de winnaar van Parijs-Roubaix 2014: Terpstra was Het Hoofd van de Koers.

Fontanel

Ik kijk al uren naar één kassei. Hij ligt er vermoedelijk al langer dan ik leef. De steen is rossig van kleur. Een kinderkopje. Van een jongen van een jaar of acht, met een kaal punthoofd.

Dit is strook 10 in de wielerklassieker Parijs-Roubaix. Alle stenen liggen hier schots en scheef. De organisatie is tevreden. Dit weggetje bij Mons-en-Pévèle krijgt de maximale vijf sterren. In een hotel staan sterren voor luxe, in deze koers krijgt de slechtst begaanbare weg de hoogste waardering.

Belgische supporters in de berm hebben een televisie onder een half open tent staan. Het duurt nog even voordat de renners zullen passeren.

Ik ga door mijn knieën en geef de kassei een aai over de bol. Eromheen groeien een paar grassprieten.

Mijn kassei ligt in het midden van de weg. Hij steekt vijf centimeter boven de andere stenen uit. Dit exemplaar verheft zich eigenwijs boven de massa. Nog even en zijn fontanel krijgt ervan langs, de tubes zullen eroverheen raggen.

Geen genade voor een oude steen.

De televisiekijkende Belgen delen flesjes Jupiler uit. De kroonkurk wippen ze eraf met de achterkant van hun mobiele telefoon. Zuipen, schreeuwen, een potje drinken; het gaat allemaal vanzelf op deze plek waar in 1304 nog een veldslag werd geleverd. De zon verhult de zwaarmoedigheid van het lege Noord-Franse landschap.

Motoren, flitslichten, geschreeuw, wapperende vlaggen. Daar zijn de eerste renners. Een voor een. Ze denderen over de kasseien. Sommigen kiezen het zanderige zijpad of het gras in de berm.

Alessandro Ballan heeft glimmende, natte lippen in een gezicht dat door al het vuil op een kleimasker uit een beautysalon lijkt. Het tempo ligt hoog, rond de vijftig in het uur. Een wiel knalt op mijn kassei; ik hoor het bonkende geluid van velg op steen.

De grote meute is voorbij. De fans hollen naar de televisie om te zien hoe het verder gaat.

Op de strook komt de Noor Kurt-Asle Arvesen aangereden. Hij staat op de pedalen en fietst ongemakkelijk over de stenen. Pas als hij me voorbijgaat, zie ik waarom hij zo krampachtig beweegt. Zijn fiets heeft geen zadel meer. Hij moet flink gevallen zijn.

Onder zijn koersbroek steekt de zadelpen als een dolk omhoog. Eén verkeerde beweging en hij spietst zichzelf. Fietsen zonder zadel. Een circusact op kasseien. Het is nog vijftig kilometer naar de wielerbaan van Roubaix.

Op de televisie in de tent wordt geroepen dat de ontsnapte Johan Vansummeren gaat winnen. De Belgische commentator ziet de tegenstanders steeds meer aan kracht inboeten. 'Het vet is van de soep, het vet is van de soep!'

De laatste volgwagens rijden aan me voorbij. Ze laten stofwolken achter. De weg raakt leeg. Morgen is de kassei de halfzachte dure tubes die over zijn schedeldak stuiterden vergeten en nemen de boeren weer bezit van de weg.

Vliegen over de kasseien

Mousaf Douilba loopt op zondagse pantoffels de Avenue Michel Rondet af, dikke trui aan, zakdoek opgefrommeld in de hand. Mousaf is vandaag vrij. Gisteren ook, en eergisteren, eigenlijk het hele jaar al. Na de sluiting van de kolenmijn eind maart 1989 zal Arenberg voor deze Algerijn nooit meer Arenberg zijn. Wat hij nu doet, de hele dag? Hij kijkt naar zijn eigen duimen die rondjes draaien. Duimen. Samen met zijn Poolse vrouw leidt hij een sober leven met vierduizend francs steun. *C'est germinal.*

Het is net of Arenberg model stond voor *Germinal*, de titel van een boek van Emile Zola waarin hij het loodzware, van eeuwig zwart gruis voorziene mijnwerkersleven in Noord-Frankrijk aan de kaak stelt. De contouren van het dorpje aan de rand van het Bois de Wallers worden gevormd door de torens en fabrieken boven de grauwe grond, zwanger van de kolen. Mousaf verdween eenendertig jaar lang met een pikhouweel en een lamp in de schacht om, samen met zijn benedenploeg, de stukken kool te bikken die na het transport door de bovenploeg werden verwerkt en op het treintje gezet.

'We haalden ongeveer vier meter per dag, de machines die nu nog de laatste kolen uit de grond halen, bikken met gemak achttien meter.'

Er wonen nog maar vijfendertighonderd mensen in Arenberg en dat is te merken. De haastig opgetrokken barakken langs de muur van het mijnterrein staan leeg. De ruiten zijn ingeslagen, hele bouwmuren liggen om. Door het schafthuisje heen, direct naast de dertig meter hoge uitkijkpost van het fabrieksterrein, waait die bekende Noord-Franse wind. Het skelet van een uitgehongerde rat – wat zou je hier in godsnaam nog een voedsel kunnen vinden – ligt onder een verroeste stalen houder voor prikklokkaarten. Geen mens, geen dier leek het hier in kolenland nog uit te houden. *C'est germinal.* Het einde van het kolentijdperk.

Het leven in Arenberg is zonder de kolen angstaanjagend leeg geworden. Natuurlijk, de bewoners houden de moed erin. Het plaatselijke majorettekorps organiseert een machtige tombola met als hoofdprijzen een haan en een fles wijn en in café Music Danse kun je terecht voor een thé dansant. Maar verder?

En toch heerst er trots in het stilgevallen dorp. Parijs-Roubaix, de klassieker onder de klassiekers rijdt dwars door Arenberg heen. Het peloton dendert met vijftig in het uur over het asfalt van de Avenue Michel Rondet, wipt behendig over het treinspoor en snijdt vervolgens de Boulevard des Mineurs d'Arenberg. Nog twintig meter scheidt de renners van de meest beruchte kasseienstrook in de koers: de vierentwintighonderd meter door het Bois de Wallers.

Mousaf Douliba sloft naar de gesloten slagboom voor de kasseienstrook. Hij zal op zondag 8 april ook langs de kant staan, tussen die tienduizend vreemdelingen uit België, Frankrijk en Nederland. 'Ik kom om de coureurs te zien vallen. Die kuilen daar verderop tussen de keien, ja, ze gaan weer vallen.'

Zelf kruipt Douliba ook wel eens op het zadel van een gewone herenfiets, voor de lol, maar een ritje over *les pavés*, nee. Mousaf herinnert zich nog wel een beroemde Algerijnse coureur. Zaaf, Abdelkader Zaaf. Kon vreselijk tekeergaan. Reed ooit in de Tour de France 1952 alleen op kop, kreeg dorst, ledigde twee flessen rode wijn en fietste na een emmer over z'n verhitte kop gehad te hebben, per ongeluk het peloton tegemoet.

Naast de groene hefboom staat het naambordje in de zompige grond. Drève des Boules d'Herin (Pavé d'Arenberg), in wielertermen verbasterd tot la tranchée d'Arenberg of in het Vlaams Het bos van Wallers. De weg loopt kaarsrecht door het bos heen en loopt van deze kant af enigszins naar beneden. Hier liggen ze, de historische bruinrode kasseien, waarop de Hel van het Noorden z'n beslag krijgt. Hier kraken de wielen, breken de sturen, knallen de banden en vallen de renners letterlijk bij bosjes neer.

De keien zijn echte killers – de kleinste 20 bij 14 centimeter en de grootste wel 30 centimeter in de breedte – en nergens, maar dan ook nergens liggen ze keurig in het gelid. Het ene moment raken de stenen elkaar, een meter verderop zit er een leemte van meer dan 10 centimeter tussen. Zelfs lopend is het uitkijken geblazen, laat staan als je, met de hete adem van je concurrenten in de nek, hier vol over het wegdek wilt denderen. Een in het midden opbollende, woeste steenmassa met links en rechts een modderpaadje. Wat moet je hier fietsen?

De plaatselijke fietsenspecialist van Wallers wijst bij de woorden Parijs-Roubaix onmiddellijk naar de dikste draadbandjes in zijn overvolle zaak. 'En niet te hard oppompen, anders klappen ze bij de eerste de beste kasseienstrook.'

Zelf reed hij ooit met de beste amateurs mee over de landweggetjes in Noord-Frankrijk. 'Je moet in het midden van de strook rijden en losjes op je fiets zitten. Vliegen, ja, je moet een beetje boven de keien zien te vliegen. Wie van voren zal zitten in het bos? Pfff... Fignon!'

Na honderd meter rijden de renners onder een tien meter hoog treinviaduct door dat tijdens Parijs-Roubaix dienst doet als unieke uitkijkplek voor toeschouwers en persfotografen. Doordeweeks kunnen gulzige, liefdesvolle mannen onder het viaduct terecht getuige de monsterlijk grote fallustekeningen en vurige opschriften: JONGEN, ZESTIEN JAAR, ZOEKT EEN MAN. KOM HIER IEDERE AVOND OM ELF UUR. Boven ligt een éénsporige treinrails weg te roesten. Dit was het lijntje waarover de slechte kolen vanuit de schacht vervoerd werden naar een verderop in het bos gelegen stortplaats.

In de verte is een fietser waarneembaar die zich heen en weer slingert over de weg. Hij neemt Parijs-Roubaix de verkeerde kant op, richting Arenberg. Het is Philippe Carous, zoon van de werkloze mijnwerker Carous. Philippe: 'Mijn oom woont aan de andere kant van het bos. Een paar keer per week rij ik over deze weg naar hem toe. Ik ken elke kuil, elke steen. Waarom de weg nooit gerepareerd wordt? Omdat ie nooit gerepareerd wordt, daarom.'

Philippe is schouderophaler par excellence. Wielrennen? Pff... Parijs-Rombaix? Ach... Kasseien? Euh... Nog geen zesentwintig lentes en al zo slap als een vaatdoek. En dat terwijl hij op een verroeste sportfiets van het merk Stablinsky rijdt. Philippe: 'Jean Stablinsky, was dat een wielrenner! O, is dat zo? Nou, die naam zegt me niks. Net als Arenberg, ik woon er wel, maar het is niks. Het is dood, niks te beleven.'

In een uur tijd kan het Bois de Wallers verschillende gedaantes aannemen. Regent het, dan veranderen de kasseien in glibberige bulten waar het regenwater vol met modder en gruis tussendoor stroomt tot het uitkomt op een diepe put die binnen een mum van tijd een ondoorzichtige plas wordt. Verschijnt de zon, dan is de weg binnen een half uur droog en kan het stof je derailleur en je ogen verzieken.

Bois de Wallers, de Via Appia van Noord-Frankrijk.

Na vijfhonderd meter gaat de weg weer ietwat omhoog. Daar ligt aan de linkerhand een grote open plek. De bomen liggen gekapt en wel klaar, voorzien van een plastic plaatje met codes: B. Rou, 13213 en B. Rou, 15122. Weer wat verder zijn hele stukken uit de weg verdwenen. Wielerfans krabden met blote handen een kassei vrij die nu op de schoorsteenmantel tussen een smeedijzeren Eiffeltoren en opgezette kraai staat. Spookbeelden van met modder besmeurde renners, zwaaiend met een gekraakt wiel, schreeuwend om de volgwagen die zich met de uitlaat schurend over de kasseien op honderden meters achterstand bevindt.

De foto's van vroegere Parijs-Roubaix-edities laten niets aan duidelijkheid te wensen over: een bebloede Pollentier ligt met de ogen toe voor pampus in het gras, Fignon poetst onderweg de brillenglazen, een door modder onherkenbaar geworden coureur is na een val op zoek naar zijn schoen. En dan die wilde grimassen van kasseienvreters als Coppi, Van Steenbergen, Merckx, De Vlaeminck, Moser, Raas, Kuiper en winnaar van vorig jaar Wampers.

Parijs-Roubaix, koers voor sadomaso-cyclisten: au! en lekker tegelijk.

Aan het einde van de *Pavé d'Arenberg* verspert een zelfde groene slagboom de weg. Hier houdt de kasseienstrook op en draaien de renners de D40 op.

Als uit de hel doemt opeens aan de rand van die geasfalteerde tweebaansweg een klein heksje op, het bruine van striemen en wallen voorziene hoofdje weggestoken in sjaal en capuchon van een plastic regenjas.

Ze heet Laurance Delouille en houdt de langsrazende auto's een bosje trompetnarcissen voor. Het boeketje kost u 20 francs. Kent zij

Parijs-Roubaix? 'Parijs-Roubaix?! De koers? Olalalala! Maar natuurlijk, die komt hier langs. Parijs-Roubaix, ja, dat vind ik mooi. Ik verkoop goed op die dag, tien boeketten. Bent u al op *les pavées* geweest? Daar ben ik wel eens gevallen met m'n mobylette, hahaha. Je hoort hier in de streek dat ze die weg willen asfalteren, ze zeggen het al jaren, ik moet het nog zien.'

Het bloemenvrouwtje waait zowat van de weg als een vrachtwagen langs raast. Achter haar, vijftig meter in het land, staat een klein kapelletje. 'Als je last hebt van zere voeten of benen moeten je in de bomen achter het kapelletje een sok hangen. Hier is het namelijk heel, hééél lang geleden de Bon Dieu Giblot verschenen. In België hebben ze 'm ook gezien.'

Veel streekgenoten van Laurance geloven kennelijk heilig in de genezing van het godje Giblot, gezie de enorme hoeveelheid kledingstukken die in de takken geknoopt zijn. Niet alleen sokken hangen daar in het Noord-Franse landschap te wapperen, ook broeken, schoenen, zakdoeken en zelfs een zo goed als verteerde panty. Allemaal voor de goeie benen. Als de renners uit het profpeloton dit prieeltje nog eens weten te vinden en hun wielersokken en de zemen uit hun broeken aan de takken hingen...

Terug in het Bos van Wallers. Er komt een wagen aangereden van het Office National des Forêts die vlak voor de slagboom van het Bos van Wallers stilhoudt. Het is boswachter Jean Luc Pley die ondanks zijn degelijke voorkomen – groen pak en op het hoofd een pet met jachttrompetje als embleem – alles heeft van een tuinkabouter. Dat kon er na de ontmoeting met de heks in dit angstaanjagende sprookjesbos ook nog wel bij. Achterin de wagen ligt een jachtgeweer, voor in het dashboardkastje de lege hulzen. Jean Luc stapt uit en rommelt wat in zijn broekzak. Het klinkt naar ijzer. En ja, daar gaat de sleutel in het City 45 hangslot, made in France.

Dit is de boswachter die één keer per jaar de twee slagbomen opengooit en het Bos van Wallers openstelt voor het profpeloton. 'Dit is voor mij een weggetje zoals alle andere, eigendom van de Franse staat als ik me niet vergis. Het wordt gebruikt door houtkappers die in het bos werken en is verder gesloten. Bij de eerste Parijs-Roubaix hebben ze de grootste gaten tussen de kasseien gedicht, daarna is er niets eer mee gedaan. We hoeven er ook niet veel aan te doen, het pad is sterk, het dateert uit de Gallo-Romaanse tijd. Maar wacht, stap in, ik rij u over *les pavées* terug naar Arenberg.'

Schakelen is er niet bij. De boswachter rijdt met twintig in het uur de kasseien over. Achterin tikken de nagels van een zojuist geschoten haas tegen de zijkant van de wagen. Jean Luc krijgt gedurende 2400 meter een andere stem, die van een goed sprekende stotteraar. 'Het is niet erg prettig fietsen hier, je gaat het voelen aan je achterste.'

Halverwege bij de open plek: 'Kijk, daar rechts gaan ze een vaste telefoonlijn aanleggen voor Parijs-Roubaix zodat televisie- en radioploegen van daar kunnen uitzenden. Zelfs de Amerikaanse televisie staat er ieder jaar. Voor eh... hoe heet hij?... LeMond, ja. De dagen voorafgaande aan Parijs-Roubaix zie ik hier op de kasseien veel ploegen langskomen, ze willen altijd even van tevoren kijken hoe het er dit jaar bijligt. Op de dag zelf is het een chaos, duizenden mensen lopen overal door het bos. Ik kijk ook als de koers langskomt, daarna mag ik de troep opruimen.'

Voor de verroeste ingang van de mijn voetballen een paar Marokkaanse jochies of hun leven er vanaf hangt. Even verderop houdt het afhaalcentrum met opschrift COUSCOUS ROYAL À EMPORTER de luiken toe. Afgezien van het baksteenrood is Arenberg overwegend grijs. Ook binnen in het louter door Polen gefrequenteerde café Café de Stade aan de Rua Jean Dewaulle ontbreken de felle kleuren. Wie binnenkomt krijgt een hand van de kroeggasten. En als het meezit een glas wijn. 'Nee, laat die paar francs maar zitten. We gaan hier in Arenberg toch met z'n allen naar de verdommenis. *C'est germinal.*'

De deur zwaait op, alle Polen kijken om. Daar is Mousaf Douliba. Hij krijgt een hand, in zijn linkerknuist zit nog altijd die morsige zakdoek. Op de ruit hangen affiches met aankondiging van een paar feesten op de dag van Parijs-Roubaix. Wielrennen? Nee, interesseert de Polen niet. Het gesprek komt op de sluiting van de mijnen. 'De arbeiders wilden nog wel werken, maar voor de regering hoefde het niet meer,' zegt de uitbater.

Een half uur later kijkt Mousaf Douliba op de caféklok waarop met zwarte kapitalen SAAZ staat. Doet een beetje denken aan ZAAF. De dag is weer roemloos voorbijgetrokken; de uren leken op die van gisteren en vermoedelijk ook op die van morgen en overmorgen. In Arenberg sloft de tijd voort. En het gekke is, van al dat niks doen, wordt Mousaf moe. Hij gaat maar weer eens op huis aan, naar zijn Poolse vrouw. *Salut.*

Kinderkopjes

De huisjes in het dorp Arenberg lijken nog altijd te leunen tegen de immense stalen liften van de verlaten mijn. Wie hier in Noord-Frankrijk als jongen werd geboren, verdween in de schacht. Een helmlamp bescheen een zwarte muur waar je met de punt van je pikhouweel uren tegenaan ramde.

De mijn is al lang gesloten en de mannen met zwart gruis in hun longen liggen onder de zoden. In Arenberg wonen voornamelijk mensen met verhalen over vroeger, in het hier en nu gebeurt niet zoveel meer. Op één dag na: de doorkomst van de wielerklassieker Parijs-Roubaix.

Leunend tegen een dranghek denk ik terug aan de Algerijnse bewoner van Arenberg, die me hier dertig jaar geleden vertelde over zijn werkloosheid die zo aan hem knaagde.

'*C'est germinal*,' zei hij. Met dat woord verwees hij naar de titel van de roman die Emile Zola schreef over het troosteloze leven in deze mijnstreek.

In de hete zon staan duizenden supporters langs de kasseien. Het bos ligt bezaaid met blikjes, vlaggetjes, proppen wc-papier.

De kasseien glimmen in het zonlicht. Ze lijken schoon, maar dat is schijn. Auto's en motoren rijden het stof tussen de kinderkopjes vandaan. In een wolk denderen de renners voorbij met opengesperde monden. Voor hoesten en drinken is geen tijd.

Door, door, door.

In alle talen wordt geschreeuwd naar renners. De Vlamingen zijn trots op Boonen, de Noren roepen Kristoff na en de Nederlanders vinden in Langeveld hun held.

Op een groot televisiescherm blijven de fans de wedstrijd volgen. De namen van de kopgroep komen in beeld. Bij iedere renner staat een vlaggetje. Wielrennen in Parijs-Roubaix is een strijd van man tegen man, maar ook van land tegen land. Er blijven drie vlaggetjes over: een Belgische, een Nederlandse en een Tsjechische.

Het Belgische vlaggetje wint de sprint.

Laat in de middag loop ik terug door Arenberg. Het is alweer rustig. Alleen op de parkeerplaats staan nog campers. Mannen met ontbloot bovenlijf wapperen met een kartonnetje boven de barbecue.

Bij een verplaatste bushalte staat een oude vrouw met haar boodschappentas te wachten. Ze blijkt een Italiaanse en woont al jaren in Arenberg. Wat vond ze van de doortocht van de wielrenners? 'Geen interesse. Ik poets het huis en ik maak eten. Wat? Tom Boonen? Ken ik niet.'

Op de ruit van de halte staat met viltstift geschreven: '*Trop d'étrangers en France.*'

Stuurs kijkt de vrouw langs me heen. Waar blijft haar bus?

Spoorwegovergang

De machinisten van een TGV moeten op die ene zondag in april dan maar remmen als ze wielrenners op het spoor zien. Een nieuwe verkeersregel tijdens Parijs-Roubaix: de fiets heeft voorrang op de trein.

De wielrenners zijn in de oerklassieker teruggeworpen in de tijd. Ze moeten een wedstrijd rijden in een wereldvreemd decor. Kijk naar hun gezichten. Ze lijken op vergeten mijnwerkers die met stof en gruis in de ogen op zoek moeten naar daglicht.

Kijk naar het landschap. In leeg gebied liggen versteende dorpen waar op het plein een soldaat op een sokkel over de oorlog peinst. En dan die kasseistroken; paden waar een beslagen werkpaard nog voor terugdeinst. Parijs-Roubaix is een wielerwedstrijd uit een vervlogen eeuw.

De TGV stopt niet in dorpjes. Zo'n snelle trein is een anachronisme tijdens Parijs-Roubaix. Als een stanleymes door karton snijdt de hypermoderne neus de akkers in tweeën.

Het peloton reed in volle vaart af op een spoorwegovergang. De eerste renners zagen knipperende rode lampen. Remmen? Nee, de drift om te winnen overwon de angst om door een trein geplet te worden. De eerste coureurs wipten over de rails. De slagbomen daalden. Een paar renners bukten en konden er nog net onderdoor. De anderen volgden, in slalom om de slagbomen heen. Politiemannen op motoren en publiek begonnen in paniek te zwaaien. De trein, daar komt de trein.

De hele dag loopt een renner gevaar. Om hard te vallen, om tegen toeschouwers aan te knallen. Dan kennelijk ook maar risico nemen bij een spoorwegovergang.

Nog meer renners waagden het erop, totdat een politieman de oversteek met harde hand verbood. Binnen zes tellen raasde de TGV voorbij. Er stond een Frans bord in de berm: WACHT, ER KAN NOG EEN TREIN KOMEN.

De wedstrijd werd geneutraliseerd tot het peloton weer aan elkaar was geplakt. De renners namen een slok en een hap en waren het gevaar alweer vergeten. Ze wilden vooruit, naar het velodroom van Roubaix, niet omkijken naar de spoorwegovergang.

Noem ze gek. Maar wij willen die gekken zien, zes uur lang, met hun dunne bandjes over kasseien, met een gemiddelde snelheid van 43 kilometer per uur. Vanuit de lucht zag ik hoe renners zelf treintjes vormden. Als aan elkaar gehaakte wagonnetjes kachelden ze door het stof naar Roubaix. Eenmaal over de finish was de levensgevaarlijke manoeuvre vergeten.

Winnaar John Degenkolb zei: 'Je moet niet bang zijn om te falen.' De machinist van de TGV suisde ondertussen verder. Met dat schrikbeeld van de overstekende renners nog op zijn netvlies.

Wacht, er kan nog een wielrenner komen.

Overjarige banden

Mocht ik maar mee naar het keldertje van Julien Devriese. Kelders hebben een slechte naam in België. Daar moet je niet zijn. Je houdt de deur op slot en verstopt de sleutel onder een aarden pot in de achtertuin. Zo niet bij Julien. Zonder kelder zou hij nergens zijn.

Parijs-Roubaix is de wedstrijd van het materiaal. De fietsen van de renners krijgen extra aandacht, in de wetenschap dat ze tientallen kilometers kasseien moeten weerstaan. Al weken van tevoren piekeren de mecaniciens zich suf. Wat te doen met de banden?

De kelder van Julien Devriese is de hemel voor de Hel van het Noorden. Daar, in donkere hoeken, tussen het spinrag en wie weet een slapende vleermuis, hangt zijn verzameling overjarige banden.

Een goede fietsband moet een paar jaar rijpen. Eind jaren zeventig liet Roger De Vlaeminck ze vier, vijf jaar drogen in zijn werkplaats; hij won vier keer Parijs-Roubaix.

Stel je voor, zo'n kelder waar al die banden hangen. Boven stoffige weckpotten met zelfgemaakte jam en flessen wijn. De eigenaar loopt iedere ochtend zijn vaste rondje. Hij snuift de geur op van de tubes, streelt ze, draait ze om. Nooit eens een paar weken op vakantie in het buitenland. Nee, wie fietsbanden in de kelder heeft, kan niet ver weg. Morsdood moeten de banden zijn voor ze naar buiten mogen. Het vocht trekt er maar langzaam uit. Ze moeten hangen, hangen, hangen. En dan, na jaren van eenzame opsluiting, mogen de banden in april de wereld in. Droog en taai zijn ze, klaar voor het gevecht met de kasseien.

Ondanks de ongelijkmatige wegen zat Tom Boonen als een vorst op zijn zadel richting Roubaix. Ik zag zijn tubes. Groen van kleur. Uit welke Vlaamse kelder kwamen deze schitterende exemplaren?

Het bleef geheim. Lek rijden met deze tubes leek me onmogelijk. Wat een fijne banden. En ook precies hard genoeg opgepompt. Tot 6,5 bar, gokte ik. Ze deukten ver in, maar net niet zover dat de kasseien de velg konden beschadigen.

Nadat hij in zijn eentje over de finish kwam, liep hij de harde werkers achter de schermen van zijn ploeg tegen het lijf. Er volgden innige omhelzingen.

Een kaalgeschoren jongen in Quick-Step-outfit begon te huilen. De materiaalknecht. Boonen en zijn ploeg hadden gewonnen, maar zijn fiets net zo goed. En vooral zijn banden.

Van pure euforie zou ik bijna gaan beweren dat Tom Boonen vloog op zijn fiets. Onzin. Het gewicht van Boonen duwde de fiets juist op de weg. Contact met de aarde. Precies wat wielersport zo mooi maakt. Door een haag van publiek, over oerstenen naar de finish rijden.

Op de meet sloeg de Italiaan Filippo Pozzato een kruisje. Hij had vrede met plek twee. Een goede winnaar, een mooie verliezer. De televisie kon uit.

Ik dacht aan de kelder van Julien Devriese waar de tubes te drogen hingen. Jaloers op hun collega's die tijdens Parijs-Roubaix wel om de velgen gespannen waren en wakker waren gebokst door de kasseien. Dat was voor de tubes in de kelder nog niet weggelegd. Nog een jaar duisternis in het vooruitzicht. Interen zonder vocht. En maar hopen dat de oude mecanicien je uit de kelder haalt om je in het volle daglicht om het wiel van een kampioen te leggen.

Tot de volgende Parijs-Roubaix is het: wachten, hangen en besterven.

Roerloos naast de kasseien

Hoe vertel je over noodlot? En vooral, wanneer vertel je het? Meteen? Of nee, eerst even zitten. Met een lange aanloop of juist zonder al te veel omhaal?

De gevallen renner lag in een bevroren houding in de berm van de tweede kasseienstrook van de dag. De camera op de motor registreerde een paar seconden en reed weer door.

Parijs-Roubaix was in volle gang. Schermutselingen in de kopgroep, lekke banden, losgeschoten bidons, ontsnappingen. Maar de beelden van die renner — roerloos liggend op het gravel — bleven zeuren in hersens en maag.

Er kwam een kort bericht; het zou gaan om de jonge Belgische coureur Michael Goolaerts. Hij werd, mogelijk na een hartstilstand, langs de kant van de weg gereanimeerd.

Wij wisten het nu, de renners in koers vermoedelijk nog niet.

Was het verstandig het slechte nieuws te melden via de oordopjes? Zouden zijn ploegmaten verder rijden?

Op 18 juli 1995 komt Erik Breukink over de finish na een zware bergetappe in de Tour de France. Fabio Casartelli is die dag overleden na een val in een afdaling. Iedereen weet het, hij nog niet.

Breukink vraagt een verzorger om een blikje drank. Een kring van journalisten staat om hem heen. 'Heb je gezien wat er gebeurd is op de Col de Portet-d'Aspet?'

Breukink vertelt zoals een wielrenner vertelt. Ja, en hij was daar zelf ook gevallen, had nog gezien dat er een renner van Motorola 'slecht bij lag'. En was weer doorgereden. Dan krijgt Breukink te horen dat Casartelli dood is. Zijn ogen zijn niet te zien door een zonnebril maar de mokerslag is af te lezen aan zijn gelaat.

'Godverdomme,' zegt hij en het is stil.

Peter Sagan reed op slinkse wijze weg uit de kopgroep. Met nog ruim 50 kilometer te gaan leek het een te vroege poging om te ontsnappen en toch sprokkelde hij al snel een halve minuut bij elkaar. Hoe hard de achtervolgers ook reden, ze kwamen niet dichterbij. En toch, echt boeien wilde deze versie van Parijs-Roubaix niet.

Zat de noodlottige val in de weg?

Meer nieuws: Goolaerts was met een helikopter vervoerd naar het ziekenhuis in Lille. Volgens de organisatie verkeerde hij in levensgevaar.

Winnaar Sagan was blij met zijn overwinning. Ik keek naar zijn lachende kop: wist hij het al, van het ongeval? Door een sierlijke hand werd de naam van de winnaar in een zilveren plaatje gegraveerd.

Letters voor de eeuwige roem.

Parijs-Roubaix is een onoverzichtelijk evenement over een lang parcours. Daar geldt het wielercliché: de koers stopt voor niemand. Het is een tweede natuur van de coureurs om altijd maar door te gaan. Blijven fietsen zo lang het kan.

De tijd stilzetten doen wielrenners pas na de finish.

Putdeksels

Ik word altijd passief van Pasen. Ik hoef niet naar een meubelbeurs en eigenlijk ook niet naar familie. De zaterdag vóór de feestdagen had ik nog een korte opleving. Ik ging opruimen. Het bleek niet meer dan een verplaatsing van de puinhoop. Met dat besef legde ik mijn hoofd op de bank en keek hoe het laatste cijfer van de digitale klok van de videorecorder versprong.

Zondag zou het vast iets beter gaan. Op wezenloze feestdagen is het plezierig wielrennen kijken op televisie. In de middag gleed het peloton als een lint door het Limburgse landschap tijdens de Amstel Gold Race van 2006. Het was misschien wel de beste voorjaarsklassieker van het seizoen. En toch geneer ik me een beetje voor de Amstel Gold Race. Hij lijkt in historie niet te kunnen tippen aan de Ronde van Vlaanderen, Parijs-Roubaix en Luik-Bastenaken-Luik. De naam deugt niet. Amstel? Doet denken aan een rivier en bier. Gold? Engels woord, patserig edelmetaal. Race? Auto's en motoren.

Intussen vlogen de mooie namen van Limburgse dorpen door het beeld. Vilt, Cadier en Keer, Sibbe, Raar, Beek.

Ik zocht naar Michael Boogerd. Er wordt gezegd dat hij te weinig uit zijn carrière haalt. Toch maakt zich iets van opwinding van mij meester als hij in de kopgroep rijdt. Zijn gezicht toont strijdlust. En dan die tanden – hij heeft er meer dan wie ook – met het afgesleten glazuur van het pijn verbijten in de finale.

Het was een wonder dat hij in deze editie van de Amstel Gold Race meefietste. Hij liep een paar weken eerder rond met een gipspoot; tijdens het spelen met zijn zoontje had hij een botje in zijn rechtervoet gebroken. Boogerd had pijn, kon niet anders.

Boogerd kende het parcours van de Amstel Gold Race als geen ander. En dat moet ook. Het is draaien en keren. Boogerd wist alles van de Limburgse klassieker. Hij kon de percentages van de Keutenberg en de Eyserbosweg in zijn slaap opzeggen. Boogerd werd derde. Knap. Hij leek er zelf op het podium ook wel blij mee.

Van het kijken naar wielrennen krijg je zin om te sporten. Ik moest en zou fietsen op de vrije maandag. Het lukte. Ik zat in mijn eigen Ronde van de Rotte. Ik rijd die route al vijfentwintig jaar. Ik weet waar de scheuren in het asfalt van het smalle fietspad zitten, ik ken de holletjes en de gaten, ik weet hoe ik de houten brug over het water moet nemen. Kortom, ik heb parcourskennis.

Op de terugweg liggen twee putdeksels in het wegdek verzonken. Ze zitten in een bocht waar je hard doorheen kunt. Al sinds ik De Rotte fiets, probeer ik zo mooi mogelijk tussen de twee putten door te fietsen. Dan pas rijd ik een goede tijd.

Bijgeloof.

Kilometers voor de bocht ga ik al achter op het zadel zitten. Ik neem nog een slok uit mijn bidon, de handen gaan op het stuur. Daar komen ze, mijn putten. Ik zit deze maandag met de voorband precies in het midden. Geluk is een voorwiel tussen twee putten. Beschouw het als een eerbetoon van een eenvoudige recreant aan de perfectie van Michael Boogerd, met zijn ereplaatsen, zijn petje achterstevoren in de bergen en zijn nooit aflatende aanvalsdrift.

Jim Shine Fine

Het was zijn dag niet. Jim lag meters achter op het peloton en in de lucht hing onweer. Het regende de laatste uren onophoudelijk. De hele wedstrijd had hij moeten vechten om niet gelost te worden. Iedere versnelling voor in het peloton kwam met een vertraging van een halve minuut aan bij de laatste rijders. Jims kopman zat keurig voorin, dat had hij bij het nemen van een heuvel nog net kunnen zien. Het blauwe shirt met de gele sponsorletters — SHINE FINE — reed in het voorste gelid.

Er was niets op Jim aan te merken, hij had het voorbereidende knechtenwerk goed gedaan. Het was nu nog een kwestie van de wedstrijd uitrijden en dan naar het rennershotel.

Voor een aprildag was het vandaag extreem koud. Met zo'n honderd man waren ze vanochtend vertrokken uit Remouchamps voor een driedaagse wedstrijd door de Waalse Ardennen.

Jim hoorde een hoog fluitje. Vanuit het achterland reed een andere achterblijver hem voorbij; een jonge knaap uit de Italiaanse Coco Belloploeg, op de been gehouden door een groothandel in kokosnootmelk. Jim probeerde het achterwiel van de jongen te houden. Tevergeefs. Hij beet zijn tanden op elkaar en keek hoe de krachtige kuiten van de Italiaan — lekker bruin voor deze tijd van het jaar — langzaam uit zicht verdwenen.

Achter Jim begonnen auto's te toeteren. Met de linkerwielen in de berm scheurden ze voorbij. Jim keek op zijn stuurcomputertje, nog een kilometer of vijftig tot aan de streep. Hij ging rechtop zitten. Achter hem was de weg leeg. Er reed niemand meer. De ploegleiderswagens waren net gepasseerd. Jim moest een van de laatste renners zijn. De bezemwagen kon niet ver weg zijn.

Een paar minuten geleden zat hij nog midden in het kabaal van de wedstrijd tussen schreeuwende renners in de staart van het peloton.

Nu hoorde Jim alleen de regen, het zoemen van zijn banden over de natte weg en zijn eigen ademhaling die hoog en ongemakkelijk was. Hij keek om. In de verte kwam een straal geel licht zijn kant op. Zo aan de snelheid te zien was het een motor, misschien van een van de jongens met de reservewielen. Wie weet konden ze hem een sleepje geven, het maakte nu toch niet meer uit en een wedstrijdcommissaris was nergens te bekennen. Jim hield in en zag de gele koplamp naderen. Er zat maar één man op het zadel. De motorrijder had zich goed ingepakt in zwart leer en droeg een helm met donkerpaars vizier.

Jim kwam uit het zadel en trok zichzelf weer op snelheid. De motorrijder reed nu vijftig meter achter hem. Jim maakte nog meer vaart, in de hoop het achterwiel te kunnen houden wanneer de motorrijder langszij kwam.

De motor scheurde voorbij. De bestuurder keek niet op of om.

'Hééé!' schreeuwde Jim. 'Hé!'

Even trapte de motorrijder op de rem, het rode achterlicht weerspiegelde op het asfalt. Terwijl Jim met moeite naar de motor toereed, zag hij hoe de bestuurder in zijn achteruitkijkspiegel keek. Gelukkig, hij begreep Jims plan. Meesleuren. Het voorwiel van Jims fiets kwam op een paar meter van het achterwiel van de motor. De bestuurder maakte intussen weer vaart. Jim moest alles geven om achter de motor te blijven. Als hij zich zo liet meezuigen, kon hij misschien weer aansluiten bij het peloton.

Het regenwater stroomde als riviertjes over het asfalt. Het achterwiel van de motor liet het water hoog opspatten. Jim reed in een douche van vuile spetters terwijl hij zich op het achterlicht concentreerde.

De motor hing scheef toen ze een scherpe bocht naar rechts maakten. Jim raakte met zijn voorwiel bijna in de berm en kon met een snelle correctie voorkomen dat hij viel.

De motor voerde het tempo op, er flitste een bordje voorbij.

BOMAL 15 kilometer.

Ze reden nu tegen de zestig. Jim zag het op zijn tellertje. Hij vertrouwde volledig op de ervaren motorrijder. Die moest hem maar door het onweer leiden. Even strekte hij zijn rug in de hoop langs de motor het peloton te zien of de ploegleiderswagens. Maar Jim zag niets. De regen sloeg in zijn ogen. Hij kneep ze snel toe en dook weer in elkaar.

Als ze dit tempo aanhielden, zou Jim weldra aansluiten bij een groepje achterblijvers en met hen rustig naar de finish in Malhay rijden. De motor hield in en maakte een lange bocht naar links. Jim verloor wat meters en reed even buiten het sproeiende achterwiel. In de schemer zag hij alleen de contouren van de heuvels. Hij moest op een kilometer of veertig van de finish zijn. De weg werd smaller en hier en daar lagen losse steentjes op de weg. Jim remde, voorzover de remblokjes nog werkten op de gladde velgen.

Opeens gloeide het remlicht van de motor fel op. De motor ging rechtsaf en reed een onverharde weg op. De bestuurder keek in de spiegel, toeterde twee keer en stak kort zijn hand op.

Jim remde en kwam slippend met zijn voorwiel tot stilstand in het grind van de berm. Hij zwaaide van schrik nog half terug en zag de motorrijder verdwijnen in een dicht bos.

'Shit. Sssjiit!'

Hij keek op zijn horloge. Tien voor vijf. Zijn sokken sopten in zijn schoenen. Hij moest hier weg. Nieuwe onweerswolken dienden zich aan. Waar lag het parcours? Jim was elk gevoel voor richting kwijt. Langzaam reed hij de dalende weg af, zonder al te veel te trappen. Het landschap was doods en verzopen. Er was geen mens te zien.

Jim voelde in zijn achterzak en vond een mueslireep en een flesje met vloeibaar voedsel. Hij gooit het spul naar binnen. Een grindweg aan zijn rechterhand leidde naar een boerderij. Er brandde licht.

Met dit hondenweer had het geen zin in het donker te gaan zoeken. Met een slakkengang reed hij op de boerderij af. Hij zette zijn fiets tegen een paaltje en liep naar de voordeur.

Door een ovaal ruitje zag Jim een peertje branden in de gang. Zijn benen waren stijf geworden van de kou. Aarzelend belde hij aan.

Er ging een lamp aan, buiten boven de voordeur. Voor het ruitje verscheen het gezicht van een meisje van een jaar of achttien. Ze dook onmiddellijk weer weg.

'Hallo?' probeerde Jim.

Hij hoorde het meisje door de gang weghollen. Jim duwde zijn neus tegen het ruitje en klopte op de deur. Geen reactie. Zag hij er met zijn natte gezicht en de helm zo eng uit?

Jim liep naar de voorkant van het huis. Door het raam zag hij in een vrij donkere voorkamer het meisje staan, met haar rug tegen de deur.

Jim twijfelde. Als hij op de ruit tikte, zou ze zich rot schrikken. Misschien moest hij fluiten. Net toen hij zijn lippen wilde tuiten, zag hij hoe een poes in de voorkamer naar hem begon te blazen. Het meisje draaide zich om naar de poes en zag Jim staan. Angstig draaide ze om haar as. Ze deed twee passen naar het raam en liep met haar hand voor haar mond weer achteruit. Jim keek haar aan. Ze had een onopgemaakt gezicht waar alles groot aan was. Grove wenkbrauwen, donkere ogen die ver open stonden en een brede mond.

De poes blies nog eens.

Jim maakte een verexcuserend gebaar met zijn handen, sussend bijna. Het hielp. Het meisje leek rustiger te worden. Jim deed zijn helm af en veegde met zijn hand een keer over zijn gezicht en zijn haar. Als een automatisme, alsof hij de finish was gepasseerd.

Hij wees naar de voordeur. Op het gezicht van het meisje stond nog steeds twijfel. Toch wenkte ze Jim om naar de deur te lopen.

Hij hoorde hoe ze het slot opendraaide.

Daar stond ze, steviger dan hij haar net nog had beoordeeld. 'Luister, ik weet niet wie je bent of wat je hier te zoeken hebt, maar het is niet normaal dat je hier in het donker aanbelt. En wat betekent *Shine Fine* op je shirt?'

Jim stond te kijken van de moed die ze kennelijk in zichzelf had hervonden.

'Eh, dat is een merk, een schoenpoetsmiddel. Het zit in zo'n flacon met een rond sponsje erbovenop. Door een gaatje in dat sponsje komt het spul naar buiten...'

'Is dat je sponsor of zo?'

'Ja. Ik ben achterop geraakt, het peloton reed heel hard. We reden naar de finish in...'

'...Malhay, weet ik. Stond in de krant. De driedaagse van de Ardennen. Dat is ieder jaar hier in de buurt. Mijn vader is een wielerfanaat. Sinds mijn moeder dood is, kan hij ieder weekend voor de televisie zitten en naar de koersen kijken. Zonder gezeur aan zijn kop.'

Jim stond nog altijd buiten in de regen.

'Ik moet nog naar de finish. Ik reed achter een motor die...'

'Malhay is hier zestig kilometer vandaan.'

'Zestig? O, ik dacht nog veertig of zo. Dan ben ik helemaal verkeerd gereden.'

Jim trok de rits van zijn jack wat hoger dicht en blies een druppel van zijn neus.

'Kom anders maar even binnen, om te schuilen,' zei het meisje en ze deed de voordeur wat verder open.

Jim keek of zijn fiets veilig stond. Stram liep hij naar binnen. Zijn wielerkleding druppelde na op de granieten vloer van de gang.

In het huis rook het een beetje zurig. Hij liep achter het meisje aan en kon het niet laten naar haar figuur te kijken. Haar billen tekenden zich af door de ruwe stof van haar jurk. Ze liep op dikke sokken. Jim vermoedde dat ze op de boerderij nog allemaal op klompen liepen.

Ze stonden nu in de keuken. De poes sprong op een kruk en toonde een dikke verticale staart.

'Mara! Stil!' riep het meisje.

Ze trok een handdoek van een haakje en gooide die naar Jim.

'Thee?'

Ze zette een ketel op het gasfornuis en ging tegenover Jim aan de keukentafel zitten. Ze wreef voortdurend met de ene sok over de andere, kennelijk had ze koude voeten. Ze aaide de poes die haar staart liet zakken. Jim hoorde een zacht geronk uit het lijfje komen. Intussen zwiepte een tak van een boom steeds tegen een zijraam van de keuken.

Jim verbrak het zwijgen. 'Afgelegen hier, zeg. Waar kun je hier boodschappen doen?'

'In Weshun, vier kilometer hiervandaan. Daar hebben ze alles,' zei ze, terwijl ze de poes onophoudelijk kietelde.

Op de keukentafel lag een stapel oude streekkranten en een tijdschrift over landbouw. Er stond een boer op met een moderne melkmachine.

'Wat voor een boerderij is dit eigenlijk?' vroeg Jim, een tikje verlegen door zijn gebrek aan agrarische kennis.

'O, wij hebben in de stal honderd koeien en direct achter de keuken een kaasmakerij.'

Dat is die zure lucht die ik ruik, concludeerde Jim.

Het meisje liep naar het aanrecht. Ze trok een theedoek weg, er verscheen een halve kaas. Ze pakte een groot mes met twee houten steunen en duwde die door de kaas. Ze sneed een paar grote stukken af en legde ze op een bord. 'Hier. Proef maar, dit is onze belegen.'

Jim nam een paar happen. Hij merkte nu pas hoeveel honger hij had gekregen van een dag fietsen in zulk zwaar weer. De laatste keer dat hij een etenszak aannam was alweer twee uur geleden. Er hadden een paar cakes ingezeten, vloeibaar voedsel, een bidon met lauwe thee en een proteïnedrankje. Hij had bijna alles op, maar de kracht van de voeding was allang weer uit zijn lichaam verdwenen.

Het meisje maakte thee.

De poes was van de kruk gesprongen en liep op de blote benen van Jim af. Ze duwde haar kopje hard tegen zijn kuit. Hij aaide haar een paar keer over de rug. Ze vond het prettig. Hij deed hetzelfde trucje als het meisje en krabde met zijn vingers onder de kin. Hij hoorde het ronken weer toenemen.

'*Shine Fine*... Gekke naam. Betaalt die sponsor goed?'

'Nee, niet echt. Maar ik ben geen prof, hè? Ik rijd bij de amateurs, ik krijg een aardig zakcentje, meer niet.' Voorzichtig begon hij aan de warme thee. 'En jij?'

'Wat?'

'Zit jij nog op school of zo?'

'Nee, ik ben er al driekwart jaar af. Ik blijf hier werken op de boerderij van mijn vader. Verder is er niets te vinden in deze streek.'

Het meisje keek voor zich uit.

'Mag ik naar het toilet?'

Afwezig wees het meisje naar een deur in de hoek van de keuken.

Op de wc deed Jim het haakje op de deur en begon onhandig met zijn verkleumde vingers via de korte pijp van zijn koersbroek aan zijn kruis te wriemelen. Door de kou kwam de aandrang langzaam op. Aan de andere kant van de deur hoorde hij het geluid van een deksel op een pan. Het was gek, het rillen kwam altijd pas als je een tijdje stilzat in een warme ruimte, net als met bevroren vingers die dan pas gaan tintelen. Hij schudde met zijn onderlijf en plaste even op de houten bril. 'Verdomme,' fluisterde hij tegen zichzelf. Met een wc-papiertje maakte hij de bril schoon, voordat hij naar de keuken terugliep.

Het meisje stond bij het fornuis in een pan te roeren. Ze draaide zich om. 'Het blijft voorlopig beestenweer. Ga even in bad, dan maak ik een kop soep voor je.'

'Nou, dat hoeft niet. Het klaart straks vast wel weer op. Ik weet niet of je ouders, eh... je vader dat allemaal wel goedvindt.'

Het meisje draaide het vuur lager en veegde haar handen af aan haar jurk. 'Mijn vader is het weekend weg naar familie in Brussel, hij komt pas morgenavond weer thuis. Kom maar mee.'

Ze liep de gang in en duwde de tweede deur rechts open. Ze stonden in de badkamer. Het meisje draaide aan de twee grote kranen en duwde een zwarte stop in het bad. 'Zo. Hier is de zeep. En daar liggen handdoeken. Die groene daar is lekker groot.'

Ze trok de deur achter zich dicht.

Jim keek in de spiegel. Zijn gezicht zat vol zwarte vegen, de hoeken van zijn ogen waren gevuld met vuil. Hij leek zo uit een mijnschacht gekropen. Hij snapte nu waarom dat meisje aanvankelijk zo schrok. Een vies beest had ze gezien.

In de koers had hij niets meer te zoeken. Hij zou het morgenochtend allemaal wel uitleggen aan zijn ploegleider. Jim trok zijn natte shirt moeizaam over zijn hoofd en stroopte de koersbroek van zijn lijf. Eindelijk verscheen er een stukje vel dat schoon was. Hij zette zijn voeten in het bad en liet zich langzaam in het water zakken. Het was de eerste keer die dag dat hij zich echt warm voelde worden.

De badkamerdeur ging een klein beetje open. De hand van het meisje verscheen. Ze hield een opgevouwen kledingstuk van blauwe stof beet.

'Hier, een overall van mijn vader, jullie hebben ongeveer dezelfde maat. Trek maar aan, die natte wielerkleding is niks zo.'

Ze liet het blauwe ding op de grond vallen en gooide er nog een paar gummilaarzen achteraan.

Jim rook de soep in de gang toen hij de badkamerdeur opende. Hij droeg de blauwe overall over zijn blote lijf, de drukknopen tot bovenaan dicht. Het meisje zat aan de keukentafel op hem te wachten, met de poes op schoot.

'Ik hoop dat je van groentesoep houdt. Hier. En ik heb er ook nog een paar boterhammen bij gelegd.'

'Lekker. Dit is beter dan een rennershotel. Die jongens zitten nu in Malhay op een krappe kamer en eten straks voor de zoveelste keer pasta met een sausje. Zelfgemaakt?'

Het meisje knikte en liep naar de kast. Ze zette een fles wijn en twee glazen op tafel. 'Wil je? Mijn vader drinkt iedere avond een wijntje bij het eten. Goed voor de bloedsomloop, zegt hij.'

Jim knikte.

'Hoe heet je eigenlijk?' vroeg hij met volle mond.

'Michelle.'

'Ik Jim.'

'Jim Shine Fine,' zei ze, terwijl ze van haar wijn dronk.

'Precies, laten we het daar op houden.'

'Wat vind je zo leuk aan dat wielrennen? De hele dag op zo'n smal zadeltje, op die dunne bandjes, al die valpartijen. En die kou erbij.'

'Ach,' zei Jim en hij at verder. De storm gierde nu om het huis.

'Er is een keer een editie geweest van Luik-Bastenaken-Luik,' vertelde hij tussen twee lepels soep door, 'die werd gewonnen door Bernard Hinault, in 1980. Toen was het ook zo vreselijk koud. Er kwamen maar weinig renners over de finish, het leeuwendeel was afgestapt. Hinault kon niet eens meer juichen toen hij over de streep kwam, zo verkleumd was hij. Ken je die naam, Hinault, nee zeker?'

Het meisje schudde haar hoofd. Ze trok haar voeten onder haar achterste. Met haar rode wangen van de drank ging ze steeds meer op de klassieke boerenmeid lijken. De poes lag tussen Jim en het meisje in te snorren op de rieten bekleding van een keukenstoel.

In Jims ploeg zat een Ierse wielrenner die een potlood achter in de kont van zijn poes stopte. Het beest scheen het heerlijk te vinden. Jim besloot het maar niet te vertellen. De poes rekte zich uit op de stoel en sprong bij hem op schoot. Hij kon het niet nalaten naar het rode gaatje onder de staart te kijken. Kon daar een potlood in? Misschien deed zijn ploegmaat dat potlood er maar een klein stukje in, of alleen met het uiteinde waar zo'n gummetje op zat.

Jim aaide de poes over de staart. Dat wilde ze niet. Jim hield haar vast, een beetje pesterig. Tot de poes het genoeg vond en met een voorpoot een haal gaf. Er stonden meteen een paar krassen op zijn hand.

Michelle deelde een tik uit. 'Mara stout!'

De poes kroop onder de keukenkast. Haar ogen lichtten op.

Toen Jim weer voor zich keek, zag hij Michelle op haar knieën naar hem staren. Ze streek haar haren links en rechts achter haar oren terwijl ze over Jim heen naar de klok keek. Ze glimlachte en kreeg daardoor een brede mond.

Jim keek om. Negen uur.

'Laat zeker, voor een wielrenner,' zei Michelle met een frons op haar voorhoofd. 'Jullie moeten toch altijd veel slapen?'

'Ach, ik neem het nooit zo nauw. Ik ben maar een knecht, hè. Op mij wordt niet zo gelet.'

Jim zag zich weer aan de start staan in Remouchamps, met zijn ploegmaten. De bewoners uit het dorpje stonden aan de kade, waar het peloton vertrok. Meteen na anderhalve kilometer hadden ze de loodzware La Redoute moeten beklimmen.

'Ik ga in ieder geval wel naar bed. Ik moet morgen om halfzes op voor de koeien,' vervolgde Michelle. 'Blijf je hier slapen, of wilde je nog helemaal naar de finish rijden?'

'Als het mag, blijf ik nu liever hier.'

'Oké,' zei Michelle. Ze pakte zijn lege glas en spoelde het om. Ze deed het licht uit. Er viel alleen nog licht van de buitenlamp naar binnen.

Ze namen in de gang een houten trap. Jim zag onder Michelle's jurk het begin van haar dijen. Mooi wit vlees. Ze liep over de vliering naar een hoek en duwde een gelakte deur open. De poes schoot voorbij.

'Dit is de logeerkamer,' zei ze, terwijl ze de kamer binnenliep. 'Daar is een wastafel, er liggen handdoeken op de stoel. Welterusten.' Terwijl Michelle wegliep, glipte de poes tussen haar benen door. Jim trok de gordijnen dicht en kroop met zijn overall aan in bed.

Langzaam won zijn lichaamswarmte het van de kou tussen de lakens. In de gang ging het licht uit. Hij voelde zich raar. In een vreemd huis, een vreemd bed, met een vreemd meisje in een ander bed op een paar meter afstand. Daar lag hij, een wielerknecht uit de stad, in een afgelegen boerderij. Hij kon gaan slapen. Dat kon. Ja, dat kon. Hij stapte het bed uit en zocht op de tast de weg op de overloop.

De volgende ochtend schrok Jim wakker van een hek dat in de verte werd geopend. Het staal rammelde nog even na. Jim hield zijn ogen dicht, hij had even nodig om te bedenken waar hij was.

Hij keek op zijn sporthorloge, halftien. Hij herinnerde zich de zoektocht naar de kamer van het meisje, van Michelle — ja, zo heette ze — het geschuifel van zijn voeten over de gang, vingertoppen glijdend langs muren en deurposten.

Hij keek nog eens op zijn horloge. Ja, het was echt halftien in de ochtend. Hij hoorde hoe buiten een auto het erf op reed. Er sloeg een portier dicht en hij hoorde voetstappen. De motor sloeg af.

Jim was op het ademen van Michelle afgegaan. Een langzame diepe ademhaling, met aan het einde een klein piepje in haar keel. Jim liep voetje voor voetje om haar bed heen, dezelfde maat twijfelaar als in de logeerkamer. De ademhaling van Michelle bleef rustig en diep. Hij trok de dekens opzij en schoof langzaam naast haar in bed.

Kennelijk was ze net in haar slaap van plaats veranderd, want het laken voelde warm aan. Met zijn voeten stuitte hij op iets zwaars dat op bed lag. Hij duwde met zijn tenen door de dekens heen en hoorde hoe de poes van het bed afsprong. Jim schoof door tot hij de warmte van Michelle's huid door zijn overall heen voelde. Zijn voorkant tegen haar achterkant, een overall tegen een nachtjapon, een wielrenner tegen een boerenmeisje.

Beneden onder de logeerkamer stokte het geluid van de voetstappen. Hij hoorde hoe de voordeur opengíng, met hetzelfde knarsende geluid als gisteravond toen hij doorweekt van de regen werd binnengelaten.

Michelle was rustiger geworden, na de aanvankelijke korte schrik. Jim liet haar even los en voelde aan de bewegingen op het matras haar lijf trillen. Langzaam werd ze rustiger en lagen ze stil naast elkaar.

Jim legde zijn arm weer op dezelfde plek, in de kuil tussen haar bekken en bovenlijf. Een mooie heuvel, dacht hij, en hij zei het ook. Er klonk een verlegen lachje. Haar ademhaling versnelde toen zijn hand in het zacht van haar buik verdween.

Met kleine bewegingen van zijn vinger, trok hij de nachtjapon omhoog. Hij voelde de zoom langs zijn blote kuit glijden. Het doek ging op, tergend langzaam.

Michelle fluisterde dat ze haar vader had beloofd vóór haar achttiende verjaardag 'heel voorzichtig' te blijven. Jim luisterde maar half. Wist ze hoe geradbraakt je van de fiets kwam na een lange kasseientocht hier in België? Hier, ze moest eens voelen aan de beurse plekken, daar ja, bij zijn linkerheup.

De voordeur werd dichtgeslagen. Jim hoorde vanuit de logeerkamer iemand door de gang sloffen. Weer piepte een deur. Een la met rinkelend bestek ging open. Theelepels, dessertlepels, grote lepels, vorken, gebaksvorken, messen, opscheplepels.

Wat was het verschil tussen zeventien en achttien jaar? Dat had hij aan Michelle gevraagd, terwijl hij haar schouder streelde. De japon was nu helemaal omhooggetrokken. Zijn hand liet de opgehoopte stof achter bij Michelle's hals en gleed naar beneden, over haar borsten. Ze legde haar armen als slagbomen over haar buik.

Daar lag Michelle, haar japon als een witte, onschuldige kraag onder haar gezicht. Hij trok met een paar wilde halen de drukknoopjes van zijn overall los en ging op haar liggen. Ze gooide haar armen om hem heen. Jim verloor ze uit het oog, overmand als hij was door zijn fantasie.

De poten van een keukenstoel schoven hard over de tegels. Jim hoorde hoe de schoenen nu de tegenovergestelde route bewandelden. Daar was de klap van de voordeur weer. Jim duwde de drukknoopjes van zijn overall dicht, trok de laarzen aan en liep naar beneden.

Buiten op het erf zag hij een kalende man in een regenjas. Michelle's vader keek stomverbaasd naar Jim, die in zijn overall tegenover hem stond. Onzeker stak Jim zijn hand uit. 'Dag meneer, ik ben Jim.'

De man stak gedachteloos zijn hand uit.

'Wat moet jij hier? Wie ben jij?'

'Ik ben Jim, Jim Verhelst. Gisteravond ben ik in noodweer de weg kwijtgeraakt. Ik belde hier aan...'

De man sloeg hem te hard op zijn schouder.

'Verrek, nou zie ik het. Jim Verhelst! Dit geloof ik niet. Jim Verhelst. Echt? Derde in de ronde van de Ourthe, een maand geleden. Toch? Ja, nu herken ik je. Jij bent knecht, bij Shine Fine, ja toch?

Jim stond verbouwereerd op het erf.

'Nu snap ik wat die racefiets daar doet. Jongen, kom binnen. Wat moet jij hier? Heb jij geen koers vandaag? Ze rijden toch de Tour des Ardennes. Een wielrenner, bij mij op het erf. Waar is Michelle eigenlijk?' De man keek op zijn horloge en deed twee passen naar links om langs de schuur het land in te kijken.

Jim keek mee en zag in de verte een tractor rijden. Michelle zat achter het stuur, ze droeg ook een blauwe overall nu.

Haar vader blies hard op zijn vingers, waarop Michelle zich omdraaide en zwaaide. 'Die is nog wel even bezig. Kom binnen.'

In de keuken stond een bord met een half afgekloven boterham met kaas. Het vertrek leek in dit daglicht een andere ruimte dan waar hij gisteren had gezeten. Alleen de kaas lag nog vertrouwd onder het doek op het aanrecht.

De poes sprong van de stoel en blies lang en diep, de rug krom en de staart harig en trillend.

'Mara!' Michelle's vader liep op de poes af en schopte half raak. Terwijl het beest het erf op vluchtte, schonk hij twee glazen vol met koffie uit een thermoskan en ging aan tafel zitten met een plakboek. Intussen reed de tractor het erf op.

'Hier, moet jij eens even kijken.'

Jim bladerde plichtmatig door de pagina's. Overal zag hij Michelle's vader naast bekende wielrenners staan. Hij herkende Felice Gimondi met een warme muts op. Frank Vandenbroucke lachend naast zijn fiets, gewillig poserend. Zelfs een ongemakkelijk kijkende Eddy Merckx in burgerkostuum had tijd genomen voor een foto. Michelle's vader had overal de datum, de plek en de naam van de koers bij geschreven met zijn kinderlijke handschrift.

Michelle kwam de keuken binnen. Ze zoende haar vader op de mond, negeerde Jim aan de keukentafel en liep door naar de kraan om haar handen te wassen. Achter haar voeten liep de poes mee die alweer kopjes gaf tegen haar enkels.

'Wat ben je vroeg terug,' zei ze.

'Ja, je oom Philip moest toch werken vandaag, dus ben ik maar naar huis gereden.' Michelle's vader wees weer in het plakboek.

'Ja ja, dat is niet niks,' mompelde hij. 'En nu kom jij er ook in. Toch? Michelle, pak jij het fototoestel even?'

Ze liep weg, heel even kruiste haar blik die van Jim.

Jim stond op. 'Meneer, het spijt me, maar het is tien uur. Ik moet nu weg, wil ik nog op tijd zijn bij de bus van de ploeg in Malhay. Ze starten daar om twaalf uur.'

De boer nam een paar grote slokken koffie terwijl hij knikte. Hij liep naar de deuropening.

'Heb je dat ding, Michelle? We moeten opschieten.' En daarna, tegen Jim, die in de keuken stond: 'Kom, we maken buiten een foto.'

Jim liep naar zijn fiets bij het hek. Hij zag hoe vuil het frame was, de modder van gisteren had een grauwsluier over de fiets gelegd.

De vader pakte joviaal de schouder van Jim beet.

Michelle deed onhandig met het oude cameraatje, alsof ze het nog nooit eerder had vastgehouden. Haar vader gaf allerlei aanwijzingen. Ze keek door de lens. Jim en de vader van Michelle wachtten op de flits. Die kwam niet. Ze stonden secondenlang in dezelfde pose, de vader met een gemaakte lach, Jim het gezicht scheef naar de lens, zich bewust van de blik van Michelle.

'Dat knopje, die ja!'

Daar was de flits.

Michelle gaf het toestel terug aan haar vader en liep naar binnen.

'Mooi. Weet je wat, ik rij je wel even naar Malhay, dat is hier veel te ver vandaan. Dat haal je nooit voor twaalven.'

Jim moest hem gelijk geven. Hij kon maar beter meerijden, al had hij geen zin in ellenlange anekdotes over ontmoetingen met oude wielrenners. Terwijl Michelle's vader naar de auto liep, trok hij het voorwiel met een handige beweging uit de voorvork. De fiets paste net op de achterbank.

'U heeft een mooie dochter,' zei Jim. De auto had een stugge vering en hobbelde over de smalle wegen.

'Ja,' zei haar vader. 'Ze lijkt sprekend op mijn vrouw. Ze is mooi, ja. Kom nog maar eens langs als ze achttien is. Al valt ze niet zo op wielrenners denk ik, ha ha.'

Hij reed iets te hard door de bochten waardoor Jim steeds tegen het portier gedrukt werd.

'Wielrenners zijn moordgasten. Doen nooit moeilijk over zo'n fototje met me. Het zijn heel gewone mannen meestal. Ik heb Zoetemelk nog ontmoet, in zijn laatste jaar als renner. Aardige vent. Ik mocht voor de foto zijn petje op.'

Jim keek strak voor zich uit.

Terwijl de man doorpraatte, viel Jims oog op de overall die hij nog aanhad. God, hij zag zijn ploegmaten al grijnzen.

'Stop!' riep Jim.

De vader van Michelle trapte hard op de rem. Jim schoot naar voren. Zijn hoofd knalde tegen de voorruit.

'Wat is er aan de hand. Rij ik verkeerd?'

'We moeten draaien, ik ben mijn wielerkleding vergeten.'

De vader van Michelle keek op het dashboardklokje. 'Dan moeten we opschieten.' Hij draaide de auto het eerste zijweggetje in, keerde en reed terug naar de boerderij. 'De voordeur is gewoon open,' riep hij Jim na, terwijl hij de motor liet draaien.

Jim holde naar binnen. In de gang stond de poes met een kromme rug naar hem te blazen. Even voelde hij de scherpe nagels in zijn broekspijp haken.

De badkamer was dicht. Vanachter de deur hoorde hij water in het bad stromen.

Hij klopte.

Geen reactie.

'Michelle? Ik ben het. Jim. Ligt mijn kleding hier nog?'

Hij hoorde een dikkere straal water in het bad lopen.

'Michelle, hoor je me?' Hij duwde tegen de deur.

Dicht. Vanbinnen op slot.

Vanbuiten kwam het driftige geluid van de claxon.

Jim bonkte op de deur. 'Michelle. Doe alsjeblieft open. Ik heb haast.'

Nog steeds geen reactie. Hij bonkte een paar keer op de deur.

De hand van de vader bleef nu secondenlang op de claxon.

Jim schopte tegen de badkamerdeur. Hij holde terug naar buiten, trok het portier open en sprong in de auto.

'Niet gevonden?' vroeg de vader van Michelle.

'Nee,' antwoordde Jim, met onrust in zijn stem. 'Rijden maar, anders komen we echt te laat.' Terwijl hij zijn gordel vastmaakte, draaide de auto al een bocht van honderdtachtig graden.

Toen ze de verharde weg opreden, begon het te miezeren. Jim zag zijn zorgelijke blik terug in het opmaakspiegeltje van de zonneklep.

Michelle's vader nam gas terug voor een scherpe bocht. 'Je haalt het wel,' riep hij boven het geluid van de motor uit.

Het ging harder regenen, het asfalt zag er glibberig uit. Jim keek door het beslagen zijruitje naar buiten. Hij was benieuwd wat voor tekstje Michelle's vader bij zijn foto zou zetten. Als de foto gelukt was, tenminste.

Coke

Tom Boonen was betrapt op cocaïnegebruik. Tijdens zijn bekentenis zei hij iets moois over zijn voorjaar: 'Ik heb drie, vier maanden als een pater geleefd.'

In het land van Boonen wonen veel paters. Ze zitten achter de dikke muren van de abdij. Ze bidden en ze brouwen. Ze maken bier met hoge percentages alcohol.

Jaren geleden ging ik met een vriendenclub elk jaar naar België. Onder het mom van een fietsweekeinde werd er genadeloos veel Mort Subite gedronken. Loodzwaar spul. Als je er drie achterover goot, hoorde je de klok van de abdij in je hoofd galmen.

Met bonkende slapen gingen we 's nachts naar het hotel. Drie uur later stonden we aan de start van onze tocht. Witte koppen, opspelend maagzuur. Met dank aan de paters en hun gemene brouwsel. België heeft een dubbele moraal: veel bidden, veel zuipen.

In het land waar alcoholgebruik een gewoonte is, doen de dopingvorsers panisch over een lijntje coke. Cocaïnegebruik is in België bij wet verboden. Je kunt er de bak voor in. Quick-Step is de sponsor van het wielerteam van Boonen. Het bedrijf levert laminaat. Nephout. Dát zou nou eens verboden moeten worden.

De volksheld Boonen was het eenzame rennersbestaan een dagje beu. Hij ging met vrienden op stap. Er werd stevig ingenomen. Bij een onverwachte controle vond men sporen van coke in het lichaam van Boonen.

Iedereen weet dat je met cocaïne in het lijf niet sneller gaat fietsen. Boonen pakte het spul ter ontspanning, niet tijdens inspanning. Het is een partydrug, geen middel om harder te trappen.

België is in rep en roer. Mijn eerste gedachte: waarom bemoeit men zich met het privéleven van Tom Boonen? Als alle Belgen eerlijk zouden zijn over hun cokegebruik, zouden de handen van sommige gerespecteerde musici, politici en zakenlui toch ook omhoog moeten gaan.

Intussen 'genieten' we mee van de ellende van Boonen. Onbedoeld kregen we tijdens de persconferentie een kijkje in de hersenpan van de renner. 'Het lijkt wel of ik het niet zelf doe, of er door veel drank iets verandert in mijn kop. Blijkbaar moet ik dan toch iets gebruikt hebben.' Meesterlijke laatste zin. Trieste zin ook. Alcohol en coke falsificeren de werkelijkheid; de gebruiker treedt buiten zichzelf. Hij liegt in het volle daglicht tegen zijn spiegelbeeld. En hij weet dat hij liegt, maar kan het niet tegenhouden.

Ik geniet enorm van Boonen op de fiets. De gretigheid waarmee hij in Parijs-Roubaix over de kasseienstrook rijdt, kan ik ieder moment van de dag oproepen. Hij heeft er altijd manisch voor geleefd. Het lullige cokelijntje staat in geen verhouding tot de lengte aan witte strepen op de weg die aan hem voorbijgleden op trainingsdagen.

Boonen was de stoere koning van het voorjaar. Na zijn bekentenis toont hij ons zijn breekbare ziel. De druk valt soms te zwaar, dan moet Tom er één keer per seizoen uitbreken. Begrijpelijk. Ik zou zeggen, België, maak er een nationale feestdag van: de Boonennacht.

Boonen keerde terug uit Monaco, hij ging weer wonen in zijn geboorteland. Vlaming pur sang. Hij, de aanraakbare jongen, gaf cocainegebruik eerlijk toe. Wat wil je als natie nog meer? Hier stond een vent van vlees en bloed. Kwetsbaar, fout en steengoed tegelijk.

Verdomme. Flandriens, paters, laminaatverkopers, coureurs, sportliefhebbers: legaliseer Boonen.

Biecht

Ex-Rabo-renner Marc Lotz had al jaren geleden laten weten epo gebruikt te hebben. Het lag bij hem thuis tussen de groenten in de koelkast. Het spul werd bij een controle gevonden.

Een heterdaadje voor Lotz.

Naar aanleiding van alle cyclobiechten bezocht de Limburgse tv-zender L1 Lotz opnieuw. Hij zat er kalm bij en vertelde weer over zijn dopingverleden. Of hij spijt had? Lotz, beslist: 'Nee, geen spijt.'

Op internet zag ik de beelden van het gesprek tussen Oprah Winfrey en Lance Armstrong. Er werd een hele handdoek aan tranen uitgeknepen, al had ik sterk de indruk dat diezelfde handdoek van tevoren al in een teiltje met lauw water lag. Dan was de nuchterheid van Lotz plezierig om naar te kijken.

Tot voor kort was het gebruikelijk dat je als renner geraffineerd om de hete brij heen draaide en te allen tijde ontkende iets met doping te maken te hebben. Epo, dat was voor de hond of je vrouw. Nu is de cyclobiecht in de mode en ben je een leugenachtige sukkel als je blijft ontkennen dat je doping gebruikte.

Bekennen is in.

Wat me door de ziel sneed, was het openhartige verhaal van Thomas Dekker. Net als Lotz was hij al eerder betrapt, en ook bestraft met een verbanning uit het peloton van twee jaar. Tot zover geen nieuws. Het was de manier waarop Thomas Dekker zijn sportleven beschouwde, wat me zeer deed om te zien. Dekker: 'Godverdomme, ik was de beste belofte ter wereld. Het is zo zonde. Die twee jaar krijg ik nooit meer terug.'

Dat scheldwoord, die zinnen. Hij, een jongen met zoveel talent, staat uiteindelijk zo goed als met lege handen.

Ik moest terugdenken aan de dag in juli 2008 dat ik Dekker met de camera volgde in de Sachsen Tour. Hij was toen door de ploegleiding van Rabo verbannen naar een B-koers. Hij had 'afwijkende' bloedwaarden. Dekker reed in Duitsland lusteloos zijn ritjes terwijl tegelijkertijd de Tour de France werd verreden.

Zolang de camera draaide zag ik een cynische jongen die zijn tong eraf beet. Wanneer die uit stond kwam er een tirade over waarom juist hij geslachtofferd werd en niet andere renners en vooral begeleiders van de Rabo-ploeg. De beerput stond op een kier maar uit lijfsbehoud bleef Dekker zelf op de deksel zitten.

De misère van Thomas Dekker ging ver. Hij had – net als veel andere renners in de afgelopen jaren – epo gebruikt om de rest bij te kunnen benen. Het was de schuld van de ploegleiding, de schuld van de epo-verstrekkers, de schuld van het publiek dat meer en meer wilde, de schuld van de UCI dat met de handen voor de ogen bestuurde. En natuurlijk, de schuld van Dekker zelf.

Het viel me steeds moeilijker om te bepalen waar ik stond. Ik hoorde niet bij romantici die dopinggebruik blijven koppelen aan de spannende valsheid van de wielersport. Maar ik hoorde ook niet bij de nieuwe generatie die alleen nog brave jongens op de fiets wil zien die roomser zijn dan de paus. Misschien is het die interne controverse die ervoor zorgt dat ik zoveel zin kreeg in het komende seizoen. In het seizoen na alle bekentenissen.

De wielersport moet als een oude weegschaal opnieuw worden geijkt.

Smerige zeem

Armstrong stond in zijn woonplaats Austin met een microfoon in de hand voor een zaal aanhangers van Livestrong. Zijn vrije hand verdween voortdurend in de broekzak van zijn kostuum. Als een oom die op huwelijksfeesten de getapte figuur is.

Gebiologeerd keek ik naar een man die van ontkennen zijn beroep heeft gemaakt. De verwachting was dat de ex-wielrenner op zijn minst iets zou zeggen over alle aantijgingen rond dopinggebruik. Niets. Armstrong liep met een grote boog om de berg stront heen.

Achter op het toneel stonden zijn medewerkers voor het goede doel. Terwijl Armstrong de rug recht probeerde te houden, toonden zijn trouwste fans begrafenisgezichten. Armstrong zag het niet. Hij was een versleten komiek met laf materiaal waar niemand meer om kon lachen.

Zijn oud-collegae, spijtoptanten als Levi Leipheimer en George Hincapie, moeten thuis van hun stoel zijn gesprongen. De grote leugenaar wilde kennelijk nog even volhouden, zijn oud-ploegmaten laten denken dat zij gekke Henkies waren en hij The Boss.

Ik moest bij het zien van het kostuum van Armstrong terugdenken aan de outfit van een bankdirecteur in nood. Zo zakelijk. Zo saai. Zo ver weg van de smerige zeem in een wielerbroek.

De grote namen van het wielernieuws dragen geen sportkleding meer. Het zijn rekenmeesters geworden. Altijd maar een half antwoord willen geven op hele vragen.

Alle fietsliefhebbers moeten terug naar af, wordt gezegd na het blootleggen van de dopinglijnen. En ook: het wielrennen moet opnieuw worden uitgevonden. Maar maken we het niet te moeilijk?

Afgelopen week zat ik in de regen op de fiets. Wind tegen, spetters in mijn gezicht, de adem schurend door de luchtpijp. En dan die simpele beweging van de benen, als hefbomen op en neer, duwtjes gevend tegen de pedalen. Het was heerlijk. Mens tegen natuur.

Zoals zo vaak ligt in eenvoud de oplossing besloten: je moet trappen om vooruit te komen. Cruijff had het kunnen zeggen, ik weet het.

Met de combinatie van fiets en mens is niets mis. Totdat competitie om de hoek komt kijken. Dan worden we slim en vals. Beter willen zijn dan de ander, niet tegen je verlies kunnen. Vraag maar aan Armstrong hoe ver je dan kunt gaan.

Ik herinner me hoe ik vroeger in de Ardennen tegen wielervrienden loog over gedane trainingsarbeid. In de nacht voor de gezamenlijke tocht voerde ik mijn beste maten dronken en goot ik mijn flesjes bier leeg in de plantenbak. Ik deed stiekem 'snelle suikers' van een bevriende fysiotherapeut in mijn bidon.

Ach, wat een onschuld.

Om te winnen als prof gelden andere wetten. Het profpeloton werkt in de amusementssector. Parcourstekenaars sturen je te veel bergtoppen over. Sponsors en publiek eisen succes. Dan word je als renner gedwongen de grens op te zoeken. Dat is het dilemma: de firma List & Bedrog heeft de wielersport groot maar ook kapotgemaakt.

Hoe verder?

Stevig doortrappen, zou ik zeggen. Maak de spelregels van het rondreizende circus helder en controleer de deelnemers. Verwijder de infame klootzakken en slavendrijvers. Ververs de bestuurders. Geef de liefhebbers van de fietsbeweging ruim baan.

Zoiets.

Glazen potje

Als kind fantaseerde ik over de dood. Ik was ervan overtuigd dat een ijselijke wind je de adem zou benemen. Met de dood in de buurt — ook als hij niet voor jou kwam — kon je niet meer eten, niet praten, niet bewegen. Van buitenaf moest je weer een duwtje krijgen, anders was je tot niets in staat.

Inmiddels heb ik gemerkt dat mensen die een naaste verliezen nog tot van alles in staat zijn. Ze kunnen bellen, troosten, koffiezetten, lachen, huilen, autorijden, post openscheuren. Maar wat kun je nog als je eerste kindje op zijn eerste levensdag sterft?

Profwielrenner Kevin Van Impe maakte het mee. Zijn zoontje werd te vroeg geboren en liet na zes uur het leven. Een paar dagen later zat hij in zijn huis in Erpe-Mere met de begrafenisondernemer om de tafel.

Van Impe en zijn vrouw hadden gekozen voor een crematie. Als wielrenner denk je normaal gesproken aan je fiets, aan voeding, aan een oordopje, aan het parcours. Nu moest Kevin Van Impe zijn mening geven over de voering van het doodskistje, wel of geen bloemen, en het lettertype van de rouwkaart.

Toen ging de deurbel. De dopingcontroleur. Met als eerste zin: 'Kom ik ongelegen?'

Wie had deze scène kunnen verzinnen? John Cleese, Jiskefet, French and Saunders? Niet uit te leggen krankzinnigheid. Humor mag een beetje pijn doen, zeggen ze dan. Waar houdt humor op en begint gêne?

De dopingcontroleur stapte binnen met formulieren en een glazen potje. Of Kevin even een plasje wilde plegen. Ik stel me voor dat de staalkaart met vurenhout, eiken en wit afgelakte wengé nog tussen de begrafenisondernemer en mevrouw Van Impe op tafel lag.

Volgens de Vlaamse kranten heeft Kevin Van Impe de situatie uitgelegd, maar wilde de man de dopingprocedure toch afmaken. Van Impe moest in het bijzijn van de controleur plassen. Het duurde een uur voordat de wielrenner een paar druppels uit de blaas geperst kreeg. Een uur. De dopingcontroleur – de simpele arts is ook maar een vazal van De Almachtige Wielerbazen – ligt zwaar onder vuur in België. De man beweerde dat Van Impe zelf wilde plassen.

Ik was er niet bij. En toch zie ik het haarfijn voor me: een man met een glazen potje, een water drinkende wielrenner die onafgebroken frommelt aan zijn kruis, een huilende vrouw en een begrafenisondernemer die formaat, kleur en houtsoort wil weten.

De profwielrenner van tegenwoordig moet opgeven waar hij elke dag verblijft – de door Rasmussen beroemd geworden *whereabouts* – en altijd beschikbaar zijn voor een onverwachte dopingcontrole. Hoe vogelvrij kan een sporter zijn?

Het peloton bleef bij de start van de laatste etappe van Parijs-Nice een paar minuten stilstaan, uit protest tegen de gang van zaken in huize Van Impe. De wielrenners zijn niet tegen dopingcontroles, maar ze houden van goede manieren.

De wielrenner moet altijd melden waar hij zich bevindt. Ook als hij afscheid neemt van zijn dode kind. Van Impe overwoog serieus 'het crematorium van Lochristi' als *whereabouts* op te geven.

Er is één scène mogelijk die het beeld van de huiskamer in Erpe-Mere nog kan overtreffen: de begrafenisondernemer drukt op een knop. Het kistje zakt. Verdriet in het kwadraat. De aula is zwanger van de dood. Achterin piept de deur. Niemand heeft nog omgekeken. Maar hij staat er echt: de man met het glazen potje. Komt hij ongelegen?

Ik hou het voor mogelijk.

Datumloze dagen

Ik neem u mee naar mijn slaapkamer. Zondagochtend, half twaalf. Ik had een paar plannen voor de dag; langzaam lezen in de laatste roman van Jeroen Brouwers en twee uur fietsen langs de Rotte.

Door een kier van het gordijn zag ik dat de weerman er niet ver naast had gezeten: storm, regen en af en toe hagel.

Ik las een zin uit Brouwers' *Datumloze dagen*: 'Voor je het goed beseft is de herfst definitief in je botten getrokken, nog even en daar rijst de dood al voor je op met haar stopwatch en bebloede zeis, op haar ene ingevallen perkamenten wang een zonnetje, op de andere een sterretje, haar maakt het niet uit of het dag is of nacht.'

Ik bleef liggen en staarde een tijdje naar buiten. Herfst. In al zijn glorie. Hoelang zou ik met dit zware en toch niet onprettige gemoed blijven liggen?

De avond ervoor had ik het weerbericht genegeerd en mijn fiets in de woonkamer schoongemaakt. Wielen eruit, spaken gepoetst, derailleur drooggeblazen. Zelfs de ketting kreeg een badje van wasbenzine.

Voorlopig ging het boek voor de sport.

Om drie uur zag ik vanuit mijn bed een gat in het wolkenpak. Toch maar gaan fietsen. Afgezien van een verdwaalde hondenbezitter was er onderweg langs de Rotte niemand te zien. Geen wielrenners, geen roeiers, geen skeeleraars. Iedereen zat binnen bij de verwarming. Behalve ik. In een felle storm reed ik mijn rondje.

Terug in de stad zag ik langs een drukke weg hoe een man in de stromende regen een bos bloemen neerlegde bij een boom. Er lag een stalen plaat met een naam op de grond, ik kon niet lezen of het om een plaquette voor een doodgereden mens of dier ging. Verderop, bij de hoofdingang van begraafplaats Crooswijk, was het druk bij het bloemenstalletje.

Op een kruising glipte mijn voorwiel in een tramrail. Ik viel en kwam hard op mijn rechterkant terecht. Pijn aan mijn knie, heup en arm.

'Alles oké,' riep ik iets te snel. Niemand luisterde. Twee Marokkaanse jongens stonden te wachten op de tram. Ze lachten me uit. Ik krabbelde overeind, pakte mijn fiets van de grond en reed verder. De tram passeerde me. De jongens zwaaiden me door de achterruit pesterig toe.

In bad bekeek ik mijn wonden. De knie was er het ergste aan toe. Ter grootte van twee vierkante centimeter was een stukje huid los, alsof een deurtje op een kier stond. Ik deed het drie keer open en dicht. Ik pakte een schaar en besloot het er maar af te knippen. In de wc draaide het vlezige deurtje een ererondje in een kolk spoelwater voor het in het gat verdween.

Om half zes lag ik, oranjegeel van het jodium, weer op bed. Er was niets bijzonders op televisie. Wielrenners klagen altijd over niet-opgedroogde wonden, vooral schaafwonden, die tijdens het slapen aan het beddengoed blijven plakken. Het leek me verstandig zo vaak mogelijk te verliggen en lang wakker te blijven.

Er restte nog maar één ding: lezen in de roman. Op de achterflap stond de schrijver met een melancholieke blik naar me te loeren. Sport leek me aan Jeroen Brouwers niet zo besteed. Aan zijn buik te zien sloeg hij geen maaltijd over.

Met het lezen van een paar regels naast de foto raakte ik weer in de gemoedstoestand van die ochtend: 'De dood bestaat niet. Wat bestaat is: het leven, al is dat minder dan een nevelspatje in de oceanen van deze tijd.'

Trapmachine

Zijn hoofd was weg. Zelfs van de helm geen spoor. Op de tijdritfiets reed alleen een romp met twee armen en benen. Zo van achteren leek Tom Dumoulin op een trapmachine. Nummer 181 reed feilloos en snoeihard.

Even later gleed Nairo Quintana van het startpodium in Monza. Hij droeg de kleur roze waar het maar kon. Roze kousen, roze schoenen, roze helm. Het was iets te veel van het goede, de klassementsleider zag er eerder kinderachtig uit dan onoverwinnelijk.

De strijd om de seconden tussen de twee mannen was in volle gang.

Dumoulin verscheen weer in beeld, vanaf de zijkant nu. Zijn hoofd zat goed weggestopt tussen zijn schouderbladen.

Waar zou hij naar kijken op lange, rechte stukken? Naar het asfalt? Naar zijn benen? Of naar een zweetdruppel die op het stuur valt om met een snelheid van 52 kilometer per uur tot een zoutstreepje te worden geblazen door hete Lombardische lucht.

Drie weken was Dumoulin door Italië geraasd. Altijd maar vooruitkijken. Niet stilstaan bij monumenten en kerken, paarden in de wei, vluchtelingen op Sicilië, onaffe flats langs de kust of een stadje met aardbevingsschade.

Altijd maar doorrijden, behalve die ene keer. De sanitaire stop kostte hem veel tijd, het dreigde een verhaal te worden dat aan hem zou blijven kleven, zeker als hij de Giro zou verliezen.

Even zag ik door zijn tijdrithouding – de handen gevouwen voor een gebogen lichaam – een biddende man in de Limburgse coureur. Maar eerbied is hem vreemd. Dumoulin had openlijk kritiek geuit op Nibali en Quintana en hij verlangde onderweg hulp van Kruijswijk en Mollema.

Dumoulin buigt alleen voor zijn teamgenoten.

Op hoge snelheid reed hij het historische deel van Milaan binnen en daarmee ook de geschiedenis van de Giro. Dumoulin ging een grote ronde winnen waarin renners elkaar dagelijks hadden bevochten, zelfs als hun lichamen protesteerden. De pijngrens werd keer op keer verlegd.

Vlak voor de finish pakte Dumoulin de stuurgrepen stevig beet; het bloed verdween uit zijn vingers en onder de nagels zag ik wit, afgeknepen vlees. Hij stapte van zijn fiets, deed zijn helm en zonnebril af en ging bij een monitor zitten.

Quintana slingerde te ruim door een bocht. Dat scheelde kostbare seconden. Nog even en de oudjes Jan en Joop konden eindelijk – na zevenendertig jaar wachten – een plek vrijmaken op het erebankje.

Daar was het moment al: de klok tikte door in het voordeel van de Nederlander.

Die kop met dat zwarte haar, de zachte lach, zijn vuisten, de handdoek over het hoofd en dan weer die lach, nu uitbundiger en bevrijd van zenuwen.

Ik moest de woorden opschrijven om ze te geloven: Tom Dumoulin wint op zondag 28 mei de Giro d'Italia 2017.

Tom huilt, Tom lacht

Eerst hing de verzorger voorzichtig een handdoek om zijn nek. En daarna kwam dat petje. De man deed gewoon zijn werk. Wielersponsors willen zo'n petje op het hoofd van de kopman zien, zeker als hij na afloop van een etappe live op televisie is.

'Flikker op, man!'

Een reactie in de categorie 'pleur op' van onze premier.

Tom Dumoulin trok het petje van zijn hoofd voordat het er goed op zat. Hij was woedend op een motorrijder die concurrent Primož Roglič bij een afdaling op sleeptouw had genomen. En zelf had hij niet lekker gereden. Dan moet je van Toms hoofd afblijven en het petje in je zak houden.

Een dag later zag Dumoulin zijn ongepolijste reactie terug en moest onbedaarlijk lachen om zichzelf. Tom huilt, Tom lacht. Wat een zelfkennis en zelfspot. Dumoulin was zo authentiek als de pest.

De mythische proporties van de Tour de France doen fans soms onverantwoord dromen en fantaseren. Een wielrenner wordt kwaliteiten toegedicht die niet te verifiëren zijn. Thuis heeft iedereen een zelfverzonnen aanvalsplan: Tom zou eigenlijk dit, Tom zou eigenlijk dat.

Niemand weet hoe het ontbijt wordt omgezet in kracht en de gedachten in zijn hersenpan tijdens een woeste etappe zijn al helemaal niet te volgen.

Pas na de finish krijgen we enig inzicht van de renner zelf. Na de aankomst in Parijs waren de eerste woorden van Dumoulin over deze Tour: 'Mooi. Heftig. Zwaar.'

Mooi, dat vond ik de metamorfose in de tijdrit. Nadat hij de dag ervoor in de bergen zijn meerdere moest erkennen in Geraint Thomas, wist Dumoulin zich op te laden voor een fenomenale strijd tegen de klok.

Heftig? De momenten dat hij – doodop van het aanvallen – in het hooggebergte de gele trui op het laatste moment voorbij zag flitsen.

En zwaar? Alle stress tijdens de duizenden kilometers over het asfalt.

De afgelopen weken was ik regelmatig in zijn stad Maastricht. Overal waar ik kwam, was Dumoulin de afgelopen jaren meer dan eens gesignaleerd. Op een terras in Wyck kwam hij volgens de ober vaak lunchen, in de beste ijssalon had hij een hoorntje besteld en op het moderne plein aan de Maas dronk hij espresso. Zijn aanwezigheid is een aanbeveling geworden.

Tom was here.

Maastricht ligt aan zijn voeten. De provincie Limburg, heel Nederland, eigenlijk iedereen op de wereld die van fietsen houdt, is verknocht aan Tom Dumoulin. De prachtrenner met zijn innemende persoonlijkheid strijdt wanneer hij moet strijden en houdt zich rustig wanneer het nodig is.

Nooit verliest hij het hoofd, tenzij je er ongevraagd een petje op zet.

De wetten van Post

Ik bel Peter Post en zie hem in zijn huis in Amstelveen schuiven op de bank. Hij twijfelt. Wéér een afspraak om te praten over wielrennen? Hij heeft al duizend interviews gegeven in zijn leven als renner en ploegleider. Post heeft het een beetje gehad. Ik moet volgende week nog maar eens bellen, dan is zijn agenda bekend.

Ik bel een week later, op maandagavond.

'Je zou toch 's ochtends bellen? Ik had vandaag mooi gekund.'

Leuk pokerspelletje. Maar goed: hij wil. Ik blij.

We spreken af op woensdagmiddag, in Motel Vinkeveen, langs de rijksweg tussen Amsterdam en Utrecht, om drie uur.

'Misschien wordt het kwart over drie,' roept hij, vlak voordat hij de hoorn neerlegt.

Peter Post. Een naam als een held in een jongensboek. Titels schieten door mijn hoofd. *Peter Post en de grote ontsnapping. Peter Post achter de kapotte derny. Peter Post en het geheim van de piste. Peter Post en het mysterie van de lekke band.*

Op woensdagmiddag rijd ik om één voor drie de parkeerplaats op van het motel. Mijn mobieltje gaat. 'Post', zie ik aan de nummerherkenning. Hij zal wel iets later komen.

'Wilfried, ik ben er al. Waar zit je?'

'Ik rij net de parkeerplaats op.'

Hij staat opeens voor mijn auto. Lang postuur, bouwjaar 1933 maar *forever young*, gekleed in een modern roze overhemd, nauwelijks vet rond zijn middel. Hij dirigeert mijn oude Mercedes naast zijn nieuwe.

Ik krijg een stevige hand. 'Mooi op tijd allebei. Ik heb een hekel aan te laat komen.'

We zoeken binnen een tafel in een donkerbruin hoekje van het restaurant. De ober komt langs. Ik zie dat hij de oud-renner herkent, misschien is dit wel de favoriete afspreekplek van de Keizer van de Zesdaagse; Post won er 65 in zijn carrière.

We praten over zijn doodsmak op 21 januari 1972.

Iedereen in het Rotterdamse Sportpaleis Ahoy hoort die vrijdagavond het nare geluid van vallende fietsen op een houten baan. Een groepje renners ligt op de grond. De schade valt mee. Alle renners gaan op zoek naar hun fiets en verbijten de pijn. Op één na, één man blijft liggen: Peter Post. Hij moet per brancard het podium verlaten waar hij, als renner, nooit meer zal terugkeren.

Het was zo'n dampende koppelkoers in Sportpaleis Ahoy. Veel volk op de tribunes, felle strijd, de huisband op het middenterrein op stoom met evergreens. Post was dat jaar een koppel met de Duitser Sigi Renz. Het is acht minuten over tien, de tweede avond van de zesdaagse. Tijd voor de zoveelste aflossing.

Een aflossing is een van de mooiste technieken van de baansport. Je koppelgenoot rijdt onder in de baan op hoge snelheid in de rondte. Zelf rijd je boven in de baan in een lager tempo. Even een paar rondjes uitrusten. Als je collega achter je in zicht komt, moet je tempo maken, naar beneden duiken, manoeuvreren en je linkerarm gestrekt naar achteren houden.

Je maat ziet je uitgestoken hand. Terwijl zijn linkerhand het midden van het stuur beet heeft, pakt hij met zijn rechter jouw uitgestoken hand. De handen slaan in elkaar. Je trekt je op aan je maat en neemt zijn snelheid over. Als een steen uit een katapult schiet je weg. Je bent in koers. Je maat mag nu boven in de baan uitrusten.

Het overnemen gaat bijna altijd goed. Honderden keren op een avond.

Niet bij het koppel Post en Renz om acht over tien op 21 januari 1972.

'Misschien hield Sigi bij die aflossing mijn hand een fractie van een seconde te lang vast,' zegt Peter Post. Hij doet beide handen omhoog, laat ze weer zakken op tafel. Kijkt me aan met zijn staalblauwe ogen. 'In ieder geval, ik ga onderuit, over de kop en kom op een harde rand neer. Weet je dat ze in Ahoy ook een ijsbaan konden leggen? Nou, ik ben net naast het hout van de wielerbaan gevallen, met mijn heup precies op zo'n stalen onderdeel van die ijsvloer. Heup kapot. Scheur in mijn bekken. En een hersenschudding, gebroken ribben, sleutelbeen.'

'Toen ze me de baan af tilden dacht ik: kom ik hier bovenop, kan ik ooit nog rijden? Ze brachten me met de ambulance naar Dijkzigt.'

Ik ken de foto waarop te zien is hoe Post in het ziekenhuisbed ligt. Pips gezicht, ongekamd haar, twee kussens in zijn rug. Zijn linkerheup is ingepakt in een gipsen korset dat doorloopt tot aan zijn knie. Op het nachtkastje staan typerende *seventies*-relikwieën: een beige telefoon met draaischijf en krulsnoer, een transistorradio op batterijen en een groene fles frisdrank met schroefdop. En voor de bezoekers ligt er een pakje sigaretten klaar. Roken was in 1972 nog niet verboden. Post heeft op de foto een zuinig lachje rond de mond. Zijn horloge staat op vijf voor half acht. Het is een dag na de val.

Peter Post weet het nog exact. 'Ik kreeg zes weken rust voorgeschreven van de arts. Dat was een klap in mijn gezicht. Kon ik het daarna opbrengen om me kapot te trainen om mijn conditie weer op het juiste niveau te krijgen? Ik ben gaan revalideren. Tijdens die periode werd mijn linkerbeen dik. Trombose. Half april adviseerden artsen mij te stoppen met fietsen. Het was te gevaarlijk om door te gaan.'

In al die jaren op de baan — van 1953 tot 1972 — was Peter Post nooit angstig. De baan was zíjn wereld. De zesdaagse had voor Post geen geheimen. Zo'n aflossing hoorde gewoon bij de routine van het vak. 'Het is heel belangrijk hoe je op gang wordt gegooid. Heeft de renner die jou aflost nog genoeg kracht of niet? Vroeger mochten we nog niet met de hand aflossen. Er zat een klos in de koersbroek en daar moest je je maat vastpakken. Je nam niet over met de hand, altijd met de broek.'

Peter Post zet zijn lege kopje koffie opzij en steekt een open hand naar voren, tot vlak bij mijn gezicht. 'Je pakt je maat die van boven komt stevig vast, je gooit 'm — tsjoek! — en dan kun je 'm nog een beetje sturen. Je geeft 'm richting. Als er net een renner voor je zit en je gooit zomaar wat, ja, dan flikker je 'm zo in een achterwiel. Nee, je moet 'm echt in een gat smijten. Weet je met wie ik goed kon aflossen? Met Rik Van Steenbergen. Ik gooide hem, hij gooide mij. Achter die aflossing zat zoveel kracht, jongen, we reden gewoon om iedereen heen.'

In zijn eerste jaren als prof maakte Peter Post nog mee dat koppels in de zesdaagse bijna een etmaal in touw waren. Het was op en af, op en af. Tegenwoordig beginnen de professionele koppels iedere avond rond zeven uur en kunnen ze voor één uur 's nachts richting hotel.

'Je moest in mijn tijd maar zien hoe je aan je rust kwam. Ik had het geluk dat ik niet veel slaap nodig had. Nu nog niet trouwens; vier à vijf uur is voor mij genoeg. Als ik weleens om vijf uur in de nacht thuiskom en ik moet er om acht uur 's ochtends weer uit, denk ik, lamaar. Als je maat een uur lang achter de derny moest rijden, kon ik in de cabine bijkomen. Weet je wanneer ik sliep tijdens de zesdaagse? Tijdens het masseren. Kwam je binnenvallen in de cabine op het middenterrein, draaide de masseur het wekkertje op 45 minuten en dan dommelde ik meteen weg. Piet Libregts was lang mijn verzorger. Als hij begon te masseren deed ik mijn ogen dicht. Die gingen pas weer open als mijn maat het gordijntje opentrok nadat hij de dernykoers had gereden. Het was één hok voor met zijn tweeën.'

Lang slapen doen de renners tegenwoordig niet meer. Hooguit een paar minuten gaan de ogen dicht. Als ze aan de rand van de baan van hun fiets stappen, zoeken de renners met vermoeide benen hun cabines op. De hokjes van twee bij een meter zijn in haast getimmerd, van bordkarton. Ze liggen tegen elkaar aan, in het rennerskwartier. Er zit geen plafond in de hokken. Vanaf de tweede ring kan het publiek de vermoeide renners zien liggen. Een smal bed, een paar foto's van vrouw en kind met een punaise op de wand geprikt, veel meer is het niet. Langs het bed loopt een gordijn, dat kan dicht. Voor de privacy.

Luxe is voor later. Stam, Risi, Bartko, Keisse, Lampater, Mouris en Llaneras; elke renner, ongeacht zijn status en plek in de tussenstand, heeft eenzelfde hok.

Het dorp van cabines is een gehorig hotel met één ster. De hokken liggen direct naast elkaar. De rust is ver te zoeken. En toch, het is een plek voor bezinning, een hazenslaapje, een nachtkusje voor het dochtertje dat met de rennersvrouw een avondje langskomt.

Terwijl de ene helft van het koppel achter de derny over de baan dendert, hangt de andere helft op bed. Als een matroos in een kooi van een ovaal schip. Een kwartiertje rust voor de benen.

Daar is het teken alweer. De speaker meldt het volgende onderdeel van de zesdaagse. Opstaan, kerel, wakker worden. Op naar het zadel. Op je fiets. Rijden, rijden, sprinten, aflossen, versnellen, geen besef van tijd, wat is een uur, wat een minuut, een seconde. Zes dagen lang rondtollen op wielen met de geur van frites, bier en worst in je neus. Geen besef van het weer, van het nieuws van de dag. Maar de tussenstand, na een avond fietsen, die kun je dromen.

Kom bij Peter Post niet aan met verhalen over pijntjes in de benen, met verschijnselen van vermoeidheid. Nee, er moet op de baan gewérkt worden. 'Rije! Ze moeten rije, verdomme!'

Al ziet hij nu, na al die slopende jaren die achter hem liggen, ook wel het absurde van de zesdaagse in.

'Die jachten vroeger, daar kwam geen einde aan. Ze begonnen om half acht, zat je om half twaalf nog in die jacht. Ik heb weleens een keer gefietst tot zes uur in de ochtend, in Berlijn. De organisator wilde ons afmatten. Zaten er nog maar tien man op de tribune. Lazarus. Ze lagen gewoon te pitten. Toen dacht ik wel: wat ben ik aan het doen?'

Uitgemergeld vielen de koppels van hun baanfietsen. Na een lange avond rijden stortten ze zich op het eten, in die tijd nog veel vlees, liefst biefstuk. En pasta.

'Je had wel trek, ja. Tussen het rijden door at ik alleen maar een beetje haverslijm. Een soort poeder was dat, havervlokken aangelengd met een beetje warm water, wat suiker erbij, opeten en dan ging je weer op je fiets.'

Slapen op de tribune doen de toeschouwers van de zesdaagse niet meer. Harde muziek houdt hen bij de les. In Ahoy zijn de evergreens vervangen door ingeblikte hits en jingles. Pakt een koppel een ronde voorsprong op de rest, dan slaat de stadionspeaker op een rode knop; een loeiharde scheepstoeter klinkt over de geluidsinstallatie.

Op de eerste en tweede ring zitten de betalende bezoekers. Ze kijken over de baan heen naar het middenterrein, dat voornamelijk bevolkt wordt door genodigden en sponsors met vrijkaarten. Als de scheepstoeter gaat, klinkt er applaus op de tribune. De drinkebroeders op het middenterrein horen het signaal niet. Ze komen niet voor 'de mannen van de nacht', zoals de renners van de zesdaagse vroeger genoemd werden. Hun ogen zijn gericht op vlammetjes, bladen met gratis bier en vrouwen.

Peter Post is niet kapot van de sfeer op het middenterrein. 'Al die vips... De mensen op de tribune ergeren zich eraan. Vroeger kon iedereen nog op het middenterrein, nu worden die plekken verkocht aan zakenmensen. Rotterdammers kennende, willen ze het graag een beetje volks houden. Op zo'n middenterrein moet het publiek lekker kunnen buurten. Het moet een volksfeest voor de gewone man zijn. Maar ja, ik ben van een andere tijd, hè.'

Na zijn carrière als wielrenner werd Peter Post wedstrijdleider in Sportpaleis Ahoy. Hij had een instinct voor wat het publiek wilde: op de eerste plaats mooie sport, maar wel met een goede show eromheen. 'Rotterdam' werd in de jaren zeventig een van de bekendste en sfeervolste zesdaagsen in Europa. De tribunes van het sportpaleis waren rond de houten wielerbaan gebouwd, zodat iedereen goed zicht had.

Ik herinner me hoe ik in 1972 als veertienjarige jongen met mijn vader en moeder op de tribune zat bij de zesdaagse in Ahoy. 1972. Ik bedenk nu pas dat Peter Post in dat jaar uitviel. Op vrijdag. Ik was er op zondagmiddag. Twee dagen eerder en ik had hem zien vallen. Vanaf een houten stoeltje zag ik hoe hard de profs rondjes reden op de houten baan van 200 meter. Ik zat vlak aan de balustrade. Als het peloton op hoge snelheid langsreed, wapperden mijn krullen omhoog. Het Nederlandse koppel René Pijnen en Leo Duyndam was dat jaar onoverwinnelijk. We kochten op de omloop achter de tribune een single met een liedje over de zesdaagse erop. Ik heb het grijs gedraaid op mijn pick-up. Ik ken de zinnen 36 jaar later nog uit mijn hoofd: 'Allez, allez (ta-ta-ta-ta) Willem Bever, allez, allez (ta-ta-ta-ta) Peter Post, draai de wieltjes in de rondte, tot je weer wordt afgelost...'

Wedstrijdleider Post besefte dat hij met grote namen moest komen, wilde het publiek in Rotterdam een kaartje kopen. In 1973 had hij al wat renners geboekt, de regionale kranten maakten reclame, maar de voorverkoop liep nog niet echt goed. Post maakte zich zorgen.

'Toen dacht ik: Eddy... Ik moet Eddy Merckx voor de baan vragen. Ik kende Eddy natuurlijk goed van de wegwedstrijden. Ik zei: "Jij moet me helpen, kom rijden in Ahoy." Hij was niet meteen overtuigd. Eddy was al aan het trainen voor het wegseizoen. Ik zeg: "Teken nou maar, ik zal je goed betalen." Hij deed het. Ik had in Antwerpen en Brussel al meer zesdaagsen met hem gereden. Dat lichaam van Merckx, zó sterk. Hij vormde een koppel met Patrick Sercu. Merckx was geweldig op alle onderdelen van de zesdaagse. Een koppelkoers rijden, dat kon Merckx goed. En hij kon sprinten, op de macht. In dat jaar kreeg ik ook nog het duo Pijnen-Duyndam erbij. Dat was Brabant en het Westland, mooier kon het niet. Zes avonden zo goed als uitverkocht. Zwarte handel in kaartjes. Spectaculair.'

De roem van Eddy Merckx werkte als een magneet op het wielerpubliek. De Belg kwam van een andere planeet. Hij won op de weg alles wat hij wilde winnen. Klassiekers, grote rondes. Ze noemden hem de Kannibaal. Als het moest, at hij zijn collega's op, met fiets en al.

In Rotterdam kreeg Merckx het salaris van een popster, ongeveer 45.000 gulden. Hij reed voluit, als altijd. En toch won het Nederlandse duo Pijnen-Duyndam, tot tevredenheid van het publiek.

Tijdens de zesdaagse van Ahoy had Post de wind er goed onder. Met zijn halflange haar voor zijn gezicht en altijd geraffineerd gekleed, drukte hij zijn stempel op de sfeer. Zodra hij doorhad dat de renners er met de pet naar gooiden, ging hij aan de rand van de baan staan te gebaren.

'Ik was streng. Het volk wil wat zien. Bij Post moest je rije, dat wisten de renners. Ik zag het meteen als het inzakte. Dan riep ik: "Hé, gaan we verdomme nog rije of hoe zit het? Anders gooi ik er effe een wedstrijd met onbekende afstand tegenaan." Dat kon ik als wedstrijdleider beslissen. Dat werd het succes van Ahoy: er was áltijd strijd op de baan.'

Niet alleen de renners kregen soms de wind van voren. Ook de gangmakers hield Post in de gaten. Hij was zelf specialist achter de derny geweest. Post won veel wedstrijden met zijn vaste gangmaker Maurice De Boevere. Het hoort bij de zesdaagse, dat lawaai uit de motor van de derny's. Het doet denken aan oude oorlogsfilmpjes waarop het dreigende geluid van duikende stuka's te horen is. De renners houden zich schuil achter de rug van hun gangmaker. In het begin rijden ze als een colonne achter elkaar. In de laatste ronden is het stuivertje wisselen om de eerste plaats. De snelheid gaat omhoog, boven de 60 kilometer per uur. Soms rijden drie derny's boven elkaar door de bochten.

Tegenwoordig is Joop Zijlaard de bekendste man op de derny. Met zijn dikke buik en ervaring houdt hij de renner achter zich uit de wind. 'Joop is een fenomeen. Als je in het Kuipke van Gent komt, krijgt Joop op zijn derny nog meer applaus dan de renners. Maar geen kwaad woord over Joop, hoor, een vakman. Zonder hem in de baan zit er helemaal geen gang in. Sommige gangmakers vallen bijna in slaap tijdens een dernykoers. En dan wordt er niks van gezegd. Ik ging vlak langs de baan staan en riep: "Hé slaapzak, ben jij besodemieterd! Rije met je renner, godverdomme. En als het je niet bevalt, ga je maar weg. Dan krijg je je geld tot nu toe, en dan ga je maar thuis zitten. Je rijdt hier niet voor jezelf, je rijdt hier voor het volk."'

De felle ogen van Peter Post spuwen weer even vuur. Zoals het vroeger langs de baan geweest moet zijn. En vanuit de auto, toen hij ploegleider was van Ti-Raleigh en Panasonic.

Ik kijk door een raam van het motel. 'Het wordt al donker,' zeg ik.

De ober komt langs met verse koffie.

De sportieve prestaties stonden voor Post voorop tijdens een zesdaagse. Zijn periode in Ahoy kreeg glans door een uitgebalanceerd showprogamma: een lekker Belgisch livebandje op het middenterrein, een paar grapjassen onder de renners en een line-up van goede artiesten.

'Ik kende Leen, Lee Towers, al jaren. Hij zat toen veel in het schnabbelcircuit. Ik heb hem naar Ahoy gehaald, stond-ie opeens voor 9000 man. Het ging goed. In feite was dat het beslissende duwtje voor Leen om die avondvullende shows in Ahoy te gaan doen.'

De muziek tijdens de huidige zegdaagse is niet aan Peter Post besteed. Hij wilde als wedstrijdleider mensen van vlees en bloed zien. Towers dus, en Hazes. En de Zangeres zonder Naam. 'Ik zie haar nog binnenkomen, moeilijk lopend met een stok. Maar wát een succes. Met dat nummer over Mexico. Ik vraag na afloop: "Morgenavond weer?" Ze was doodop. Ik tegen haar aan praten en ja hoor, ze deed het. "Voor jou, schat," zei ze. Ik had geen contract of niks met haar, maar de volgende avond stond ze er weer. Weet je dat diskjockey Krijn Torringa mijn speaker was op het middenterrein? Die heb ik een paar jaar geleden begraven.'

Zestien jaar lang was Peter Post, samen met zijn kompaan Peter Bonthuis, de drijvende kracht achter de zesdaagse in Rotterdam. Het moest een keer ophouden.

'Vroeger was Ahoy een echt sportpaleis, maar ja, toen kwamen die grote concerten, via Mojo. Ze hadden meer plaatsen nodig. Waarom zou je die vaste wielerbaan laten liggen voor zes avondjes per jaar? Ik toonde er alle begrip voor, zeker zakelijk gezien, er moest in die tijd toch geld bij Ahoy. Tegenwoordig is de baan demontabel. Dat is geweldig. In een Parijse sporthal gaan ze nog verder. Daar drukken ze op een knop en dan zie je de bochten van de wielerbaan zo uit de vloer omhoogkomen.'

Post is een liefhebber. Hij praat niet over 'gemaakte' dernykoersen waarbij de renner die achter de derny van Joop Zijlaard rijdt altijd wint. Over koppelkoersen waarvan de uitslag al zou vastliggen. Hij ziet voor alles de schoonheid van zijn sport.

'Een ervaren renner als de Zwitser Bruno Risi, daar geniet ik van. Hij heeft altijd een vloeiende aflossing, hij kijkt goed, kwaliteit. De Nederlanders Stam en Slippens; die waren jaren een mooi koppel, ook héél goed.'

Met een soepel handgebaar vraagt hij de ober om de rekening op te maken. Post gaat terug naar Amstelveen. Bij de zesdaagse van 'zijn' Rotterdam zien ze hem niet meer. 'Ben ik altijd op vakantie,' zegt hij. Sinds de zesdaagse in Ahoy in 2005 nieuw leven werd ingeblazen, is Posts oude koppelgenoot Patrick Sercu de wedstrijdleider. Dat moet Post steken. Hij houdt zijn kaken stijf op elkaar.

'Tsja.' Dat is het enige wat Post erover kwijt wil. Hij kijkt schichtig om zich heen in het motel. 'Maar weet je, als ik baanrennen zie, blijf ik enthousiast. Wielersport is mijn alles.'

Dubbele sjak

Het is een droge zondagochtend en Peter Post is dood. *Rije* dus, zoals Post dat altijd zo mooi uitsprak.

Ik fiets door een uitslapende stad. De bloemenman bij het kerkhof van Crooswijk is de eerste levende die ik zie. De poort is open. Een versteende roofvogel siert een grafzerk.

Eind vorig jaar mijn vader, begin januari voetballer Coen Moulijn en vlak voor het weekeinde oud-ploegleider Peter Post – ik ben even klaar met de dood. Ik wil het volle leven tegemoet fietsen. Vooruit moet het.

Rije, verdomme.

Ik zoek slachtoffers om mijn tanden in te zetten. Dikzakken met als enige intentie er kilo's af te trainen, klojo's op een te laag afgesteld zadel, slome duikelaars op een stadsfiets. Ze gaan eraan. Allemaal.

In de verte zie ik iemand voorovergebogen op zijn fiets zitten. Die pak ik. Zwaarder schakelen, wind mee. Ik ben op nog geen honderd meter genaderd, stapt die idioot af. Hij staat aan zijn versnelling te prutsen als ik langs fiets. Daar komt Peter Post om de hoek kijken: je materiaal moest altijd in orde zijn als je bij hem in de wielerploeg reed. Perfectie was zijn streven.

In de verte fietst een ploegje recreanten. Dat is een fijn mikpunt, op naar het laatste wiel. Ik merk dat ik mijn zadel een paar weken niet heb gevoeld. Het smalle strookje kunststof drukt nadrukkelijk omhoog tegen mijn stuitje.

Peter Post lag op de massagetafel en vertelde over aandoeningen aan zijn zitvlak tijdens zijn carrière. Hij maakte een paar plastische handbewegingen rond zijn kruis en begon over de ontsteking alias de derde bal. Post: 'Dan had ik een *sjak*, en daarachter nog een soort van sjak. Een dubbele sjak, zeg maar.'

Ik haal twee achterblijvers van het groepje in. De rest rijdt honderd meter verderop. Een minuut later sluit ik aan bij zes mannen. Het is een zootje. Ze vormen geen strakke lijn, er zijn geen duidelijke afspraken bij het overnemen.

Peter Post wist precies hoe je als ploeg een tijdrit moest rijden. Post was de wielerregisseur. Zijn jongens moesten achter elkaar en met elkaar rijden. Zwakke en sterke schakels tot één ketting smelten.

Fietsen als *Gesamtkunstwerk*.

Ik neem een andere route dan de groep en rijd weer alleen verder. Harde tegenwind. Benen en hersens malen.

In 1998 had ik het genoegen voor een filmpje de Cauberg te beklimmen, met Post in de volgauto als ploegleider. Dat is een beschamende vertoning geweest. Ik ploeterde met een lullig bergverzetje omhoog. Uit het opengedraaide raam hing de markante kop van Post. Zijn arm vormde de karakteristieke driehoek. Hij keek naar mijn benen en gaf tips. Die klim met Post neemt niemand me af.

Na een paar uur fietsen kom ik weer thuis. Het is tijd om te douchen. Het verleden wegspoelen. De blik naar voren. De dood een rotschop verkopen.

Nog één keer Peter Post: 'Na een overwinning was ik meteen alweer bezig met de volgende dag. Altijd maar vooruit, vooruit, vooruit.'

High on wheels

Filippo Pozzato stond op een dak met achter zich de beroemde ramen en muren van het huis van Anne Frank. Hij was net in het museum geweest. Pozzato vertelde over zijn wandeling door het pand. Hij bekeek de oude typemachine van de familie en stak zijn hoofd om de hoek bij de schuilplaats van Anne Frank.

Mooie geste van Pozzato. Zo zie je wielrenners niet vaak. Al moest er wel een televisiecamera mee, anders loop je daar zo anoniem rond.

Bij de voordeur ging de Italiaanse coureur op de foto met wielerfans; oorlogshistorie en cyclisme gingen hand in hand. Dat was niet voor het eerst. In 1948 wist Gino Bartali met zijn formidabele prestaties in de Tour de France de aandacht af te leiden van een dreigende burgeroorlog in Italië.

De Giro d'Italia aardde goed in Amsterdam. Alleen de aanwezige duiven wekten enige consternatie. Vincenzo Nibali liet tijdens de proloog een duif in zijn achterwiel ronddraaien. Het beest bleef geradbraakt op het asfalt achter. Bij Fabian Wegmann vloog er zelfs een exemplaar ín zijn helm. Werd beweerd. Ik geloof het niet, maar toch, een goed verhaal.

Amsterdam was als een set voor een feelgoodwielerfilm. De renners stoven langs een coffeeshop door een rookwolk van wiet. *High on wheels*. Er waren geen valpartijen. Het leek wel of het parcours was ingezegend. Iedereen bleef op de fiets na een serie onmogelijke bochten door de smalle straten.

De dag erop raakten de renners van de hemel in de hel tijdens de etappe naar Utrecht.

Amsterdam uit, op naar het echte Holland. Het land van drempels, overgevoelige stoplichten, verkeersheuvels, voorsorteerstroken, gevaarlijke bochten en dijkweggetjes.

'Het is en blijft klote,' zei een Belgische commentator.

Het peloton schonk ons om de kilometer een excentrieke valpartij. De mooiste ontstond door Matteo Bono; de Italiaan ging een innige omhelzing aan met een plastic verkeerspaaltje. Het halve peloton viel over hem heen.

We leven in één grote verkeerspuzzel. Bij de inburgeringscursus staat het leren van de Nederlandse taal bovenaan. Ik zeg: eerst maar eens blijven leven na een fietstocht in onze verkeersjungle.

Het gekke was dat er na de desastreus verlopen etappe geen enkele wanklank te horen was vanuit het peloton. Zelfs niet van Pozzato. Hij sloeg over de kop, lag even voor dood op de weg maar stapte toch weer op de fiets. De Italiaan zette – pas toen de televisiecamera hem scherp in het vizier had – zijn schitterende zonnebril op en fietste weer door naar Utrecht.

Nederland is een hopeloos land om hard te fietsen.

'*Piano, piano*,' zou menig verstandig Italiaan zeggen.

Maar nee, het ging juist harder en harder. Tegen alle verstandige regels in. En dat maakte de Giro in ons land zo bijzonder. Zoals Pozzato na zijn bezoek aan het huis van Anne Frank zei: 'Onze sport slecht alle grenzen.'

Altijd met ons

Als het noodlot toeslaat en een wielrenner komt te overlijden na een val, laat het in godsnaam dan maar in Italië gebeuren. Verdriet is in veilige handen bij de gelovige Zuid-Europeanen. Ze zullen het met toewijding koesteren en lengen, zo lang als mogelijk.

Sempre con noi.

Altijd met ons.

Op het bord aan de start van een etappe, waar renners pro forma hun handtekening zetten, heeft iemand de Italiaanse hartenkreet met viltstift in het voor Wouter Weylandt bestemde vakje 108 geschreven.

Een onwezenlijk bericht ging de dag ervoor door de wielerwereld. Tijdens de afdaling van de Passo del Bocco in de derde etappe van de Giro was de Belgische coureur Wouter Weylandt overleden na een ernstige val tijdens een afdaling.

Weylandt reed met hoge snelheid op een recht stuk weg. Volgens ooggetuigen keek hij even opzij, week iets van de rechte lijn, waardoor zijn pedaal een muurtje raakte. Weylandt knalde tegen het wegdek en bleef roerloos liggen. Artsen waren snel ter plekke. Het mocht niet baten. Vanuit het ziekenhuis kwam het bericht: Weylandt was dood.

Al in de avond kwamen alle verhalen en vragen los. Het parcours van de Ronde van Italië zou te gevaarlijk zijn. De helmen gaven het hoofd te weinig bescherming. Er werd door het peloton veel te hard gekoerst.

Allemaal loze teksten. Profrenners weten wat ze doen. Ze kennen de risico's van hun vak. En ze weten ook dat niet alles is uit te sluiten.

Het deed zeer, een witte kist te zien staan in de Vlaamse basiliek, met daarin het lichaam van een jongen van zesentwintig. Hij zou vader worden. Familie en bevriende wielrenners vormden een intieme cirkel rond de kist.

In Italië ging de Giro verder. Dalen over smalle bergpaden, scheef hangen in scherpe bochten. Italianen hielden langs de kant borden en vlaggen met het nummer 108 omhoog; ze hielden het verdriet levend.

Trappen, trappen, trappen; om weg te raken van de ellende.

Sempre con noi.

Inderdaad, de dood is altijd met ons, het hele jaar door.

Siciliaanse stropdas

Rijke Italianen halen hun neus op voor alles wat beneden Rome ligt. Onder de hoofdstad begint een nieuw continent. Ze noemen het 'Afrika' en vinden het arm, achterlijk en gevaarlijk. Dat de Giro d'Italia van 2005 in het uiterste puntje van de laars van het schiereiland begon, moet dan ook als een doekje voor het bloeden worden gezien.

Veel meters parcours kreeg de startplaats Reggio di Calabria niet toebedeeld van de baas van de beroemde wielerronde. De tijdrit vond plaats op een rechte strook asfalt van 1100 meter langs de kust. Na anderhalve minuut fietsen mochten de renners alweer onder de douche. Een gevulde bidon in de houder was overbodig, sterker nog, het zweet van de renners had nog niet eens de tijd om uit de oksels te kruipen, zo kort was de ouverture. Het leek op een absurd sprookje, renners die laat in de avond door het licht van de klassieke lantarenpalen aan de kust van Reggio flitsten. Op de eerste honderden meters van het parcours zag ik nauwelijks mensen achter de dranghekken staan. Lagen de vissers van Reggio al op één oor of was het stil verzet tegen zoveel tijdelijke poenerigheid in hun streek?

Aan de overkant van de zee zag ik de contouren van de kustlijn van Sicilië. Het eiland wordt niet aangedaan door het peloton. Dat is wel eens anders geweest. Ik herinner me nog hoe Jean-Paul van Poppel in 1986 en in 1989 over de zwarte lavastenen van de Via Etnea in het centrum van Catania naar een etappezege op Sicilië sprintte.

De Sicilianen wachten met gemengde gevoelens op de lange brug die het eiland moet gaan verbinden met het vasteland. Eens zullen de renners van de Giro in waaiers over de zee rijden en bij Messina worden binnengehaald door het volk dat 's avonds gul de limoncello schenkt, maar evengoed 's nachts de Giroleiding een 'Siciliaanse stropdas' kan aanmeten; strot opensnijden en tong naar buiten trekken, een maffia-afrekening in oude stijl.

De oersprinter en wereldkampioen Mario Cipollini fietste in Reggio di Calabria in een roze, homo-erotisch maillot buiten mededinging naar de meet. Puur voor de lol. Mooie Mario, geboren voor de show. Hij droeg een zonnebril op de fiets, terwijl het al laat op de avond was. Omdat we zijn kraaienpoten niet mochten zien? Cipollini wordt niet graag oud. Of verborg hij achter de donkergetinte glazen zijn blikken naar de adembenemende rondemiss? Het publiek klapte de handen stuk voor de man die zoveel sprints met overmacht won.

In de zomer zat ik in het oude centrum van Lucca in een restaurant in een smalle winkelstraat. Terwijl ik op een plakje rauwe ham kauwde, bonkte er iets tegen de ruit. Ik keek opzij. Het was het stuur van een gewone fiets. Ik staarde naar het gezicht van de eigenaar. Zwarte haren achterover, gebruinde huid.

Mario Cipollini.

Dat was waar ook, Cipollini woonde in Lucca. De wielrenner liep een ijssalon binnen. Een paar minuten later kwam hij met een plastic zakje in zijn hand naar buiten. Hij hing het zakje met ijs aan het stuur en fietste weg.

Van opwinding belde ik met een paar vriendinnen. Ze moesten het allemaal weten: ik had de grote sprinter en *womanizer* Cipollini gezien. Hij droeg een driekwart broek, een T-shirt en kocht ijs. Veel ijs. En ja, hij was een knappe verschijning.

Daags voor het vertrek van de Giro d'Italia stuurde de favoriet voor de eindzege, Damiano Cunego, eventuele groupies met een nuchtere boodschap naar huis. 'Een vrouw moet de eisen van een atleet begrijpen. Samen elke zaterdagavond naar de discotheek gaan, is onmogelijk. Showgirls hebben volgens mij niet het juiste hoofd om naast een sporter te leven.'

Saaie man, die Cunego. Hij legde zijn wielerbestaan uit: 'Ik bekijk de wereld vanaf mijn zadel. Fietsen is wat ik het liefst doe, alleen op twee wielen heb ik een vrijheidsgevoel.'

Cunego moet nog duizenden kilometers door Italië afleggen. Er zullen onderweg genoeg mensen voor hem juichen, maar de massale opwinding rond de showkilometer van Cipollini in Reggio di Calabria valt niet te overtreffen.

Rigor Mortis

In de Ronde van Italië werd de laatste dertig kilometer van een etappe gereden over onverharde grindwegen in Toscane. Het regende aan een stuk door. De streek was veranderd in een onherbergzaam gebied.

Modderstromen van klei vloeiden als een smerige gele pastasaus over de weg.

Ik besefte dat ik naar een legendarische etappe keek. Een ode aan het ouderwetse wielrennen. Geen woord over derdegeneratie-epo, oortjes, aerodynamische zit en isotone dorstlessers. Er was geen tijd voor moderniteiten.

Dit was precies zoals wielrennen ooit begonnen was: mannen op een fiets, in gevecht met elkaar en de elementen.

Alle bezoekers aan zomers Italië kennen het fenomeen 'de onverharde weg'. Je bent dicht bij de camping of je gehuurde huis. Je schiet van het asfalt af en raakt op een onverhard pad dat je naar je eindbestemming voert. Het opspattende grind tikt tegen de onderkant van de auto. De ramen mogen open. Om de auto heen wemelt het van de zoemende insecten die van bloem naar bloem vliegen.

Wielrenners zijn ook een beetje besmet met dat liederlijke Italië. Ze rijden door schitterende gebieden en het volk kust eerbiedig het asfalt waarover het peloton heeft gereden.

Tijdens deze etappe was de natuur onbarmhartig de baas over Toscane. Door het slechte weer hadden de grindwegen hun charme verloren; het was één lange hindernisbaan geworden.

De renners trokken met hun banden sporen in de modder. In een mum van tijd was iedereen geelgrijs van het slijk.

'Het zijn lijken,' riep de Belgische verslaggever. Hij zat er niet ver naast. De renners hadden de kleur van een dode en ze waren aan het einde van hun krachten. Het was een sensationele kijkervaring. Keek ik naar een 3D-film, een opera, een woeste performance?

Ik zag de wereld een uur lang door een smerige, beslagen ruit.

De lijken reden verder. Vinokoerov, Evans, Garzelli, Pinotti. Mannen met doodsmaskers. Ze leken allemaal ruim boven de zeventig jaar.

Rigor mortis op de fiets.

Cadel Evans kon van onderkoeling niet lachen toen hij in Montalcino als eerste over de streep ging. Vanuit de helikopter werden beelden getoond van het opeens spookachtige bergstadje.

De zon zal het binnenkort weer winnen van de kou en de regen. De onverharde wegen zullen opdrogen en modder wordt stof dat weer opwaait als een auto met vakantiegangers passeert.

De zwevende rib

Verbluffend hoe rustig Steven Kruijswijk op zijn zadel zat tijdens de klimtijdrit in de Giro d'Italia. Ogenschijnlijk deed het stijgingspercentage hem niets en voelde hij geen vlammen in zijn benen.

Voor hem reed Vincenzo Nibali. De Italiaan had allesbehalve een perfecte aerodynamische houding. Geen vlakke rug. Het hoekige communicatiekastje onder zijn shirt stak te ver uit. Het deed denken aan een mobieltje, of erger: een pakje sigaretten, met filter.

Langs de kant van de weg had het publiek geen oog voor detail. Zodra de fans Nibali herkenden sprongen ze als gekken over de hekken om hun held aan te moedigen. Ze schreeuwden en dansten in euforie.

Ik zag een man met een opblaashaai, twee indianen, iemand met BAGGIO 10 op een voetbalshirt, een ander met PANTANI VIVE als opschrift. En, heel treurig, een man in een string. Terwijl Nibali worstelde met de klim had hij secondenlang uitzicht op een paar witte mannenbillen.

Op een vlakker stuk van het parcours schakelde de Italiaan verkeerd. Zijn ketting liep eraf. Al rijdend probeerde Nibali het malheur te verhelpen. Het ging van kwaad tot erger. Zijn derailleur schoot los. Hij stapte af en gooide zijn fiets in de berm.

Nibali met kettingvet aan zijn handen, op wat hij zijn 'zwarte dag' noemde.

Ondertussen bleef Steven Kruijswijk rustig, alsof hij in een cocon zonder weerstand zat. Alles stond ten dienste van een pedaalslag die er makkelijk uitzag maar ondertussen bijzonder krachtig was.

Kruijswijk is afgetraind. Terwijl hij omhoog reed, kon ik door zijn shirt heen alle ribben tellen, tot aan de kleine zwevende toe. Zijn nieren, longen en het hart leken aanraakbaar. Niets blijft verborgen en daarom oogt Kruijswijk zo betrouwbaar.

De Italiaanse fans lieten de Nederlander onderweg met rust. Dit standbeeld van kalmte kon toch onmogelijk over een weekje in Turijn in de roze trui staan? Maar Kruijswijk won alweer veel seconden op al zijn concurrenten.

Achter het erepodium wachtte hij met oplopen tot hij zijn naam tussen het Italiaans hoorde: '*Signore, signori*: Steven Kruijswijk!'

Wie Kruijswijk voorbij zag komen, kreeg een bont palet voorgeschoteld: een roze trui, roze lippenstift op rode konen, oranje haar, bruine sproeten, gele handschoenen, een celestekleurig frame. Het verlegen gezicht van Kruijswijk stak er bescheiden bij af.

Maar binnen in dat tanige lijf zat een vechtersbaas die niet wenste op te geven.

Ondertussen heeft de rozetruidrager nog een week om te leren hoe je een champagnefles ontkurkt. Of deed Kruijswijk expres onhandig en zal hij pas na de slotetappe in Turijn het ijzerdraadje rond de kurk de goede kant op draaien om de rondemissen met hun obligate zoentjes nat te kunnen spuiten?

Een man in roze mag tenslotte alles in Italië.

Ravijn

Er stond een fiets tegen de vangrail. Een wielrenner was nergens te bekennen. Het peloton was tijdens de Giro d'Italia uit elkaar gereten. Niemand had gezien wat er was gebeurd in die scherpe bocht in het bergachtige gebied. En toch, er stond een fiets, een witte Giant, van de renner geen spoor.

Er stopten volgauto's. Ploegleiders keken het ravijn in. Niets dan bomen en struiken in de diepte. Op het frame van de fiets zat een kaderplaatje met nummer 146. Het was de fiets van Pedro Horillo, een renner in dienst van de Rabo-ploeg. Waar was hij?

Het peloton noemt de Spanjaard liefkozend 'De filosoof van Bilbao'. Horillo studeerde filosofie. Hij schrijft teksten in sportpagina's van kranten en wielerboeken. Zoals deze, in het boek *In koers!* (2006): 'Het is een kwestie van duizendsten van seconden. Toch is dat tijd genoeg om je af te vragen waarom je valt, hoe je gaat neerkomen, waar je tot stilstand gaat komen en wanneer je overeind zal komen.'

Niemand kon Horillo zien liggen in de diepte. Het was te steil om af te dalen. Pas toen alpinisten met lijnen meehielpen, kon de zoekactie beginnen. Volgens *La Gazzetta dello Sport* had de reddingsgroep op zestig meter diep de gevallen renner nog niet in het vizier. Eén alpinist ging lager. '*E qui,*' riep hij. Gevonden.

Horillo schreef over het vallen van wielrenners: 'Soms voel je zelfs het breken van je botten. Je merkt dat je stukken huid verliest en je voelt de hitte van de brandwond, verhevigd door het bloed dat als bij toverslag overal tevoorschijn komt.'

Een kwartier lang lag Horillo alleen in het ravijn, op een rotsplateau van een paar vierkante meter. Tussen het kraken van de takken door, had hij het breken van zijn botten gehoord: een bovenbeen, een knieschijf, twee wervels in de rug en een stel ribben. Niemand in de buurt.

De Spanjaard vervolgt: 'Dit alles mag pijnlijk lijken, het is niets vergeleken met de pijn die je kort daarna voelt als je je lichaam inspecteert en de werkelijke omvang van de schade vaststelt.'

Horillo; de woorden 'horror' en 'rillen' liggen in zijn achternaam besloten.

De geradbraakte renner denkt na. Hij ligt daar maar. Hij leeft nog. De vogels zijn weer doorgegaan met hun gekwetter.

Toen de arts met behulp van een helikopter eindelijk bij hem was, schijnt Horillo gevraagd te hebben of hij hem rechtop wilde helpen. Hij wilde weer wielrenner zijn, geen gevallen filosoof. Enige tijd later werd hij horizontaal omhoog gehesen.

Horillo lag buiten levensgevaar in het ziekenhuis van Bergamo. Het was de vraag of de coureur zijn profcarrière kon vervolgen.

'Het is grappig om vast te stellen dat in de loop van de tijd elk litteken een verhaal vertelt als je ernaar kijkt. Waar anderen alleen een plek op de huid zien, heb jij herinneringen die gemakkelijk een boek kunnen vullen,' zo schreef Horillo.

De anekdotiek rond de beroemde val van Wim van Est met zijn Pontiac-horloge is zo uitgesleten als een groef in een oude grammofoonplaat. Met de teksten van Horillo krijgt de val in een ravijn de gewenste diepte.

Het woord is aan Horillo.

Wol

Het stoplicht stond op rood. De fietskoerier naast me deed zijn zonnebril omhoog en veegde met zijn handschoen over zijn voorhoofd.

'*Busy?*' vroeg ik.

'*Busy as hell*,' zei de jongen, terwijl hij de gesp van de koerierszak op zijn rug aantrok.

Nog steeds rood. Achter ons ronkten drie gele taxi's op rij.

Ik controleerde de spanning van mijn voorband, die ik net bij een garage had opgepompt. De koerier keek hoe ik mijn duimnagel in het profiel van de band drukte. Zo hard als wat. Ik kon de avond in met mijn fiets. De wrijving met het asfalt van de stad zou tot een minimum beperkt blijven.

'*High pressure, man*,' zei hij.

'*Yeah*,' zei ik, met een iets te populaire tongval. '*High pressure for the high priest of bop*.'

Met plezier keek ik naar de frons in het voorhoofd van de jongen. Hoe moest ik hem vertellen van de euforie die ik voelde sinds ik geland was op JFK Airport? Ondoenlijk. Bij mijn vorige bezoek aan New York moest ik nog op een huurfiets met een dameszadel op pad, deze keer was mijn eigen racefiets met me meegevlogen in het bagageruim. De fiets was vernoemd naar de hogepriester onder de jazzpianisten die jaren in New York woonde. *Thelonious*, naar Thelonious Monk.

Groen.

De fietskoerier schudde zijn zonnebril naar beneden en schoot weg op zijn afgeleefde fixed gear. De hele dag met één verzet door het raster van de stad razen.

Een donkerpaarse avondlucht hing boven de wolkenkrabbers op 6th Avenue. *Magic hour over Manhattan*. Ik manoeuvreerde Thelonious zorgvuldig tussen twee geparkeerde vrachtauto's door en stapte op. Ik was snel op tempo en bewoog onwennig mee met de verkeersstroom.

Weer een rood stoplicht. Remmen. Om mijn schoenen niet los te hoeven maken van mijn pedalen, hield ik me vast aan het dak van een wachtende taxi. Ik stond stil ter hoogte van de passagiersdeur. De klant op de achterbank keek naar de voorpagina van *The Wall Street Journal*. Om zijn pols hing een groot horloge. Ik kon de wijzers zien: drie over negen.

Het verkeer trok langzaam op. Ik trapte in het ritme van 'Monk's Mood', een ballad in mineur. Het nummer zat al weken in mijn hoofd. De tenor van Charlie Rouse huilde in het middenregister, in zichzelf gekeerd, op zoek naar houvast in het akkoordenschema.

Mijn eerste doel was Greenwich Village, een goede buurt om tweedehandsjazzplaten te vinden. Wat was er mooier dan op mijn eerste avond een collector's item te kopen en daarmee naar mijn hotel in SoHo te rijden?

In een smalle zijstraat van Bleecker Street ontweek ik een portier van een auto dat werd opengegooid. Een vrouw met een lampenkap stapte uit zonder te kijken. Ik trapte door. Vanuit mijn ooghoeken zag ik achter een smoezelige ruit platenhoezen hangen. Ik sprong met mijn fiets op de stoep en remde vlak voor de winkel.

Jazz. Ik had het goed gezien. Met mijn neus tegen de ruit bekeek ik de hoezen. Een originele Prestige van saxofonist Willis Jackson, zo te zien eerste persing. *Testifyin' Time* van Bunky Green, op het label Argo. Niet in al te beste staat, de randen van de hoes zagen er rafelig uit. Oscar Peterson. Die hoefde ik niet. Dikke Oscar mocht tien keer zo vingervlug zijn als Monk, mijn high priest versloeg hem met zijn paardensprongen van de witte naar de zwarte toetsen.

De eigenaar van de zaak kwam naar buiten met een stapel elpees. Op de bovenste hoes zat een oranje SALE-sticker. Hij zette de platen in een bak naast de deur.

We keken elkaar aan. De man knikte vriendelijk. Hij bekeek mijn fiets.

'*Wow, that's a nice frame.*'

'*Thanks.*'

De man had warrige krullen en een lange sik met aan het uiteinde een zwarte kraal.

'Wat voor merk is het?'

Ik wees naar de lichtgrijze letters op de achterste buis van het frame. De winkeleigenaar ging door zijn knieën. Hij sprak de naam van de Italiaanse framebouwer uit met het knauwerige Italo-Amerikaanse accent.

'*Pay-go-ready!*'

'*Pegoretti*,' zei ik, zo Italiaans mogelijk.

Mijn vingers gleden over de dunne, zwarte strepen die keurig naast elkaar over de buizen liepen en die deden denken aan notenbalken.

'De fiets is een ode aan jazzpianist Thelonious Monk. Pegoretti beschildert zijn frames altijd zelf.'

De man knikte. '*Blue Monk, man, Blue Monk!*' Hij begon de melodie te fluiten. Een ogenschijnlijk simpele blues, opgebouwd uit een oplopend trapje van heldere noten.

Terwijl hij aan de kraal in zijn sik draaide, bleef hij gebiologeerd naar het frame staren.

'Wil je een kop thee?' vroeg hij. De man keek me aan. Hij had fletse ogen in een bleek gezicht.

'Ja, graag. Alleen kan mijn fiets niet op slot.'

Zijn nicotinevingers lieten de kraal los. Toen wenkte hij: 'Ach, zet Thelonious maar binnen. Achterin, drie treden af, en dan doorlopen tot het eind. Je ziet mijn fiets er ook staan.'

Ik tilde de fiets over het opstapje heen en liep door een smal pad in de winkel, links en rechts afgebakend met houten bakken vol elpees. Ik rook patchoeli, de penetrante geur die zo populair was onder hippies in de jaren zestig.

'*Campagnolo forever*,' zei de eigenaar achter me.

Hij had kijk op fietsen, anders herkende je het geluid van mijn derailleur niet. Onder aan het trapje zag ik zijn fiets staan. Althans, ik zag de vorm van een fiets. Het gehele frame was voorzien van wol. Alle buizen waren omwonden, de wielen waren zelfs helemaal dichtgesponnen. Spaken zag ik niet meer. Het was net of een spin met verschillende kleuren wol uit zijn achterste kriskras strepen over de fiets getrokken had. De driehoek van het frame was verworden tot een fijnmazig web.

'*My little Bianchi*,' zei de eigenaar liefkozend.

Ik had het klassieke Italiaanse merk door de vermomming niet herkend.

'Her name is Loulou.'

'Leuk,' loog ik. Een fiets van staal, dat was een vent.

Afschuwelijk, wol op een fiets. Hoe verzon hij het? Veel te soft materiaal.

Ik zette het staal van Thelonious tegen de wol van Loulou. Lekker stel. Dat werd nog wat tussen die twee.

De eigenaar was alweer naar voren gelopen. In een opengewerkte kast zette hij een oude fluitketel op een fornuis en stak het gas aan.

Ik slenterde langs de bakken met platen. Gene Ammons leunde op Art Blakey, die op zijn beurt tegen de buik van John Coltrane hing. ABC. Daar was de D met Miles Davis, in een innige omhelzing met Duke Ellington, gevolgd door de Chicago-tenoren Von Freeman en Johnny Griffin.

De fluitketel begon te krijsen, het water kookte. De eigenaar goot het hete water in twee mokken over groene muntblaadjes. Uit een vierkant kartonnen doosje met Chinese karakters haalde hij een paar minuscule zwarte balletjes die hij bij de thee gooide.

Zeer verantwoorde thee.

De eigenaar bracht me een mok. Zelf liep hij door naar de bak *new arrivals*. Behendig wandelden de toppen van zijn vingers over de bovenkant van de samengedrukte hoezen. Hij trok er eentje uit, haalde zorgvuldig de plaat tevoorschijn en legde die op de pick-up. Hij boog zich voorover, blies twee keer tegen de naald en zette de arm boven de elpee. Langzaam zakte de naald in de aanloopgroef.

Een technobeat en gehijg van mannen. Na een paar seconden wist ik het.

'"Tour de France", van Kraftwerk,' zei ik.

'Klopt, uit 1983. Toen was ik tien.'

Kraftwerk. Ik herinnerde me het nummer en de videoclip nog goed. Vier mannen achter elkaar op de fiets, rijdend als een machine.

We slurpten onze thee. In de winkel waren geen andere klanten. De eigenaar duwde met grote zorgvuldigheid de muntblaadjes naar beneden.

'Fiets je veel, op eh... Loulou?'

'Alleen heen en weer naar de winkel.'

Stiekem spuugde ik een paar bitter smakende blaadjes terug in mijn mok. Er zaten een paar aften aan de binnenkant van mijn onderlip. Ik vertrouwde de thee niet.

'Mijn moeder heeft de wol op mijn fiets gemaakt. In 1987 zijn mijn ouders in East Harlem gaan wonen, in een groot appartement in de buurt van Jefferson Park. Toen mijn vader overleed, durfde ze niet meer alleen te slapen. Nu woon ik er ook. Nog thee?'

'Nee, dank je.'

Naast mijn mok lag een stapeltje adreskaartjes, in de vorm van een plaat. PHIL'S PLACE, stond erop. SECOND HAND RECORDS, OLDIES BUT GOODIES.

Ik pakte een kaartje en hield het omhoog.

'Ben jij Phil?' vroeg ik.

'*Yep, over the hill.*'

Ik liep naar de bakken met jazzelpees en trok een oud Riverside-album tevoorschijn. Monk met Mulligan, de baritonsaxofonist. Voorzichtig trok ik de binnenhoes met de plaat uit de dikke, kartonnen hoes. De geur van een krantenarchief steeg op, van papier dat al een mensenleven lang dienstdoet als papier. Ik legde het doffe vinyl op een van de platenspelers, zette een koptelefoon op en draaide aan de volumeknop.

Monk begon meteen fanatiek te hameren op de toetsen. Ik zag hem voor me, zoals in de documentaire *Straight, No Chaser*. Monk speelde voor livepubliek en gaf stoom af. Hij droeg een satijnen hoedje en had een lange donkere jas aan. Hij zag eruit als een zwarte orthodoxe Jood met onrust in het lijf. Na zijn solo stond hij op en begon manisch rondjes te draaien, met de ogen dicht. Hij tolde zich in trance, meegesleurd door de onderstroom van zijn muziek. Onaf, zoekend, vol driftige swing. Met de ogen dicht suizen in een heelal vol dissonanten. Dat kon alleen Monk.

Midden in Monks wilde akkoorden werden de oorkussens van mijn hoofd getrokken. Ik keek om. Het lachende gezicht van Phil.

'Slecht voor je oren, zo hard draaien.'

'Monk kan nooit hard genoeg.'

Phil liep door naar een platenbak en trok er een single uit. Op het hoesje stond een verwilderde man met een glittercape en een grote zonnebril met glazen als sterren. Hij zat tussen verschillende keyboards en keek streng de wereld in.

'Sun Ra. Te gekke muziek,' zei Phil.

Hij legde de single van Sun Ra op een platenspeler en duwde een schuifje omhoog. Uit de speakers aan het plafond klonk na enig gekraak een kakofonie van rommelige jazz en atonale elektronica. Phil stond midden in de zaak met zijn hoofd te schudden, zijn ogen dicht.

Sun Ra leefde met zijn muzikanten in een commune. Ra zag de aardbol als een onbeduidend deel van de kosmos. Met zijn spirituele muziek zocht hij contact met de Melkweg. Jupiter was een van zijn lievelingsplaneten. Daar was het goed toeven. Het aardse bestaan was Ra niet inspirerend genoeg.

'*Space is the place!*' zong Phil mee. '*Space is the place.*'

Pas na een paar minuten deed hij zijn ogen weer open. Hij keek me wazig aan, haalde de naald van de plaat en liep naar de gaspit.

'Mooi hè? Hij is voor jou. Ik zet 'm voor je apart.' Hij schoof het plaatje in de hoes.

'Da's aardig,' zei ik.

De plaat van Monk draaide door. Ik hing de koptelefoon op een haak. De baritonsaxofoon van Mulligan klonk zacht en nasaal door de oorkussens.

Phil zette een verse mok thee voor me neer op de counter. Ik durfde niet opnieuw te weigeren. Waarom konden die vieze blaadjes niet gewoon netjes in een zakje met een touwtje eraan?

'Ben je met vakantie hier?' Phil keek me aan, hield zijn beker lang aan zijn lippen en nam een slok. Er bleef een muntblaadje aan zijn voortand plakken.

'Ja, vijf dagen. Ik wil mijn fiets inwijden op de plek waar het hoort. New York was dé speelplek van Thelonious.'

Phil stond op en liep de winkel uit. Door de vieze ruit heen zag ik hoe hij de platenbak van het trottoir oppakte en naar binnen tilde. 'Het is mooi geweest. Ik gooi de tent dicht,' riep hij.

Ik keek op de klok boven de kassa. Vijf voor tien. Het was donker geworden.

'Maar blijf vooral zitten. Draai nog een plaat. Als je de plug van de koptelefoon eruit trekt, hoor je de muziek lekker hard over de boxen.'

Ik zocht opnieuw in de bak van Monk en vond een Riverside-elpee uit 1958, in behoorlijk goede staat. *At the Five Spot*. Een van zijn beste live-platen vanuit een jazzclub in Manhattan. De binnenhoes was nog van het originele, krakerige, half doorschijnende papier. Ik kon de titels op het blauwe label erdoorheen lezen; het eerste nummer was 'Light Blue', het tweede 'Coming on the Hudson', het derde 'Rhythm-A-Ning'.

Phil maakte naast de deur een spanband los. Het rolluik denderde in hoge snelheid naar beneden. Nu het stadslicht werd tegengehouden, was het in één klap zo goed als donker geworden in de platenzaak. Er stond één schemerlamp bij de toonbank en achterin bij de fietsen hing een peertje aan het plafond.

Ik trok de plug uit de installatie. Daar was Monk weer, in volle glorie. Hij leek in de eerste maten van zijn solo nog voorzichtig, als een slechtziende tastte hij de breedte van het pad af. Toen hij merkte dat er in het akkoordenschema geen beperkingen lagen, vloog hij alle kanten op. Een ongekunstelde notenbrij stroomde uit de speakers.

Monk ging loos.

Phil telde het geld dat in de kassa zat; in de gauwigheid zag ik dat het maar een paar biljetten waren die in zijn kontzak verdwenen. Het liep niet echt storm in deze platenzaak. Door de speakers klonk bij iedere rondgang van de Riverside-elpee een venijnige tik. Jammer. Anders had ik hem gekocht.

Inmiddels was Monk toe aan het tweede nummer. Was deze plaat ook een ode aan Pannonica de Koenigswarter, de jazzfreule uit New York met een voorliefde voor zwerfkatten en musici? Ze had beide wezens regelmatig over de vloer gehad in haar appartement met uitzicht op de Hudson. Aan het einde van zijn leven ontfermde Pannonica zich over Monk. Ze verzorgde de zonderlinge pianist alsof hij haar zoon was. Om eten en een bed hoefde hij zich geen zorgen meer te maken. Als een jazzclub met de auto te bereiken was, reed de freule hem met haar gammele Bentley naar zijn optreden.

Phil was op een oude bank gaan zitten tegenover Loulou en Thelonious. Hij had een blowtje opgestoken. Lichtgrijze slierten rook kringelden rond het peertje. Het weinige licht scheen op zijn hoofd. Zo onflatteus beschenen maakte hij een vermoeide indruk.

Hij nam een flinke trek van zijn joint, hield de rook lang binnen voordat hij die weer uitblies. Weer een haal. Hij ging achteroverliggen. Ik keek naar de draaiende plaat voor me. De naald gleed soepel door de groeven van het laatste nummer. Ik tikte mee met het snelle ritme dat de drummer op een van zijn bekkens sloeg.

In de achterruimte was Phil rechtop gaan zitten. Hij kon met zijn handen net bij het stuur van mijn fiets. Hij greep een rem, kneep erin en keek hoe de remblokjes tegen de velg van het voorwiel aan drukten. Opnieuw trok hij aan de rem, ondertussen kleinere trekjes nemend van zijn blowtje.

Ik vind het niet prettig als een vreemde aan mijn fiets zit. Thelonious was op mijn maten afgesteld. De fiets stond naar mij, ik stond naar de fiets. Moest ik er iets van zeggen? Ik ging staan en liep naar achteren. Phil drukte net zijn peuk uit in een glazen asbak. Hij keek me aan, het wit in zijn ogen was rood geworden.

'In de herfst wil ik een heel lange fietstocht gaan maken. Van New York naar San Francisco. *Travelin' light*. Twee kleine zijtassen, een slaapzak, een paar spulletjes, wat geld, mijn mandoline mee en maar kijken waar ik uitkom. Ik heb nog nooit een grote reis gemaakt. Mijn ouders bleven liever in de stad. Hooguit een dagje Upstate New York. Mijn vader wilde dicht bij zijn werk zijn en mijn moeder sliep niet graag in een vreemd bed. Mijn moeder is bang in het donker. Daarom ben ik maar bij haar ingetrokken. Maar ze is zo bezorgd om me. Ze wil altijd weten waar ik uithang. Ze vindt het eng, alleen in dat grote huis.'

Vanuit het niets begon Phil te snikken. Zijn schouders schokten. Hij verontschuldigde zich met wat gemurmel en liep naar de wc achterin. Ik zag het groene halvemaantje van het slot veranderen in rood.

Monk was weer terug bij het thema van het laatste nummer. De piano klonk dof. Misschien zat er stof aan de naald. Ik ging tegenover Thelonious en Loulou op de bank zitten en keek naar de wol op de fiets. Wat een monnikenwerk was het geweest, alle buizen van de fiets omwinden met draadjes wol in allerlei kleuren. De wielen waren helemaal dichtgeregen, gek genoeg deden ze denken aan de aerodynamische modellen van de profs tijdens tijdritten. Het zou wat zijn, tijdritspecialisten als Fabian Cancellara en Bradley Wiggins die tijdens de proloog van de Tour de France rondrijden op fietsen met een design van wol.

Phil kwam uit het toilet gelopen en ging naast me zitten. Hij snoot zijn neus in wc-papier, maakte er een prop van en bewaarde die in zijn hand.

'Sorry hoor, ik vind het niet makkelijk om over mijn moeder te praten.'

'Geeft niks. Ik snap het wel, je moeder verzorgen is een enorme opgave.'

'Precies.'

Hij duwde de prop tegen een neusgat.

'Thee?' vroeg hij.

'Eh, nee, dank je.'

Monk speelde het laatste akkoord. Hij hield de toetsen ingedrukt, waardoor de boventonen lang doorklonken. Daarna nam de ruis van de uitloopgroef het over. De arm ging omhoog. De pick-up sloeg automatisch af.

Ik was niet in New York om binnen op een versleten bank te zitten. Ik wilde vaart maken op het beroemde asfalt van de avenues.

'Je moeder en jij wonen toch in East Harlem? Ik ben een paar jaar terug weleens in Smoke geweest, die jazztent op de hoek van Broadway en 106th Street. Dat is in de buurt.'

Phil trok een paar keer aan zijn sik, stopte kort de zwarte kraal in zijn mond en schudde daarna zijn hoofd.

'Smoke, zeg je? Nee, ken ik niet.'

'Vanavond speelt pianist Harold Mabern er drie sets. Het is nu tegen elven, ik denk dat we de laatste set nog kunnen meemaken.'

Ik zag hem nadenken.

'Maak je geen zorgen, het wordt niet laat.'

'Dat klinkt fijn,' zei Phil. Hij liep op me af en wreef me een paar keer over de schouder. 'Dan kan ik mee.'

Hij doofde zijn peuk onder de koude kraan. Uit een mandje naast de kassa haalde hij een wollen petje en hij drukte het op zijn hoofd. Daarna gaf hij me de single van Sun Ra in handen. 'Niet vergeten.'

Terwijl ik Phil bedankte, stak ik de single onder mijn shirt, tussen de bretels van mijn wielerbroek.

Phil klikte de hoofdschakelaar uit. In het donker liepen we naar de fietsen. Op de tast vond ik Thelonious, hij Loulou. We verlieten de winkel via de achterdeur. Eenmaal op de stoep deed Phil een lampje om zijn arm. Ik had geen verlichting bij me. Vergeten in mijn bagage te stoppen.

Phil kroop op Loulou, gleed met zijn hand heen en weer over de stang, klapte drie keer op het wollen web waarmee het voorwiel bespannen was en sloeg een kruis.

We vertrokken.

Het asfalt had de warmte van de dag vastgehouden, alleen de wind was iets frisser geworden. Phil reed voor me. Ik zag hoe voorbijgangers naar hem omkeken. Een wollen fiets zagen ze ook hier niet iedere dag voorbijkomen.

We reden een route die ik niet begreep. Voortdurend sloegen we af, soms moesten we een stukje te voet via het trottoir. De route werd pas eenduidiger toen we langs Central Park noordwaarts reden. Ik keek Phil van opzij aan. Hij leek met die wapperende sik op een personage uit *In de Ban van de Ring*, alsof hij zo van een billboard van een Broadway-theater was gestapt.

We reden tot aan 110th Street. Vanaf daar konden we langs de noordzijde van Central Park rijden. Na het kruispunt met Broadway hoefden we maar een paar blokken zuidwaarts om bij 106th Street uit te komen.

De bebouwing was minder hoog geworden. Er waren in dit deel van Manhattan meer woningen dan kantoren. Veel winkels en cafés waren nog open.

Rechts voor me herkende ik de gevel van Smoke.

'Hier,' riep ik naar Phil.

We stapten af, duwden de fietsen de stoep op en zochten een goede plek om ze neer te zetten. Voor de ingang van Smoke stond een portier. Een lange zwarte man met een pet boven een vriendelijk gezicht.

'*Sir*, we komen voor het concert. Is er een stalling voor onze fietsen?'

De portier liet een diepe lach horen. 'Zijn jullie op de racefiets? Sorry, mannen. Hier komen zakenlui, Japanse toeristen. Allemaal in hun goede pak.'

Ik keek naar beneden. Blote onderbenen, witte sportkousjes, zilverkleurige wielerschoenen. Naast me stond een freak met een lange sik in T-shirt met een fiets van wol in zijn hand. Ik snapte de portier wel.

Het was zijn werk om idioten buiten de deur te houden.

'Waar komen jullie vandaan? *From outer space?*'

De portier stampte een paar keer met een voet op de grond om zijn bulderlach kracht bij te zetten.

Phil leek aangeslagen. Van hem hoefde ik niets te verwachten. Ik bedacht dat ik de single van Sun Ra onder mijn shirt had zitten. We moesten de portier zien te overtuigen dat we serieuze klanten waren. Ik trok het plaatje tevoorschijn en liet de hoes aan de portier zien. '*From outer space, yes. You're right*. Wij zijn Ra-fans van het eerste uur.'

Phil sloeg aan op de achternaam. Hij begon het nummer van Ra te neuriën dat hij in de winkel met de plaat had meegezongen.

'*Space is the place!*' De portier zong het mee. Hij ging pontificaal op het trottoir staan, hief zijn handen naar de hemel en draaide met zijn heupen. Die dansbeweging herkende ik; zo danste Sun Ra toen hij ooit midden in de nacht met zijn orkest in de Jazzbunker in Rotterdam optrad.

Ik stopte het plaatje terug onder mijn shirt om te kunnen klappen voor zijn act.

De portier was om. Ik voelde het aan mijn water.

'*Guys*, jullie kennen Sun Ra? Dan hoor je bij de club. Ogenblikje.'

Hij liep naar een taxi en opende het achterportier. Er stapten een Aziatisch ogende man en een blanke vrouw uit. Ze droeg stiletto's en leek daarom een kop groter dan de man.

'*Welcome to Smoke, sir Hiu-Kee*.'

De portier boog het bovenlichaam lichtjes voorover. Hij hielp de vrouw over het trottoir naar de deur. De man gaf een fooi en liep met de vrouw naar binnen. De portier draaide zich daarna weer naar ons.

'*Sun Ra, unbelievable*. Kijk, ik zou jullie graag helpen met de fietsen, maar het is behoorlijk vol en de club is klein.'

Ik keek om me heen. Een meter of tien verder stond een lantaarnpaal. Ideaal was het niet, de lantaarnpaal stond me net iets te ver bij de entree vandaan.

'Weet je wat, we maken de fietsen vast aan die paal, maar nemen wel ons voorwiel mee naar binnen. Een fiets met één wiel, dat is niks voor een dief.'

Phil knikte.

'Kunt u een oogje in het zeil houden?' vroeg ik aan de portier.

'Zelfs als ze de kosmos in vliegen, schiet ik er nog achteraan,' zei hij lachend.

Het hangslot van Phil was – hoe kon het anders – omwonden met wol. De frames van Thelonious en Loulou werden tegen de lantaarnpaal aan elkaar geklonken. Met onze losse voorwielen kwamen Phil en ik weer bij de portier staan. Hoofdschuddend scheurde hij twee tickets af.

'Ik betaal jouw kaartje, in ruil voor die plaat,' zei ik.

Phil glunderde, enigszins verlegen. Met de voorwielen in onze hand liepen we naar binnen.

'Een tafeltje of aan de bar, *mister biker*?' schreeuwde een meisje in mijn oor.

'Bar,' riep ik.

De laatste set was in volle gang. Het was druk. De serveerster wees ons twee krukken aan de zijkant van het kleine podium, vlak bij de toiletdeur, en gaf ons de drankkaart.

Ik bestelde twee bier, *large*.

Terwijl ik een slok nam, dronk Phil zijn glas in één keer leeg. Er liep bier van zijn mond naar zijn kin. Hij zette het glas neer, veegde zijn sik af en likte aan de kraal. Op het podium speelde het trio van pianist Harold Mabern. Ik had hem voor het eerst gezien in B14 in Rotterdam, eind jaren zeventig, in het kwartet van altist Frank Strozier. Ik herinnerde me zijn enorme handen. Kolenschoppen. Ik zag weer hoe ze bezig waren, ze graaiden naar de toetsen.

Phil liet de barman nog twee glazen bier brengen.

Ik keek naar het voorwiel dat hij tussen zijn knieën geklemd hield. Het was wonderbaarlijk hoe secuur de verschillende motieven van wol waren aangebracht. Op vier plekken in het wiel ontdekte ik nu pas eenzelfde motief, een soort ouderwets wapen, verschoten door de zon. Het deed denken aan de wapens op middeleeuwse vlaggen.

Ik tikte Phil aan en wees naar de tekens.

'Ja, mooi hè? Heeft mijn moeder een keer verzonnen. Ik weet niet wat het betekent. Het is iets van vroeger.'

De drummer begon aan een solo. We moesten onze stemmen verheffen om elkaar te verstaan.

'Je moeder is een kunstenaar.'

'Dank je. Ja, met wol kan ze alles. Ze gooit geen bolletje weg. Heel zuinig. Ze is geboren op het platteland, tussen de schapen en koeien.'

'Hoelang doet ze over het bespannen van een wiel?'

'Eh, een week, denk ik. Hooguit. Goeie drummer trouwens, hoe heet hij?'

'Joe Farnsworth.'

Farnsworth sloeg met zijn brushes een ingewikkeld patroon op zijn snaredrum. Vanuit de zaal werd hij aangemoedigd nog harder en feller te spelen.

'*Yeah man, right!*' riep Phil. De drank had hem losser gemaakt.

Ik stelde me voor hoe hij straks weer bij zijn moeder thuis zou komen, haar zou toedekken en langzaam over haar dunne haardos zou aaien.

'Het lijkt me toch heel moeilijk, iedere dag weer voor je moeder zorgen. Zou je er af en toe niet uit willen breken?'

Ik had een gevoelige snaar geraakt. Phil draaide zich naar me om en sprak op hardere toon. 'Als iemand zijn hele leven voor jou zorgt, moet je in haar laatste jaren iets voor haar betekenen. Maar verder wil ik er niet over praten. Ze is er niet bij, het voelt als verraad. Snap je dat?'

Zonder iets terug te zeggen nam ik een flinke slok bier. Ik had niet over zijn moeder moeten beginnen. Phil keek weer naar het podium, waar de contrabassist en de piano weer samen met de drummer speelden. Ik zag Phils ogen onrustig heen en weer schieten. Als toegift speelde de band een jazzy versie van 'Sir Duke' van Stevie Wonder. De zaal klapte mee met de beat. Phil niet.

Na het applaus kwamen de bassist en de drummer van het podium af en liepen naar de bar. Pianist Harold Mabern kletste vanaf zijn pianokruk met een Japanse fan die hem tijdens het hele concert had gefotografeerd. Hij zette een handtekening voor hem op zijn recentste cd. Op de site van Smoke had ik gelezen dat Mabern hier de huispianist was. Hij moest al een eind in de zeventig zijn. Mabern had nog met Miles Davis, Wes Montgomery en Lionel Hampton gespeeld.

Mabern dronk een glas water leeg en kwam naar de bar toe gelopen. Hij zag ons zitten. Met opgetrokken wenkbrauwen wees hij naar het wollen wiel tussen Phils knieën.

'Speel je moderne harp of zo?'

Phil lachte verlegen. 'Nee, we zijn op de fiets en hebben voor de zekerheid onze voorwielen mee naar binnen genomen. Dieven houden niet van halve fietsen.'

Mabern pakte het wiel tussen Phils knieën vandaan.

'*Are you nuts?*' vroeg hij, terwijl hij zijn grote vingers zachtjes over de wol liet glijden.

Ik nam het voor Phil op. 'Dat is puur handwerk, van zijn moeder.'

Mabern wees naar mijn wiel.

'En dat van jou dan?'

Ik draaide het wiel rond terwijl ik de as beethield. 'Mavic Cosmic Carbone. Draait geweldig, toch?'

Met een serieuze blik volgde Mabern de bewegingen van het wiel.

'En waar is de rest?' vroeg hij.

'Buiten aan een lantaarnpaal,' zei ik.

'Zijn frame is vernoemd naar Monk,' zei Phil.

Mabern knikte bewonderend. '*My friend Thelonious, high priest of bop. Nuff said.*'

De Japanner tikte op de schouder van Mabern. 'Nog één foto, sir?'

De barman legde de kassabon voor me neer. Of we wilden betalen. Zo ging dat hier. Er kwam nog een set, voor nieuw publiek. Ik keek op de klok. 'Hoe laat wilde je ook alweer thuis zijn, Phil?'

'Rond twaalven.'

'Shit, het is al half een geweest. Dan moeten we echt opschieten.'

Ik gooide een biljet van twintig dollar op de bar, de ober mocht het wisselgeld houden.

Met onze wielen boven het hoofd liepen we door de drukte naar buiten. De portier maakte wat ruimte voor ons en deed buiten op straat weer zijn Sun Ra-dansje.

'Jullie fietsen staan er nog, hoor. Ze zijn net terug van Mars.' Zijn bulderlach klonk boven het verkeer uit.

Ik gaf hem een biljet van vijf dollar.

Phil maakte het slot los van de paal. We staken de voorwielen in het frame, Thelonious en Loulou waren weer compleet.

'Waar is je hotel?' vroeg hij.

'In SoHo.'

‘Ik moet naar het oosten. Je kunt een stuk mee. Op de hoek van Jefferson Park ga je naar beneden, 1st Avenue af. Er ligt daar een mooi fietspad.’

Hij haalde het lampje uit zijn zak en maakte dat met klittenband aan zijn arm vast. We groetten de portier en reden Broadway op.

‘Blijf jij maar rechts van me rijden, dat is veiliger. Mij zien ze beter,’ zei Phil.

We reden terug naar 110th Street en sloegen daar rechts af. Bij een paar bankjes haalden jongens toeren uit met hun skateboards.

Na vier blokken kreeg 110th Street een naam: Tito Puente’s Boulevard. Dat bekte lekker. Tito Puente was The King of the Timbales, een beroemd slagwerker die opgroeide in Spanish Harlem.

‘Hou jij van latin, Phil?’

‘Nee, ik hou meer van freejazz uit de jaren zestig en zeventig. En ik verzamel alles van Ravi Shankar.’

Die kende ik. Platen vol sitargejengel uit India.

Phil reed flink door. De dunne spatborden rammelden ondanks de demping van de wol. Hij schakelde een paar tandjes zwaarder en ging behoorlijk hard.

‘Blijft je moeder ’s avonds altijd wakker tot je thuiskomt?’ vroeg ik.

Phil zei niets terug.

Een keer links, en weer rechts.

Voor ons kwam Jefferson Park in zicht. De bomen deden me denken aan donkere wolken op stammen.

Phil remde abrupt. Ik schoot een paar meter door en kwam naast hem tot stilstand.

‘Dit is 1st Avenue. Hier moet je rechts.’

‘*Thanks, man.*’

Phil sloeg me onhandig op de schouder. Ik deed hetzelfde.

‘Hier, neem mijn lampje maar, ik heb thuis nog een reserve. Scheelt je een hoop gedoe met de politie.’

Hij trok het klittenband los. Het rode licht scheen op zijn gezicht. Met dat lichte haar en de rode ogen leek hij een albino met een lange baard. ‘*Have a nice stay,*’ riep hij.

Terwijl ik hem nakeek, deed ik zijn lamp om mijn arm. De weg naar het hotel was simpel: kilometers rechtuit naar beneden. Phil keek niet meer om. Ik zag hem rijden in het schijnsel van het straatlicht. Hij was al vijftig meter bij me vandaan.

Een man, op een wollen fiets.

Ik draalde wat, met beide benen op de grond. In wat voor huis zouden Phil en zijn moeder wonen? Ik knipte het fietslampje uit en begon hem te volgen. Hij kon me onmogelijk herkennen in het donker. Ik reed op zeker honderd meter afstand. Met mijn linkerhand schakelde ik, zodat mijn ketting op een kleiner blad viel. Soepel en geruisloos reed ik over het asfalt.

Phil sloeg rechts af. Hij was uit zicht. Ik ging op mijn pedalen staan om snel bij de bocht te zijn en hem niet uit het oog te verliezen.

Geen Phil te zien. Verdomme. Ik was hem kwijt. Er kwam – voor zover ik kon zien – voorlopig geen zijstraat. Ik minderde vaart en keek links en rechts naar de huizen. Mooie statige panden met monumentale entrees.

Rechts klapte een deur dicht. Zou Phil daar naar binnen zijn gegaan? Ik reed naar het pand en zag hem nog net in de hal staan. Hij reed zijn fiets de lift in en draaide zich om. Ik dook weg achter een auto. Had hij me gezien?

De hal zag er verzorgd uit. Veel marmer en dikke pilaren die met goudverf waren beschilderd. Achter een bureau zat een nachtportier onder het licht van een ouderwetse harmonicalamp de krant te lezen.

Ik deed een paar stappen naar achteren en keek omhoog. Op de derde verdieping ging het licht aan. Het gordijn hing in een driehoekige punt voor het raam. Wol. Zag ik daar hetzelfde familiewapen als in de wielen van Phil? Na een paar minuten ging het licht weer uit. Ik wachtte nog even.

Ik zag geen Phil, geen moeder.

Met de fiets in de hand liep ik naar het voorportaal. De glazen schuifdeuren gingen automatisch open. Ik twijfelde even of ik als vreemde met mijn fiets naar binnen mocht, maar de nachtportier wenkte me al.

'*Hello, sir, can I help you?*'

Ik had nog niet bedacht wat ik zou zeggen. Impulsief trok ik het klittenband los van mijn bovenarm en gaf het lampje aan de portier.

'Ik heb dit van Phil geleend. Kunt u het morgen aan hem teruggeven?'

'Ja, natuurlijk, sir. Hij is net binnen. Zal ik hem voor u bellen?'
'Nee, laat u maar. Anders belt u misschien zijn moeder wakker.'
'Zijn moeder?'
'Ja, zijn moeder. Zij wonen hier toch samen?'
'Het spijt me om het u te moeten vertellen, sir. Maar Phils moeder is al jaren dood.'
Ik dacht na. De portier praatte verder.
'Ze woonde hier dertig jaar. Met haar man. Hij was een zakenman, verkocht weefmachines over de hele wereld. Na zijn dood kwam ze niet meer buiten. Phil moest alles doen. Op een avond liep ze voor mijn bureau langs, keurig gekleed, wollen hoedje op. Twee dagen later werd ze gevonden in de East River.'
Er viel een korte stilte.
'Waar kent u Phil van, als ik vragen mag?'
Ik vertelde over onze ontmoeting in de platenzaak.
'Was u vanavond met Phil op stap?'
Ik knikte.
'Dan heeft hij de avond van zijn leven gehad. Phil zit altijd thuis.'
Ik legde het lampje op het bureau van de portier.
'Doe hem de groeten.'
'Van wie, sir?'
'Van Thelonious.'
'The-lo-ni-ous,' zei de portier, terwijl hij de naam traag op het omslag van een puzzelboekje schreef.
'All right, see you.'
Ik knikte vriendelijk en liep met mijn fiets naar buiten. Op de stoep keek ik nogmaals omhoog naar het appartement. Het licht was nog steeds uit. Vaag zag ik de contouren van het gordijn; het deed me denken aan de sik van Phil.
Met een paar harde trappen maakte ik vaart op de *bike lane* van 1st Avenue. Vanwege de snelheid kregen mijn ogen de reclamekreten van de winkels niet meer scherp. Ik boog voorover om zo min mogelijk weerstand te hebben.
De platenhoes van Sun Ra prikte in mijn vel.
Op naar SoHo.
Op Prince Street glipte de melancholieke melodie van 'Monk's

Mood' mijn hoofd binnen: losse noten, zoekend naar hun plek op de notenbalk. Ik trapte hard om een stoplicht te halen. De zwarte lijnen van de notenbalk wapperden van hun plaats. De noten lieten los en vlogen weg over de avenue, tevergeefs op zoek naar houvast.

De geluiden van 1993

SPLATSCH!

Het water plenst tussen de tandwielen. Met een schrobber boent TVM-mecanicien Herman van der Slagmolen, zoon van een rijwielverkoper, de fiets van Bo Hamburger schoon.

Herman doet het iedere namiddag in de Tour de France, gewoon buiten op straat. Zijn de fietsen schoon, droog en ontvet, dan worden ze helemaal nagekeken. Ze moeten de volgende dag weer lekker lopen. 'Als een goed geoliede motor.' Een stille fiets bestaat niet, een rumoerige wel. 'Dan maakt 'm zo'n schurend geluid, dan moet je de ketting nakijken, die is waarschijnlijk versleten. Alle vijf dagen moet er een nieuwe ketting om, banden alle vier dagen, remmen alle twee dagen. Je moet 'm vooral manueel en visueel controleren, zien dat alles lóópt, van de 12 goed op de 13 en zo door tot de 21 en weer terug.'

Wat hoort een coureur als hij op zo'n goed gerepareerde fiets een afdaling rijdt? Herman van der Slagmolen weet dat maar al te goed, hij was zelf ooit profwielrenner.

'Je hoort eigenlijk alleen de banden hè, een suizend geluid maken ze. Ja, dan zingt 'm, als het goed tuubje is. Nu wordt de kwaliteit minder, het profiel is ook ruiger. Vroeger waren ze lichter en van zijde. Die zongen mooi, zulke liedjes hoor je niet meer in de Tour.'

Van der Slagmolen was als renner in de bergen nooit met de eersten, nooit met de laatsten mee. Altijd ergens tussenin. En de afdalingen, ja, die kan hij zich nog wel herinneren. Wat hoor je als renner, afgezien van het lied van de tubes?

'Vooral stilte. Stilte en spanning.'

ZZZZK...HOLA!

Sóms trapt een renner achteruit. Maar alleen als het moet. Na de finish komt dat nogal eens voor. De coureurs rijden na de meet in een haag van klikkende fototoestellen en draaiende camera's. Ze pakken een cola bij het colameisje en gaan stapvoets verder. Zo ook Philippe Louviot. Na een tijdrit rond Lac de Madine zit hij vast in de meute; langzaam slalomt hij op de fiets tussen de obstakels door. Om de zoveel meter moet hij de pedalen in het luchtledige terugdraaien.

Zachtjes klinkt uit de fiets een licht gezoem. Dat opeens stokt. Zzzk. Snel een kwart-trap, en weer datzelfde zoemende geluid.

Links van Louviot is een manshoog hek met het publiek erachter, rechts op de weg rijdt de ONCE-ploegleiderswagen stapvoets over de smalle weg. Achter het stuur zit Manolo Saiz. Hij glundert; zijn renners, met name Breukink, Bruyneel en ook Louviot hebben een goede tijd gereden.

De ploegleider krijgt een interviewer aan zijn raam van de Spaanse radio. Saiz rijdt langzaam door terwijl hij praat. Louviot komt dichter en dichter bij de auto van zijn ploegleider. De Spaanse journalist moet het achteruit ratelen van Louviots fiets nu toch in zijn oordoppen kunnen horen. Maar nee...

Louviot roept: 'Heuh-ho!' Het helpt niet, hij zit bijna klem tussen het achterportier en het hek. Wéér moet Louviot achteruittrappen, het ratelt inmiddels dat het een aard heeft.

Zzzzzk!

Nog even en hij valt. Louviots hand gaat van het stuur. Een wegwerpgebaar, en hij schreeuwt: 'Hé...hola!' Ploegleider Saiz beantwoordt nietsvermoedend de laatste vragen.

Louviot zit nu echt opgesloten tussen het hek en de wagen. Hij vervloekt de journalist en draait nog maar eens flink achteruit met de pedalen. Plotseling remt de wagen een beetje; Louviot valt bijna en maakt zijn schoen los.

Klik!

De rechtervoet schiet naar de grond. Een droge tik. Als de zool van een tapdanser glijdt het schoenblokje over het asfalt. Hij houdt zich net staande.

De radioman trekt zijn hand en microfoon uit het autoraam, kijkt naar rechts en schrikt van de wild balancerende Louviot. De renner wurmt zich vloekend tussen de journalist en het hek door. Saiz geeft een beetje gas.

Dan is er opeens wéér dat lichte geratel van terugdraaiende trappers.

Zzzzk!

Louviot kan het niet zijn. Die fietst alweer door. Het geratel komt van een loos draaiende trapper van een reservefiets op de wagen. De radioman kijkt op en... tik! Daar knalt de trapper tegen zijn voorhoofd, net onder de haargrens. Een linkse directe van een trapper, staal op huid. Het doet pijn, zo veel is duidelijk. De ploegleider en Louviot hebben niets gemerkt van de afstraffing van de in de weg staande journalist. Hij blijft achter, met een rood plekje en een opname. Hij moet het zelf nog maar afluisteren. Het incident zal hoorbaar zijn op de achtergrond: Zzzzzzk! Hé-hola! Tik!

KLATSK, KLATSK

Op de fiets zijn wielrenners stoer. Glanzende poten, tanige koppen en gekromde ruggen. Toonbeeld van strijd en mannelijkheid.

Met het slijm uit de mond zag ik Eddy Bouwmans ploeteren op een van de steilste stukken van de Galibier. Helemaal alleen, moeizaam voortploegend tussen de volgwagens. Hij reed op een teleurstellende, hopeloze achterstand van de eerste groep. En toch, hij was sterk op die fiets.

Giancarlo Perini en Massimo Ghirotto, twee onvrijwillige kaalkoppen als broers achter elkaar in de afdaling van de Telegraphe. De laatste toefjes haar glimmend van zweet. Anti-helden misschien, maar toch, op de fiets jongens om trots op te zijn.

De stijlvolle zit staat in schril contrast met de houding van coureurs als ze eenmaal afgestapt zijn. Door de blokjes onder hun wielerschoenen staan ze een beetje achterover, het ziet er opeens heel invalide uit.

Het kan nog erger. De schoenen knellen nogal, zo snel als ze uit kunnen, dóen de renners ze uit. Breukink rijdt na een etappe het liefst onmiddellijk naar de rennersbus, trekt zijn schoenen uit en komt dan naar buiten op... slippers. Klatsk, klatsk.

Na de tijdrit rond het Lac de Madine stonden veel busjes achter de finish op de renners te wachten, kleine vrachtwagens met een ruime cabine.

Net na de start begon het te hozen. Regen, hagel zelfs. De eerste drie gestarte renners van de Spaanse Clas-ploeg hadden dus pech. Zeiknat en verkleumd kwamen ze over de finish. Ze reden zo snel mogelijk door naar het wagenpark. Daar stonden de busjes met mecaniciens en verzorgers. Op de parkeerplaats hoorde ik al geruime tijd een laag gebrom, als van een versterkt opgenomen koelkast. Het kwam van de wagens, hun motoren stonden stationair te draaien. Ik begreep nog niet goed waarvoor, maar er zat een slim idee achter. Zodra de verzorgers en mecaniciens zagen dat het ging regenen wisten ze in welke toestand de renners zouden aankomen. Dus gingen de diesels aan om de cabine-verwarming goed heet te krijgen.

En zo zaten er na een paar uur tijdrit drie renners in maillot, met wollen petjes en de onvermijdelijke slippers aan de voeten vlak naast elkaar in zo'n brommende wagen.

Om de minuut gaf de bestuurder gas zonder ook maar een meter te rijden. Langzaam zag je de tandenklappende gezichten van de Spaanse knechten verdwijnen achter de voorruit, die vanwege hun zweet geheel besloeg.

Dat zag er zielig uit, hééééél zielig.

SILENZIO, PER FAVORE

Gianni Bugno en Claudio Chiappucci, de azen van de Italiaanse tifosi, zijn verpulverd door het tempo van Rominger en Indurain.

Vóór de Alpen was er nog hoop. Zelfs op de beklimming van de eerste berg, de Glandon, kon je het Italiaanse vuur langs de weg nog horen.

'*Gianni!!*' En: '*Il diavolo!*'

Gekalkt, geschreeuwd, aanbeden. Maar het gezwalk van Chiappucci op de Galibier deed al het ergste vrezen. Op minuten kwamen beide renners binnen. Einde Tour voor het Italiaanse volk. Gianni en Claudio maakten de tifosi stil met hun matige uitslagen. Onbedoeld bracht het Italiaanse dorp Carmagnola — aan de andere kant van de Tourhellingen, midden in de Piemonte, een passende vluchtroute naar

Isola 2000 – een passend geluid bij de stemming onder de Italiaanse wielerliefhebbers.

Vroeg in de ochtend, daags na de zo desastreus verlopen etappe, werd het verkeer in het centrum even stilgelegd. Langzaam komt op de Via Umberto I een begrafenisstoet de bocht om, de vaandeldrager op kop. Een rij in zwart geklede mensen, met naar het asfalt gebogen hoofden.

Voor hen uit rijden, gek genoeg, niet één, maar twee lijkwagens. Niet dat ook maar iemand de twee Italiaanse idolen iets ergs toewenste, maar met enig gevoel voor drama werd hier toch het Italiaanse wielrennen in de Tour ten Grave gedragen. *Silenzio per favore.*

Chiappucci en Bugno kunnen halverwege de ronde een eindoverwinning uit hun hoofd zetten. Hun Tour is over. Zij rijden in vrede.

ATTENTION MOTO!

'Kunnen we hier zitten?'

'Ja hoor, zoekt u maar een tafeltje uit. U wilt wat eten? Hier is de kaart.'

Het stelletje had er duidelijk flink de pas in gezet in de bergen. Zij grijsblauw haar, lichte blos, tegen de vijfenzestig. Hij, stoere wandelschoenen, donkerbruin gelaat en grote handen.

Het restaurant is zo goed als leeg, het is rond twaalf uur, op de weg voor het terras langs stopt een wagen. Het blijkt nog vroeg, de uitzending van de bergetappe begint pas om twee uur. De mannen laten het toestel voor wat het is en gaan de eetzaal in; knikje naar het wandelstel.

Uit een zak verschijnt het geluid der geluiden: de scanner met Radio Tour, voor al uw info over het verloop van de koers. Hij staat aan, midden tussen het broodmandje en de pernod.

Een hoop gekraak met daar tussendoor: '*Cinq coureurs en tête!*'

Het is de stem van Albert Bouvet, adjunct-directeur, onder andere belast met de communicatie in de Tour. Hij heeft een doorrookte stem met een vanzelfsprekend schreeuwvolume.

De oudjes kijken op. Wat was dát?

'Alstublieft, tweemaal meloen.'

Buiten remt een motor tot vlak voor de entree van het restaurant. De motorrijder zet zijn motor af, maar het geluid uit de speakers laat hij aan. Ook bij hem klinkt het scannergeluid.

Iedere auto, die in de Tourkaravaan meerijdt, moet zijn uitgerust met een scanner. Dat is een verplichting. Maar het is tegelijkertijd ook verboden de apparaten in het openbaar te gebruiken. Niemand die zich eraan houdt. Daarom geniet alles en iedereen mee. Het publiek langs de kant. En het stelletje in het restaurant.

De Tour is het restaurant, dat die dag langs het parcours ligt, tot op een uur genaderd. De reclamekaravaan maakt zijn entree in het dorp. Dé lawaaipapegaaien van de Tour, een stoet wagens met uitvergrote artikelen op dak en achterbak. Het wandelstel ziet boven de vitrages een gigantisch perzik, een horloge en een tube kastanjepasta voorbijschieten.

Daar is Albert Bouvet weer, De Stem van de Tourradio op de scanner. '*Avancer, avancer!! Subite!!*' Het is net of het stelletje de meloen sneller gaat eten. Nog geen minuut later scheurt in de reclamekaravaan opnieuw een lawaaiauto langs het restaurant. Ditmaal betreft het een heerlijk Frans rond koekje, aangeprezen door een irritant muziekje. '*La Ronde des Pains, la Ronde des Pains, la Ronde des Pains.*' En dat 3700 kilometer lang.

Robert Millar – vegetariër pur sang – rijdt net achter de kopgroep. Een vergeefse strijd, zo zal later blijken, maar nu komt het er nog op aan dus hoort het hele hotel de schorre stem van Bouvet over de scanner: '*TVM, ravitaillement pour Millar, s'il vous plaît.*' Bevoorrading klaarmaken voor Millar, svp. Misschien schuift soigneur Marc André nu een bakje zeewier met rozijnen in het etenszakje. Geen idee. De scanner met het geluid van Radio Tour zou in iedere openbare gelegenheid in Frankrijk moeten staan. Met het volk eromheen. De Tour op televisie laat weinig aan de verbeelding over. Camera's zoomen in op kuiten, zweerkoppen en gespannen spieren. Radio Tour maakt de Tour groter en spannender dan de ronde is.

Luister maar: '*Crevaison Breukink!*' Je ziet hem al stuiteren over het wegdek. Een derailleur die in de spaken springt, een klapband tijdens de afdaling? Wie zal het zeggen? '*Crevaison Breukink!*' Je hart slaat op hol.

De wandelaars hielden het snel voor gezien in het restaurant. Twee scanners, dat was toch wat teveel van het goede. *'l'Addition, s.v.p.'* En wèg waren ze. Wedden dat ze buiten op straat toch nog even stiekem naar het langsdenderende peloton hebben gekeken? Dat moet gelukt zijn, het is immers in een zucht langs je heen.

Zwwwoeffffff.

En voorbij gaan de bandjes, van Herman van der Slagmolen.

Rood vlaggetje

Al vroeg is de Franse familie op pad om bijtijds aan de meet van Dijon te kunnen staan. Vader wil zo'n finish wel eens van heel dichtbij zien. Het lukt, vier meter achter de streep vinden ze een plaats.

De kinderen vangen zoveel mogelijk rotzooi op van de reclamekaravaan. De kleinste is gek van een rood vlaggetje van de hoofdsponsor. Ze zwaait zich een ongeluk.

Over de hekken heen rekken de bovenlichamen van de toeschouwers zich uit. Iedereen wil een glimp opvangen van de eindsprint. Vooruitgereden auto's en motoren schieten over de finish. De speaker van de Tour de France kondigt een sprint-a-deux aan tussen Bart Voskamp en Jens Heppner.

Het kind is het vlaggetje alweer beu. Ze wil weg uit het idiote circus.

In zijn hok zit een jurylid ook naar de laatste kilometer te kijken. De videorecorder loopt, altijd handig voor het terugkijken met de andere juryleden.

Zal ze dat stomme vlaggetje weggooien?

De twee vluchters komen zowat met de schouders tegen elkaar over de meet. Dat wordt terugkijken, denkt het oude jurylid. Maar hij wacht nog even tot de club compleet is.

De Franse familie heeft het hele peloton zien binnenkomen en vertrekt.

In de jurykamer kijken vier mannen naar de vertraagde beelden van een omstreden spurt. De videoband staat stil. De twee coureurs hangen als in een eeuwige sur place tegen elkaar. Er is twijfel. De tape wordt teruggespoeld.

Waar is je vlaggetje? Weggegooid?

Het publiek schreeuwt om een uitslag. De jury weet het niet, en ziet een zoveelste vertraging. Tergend langzaam zien de oude mannen zonder wielerhart de voorwielen van Voskamp en Heppner naar de meet draaien. Ze kunnen de spaken tellen, zo langzaam gaan de beelden aan hun ogen voorbij.

Voskamp komt met een kleine voorsprong aan. Na de finish kijkt hij op. Vlak voor zijn wiel fladdert iets naar beneden. Op volle snelheid rijdt hij erover heen. Tik! Het rode vlaggetje schiet onder zijn fiets door.

De jury besluit. De winnaar verliest.

Stalen ros

Bernard Thévenet en ik staan gebogen over de fiets waarmee hij in 1977 de Tour won. Ik wijs op het stuurlint, dat oorspronkelijk hagelwit geweest moet zijn, maar door zweet en vuil nu met een bruin laagje is bedekt. Toen deed een renner een hele Tour met één stuurlint.

Hij gaat met zijn vingers over het staal: een degelijk Reynoldsframe, gemaakt in Birmingham, voor die tijd licht in gewicht. Zijn naam is nog goed te lezen op de stang.

De burgemeester van Montbéliard had hem een kwartier eerder toegesproken in een tent achter de finishlijn, nadat Thévenet klaar was met zijn dagelijkse commentaar voor de Franse tv. Minutenlang keek 'Nanard' naar zijn fiets: een echt stalen ros. Jockey ontmoet verloren gewaand paard. Speciaal voor deze gelegenheid hebben ze de fiets uit het museum van Sochaux gehaald.

Achter de goud gemontuurde brillenglazen priemen de ogen naar zijn oude vervoermiddel van twintig jaar geleden. Het is een grijze Peugeot Prestige. De merknaam is afgebiesd met de ringen in regenboogkleuren, zoals ze vroeger ook aan het boord en de mouwen van je tricot zaten.

Tourdirecteur Jean-Marie Leblanc en Bernard Hinault – altijd goed voor een vlekkeloze ceremonie op het podium – veinzen hun interesse voor de toespraak van de burgemeester.

Kuiper, denk ik. Hennie Kuiper had die Tour van 1977 moeten winnen. Op de Alpe d'Huez was de Nederlander zó blij geweest, dat hij honderd meter voor de streep al begon te wuiven. Dat scheelde kostbare seconden. En had Thévenet later niet toegegeven dat hij zich verboden spul had laten inspuiten? Tijd voor een harde vraag aan Thévenet: hoe zat het toen met Kuiper en uw drog?

De Fransman bukt en wijst de freesgaatjes in het voorblad aan. Dat doen ze nu niet meer. Hij gaat op de knieën, oog in oog met zijn fiets;

het is net of hij tegen de Peugeot praat. Hinault is erbij komen staan en knijpt in de tube van het voorwiel, waar het canvas onder de velg rafelt. Twee Tourwinnaars worden opeens twee jochies met een fiets.

Hinault vraagt, Thévenet antwoordt. Hoeveel versnellingen? Veertien, oh nee, ik tel er twaalf. Mooie lak nog... zit er een twaalf op achter? Nee joh, die had je nog niet.

Thévenet voelt aan de remmen, kijkt naar de oude Simplex-derailleur. Wat is een fiets toch mooi en onschuldig. Nu even geen scherpe vragen over vroeger. Samen kijken we alleen maar. En genieten.

Rocco Espresso

Espresso, lungo, macchiato, doppio, ristretto, cappuccino. Koffie op maat. De meisjes van het Maison de Café zijn van alle markten thuis. Met hun koffietentje in het Village Départ verstrekken ze 's ochtends gratis cafeïneshots.

In de stromende regen rijden de MG-Technogymmers Nicola Loda en Luca Scinto met hun fietsen over het grasveld naar de koffietent. Het is inmiddels een ritueel geworden. De Italiaan is gewoon op te staan met een brioche en een espresso. Zo ook in de Tour.

Na het tekenen van de presentielijst blijft er nog een half uurtje over om wat rond te hangen in het ronseldorp, waar gesoigneerde wielrenners detoneren russen hangbuiken, stinkkazen en brallende vips.

'Wie is dat, is dat nou Kuiper. Meneer Kuiper, weet u nog, van die lekke band tijdens Parijs-Roubaix...'

Luca Scinto heeft een droog plekje gevonden onder de paraplu van het Maison du Café.

Het damespersoneel giechelt en fluistert: de Italianen, daar zijn de Italianen weer. Een meisje duwt opzichtig haar kapsel in de vorm van de ochtend en loopt op Luca af. Luca ziet haar natuurlijk niet. Eerst negeren. Hij blijft op zijn fiets zitten, zet 'm tegen de bar en duwt zijn schoenen links en rechts in de kromming van het stuur. Zo komen zijn bruine dijen net boven de bar uit. Nog even de zonnebril omhoog – het is donkergrijs in de lucht en koud aan de grond – en Luca is klaar voor het spel.

Espresso? Het meisje krijgt een geil knikje. Ze loopt naar de automaat en duwt een knopje in. Langzaam druppelt het bruine vocht in het plastic bekertje. De regen tikt op de tent. Loda monstert de lucht en zingt zachtjes: '*Che tempo di merda.*' Klinkt zoveel lekkerder dan 'kloteweer'.

Ik ben een figurant in een Italiaanse B-film. Knappe wielrenner ontmoet eenzaam koffiemeisje.

Wat moeten Loda en Scinto anders dan flirten in de Tour? Fabio Baldato, vorig jaar nog winnaar op de Champs Elysées, is thuis. MG-kopman Michele Bartoli eveneens. Fabiano Fontanelli en Angelo Lecchi? Ook weg.

De anonieme Italianen van MG zijn uitgespeeld in de peloton. Het Village Départ is hun werkterrein geworden, uitsloven voor de koffiemeisjes. Winnaars zijn het, winnaars in de liefde. Hoor, daar begint hij weer. Loda zingt! Een perfecte imitatie van charmezanger Rocco Granata: 'Marina, Marina, Marina, ti voglio...'

Niet aanraken, duwen!

De grote teen van Petrus' voet kleeft van zweet, vuil en mondvocht. Het lichaamsdeel va het bronzen beeld in de Sint Pieter van Rome zorgt voor lange rijen in het gangpad. Gelovigen wachten geduldig op hun beurt om een paar seconden alleen te zijn met het afgesleten stompje van de sympathieke apostel. Aanraken, men kust zelfs, brengt geluk. Het doet verdriet vervagen en houdt de gezondheid op peil.

Mensen zijn gemaakt voor het aanraken.

Je staat als supporter vanaf elf uur in de berm van de berg en wacht op je eigen god. Als hij in die ene seconde voorbijflitst, wil je hem iets geven. Je laat een spandoek zien, je klapt in je handen, je buigt voorover en je schreeuwt. Maar voor sommige volgelingen is het niet genoeg. Ze ruiken de huid van hun god en willen voelen.

De Tourdirectie verbiedt aanraking. Langs vertrek en finish staan manshoge dranghekken. Pas als het peloton op gang is lijkt de kust veilig voor de heren coureurs. Maar de bergen hebben zo hun eigen wetten.

Elk tikje is verstoring van de concentratie, een inbreuk op de schoonheid van het klimmen. Een duivel bestormt de hemel het liefst alleen.

Het petje afrukken van Bjarne Riis en hem kaal in de zon zetten, het was een stap te ver.

Misdadig was de man in het rode T-shirt, die Jalabert gisteren in de afdaling aantikte. Zelfs een halfgod als Jalabert laat je met rust, zeker als hij met zeventig in het uur letterlijk zijn eigen dal tegemoet rijdt.

De apostelen van het peloton, de waterdragers, zijn van een andere orde. Zij vragen om betasten. Gerben Karstens éiste het in de jaren zeventig bijna van de omstanders. Vanaf de eerste serieuze col riep hij voortdurend 'niet duwen, nondeju, niet duwen!' Daarmee juist iedereen op het idee brengend de sprinter een zet te geven.

Er is kennelijk een ongeschreven regel bij bergetappes. We houden onze handen af van de groten en zitten juist aan de mindere goden.

Verschil moet er zijn. Het klopt ook wel. Kijk maar naar de kerk. De heilige teen van apostel Petrus mag geliefkoosd worden, maar honderd meter verderop ligt Jezus in piëta onaantastbaar achter kogelvrij glas.

Maar ja... Jezus... die is dan ook wel hors catégorie.

Koffertijd

De ober van het hotel in Bourg d'Oisans zette een bord spaghetti met spinazie voor me op tafel. Alle renners die dit hotel als basis hadden voor hun beklimming van de Alpe D'Huez zette hij dit gerecht voor en hij had er bij terugkomst niets dan goeds van vernomen.

Ik keek eens rond in het eetgedeelte en zag dat ik de enige gast in koersbroek was. Het kon aan de maand liggen dat het zo rustig was, we schrijven begin oktober 1993.

Na de hol van Hillegersberg, de Van Brienenoordbrug (noordzijde), Wanne, Stockeu en La Redoute moest het er nu van komen. Ik trakteerde me op een echte berg met een verhaal. Een berg met teksten, waar je met moeite nog beroemde wielernamen uithaalde.

De nacht ervoor had ik voor het slapen gaan nog uit mijn raam gekeken. Wat was nu de Alpe d'Huez? Je hoopt op een berg zoals kleine kinderen die tekenen: een grof geschetste driehoek met de punt naar boven. Uit het raam zag ik in de verte twéé punten. Het stelde me teleur. Welke was het nu? Ik zou het op de fiets wel merken.

Het viel me alles mee. Het eerste stuk is verraderlijk, ergens in de buurt van de veertien procent. Daarna blijft de Alpe aardig voor de getrainde fanaat. De haarspelden zijn zacht, de omgeving groen.

Ik had maar één probleem: ik kon boven de finish niet vinden. In mijn beleving was er dat tunneltje en een scherpe bocht. Ik ben ergens blijven steken boven in het ski-dorp, drukte op het knopje van mijn computer en zag... Ja, wat zag ik?

Mijn tijd staat op de binnenkant van mijn oude koffer gekrast. Een uur en vijftien minuten. Dacht ik, hoor. Fietsers liegen graag over trainingsarbeid.

Bidon

De drinkbus is meer dan alleen een halve liter vocht. Het is rust. Een renner laat zich afzakken en wacht op een nieuwe bidon. Vanuit het open zijraam van de ploegleiderswagen komt een arm. De renner houdt zijn volle hand op het plastic van het koude flesje. Even de benen stil, spanning van de spieren, ademhaling reguleren, een blik van verstandhouding met de ploegleider. Dan duwt de renner zich af en fietst weer zonder hulp verder. Per dag vier bidons aan de wagen afhalen is misschien honderd meter uitrusten. De organisatie knijpt een oogje dicht.

De tandenstoker draait vrijdagavond tevreden rondjes in de mond van Jacky Durand. De maaltijd van *Auberge l'Orry le Saquet* smaakt goed na vijf zware Pyreneeëncols. Dan valt er een communiqué van de jury op het tafellaken. Durand is gediskwalificeerd wegens het langdurig hangen aan de ploegleiderswagen.

Durand ontkent onmiddellijk. Hij is geen valsspeler. Goed, tot een of twee keer toe had hij een bidon aangepakt en daarbij even gebruik gemaakt van de snelheid van de auto. Maar verder?

Durand heeft in het peloton al langer de naam flink te rusten wanneer hij een bidon haalt. Zijn rechterhand grijpt graag naar de sponning van het achterraam, klikte sprinter Jan Svorada vorig jaar al eens. Durand kreeg deze Tour extra toezicht. Een gemotoriseerde commissaris – door Durand kortweg *moto au cul* genoemd – telde dat de Franse wielrenner zo'n anderhalve kilometer aan de wagen kleefde. Als Durand zich naar eigen zeggen niet aan de auto zelf optrok, moet hij minutenlang aan een bidon gehangen hebben.

Stel je voor, de hand vanuit de wagen aan de ene kant, de hand van Durand aan de andere kant van de bidon. Het asfalt schiet onder het bevroren beeld door. De hoofddoek van Jacky wappert, hij vangt flarden van kreten op van Franse bewonderaars. Hier moet je sterk voor zijn.

In de bidon komen de snelheid van de auto en de fiets samen. Benzine en energiedrank ineen. Durand krijgt nu toch een beetje kramp. Volhouden, roepen ze vanuit de volgwagen. Daar is het anderhalve kilometerpunt. Met een knal schiet de dop van de bidon. Met een natte kop rijdt Jacky Durand op eigen kracht verder.

De televisie doet verslag van de etappe richting Mont Ventoux. Durand zit voor straf thuis en veert op bij het zien van iedere bidon. Hij telt de seconden en de meters als een arm uit het raam van een volgwagen steekt. Het peloton is dorstig. Virenque zwalkt in een afzichtelijke klimstijl van links naar rechts, van bronwaterfles naar bronwaterfles. Hij maakt zelfs een drinkgebaar naar het publiek. Het mag allemaal maar, constateert Durand op de bank.

In de laatste kilometers zit er nog maar één bidon op de fiets van Virenque. Hij moet nu ongeveer langs de plaquette van Tom Simpson rijden. Wielertoeristen gooien hun bidon vaak al fietsend naar het monument van de overleden renner. Wat doet Virenque? Met een beetje fantasie zijn Simpson en hij toch partners in crime? Merckx nam in 1970 bij het passeren in ieder geval nog zijn petje af. Virenque rijdt gewoon door. De zo goed als lege bidon gaat even later de goot in.

Durand ziet het jurylid met zijn vingertje over de streep rijden en weet dat de knechten kilometers terug buiten beeld van de camera's weer massaal om drinken en schreeuwen. Het is allemaal goed zo. Anderhalve kilometer hangen aan een bidon, daar komt in deze Tour de France voorlopig niemand meer aan. De televisie kan uit. Jacky heeft dorst.

Merde

De renners waren vertrokken voor de eerste etappe van de Tour de France 2008. Drie uur lang turen naar het peloton, de kilometeraanduiding en het verglijdende landschap.

Er was een kopgroep weg zonder grote namen. Dan kun je denken: ach, b-garnituur, ik maak nog even een ommetje — maar ik ben zo vaak belazerd door onverwachte invallen van wielrenners dat ik nu maar op mijn post bleef. Ik verveelde me een beetje. Gaf niets. Tijd om te dagdromen, gedachten te ordenen, het bestaan te ijken.

Voor de Tourkijker is een saaie etappe een gratis en associatief reisje door Frankrijk. Het steeds van gedaante veranderende peloton werkte als een hypnotiserende clip. Van bovenaf gezien sneden de ruggen van de renners door het landschap.

Ik dacht terug aan mijn eerste fietstocht door Bretagne. Vriend Simon en ik waren zestien jaar. We vochten ons kapot op de glooiende weg, op dikke banden, terwijl het stalen frame van de rugzak bij iedere pedaalslag in mijn heup prikte. Uitgehongerd en doodop kwamen we aan op een camping in de buurt van Saint-Malo. Op een gasje bakten we plakken Smac in een koekenpannetje. Je zet het nog geen zieke hond voor zijn snoet, maar wij vonden het heerlijk.

Er was nog honderd kilometer te rijden voor het peloton, op weg naar Plumelec. Er gebeurde niet veel. Ik kon toch wel heel even weg van de televisie? Ik liep naar de koelkast voor iets lekkers. Naast het aangesneden pakje boter lag een mueslireep te wachten op een plaats in mijn wielershirt. Net toen ik een plakje wijncervelaat tot een sigaar draaide, hoorde ik in de voorkamer de commentator van dienst schreeuwen. Zie je, ik had niet weg moeten lopen. Er was iemand gevallen. Wie? Het wachten was op een naam, een rugnummer desnoods. Hervé Duclos-Lassalle. Hij had een etenszak in zijn wiel gekregen en was tegen het asfalt gesmakt.

Duclos-Lassalle stierf van de pijn. Met een kromme rug liep hij naar de berm. Zijn rechterhand ondersteunde zijn linkeronderarm. Gebroken. Ik wist het zeker. Zo hield je een arm vast met een botbreuk.

'*Merde!*' riep hij, vanwege de stekende pijn en ongetwijfeld het besef dat hij niet verder kon. De witte auto van de Tour stopte. Een arts pakte een plastic manchet en schoof die over de arm. De renner nam met zijn goede hand zijn zonnebril af en controleerde of er geen barsten in het glas zaten.

Terwijl een verzorger de wielrenner in zijn nek aaide, herinnerde ik me het veilige lijf van juffrouw Joosten van de lagere school. Ze troostte me nadat tijdens de gymles een stalen buis op mijn pols was gevallen. Ellepijp doormidden. Ik huilde. De eerste botbreuk in mijn leven. Het besef dat je niet van staal bent.

Waar je allemaal aan denkt als een wielrenner in de Tour zijn arm breekt.

Smac. Ellepijp. Woorden uit een andere eeuw.

De tijd vliegt. *Merde.*

Punk op tubes

Bij de beklimming van de laatste berg sloop ik weg uit de huiskamer. In de slaapkamer zette ik de kleine televisie aan en ging op bed zitten. Dit was een Touretappe met hors catégorie aan het slot. Daar moet je in je eentje van genieten.

Tijdens de klim naar Plateau de Beille kreeg ik een sms'je van een vriend. Hij zat vanaf zijn vakantieoord in Italië te kijken. 'Wat een fantastische etappe, hoogtepunt in Tourhistorie!'

Ik gaf hem volledig gelijk.

Voor het eerst sinds jaren werd het dierlijke wielrennen bedreven. Ik zag *De hel* van Dante en de theorie van Darwin met elkaar gecombineerd. Het recht van de sterkste gold. Je zag échte winnaars, échte verliezers door het beeld glijden. Aanvankelijk kon ik er geen grip op krijgen, maar juist dat bracht me in vervoering: de chaos regeerde.

De Tour de France als woest beest, steeds veranderend van kleur en gedaante. Het was of Karel Appel in zijn beste dagen aan het werk was, zoals in de film die Jan Vrijman in 1962 over de schilder maakte. Appel gooide felle strepen verf in hoog tempo met het mes op het doek. Pats! Rood. Een aanloopje en... Blauw! Een paar passen naar achteren. Twee ferme stappen naar voren. Daar ging alweer een kwak verf naar het doek.

Op de steilste stukken van de berg werd het beeld iedere minuut door een andere hoofdrolspeler bepaald. De Rode Bolletjes schoten weg terwijl De Blauwe Kazach met de Dertig Hechtingen verkrampte. Oranje Boogerd nam de kop, De Gele Kip reed weg. Laffe Leip volgde. De Kip terug. Contador ervandoor. Het hield maar niet op.

Er was geen irritante leider à la Armstrong die met zijn ploeg de regie tot aan de finish in handen had. De laatste tien kilometer gingen alle regels en wetten overboord. Niemand hield zich in, er heerste totale vrijheid. Het was punk op tubes.

Het decor was perfect. De venijnige toppen van de Pyreneeën, de wind, de smalle weg omhoog. En in de verte lag Spanje, waar het geronnen bloed van op de hoorns genomen dronkenlappen nog maar net van de straten van Pamplona was gespoten.

Op een steil stuk holde een man in een string een paar meter mee met de renners. Ik hou niet van een string – en al helemaal niet bij mannen – maar zondag leek het schudden van de witte hammetjes in perfecte cadans met het trappen van de benen van de klimmers.

Zelfs het valse handjeklap van Rasmussen in de laatste kilometers – jij, Alberto Contador, de etappe, ik de gele trui – hoorde er helemaal bij. Wie kun je vertrouwen als je de laatste 16 kilometer steil omhoog moet fietsen? Niemand dus.

Zwart ijs

Met de punt van mijn schoen schoof ik de sneeuw van het natuurijs op de Kralingse Plas. Geleidelijk ging wit over in zwart. Liefhebbers van schaatsen dromen ervan: zwart ijs. Met scherpe ijzers glijden ze het liefst over zo'n donkere vlakte.

Cineast Alex van Warmerdam schreef voor zijn film *De Noorderlingen* een scène waarin de kijker tergend langzaam een meisje — met het gezicht omhoog — onder het ijs voorbij ziet gaan. Adembenemend. Beangstigend. Mooi.

In Rijpwetering was een ijsmeester door het ijs gezakt en verdronken. Het was Frans Zoetemelk, de vijfenvijftigjarige broer van wielrenner Joop Zoetemelk. Frans was vroeg in de ochtend bij een vlonder aan de bevroren Koppoel het ijs gaan controleren. Het ging mis. Hij schoof eronder. Reanimatie mocht niet meer baten.

In zijn biografie *Een open boek* vertelt Joop Zoetemelk hoe snel hij als kind kon schaatsen. Hij kwam voor het eerst in de krant met een bericht over een schaatswedstrijd kortebaan.

Uit de *Leidsche Courant* van 7 februari 1956: 'Gistermiddag hield de Rijpweteringse IJsclub kortebaanwedstrijden voor de schooljeugd. Er was nog een behoorlijk stukje ijs gevonden waarop een fatsoenlijk baantje was gemaakt. Dat viel dus nog mee, want over het algemeen is het ijs in de hele omgeving bar slecht.'

Joop won als negenjarige op het natuurijs achter zijn ouderlijk huis. In datzelfde waterrijke gebied, in de Koppoel, zakte zijn broer Frans zaterdag door het ijs en verdronk.

Toen Joop in 1980 de Tour de France won, werd hij in Nederland gehuldigd. Fans trokken naar Rijpwetering. Ze stonden met duizenden langs de kant. Joop voer in een boot over de Koppoel.

De Koppoel. Ik ben er nooit geweest. Het is een naam die de familie Zoetemelk al decennialang uitspreekt. Ze kennen het water als hun broekzak. Ze weten hoe het is om erin te zwemmen en te roeien. Ze kennen de geur van het water, in alle jaargetijden. Na het ongeval met Frans Zoetemelk komt het zorgeloze beeld van de Koppoel nooit meer terug.

Jaren geleden verbleven Joop Zoetemelk en ik een paar dagen hoog in de Alpen, vlak bij zijn vakantieappartement. We gingen op zoek naar gemzen. We kwamen boven de boomgrens. Op bergtoppen trotseerden we gure wind en sneeuwstormen. Joop, tanige Joop, leek onaangedaan. Kou deed hem niets.

Als actief wielrenner herinner ik me Joop vooral als klimmer in de brandende zon. Hij reed zijn mooiste etappes in de hitte, hoog in de bergen.

Joop ging in Frankrijk wonen. Frans Zoetemelk bleef zijn geboortegrond trouw. De winter, dat was voor hem de beste tijd. Voor ijsmeester Frans kon de vorst niet snel genoeg komen. Na het bericht van Frans' dood roemden kennissen van de ijsclub in Rijpwetering zijn liefde voor het maken van een natuurijsbaan.

Zoals Joop warmte adoreerde, zo hield Frans van de kou.

Tussen ijspret en de hel zit maar een dun laagje bevroren water.

Joop en Bernard

Joop Zoetemelk liep na een lange dag van handen schudden eindelijk alleen door nachtelijk Rotterdam, waar de volgende dag de eerste etappe van de Tour de France vertrok. Joop, met dat verlegen regionale hoofd door de grote stad. Als een diapositief van de wereldberoemde foto van James Dean die in New York City in de regen over een avenue loopt.

Een held in de anonimiteit.

Zoetemelk stapte in de Aert van Nesstraat zijn hotel binnen. Het was druk in de lobby. Er stond een rij mensen voor de balie. Gelukkig, Joop was al ingecheckt.

Tijdens zijn wielerbestaan opende hij hotelkamerdeuren nog met sleutels waar een zware klos aan bungelde. Nu had hij een modern pasje gekregen. Joop trok het kaartje uit zijn broekzak en haalde het door de sleuf. Geen piepje, geen groen lampje. Niks. Nog eens proberen. Weer niks. Joop besloot dat er niets anders opzat dan terug te gaan naar de lobby.

Net gearriveerde Tourvolgers met koffers stonden in de rij. Na wat heen en weer gedrentel haalde Joop diep adem. Hij stapte naar voren.

Tegen de hotelbediende: 'Mijn kaart doet het niet.'

Een blik op het computerscherm. 'U bent meneer Zoetemelk? Ogenblikje. Ik loop zo met u mee.'

Er bleek niet zomaar een nieuw pasje voorhanden. Joop moest wachten.

Joop: 'Op een gegeven moment werd ik zó boos. Ik zeg tegen die man achter de balie: en nou wil ik godverdomme mijn kamer in.'

Het duurde meer dan een uur voor het vermoeide lijf van Zoetemelk eindelijk tussen de lakens schoof.

Een scheldende Joop. Dat had ik niet voor mogelijk gehouden. Joop zei toch altijd: '*Pfffff*'?

Niets is wat het lijkt.

Eerder die week mocht ik met Zoetemelk en Bernard Hinault een uurtje fietsen. We vertrokken vanuit het centrum. We reden mijn vertrouwde rondje Rotte. Het was onwezenlijk om '*à gauche*!' en 'paaltje!' — ik kon niet op het Franse woord komen — tegen Hinault te schreeuwen.

Ik reed met Zoetemelk achter de Fransman. Hinault had zijn benen geschoren. Ik telde de moedervlekken op zijn witte huid.

Onderweg kregen alle vrouwen op een fiets een flirterig knikje van Hinault. Dit was de beroemde Breton die de patron was in het peloton. Vroeger sloeg het opgewonden standje mensen op hun bek. Nu was hij een *pédaleur de charme*.

'Bernard is een andere kerel geworden,' zei Joop terwijl we terugreden. 'Hij fietst weer sinds een paar jaar en is niet meer zo bozig als vroeger. Hij is rustiger geworden.'

Er doemde een helling van niks op. Daar gingen ze. Joop in zijn originele gele trui op zijn oranjerode stalen Raleigh-fiets uit 1980. 'Heb ik teruggekregen van een fan. Er zat zo'n laag stof op. Ik kreeg die droge oude banden er bijna niet af. Hij rijdt nog prima. Zie je Bernard, die rijdt nog steeds net zo'n zwaar verzet als vroeger.'

Daags na het fietstochtje glipte de Tour uit mijn handen. De karavaan werd uitgezwaaid. Ik stond even voorbij de Erasmusbrug langs de kant. Voor het peloton uit reed een blinkende volgauto voorbij.

Ik herkende Hinault door de getinte ruit. Hij zat voorin, met een half brilletje op een krant te lezen. Achterin keek Zoetemelk naar de gekte buiten. Ik schreeuwde naar de twee mannen. Ze hoorden me niet. Het was voorbij.

Joop en Bernard in de auto naar finishplaats Brussel. Ik lopend naar huis in Rotterdam.

Naakt met wiel

Alles was grijs. Het gras, de lucht, de klei. Een soort grijs dat alleen in Noord-Frankrijk aan de man wordt gebracht. Zelfmoordgrijs. Grijs dat alle tinten de baas is en van een grauwsluier voorziet. Zelfs mijn oude Mercedes, in mijn beleving gelakt in fris olijfgroen, stond in deze omgeving somberend aan de kant, met spatten modder op de flanken.

Haveluy heette de kasseienstrook hier, een smal pad van ongelijke oerstenen, bij elkaar gehouden door gruis, slijk en onkruid. Het was november. Er was geen reden om in de herfst in Haveluy te zijn. Dat geldt misschien wel voor het hele jaar. Met uitzondering van de tweede zondag in april, als de wielerklassieker Parijs-Roubaix verreden wordt. Dan staat de berm vol supporters die met eigen ogen willen zien hoe het peloton over de kasseien gaat.

Half negen in de ochtend. Het was de wens van de fotograaf om zo vroeg op deze plek te zijn. Drie uur eerder waren we samen in mijn auto weggereden uit zijn woonplaats Vilvoorde. De fotograaf kende de route uit zijn hoofd. Hij had het parcours ooit met een vriend gefietst, een week voor Parijs-Roubaix.

Haveluy. De fotograaf kon zich geen eenzamer landschap voor een wielrenner voorstellen. Daar moest ik staan. In de ochtend. De man en zijn fiets. Verder niks. Niemandsland. Hij had gelijk, zag ik. Er was niets in Haveluy. Een wonder dat deze plek een officiële plaatsnaam had gekregen.

Een kwartier eerder reden we met de auto stapvoets door de streek. In het dorp Arenberg zagen we nog mensen op straat. Een vrouw met hooggesloten regenjas had over straat gelopen. Ze trok een boodschappenwagen achter zich aan. Een van de wieltjes weigerde dienst. Ze passeerde een man die op de bus wachtte. Ik zag zijn beroerde huid. Als een te haastig geschilde aardappel.

De luiken van de bakstenen huizen van het voormalige mijnwerkersdorp Arenberg waren allemaal nog dicht. De mannen van de schacht die jarenlang iedere avond aan de wastafel het kolengruis in hun avondfluim vonden, zaten werkloos thuis. Achter het dorp doemden de hoge kranen op die de kolen decennialang uit de grond hadden getild. Ze waren van een nieuwe verflaag voorzien. Grijs, natuurlijk. Opgesmukt industrieel erfgoed. Zelfs de kleur van roest zou nog vrolijk ogen in deze streek.

Haveluy lag vier kilometer verderop. Een doodsakker. Uitermate geschikt voor het uitstrooien van je as. De fotograaf en ik keken om ons heen. In de verte stond een shovel met de bak naar de hemel gericht. Bewegingloos. Ik zou ook niet weten waar te beginnen in dit gebied.

Ik dacht na over groenten. Spruiten. Jaren geleden was ik 's ochtends vroeg vertrokken voor een lange tocht over de Zuid-Hollandse eilanden. Het was kil en ik had te weinig gegeten. Dat kwam me duur te staan. Terwijl het vlak was, reed ik met een bergverzet. Vlekken voor mijn ogen. Dit was wat ze in het peloton 'zwarte sneeuw' noemden. Ik stapte af. In een veld groeiden spruiten. Ik trok er een paar los, spoelde ze schoon in een sloot en at ze rauw op. De combinatie van honger en kou wens je geen enkele renner toe.

Ik haalde het frame van mijn fiets uit de achterbak en stak de wielen erin. De fotograaf draaide een rolletje in de donkere kamer van zijn Pentax. Hij was een fotograaf van het traditionele soort. Zwart-wit. Vanzelf. Met zijn wintertrui veegde hij de lens schoon. Hij keek erdoorheen, naar de lange kasseienstrook die honderden meters verder oploste in mist.

'Heel mooi,' zei hij.

Ik dacht aan ons telefoongesprek, een paar dagen eerder.

'De zon is mijn grootste tegenstander,' had de fotograaf gezegd.

Kennelijk had hij door een onderonsje met de grote hemelman het licht weten te dempen. De zon moest elders op zoek naar een gat in de grijze deken. In Haveluy hingen de wolken schouder aan schouder.

Uit de kofferbak haalde ik een tas met wielerkleding omhoog. Ik trok mijn pak uit. Eerst mijn colbert, daarna mijn broek, overhemd, onderbroek, schoenen, sokken. De kou streek neer op mijn huid. Drie graden boven nul, volgens de weerman op de autoradio. Snel trok ik mijn wielerbroek aan over mijn blote lijf. Daarna een donkerblauw wollen shirt, kousjes, schoenen.

Ik glibberde langs de Mercedes naar de weg. Wielen van karren, auto's en tractoren hadden de kasseien links en rechts naar beneden gedrukt. De rug van de weg lag inmiddels twintig centimeter hoger.

'Ga maar precies in het midden staan,' zei de fotograaf.

Hij stond op zijn stalen koffer. De eerste, trage klik vanuit zijn toestel. Handmatig draaide hij door voor een volgende foto. Dat had ik lang niet meer gezien.

'Iets naar links. Beetje naar rechts weer. Zo is het goed.'

Ik stond muisstil. De ochtendkou trok door mijn wielerkleding. Naar mijn borst, mijn bovenbenen.

Haveluy. Ik was hier al eerder geweest, bedacht ik, terwijl ik strak in de lens bleef kijken. Als volger van de karavaan van Parijs-Roubaix. Een paar jaar geleden was ik samen met een collega in zijn auto over de kasseienstroken gereden. We hadden een langgerekte sticker van de organisatie van de klassieker op de voorruit. Een machtig gevoel. We hoorden officieel bij de koers.

Er was een kleine kopgroep geweest. Het peloton lag een paar minuten achter. Wij reden er precies tussenin. De kasseien waren nat. De renners zouden als kleipoppen aankomen. We hadden redelijk goed zicht. We reden door een haag van mensen. Ik zag een man met losse wielen tussen de wielerfans staan. Het was Patrick Lefevere, een Belgisch ploegleider met reservemateriaal. Hij keek over onze passerende auto heen het landschap in. Elk moment konden de verkleumde renners van zijn ploeg aan hem voorbijtrekken.

Ondanks de schokdempers raakte de onderkant van onze wagen soms de kasseien. De cola schudde uit het blikje op mijn pak. Steffen Wesemann, de oudere Duitse kasseienspecialist, liet zich uit de kopgroep zakken. Althans, dat zei de scanner in krakerig Frans. We reden ongeveer tweehonderd meter achter hem. Boven ons hing een helikopter van de Franse politie. Je moest hard praten om je verstaanbaar te maken.

'Zitten we er niet te dicht op?' riep ik.

'Na deze kasseienstrook komt een brede asfaltweg, dan kan iedereen ons voorbij,' riep mijn collega vanachter het stuur.

Voor ons reden een paar motoren over de stenen. De achterbanden glipten steeds weer weg. Onze auto moest vaart houden om niet uit balans te raken.

In de verte zag ik een renner rijden.

'Daar is Wesemann al. Wanneer komt die brede weg?'

'Dit is een lange strook...' zei de collega.

'Hij recht zijn rug, zie je dat? Hij gaat zo langzaam, straks zitten we tegen zijn achterwiel.'

Ik keek achterom. Steek in mijn maag. Het peloton. Een flinke groep renners kwam als een kudde op drift geraakte stieren op ons af. De mensen langs de kant stonden op de weg. Er was nauwelijks ruimte om door te rijden.

Het peloton naderde tot op honderd meter. De radio spuugde een felle Franse zin uit. 'Wagen 213. U moet daar weg. Weg!'

Op de achterruit van onze auto las ik in spiegelbeeld de drie cijfers op de sticker.

'Ze bedoelen ons, we moeten hier weg.'

In de helikopter moesten ze onze auto in het vizier hebben.

Links en rechts sprongen wielerfans op het laatste moment in de berm om niet geraakt te worden door de auto. Voor ons liet Wesemann zich zakken, achter ons naderde het peloton. We konden geen kant uit.

'Wagen 213. Weg. Nu!'

Mijn collega wisselde onophoudelijk zijn blik tussen de achteruitkijkspiegel en de weg voor ons. Achter ons toeterden directiewagens van de koers. De helikopter scheerde op honderd meter boven het parcours.

We zagen Wesemann iets te eten pakken uit de achterzak van zijn smerige shirt. Het was nog net te ver om te zien wat hij in zijn hand had. Achter ons was een vals akkoord van claxons te horen.

'Wagen 213. *Exclu!*'

Exclu. We waren uitgesloten van de koers. Een motorrijder reed langs mijn raam. Wilde gebaren. Onverstaanbare kreten vanonder een zwarte helm. We moesten hem volgen. Wat konden we anders? Hij reed met zijn motor brutaal het publiek in dat een gaatje maakte voor onze auto. Mijn collega stuurde de wagen zo ver mogelijk de vrijgemaakte berm in.

Een paar politiemotoren en een chique koerswagen raasden links aan ons voorbij. Meteen daarna volgde het peloton. Een boze renner sloeg op het dak van de auto.

Voor ons stond de motorrijder nog steeds stil. Terwijl hij op zijn motor bleef zitten, haalde hij zijn hand uit de handschoen. Met zijn nagels peuterde hij aan de sticker op onze voorruit. Met één ruk was hij los.

'*Exclu!*' riep hij, ten overvloede. Hij maakte ons duidelijk dat we na de kasseienstrook onmiddellijk het parcours moesten verlaten.

Nadat alle ploegleiders met hun wagens ons voorbij waren gereden, leidde de motorrijder ons over de kasseienstrook. Een gendarme aan de kant maakte een beweging. We moesten afslaan. Terwijl alle hoofden langs de kant de laatste renners nakeken, verlieten we het parcours.

We konden nog maar één ding doen: via de rijksweg omrijden naar de finish in Roubaix.

'Het kan ook naakt,' zei de fotograaf. 'Met een los wiel in je hand.'

'Ja? Wil je dat?' antwoordde ik, terwijl ik nadacht over zijn verzoek.

'Ik zag je net staan, toen je je verkleedde achter de wagen. Ik zie het wel voor me. Met de achterkant, hè?'

De achterkant. Mijn achterkant. Mijn reet. Mijn kont. Twee witte billen in Haveluy.

'Oké,' zei ik.

We bereidden ons voor. De fotograaf zocht zorgvuldig naar de juiste locatie. Ik stond tegen mijn oude Mercedes aangeleund, in afwachting van het teken dat ik me moest uitkleden.

Wielrenners zijn mensen met een ontwikkeld onderlichaam. De benen kennen nauwelijks rust tijdens de kilometers op de weg, de billen en de onderrug leveren een koers lang kracht en stabiliteit. Maar de schouders en het bovenlijf hangen er eigenlijk maar een beetje bij. Zwemmers hebben enorme bovenlichamen. Van achteren gezien lijkt een zwemmer een hoofdletter V op poten. Slechts een enkele renner toont in shirt met korte mouwen stevige armspieren. Hij zal wat harder aan het stuur kunnen rukken, maar daar win je geen wedstrijd mee. Alles draait om sterke bovenbenen en gespierde billen.

'Ik ben klaar,' zei de fotograaf. 'Als je het te koud krijgt, als ik een rolletje wissel, doe je mijn winterjas even aan.'

'Laat maar. Dat is te veel gedoe. Ik red het wel.'

Hij moest eens weten hoe ik kou haatte.

Ik ontdeed me van mijn wielerkleren. Als laatste trok ik mijn schoenen en kousen uit. Met een klein dribbelpasje liep ik naakt over de kasseien naar de plek die de fotograaf aanwees, ongeveer tien meter van de lens verwijderd. De modder kwam tussen mijn tenen door. Zwarte pindakaas.

De fotograaf begon te regisseren. Het wiel in mijn linkerhand, of nee, mijn rechterhand. Toch maar met twee handen. Of nee, boven mijn hoofd. Zwaaien met het wiel in één hand. Erop zitten. Achter me. Voor me.

We waren een kwartier verder. Ik prentte me in wat de fotograaf zou zien. Hij moest de pezige kuiten opmerken, die ik van mijn vader had geërfd. In de vriescellen van zijn bedrijf aan de Coolhaven in Rotterdam stond hij vroeger elke ochtend bij min 20 graden Celsius dozen te stapelen. Dozen met vlees, kroketten, ijs, patat.

Met mijn blote voeten op de grond taxeerde ik de oude stenen. Onhandelbare krengen die lui op hun plek lagen en niet van plan leken ooit nog iets anders te doen. Ik voelde de oneffenheden door de eeltlaag onder mijn voeten heen.

Hoe moeilijk moest het zijn om met een snelheid van 50 kilometer per uur over deze kasseienstrook te fietsen? 'Met een zwaar verzet over de rug van het pad zweven,' beweerden de besten altijd. De Bretonse renner Bernard Hinault weigerde aanvankelijk aan Parijs-Roubaix te beginnen. Hij vond het een waanzinnige helletocht. Hinault was bang om te vallen en te verliezen. Vallen, verliezen. De grootste angsten van een renner. Naast betrapt worden op doping. Uiteindelijk won hij in 1981, eerzuchtig als hij was, de koers waarvan hij zo'n afkeer had.

De naaktfotosessie duurde inmiddels ruim een kwartier. De kou ging dwars door mijn huid heen naar mijn botten, zo leek het. Mijn billen begonnen te trillen. Alsof de fotograaf ze via stroomstootjes op en neer liet schudden. Als ik mijn gewicht verplaatste op een andere voet, was het getril even weg.

Mijn kruis maakte aanstalten beschutting te zoeken tegen de ijzige wind. Aan de lengte van een pik valt veel af te lezen, zeggen ze. Een pik is een thermostaat voor gevoel en temperatuur. Zo naar beneden kijkend, constateerde ik dat de omstandigheden allesbehalve gerieflijk waren.

'Houden zo. Leunen op je linkerheup. Wiel iets meer langs je been.'

In Florence steunt Il David van Michelangelo al meer dan 500 jaar op zijn rechterbeen. Er zit een knik in zijn linkerknie, de rechterhand hangt een tikje geforceerd langs zijn dijbeen, de grote vingers gekromd. Hoelang had het model zo moeten poseren voordat de beeldhouwer uitgebeiteld was op het marmer?

Mijn linkerbil trilde nu onophoudelijk. Alsof hij me achter mijn rug stond uit te lachen, in een onderonsje met de fotograaf.

'Kun je je hoofd meer laten hangen, maakt het iets triester. Ja. Zo.'

Een blote man, in zelfmoordgrijs niemandsland.

Onderkoelde mensen verliezen hun vermogen tot nadenken. Had ik gelezen. Ze krijgen waanideeën. Zo ver was ik nog niet. Kasseienstroken zijn niet gelegd voor eindeloze overpeinzing.

In de verte bewoog de shovel. De grijper zakte naar beneden. Achter me hoorde ik het a-ritmische klikken van het fototoestel. De fotograaf moest mijn achterkant inmiddels ontelbaar keren hebben vastgelegd; ik stond hier een half uur. Hij had maar een paar seconden van die tijd op zijn rolletje staan. De rest was vervlogen.

Aan het geluid te horen kwam de tractor onze kant op. Een Franse boer viel niet uit te leggen wat we hier aan het doen waren. Een oude Mercedes met open deuren en achterklep, een fotograaf en een naakte man met een wiel in zijn hand. Ik zou meteen de streekpolitie bellen.

'Ik hou het bijna niet meer,' zei ik, terwijl ik met mijn rechterhand mijn zak tegen de kou beschermde. Mijn ballen kropen mijn onderbuik in, op zoek naar een warmer oord.

'Blijf nog heel even zo staan. Dit is mooi.'

Ik hield het niet meer. Het was mooi geweest.

'Zit er een goede bij?' vroeg ik de fotograaf.

Hij dacht van wel.

'Dan stoppen we ermee,' zei ik.

Ik liep op hem af, alsof het de normaalste zaak van de wereld was dat ik om half tien 's ochtends in de kou op een modderige kasseienstrook op zoek moest naar mijn kleding. Snel trok ik alles aan wat voorhanden was. Het maakte niet uit, als het maar warmte opleverde.

De motor draaide stationair om de verwarming op niveau te krijgen. Ik had een merkwaardige combinatie aan; wielerhandschoenen om mijn verkleumde vingers en gepoetste puntlaarzen aan mijn voeten.

De fiets en de koffer van de fotograaf lagen in de achterbak.

'Klaar?' vroeg ik.

'Ja. Perfect,' zei de fotograaf.

Ik zette de handpook op de D van 'drive'. We schommelden de kasseienstrook af, op naar de bewoonde wereld.

Na onze uitsluiting – we riepen op weg naar Roubaix nog duizend keer '*exclu!*' – reden mijn wielercollega en ik de parkeerplaats op bij het vélodrome in Roubaix. Met onze perskaarten konden we naar binnen. Rond de wielerbaan zaten de tribunes vol fans. Ze waren in afwachting van de eerste renner. De Côte d'Azur, de blauwe strook onder in de betonnen baan, was van een nieuwe laag verf voorzien. Eén keer per jaar maakte de baan zich op, als een hoogbejaarde dame die voor het weerzien van een oude vlam in haar damestasje graait naar haar blauwe oogschaduw.

Na de wedstrijd liepen we met de renners mee die stapvoets naar het waslokaal reden. Ze gaven de fietsen af aan hun mecaniciens en gingen naar binnen. Het lokaal was een aftandse ruimte van tien bij vijftien meter. Iedere renner had zijn eigen douchehokje van granitomuurtjes. Zonder gêne trokken ze hun smerige kleding uit en stapten onder de douche.

Ik zag schaafwonden op heupen, knieën en armen. Handen met vloeibare zeep gleden er een paar keer overheen; dat moest pijnlijk steken. Rond de doucheputjes ontstonden draaikolken met water, modder, bloed en spuug. Geen renner die zich na zo'n wedstrijd nog druk maakte om het laten lopen van zijn pis. Het leek zelfs of deze plek, met die grauwe stenen muurtjes, ervoor bestemd was. Een rij varkens in afwachting van de slacht had in dit lokaal ook niet misstaan.

Er bleven achterblijvers binnenkomen. Besmeurd met de grijze modder uit de streek. Het waren verliezers met een verhaal waar bijna niemand naar vroeg. In de warme sporthal verderop zat de schoongespoelde winnaar in trainingspak al te praten met de pers.

De fotograaf en ik hadden de kasseien van Haveluy achter ons gelaten. We reden terug naar België. De verwarmingsknop op het dashboard stond op het dikste rode sterretje. Eindelijk kreeg ik het warmer. We reden de grens over. Weg uit Noord-Frankrijk.

'Mag de radio wat zachter? Dan bel ik even naar huis,' zei de fotograaf.

Luisteren naar zijn gesprek deed ik nauwelijks. Ik dacht terug aan de kasseienstrook van Haveluy. Gek dat je kou niet kunt onthouden. Alleen dát het koud was. Mijn kou stond op een zwart-witrolletje.

De fotograaf hing op. 'Thuis kunnen we patatten in look eten.'

'Lekker, ik sterf van de honger,' zei ik.

Via de achteruitkijkspiegel zag ik de grijze wolken. Het klokje van de auto gaf elf uur aan. Er was iets meer licht in de lucht, al was het niet veel. Langs de snelweg flitste een kerkhof aan ons voorbij.

'Kijk, die bloemen op de graven,' zei ik.

Ze waren fel op de grauwe dag. Ik vermoedde dat ze nep waren.

'Het is vandaag de dag van de doden,' zei de fotograaf.

'Wat?'

'De dag van de doden. Vandaag maken mensen het graf van een dierbare schoon en leggen er verse bloemen op.' Ik kon me niet herinneren ooit een bos bloemen op een graf gelegd te hebben.

De fotograaf en ik kwamen aan op de plek waar het eten in de koelkast stond. Stram stapten we uit de auto. In de keuken was het warm. De fotograaf zette de aardappels in de oven. Al snel rook het naar knoflook. Ik keek in een lange spiegel. Daar stond een man op laarzen in een lange wielerbroek, trui over trui.

De glazen ovenschotel kwam op tafel. De in de lengte opengesneden aardappels lagen sissend naast elkaar. De hete jus droop ertussenuit.

Straks zou in de ouderwetse doka mijn naakte ik de ontwikkelaar ingaan, op de dag van de doden. Langzaam, seconde voor seconde, zou ik uit het toverpapier tevoorschijn komen. Een levende man met een wiel op de kasseien. Snel. Fixeren. In het stopbad. Een renner op zoek naar het einde van de kasseienweg.

Een renner zonder kleren, zonder publiek, zonder eten en drinken, zonder warmte, zonder palmares.

Een renner van niets.

Schijnbroer

Marco Pantani ligt dood in een plastic zak op een baar. Een paar mannen rijden hem naar buiten, naar een lijkwagen waarvan de klep al uitnodigend openstaat. Daar op straat, bij hotel Le Rose in Rimini, staan de *tifosi*. Ze klappen. Ze schreeuwen. Om een klein dapper kereltje dat op zijn fiets op iedere col durfde aan te vallen en nu het besluit had genomen om uit het leven te stappen.

Klappen voor een lijk. Dan moet je wel heel veel om iemand geven.

Ik zag Pantani voor het eerst in levenden lijve in de Tour de France van 1997. Hij had net de bergetappe naar Alpe d'Huez op meesterlijke wijze gewonnen. God, wat een klimmer. Dat tempo maken als hij uit het zadel kwam, dat bovenlijf zo rustig in evenwicht. En de ogenschijnlijk lichte tred die verbloemde hoe zwaar het verzet werkelijk was. Die Pantani liep twintig meter voor me. We waren op weg naar dezelfde bestemming, naar de mobiele perswagen die ergens op de flank van de berg stond.

Ik voelde de ogen van de fans in mijn nek. Ja, ze hadden gelijk. Ik leek op Pantani. Kale kop, uitstekende oren. Ik hoorde de fans in het Italiaans fluisteren. Altijd was er een bluffertje dat het aandurfde te schreeuwen.

'Eccolo, Pantani!'

Tijdens de persconferentie op Alpe d'Huez hield ik me gedeisd. Wie was ik dat ik mijn mond mocht opendoen? Ik had net de etappe met de auto gedaan, Pantani zat uren achtereen op een smal zadel. Dat is een gênant verschil. Een paar meter voor me praatte Pantani in de microfoon honderduit over de etappe. Het was een saai verhaal. Na afloop liep ik snel via de achterdeur naar buiten. Ik wist niet dat daar een hele meute fans stond geposteerd.

'Marco! Marco!!'

De echte Marco stond nog binnen. Dit was mijn kans. Nu kon het.

Heel even Pantani spelen. Ik ratelde een lange zin uit mijn Italiaanse cursus.

'Questa macchina mi costa un occhio della testa!'

Deze auto kost me een rib uit mijn lijf.

Dat ging erin als koek. Mama's gooiden hun kleintjes omhoog. Ik deelde kneepjes uit in kinderwangetjes en handkuste de moeders. Met toegeworpen stiften signeerde ik papiertjes, bierviltjes en wielershirts. Ik lachte en ging met schreeuwende Italianen op de foto.

'Het is zijn broer!' riep mijn collega Peter en gooide nog wat olie op het vuur. Dat leek me wel wat. De broer van Marco Pantani. Aangenaam. *Io sono Giorgio.* Giorgio Pantani.

Ik, als schijnbroer, weet wat Pantani — vanaf nu zeg ik gewoon Marco — heeft meegemaakt. Ik kan u zeggen: dat is niet misselijk. De verering, de verplichtingen, de beschuldigingen, de aandacht, de stilte. Het is verstikkend. Dodelijk, zou je bijna zeggen.

Mijn broer is gestorven. Aan eenzaamheid. Dat is voor een wielrenner veel erger dan sterven na een val in het ravijn. De autopsie moet nog plaatsvinden. Misschien pompen ze een overdosis kalmerende middelen uit Marco's dode maag. Een kalmerend middel is overal verkrijgbaar. Het is geen verboden spul. Als u het hele flesje doorslikt, verlaat u slapend het leven. Voor als u het nodig acht, ga uw gang. Sla uw slag.

Eenzaamheid is erg, een zware depressie wurgend. Kennelijk.

Dan koop je een paar potjes kalmte bij de drogist. Dat helpt.

Ik, de schijnbroer, probeer hem te begrijpen. Marco, je was, ooit, de mooiste klimmer van de wereld, je neemt op vijfhoog een kamer aan zee en laat de dood binnen. Ik probeer het te begrijpen. Mijn fietsbroertje is dood. Eén pedaalslag van jou was mooier dan zes overwinningen op rij in de Tour.

We hebben hem lelijk laten zitten. Dat is erg. Nu is het te laat. Marco's rol is uitgespeeld. En mijn rol van schijnbroer ook.

Addio Marco

Het einde is in zicht. Een van de dragers van de kist van Marco Pantani geeft aan nog een keer te willen stoppen. Hij vraagt om aflossing. De Via Mazzini, de weg van de kerk naar de begraafplaats van Cesenatico, is lang vandaag. Over een lengte van twee kilometer staan duizenden Italianen die hun wielerheld nog één keer willen aanmoedigen, zelfs als hij met deze slakkengang voorbijkomt.

'Vai in paradiso! Grazie Marco!' De kist ligt intussen weer op een paar frisse schouders en gaat met luid applaus de bakstenen poort van het kerkhof onderdoor. Links en rechts van de baar hollen de fans mee. Niemand weet precies waar het lichaam van Pantani komt te liggen.

Op het kerkhof is amper iets geregeld. Een groep Pantani-aanhangers met gele banden om de arm werpt zich op als ordedienst. Ze proberen de familie vrij baan te geven. De vele mensen zijn moeilijk in toom te houden. Zodra ze zien dat de kist weer een nieuw pad op het kerkhof inslaat, proberen ze via een omweg eerder dan de stoet bij de uiteindelijke rustplaats van Pantani te zijn.

De kist houdt stil voor een lange muur die half overkapt is. Er hangt een bordje: sectie G, 201-400. In de muur zijn leemtes waar de kisten ingeschoven kunnen worden. Dit is een verzamelplaats voor de doden. Geen losstaand praalgraf voor Pantani. Plek 262 is leeg; 262 wordt zijn laatste rugnummer. Dit is het nuchtere einde voor de wielerheld. Hij komt op drie meter hoogte te liggen, recht boven Sotero Pantani, zijn opa die in 1992 overleed.

Uit alle hoeken en gaten komen de fans om een laatste glimp van de kist op te vangen. Een paar cameramannen klimmen op een verrijdbare ladder die op het kerkhof wordt gebruikt om de kist op hoogte te brengen. Het exclusieve uitzicht voor de pers gaat de ordedienst te ver. *'Bastardi, bastardi, bastardi!'*

Met veel geschreeuw wordt een cameraman van de hoogste trede getrokken. De tape moet uit de camera en verdwijnt in de zak van een ordebewaarder. De onophoudelijke aandacht van de pers voor het verval van Pantani in zijn laatste jaren, wordt in Italië steeds meer als oorzaak gezien van zijn dood. Van een intiem moment voor de familie is maar kort sprake. De ouders van Marco Pantani moeten uit de drukte tussen de dodenmuren ontzet worden. Daarna kunnen de aanhangers in een lange stroom langs plek 262. Ik wacht op mijn beurt om even oog in oog met de kist van Pantani te staan. Het duurt niet langer dan tien seconden. Ik zie dat een goedkope kleurenkopie van een foto met Pantani erop, de achterkant van de kist afdekt. Daar ligt hij, in een muur geschoven tussen andere doden, een van de mooiste klimmers uit het peloton. De ordedienst houdt de vaart erin. Mij wordt verzocht door te lopen.

Het loopt tegen zessen. Het is gaan regenen. De bevolking van het stadje Cesenatico loopt de Via Mazzini weer af, terug naar huis nu. Een vrouw langs de kant spreekt me aan. 'Koud vandaag,' zegt ze en ze pakt mijn hand. 'En dan Marco in die kist, zo voor mijn huis langs. Het is een trieste dag.' Ze woont naast de kapper. Op zijn raam hangt een affiche. *Addio Marco, il campione per sempre.* Pantani blijft in zijn geboorteplaats voor eeuwig kampioen. De kapper knipt haartjes weg uit de nek van een klant. Met een zachte borstel veegt hij ze los van de huid. De zwarte plukjes vallen op de tegelvloer.

Cesenatico moet verder.

's Avonds neem ik een tafel in een van de weinige restaurants die open zijn in het verlaten stadje. Ik kijk uit het raam en zie *il porto canale*, het kanaal dat een directe verbinding met de Adriatische zee heeft.

Vanmiddag stond ik hier nog vlakbij op de kade, in grauw voorjaarsweer, tussen duizenden Italianen die met strakke gezichten luisterden naar het geluid uit de kerk, de San Pietro Pescatore, dat via twee speakers tot ons kwam. In de kerk zat een select gezelschap in de banken; de familie, Pantani's beste vrienden, zijn ploegmaten en beroemde wielrenners als Gimondi, Motta, Adorni, Moser en Bugno. Zelfs Charly Gaul, begenadigd klimmer en Tourwinnaar van 1958, was uit Luxemburg overgekomen. Gaul kreeg een ovationeel applaus toen een wielerfan de oude vos met grijze baard herkende en zijn naam begon te roepen.

Terwijl ik *gnocchi al ragu* eet, zie ik op de televisie, hoog in de hoek van de eetzaal, keer op keer de herhaling van de begrafenis. Steeds weer zwelt het applaus aan als de kist uit de kerk gedragen wordt. Steeds weer die huilende koppen in beeld, de piratenvlaggen wapperend in de wind. Steeds weer die langzame gang naar het kerkhof.

De ober drukt naar een ander Italiaans net. Er is een herhaling van de vriendschappelijke voetbalwedstrijd van de Italianen tegen de Tsjechen. Daarna begint een populair avondprogramma met een panel. De presentator heeft zijn haar geverfd. Hij stelt de vraag van de dag: wie doodde Pantani? De roddelpers, justitie op zoek naar een bekentenis over dopinggebruik, zijn medische begeleiders of de cocaïnedealer uit Rimini?

Ik betaal en stap in mijn huurauto. Voor ik naar mijn hotel rijd, maak ik een omweg naar het kerkhof. De Via Mazzini is donker en leeg. Ik richt de koplampen op de poort. Het hek zit op slot. Niets herinnert meer aan de massale begrafenis. Geen agent, geen fan, geen bloemen, geen posters, geen kaarsje. Geen nachtwake voor Marco Pantani. Hij is weer alleen, zoals hij zijn leven eenzaam eindigde op een hotelkamer aan de kust, even verderop in Rimini.

De volgende morgen eet ik een zoet broodje in de ontbijtzaal van het hotel. Daarna reken ik af aan de balie. Het is nog vierhonderd kilometer rijden naar het noorden, terug naar het vliegveld van Bergamo. Ik rijd langs het kerkhof en zie dat het hek nu wel openstaat. Ik kan het niet laten. Nog één keer naar Marco. Wat hij ook slikte, hoe hij ook in verval raakte, hij blijft toch een van de mooiste klimmers uit de wielerhistorie.

Het cement op plaats 262 is nauwelijks uitgehard. Iemand heeft met zijn vinger slordig de naam van de overleden renner in de zachte specie geschreven. Pantani, Marco. Dit is niet de definitieve rustplaats voor Pantani. Er zal een familiegraf gebouwd worden in de vorm van een berg. Er staan twee rode kaarsjes voor de dichtgesmeerde rustplaats, en een bosje gele tulpen in een vaas. Het is nog vroeg en ijzig koud, er zijn maar een paar mensen bij het graf. Mijn oog valt op een rillende man met een groezelig gezicht, hij leunt tegen zijn fiets. Hij heet Peter Mayer en komt uit Oostenrijk gereden. Een rit van zeshonderd kilometer. 'Ik wilde per se bij de begrafenis zijn,' zegt hij. 'Maar ik ben een halve dag te laat. Ik vond Pantani altijd geweldig. En wat er met hem gebeurd is? Ach, de wielersport zal nooit helemaal schoon zijn, zal ik maar zeggen.'

De Oostenrijker heeft nog geen tien minuten bij het graf gestaan of hij stapt alweer op. Terug naar huis. Ik toeter als ik hem even later op de doorgaande weg passeer. Hij herkent me niet. Op de autoradio ratelt een Italiaanse dame het weerbericht. Het noorden van Italië raakt ingesneeuwd. De Oostenrijker weet van niets.

Mannen, zo alleen op de fiets, zijn een beetje gek. Met hun manische manier van sporten, hollen ze hun eigen lichaam uit. Kou, honger, dorst, uitputting, niets lijkt ze te kunnen stoppen. De buitenwereld begrijpt hun lange, slopende solo's niet.

Als het vliegtuig opstijgt en een korte draai maakt boven Bergamo, wordt het zicht me al snel ontnomen door een dik wolkendek. Ik realiseer me dat we straks over de Alpen vliegen, het favoriete werkterrein van Marco Pantani.

Nooit meer die felle demarrages van dat kleine lijfje. Nooit meer de tempowisselingen om Armstrong te breken. Nooit meer die lichte tred op de pedalen. Nooit meer het zweet dat van de kale schedel naar de flaporen liep. Nooit meer Pantani.

Ik pak een sportkrant. Op de voorpagina is een grote kleurenfoto van de begrafenis afgebeeld. De kist met Pantani wordt door een mensenzee gedragen. Met een schok herken ik mijn kale kop, op nog geen drie meter van de kist. Gênant. Op de volgende pagina's lees ik de honderden afscheidsbriefjes van de tifosi. Ze huilen op het krantenpapier. Wanhopig zijn ze. *Marco torna. Torna indietro,* schrijft Franco op pagina 7. Maar Marco komt niet meer terug. Hij is weg. Voorgoed. Langzaam maakt de Hollandse nuchterheid zich van mij meester. De stewardess tikt me aan.

'Coffee? Tea?'

Zo is het. Blijven drinken. Belangrijk. Doe maar koffie, slechte vliegtuigkoffie. Een paar slokken en ik ben weer terug op aarde.

Annemiek in het woud

Vuile, schitterende olympische kloteberg met je ondoorgrondelijke woud. En ik was al heel stilletjes van je gaan houden. De tekenaar van het bedwelmende wielerparcours in het achterland van Rio had je achteraan in de rij van obstakels gezet. Het mannenpeloton mocht het eerst met je kennismaken. Wanhopig probeerden ze aan te vallen op de steile stukken. Maar je was onbarmhartig.

Een berg moet je respecteren, zeker in bijgelovig Brazilië.

Ook al ben je overwoekerd door takken, bladeren, riet, varens en weet ik wat nog meer, de stenen Jezus op de berg in de verte kijkt dwars door alles heen en straft genadeloos. Zijn armen staan wagenwijd open voor de hele wereld, maar een wielrenster omhelzen kan hij niet.

Hoe hard de motor met televisiecamera ook afdaalde, hij raakte het zicht op de koploper kwijt in de bochten van het dichtbegroeide woud.

Cameramensen, volgwagens, televisiekijkers: ze waren het spoor bijster. Allemaal een beetje gek geworden door de kilometers in die donkere tunnel van bladeren.

De vrouwen waren gewaarschuwd. Je moest uitkijken met jou, smerige helling. Annemiek van Vleuten hoef je niet te vertellen wat onheil is. Ze heeft vanaf haar zadel genoeg malheur meegemaakt. Op de helling trok ze ten strijde, het was machtig om te zien. Alleen nog even afdalen van jou, gemeen gedrocht met je bemoste stoepranden uit een andere eeuw en dan: olympisch goud.

De motor met camera hield haar bij. Het zwarte slingerpad naar beneden. Het tropische woud flitste aan Van Vleuten voorbij. Dit was eigenlijk terrein voor handige slingerapen. Van Vleuten zat vast op een racefiets.

Sneed ze de bochten scherp genoeg aan?

Verdomme, regenspatten op de lens.

Uitkijken.

Je kon het aan alle koppen van de wielrenners zien: dit sprookjesparcours zoog alle energie uit je lichaam. Overschatting werd in de zware rondtocht afgestraft met terugval, overmoed beloond met een smak in de goot.

Van Vleuten begon aan een lastige bocht. Het ging zozo. Het achterwiel gleed onder haar weg. Redden wat er te redden valt. Niets dus. Een smak. Weer die hoge stoeprand. Roerloos bleef Van Vleuten liggen.

De eerste achtervolger zag het besmeurde oranje shirt liggen, remde en gleed langs. Ze dacht dat ze goud kon winnen. Ten koste van alles en iedereen.

Iedereen wachtte op een teken van leven.

Van Vleuten, alsjeblieft.

Het duurde me te lang. Ik kon niet meer genieten van de verrassende gouden sprint van Anna van der Breggen. Er zat een knoop in mijn maag die pas verdween toen ik hoorde: Van Vleuten bij kennis, ze heeft iets gezegd, ze is stabiel.

In het achterland van Rio ruiste de tropische begroeiing van het boze woud. Vogels draaiden een rondje boven de kruinen van de bomen.

Jij vuile, oude berg won het van de haastige mens.

Luchtgekoeld

Eigenlijk moet ik niets van Zwitserland hebben. Alle inwoners hebben een hark. Ze harken zich er een ongeluk. Langs de wegen is alles even onberispelijk. Een op straat weggegooid papierpropje zul je er niet vinden.

Sauber und pünktlich. Ik gebruik het liefst woorden uit het land zelf om uit te leggen hoe Zwitserland eruitziet als je er met de auto doorheen rijdt. Op de snelweg is het rijden, tanken en doorrijden tot je aan de andere kant van Alpen opgelucht aan de cappuccino kunt op een smoezelige parkeerplaats in Italië.

Het wielerpeloton reed de koninginnenetappe van de Ronde van Zwitserland. Er zaten drie cols van de buitencategorie in het parcours. De Ronde van Zwitserland heeft het imago een trainingswedstrijd te zijn om je als renner te testen voor de Tour de France.

Jan Ullrich deed mee. Spannend. Ullrich heeft in de wintermaanden een hekel aan zijn vak. De Duitser grijpt liever naar een fles bier dan naar een bidon. In de lente zien fans met lede ogen aan dat Jans T-shirt te strak zit. Het is weer zover; tot aan de start van de Tour moet Jan de strijd aan met overtollige kilo's.

In de middag reden de coureurs richting de Gotthard, een berg van ruim twee kilometer hoog. Ze zouden de tunnel toch niet nemen? Ooit reed ik de zeventien kilometer lange buis in met een Kever. Die auto reed op benzine en was luchtgekoeld. Bij het inrijden van de tunnel stond het wijzertje van de tankinhoud op halfvol. En toch begon de Kever na een paar kilometer te schokken en te stotteren. De motor hapte naar adem. Ik herinner me elke kilometeraanduiding, alle noodstopplaatsen. Zo'n tunnelrit gun je niemand, zeker het profpeloton niet.

Gelukkig, de renners gingen bovenlangs. Je kunt op twee manieren over de 'San Gottardo'; je neemt de oude of de nieuwe pas. De organisatie van de ronde koos voor de oude klim. Al snel maakte het asfalt plaats voor kleine kasseien die in de vorm van halve bogen keurig naast elkaar lagen.

'Een stukje Vlaanderen in de Alpen,' zei de tv-commentator. En over de omgeving, waar geen mens te zien was: 'Als je een beetje ambitie hebt, ga je hier weg.' Hij had gelijk, het was dodelijk saai en stil. Maar met de klimmers slingerend over de weg kon de camera niet lang genoeg boven de bergflanken blijven hangen. De weghelften werden keurig gescheiden door een bakstenen streep.

Net als in de Giro d'Italia tijdens de heroïsche beklimming van de deels onverharde Colle delle Finestre wenste je hier als televisiekijker ook weer dat het beeld door de regisseur op zwart-wit werd gedraaid. Iedere meter op de oudste bergpas in de Alpen gaf de Ronde van Zwitserland meer glans.

Jan Ullrich leek op de Gotthardpas nog in goeden doen. Hij reed in de luwte achter zijn ploegmaat Giuseppe Guerini. Ullrich liet een ander het werk doen. Pas na de top van de Gotthard bleek dat hij zelf niet de kracht in de benen had.

Ik keek bij de volgende klim naar het gezicht van Ullrich. Mijn god, hij openbaarde hier op steile stukken in de ijle lucht dat hij over twee weken de Tour ging verliezen in het hooggebergte. Zijn ogen trokken een beetje naar binnen en er stonden groeven in zijn neusvleugels. Hij probeerde met halfopen mond zuurstof naar binnen te happen.

'Ook een luchtgekoeld motortje, Jan?' wilde ik roepen.

Ullrich zweette achter de rug van zijn trouwe helper en nam alleen nog over in de laatste afdaling van de dag. Hij was onderweg weer een pondje lichter geworden.

Aan de finish stond een meisje van zijn team klaar met een flesje bronwater. Ze draaide het dopje er alvast af. Jan schudde van nee en vroeg de weg naar de douche. Hij reed van de camera weg en verdween uit beeld.

Sinds deze etappe staat Zwitserland bij mij op de kaart.

Tourtour

Op naar Tourtour. Frans bergdorp met een dubbele tong, wit uitgeslagen door zelfgemaakte alcoholische dranken.

Ik was er al eerder, in het voorjaar, toen met de auto. Het was met veertien graden redelijk koud op het centrale plein. Er stonden een paar terrassen uit, maar je moest een Hollander zijn wilde je op zo'n stalen stoeltje plaatsnemen.

Terwijl ik ging zitten, zag ik een paar oude mannen lopen. Bergmannen. Hun koppen zagen eruit als afgesleten rotsen. Ik nam me voor dit plein nog eens aan te doen, maar dan met de fiets.

Vandaag, op een hete dag in augustus, ga ik terug naar Tourtour. Het is 38 graden in de Haut Var. Mijn fiets staat al klaar naast het vakantiehuisje. Onvoorstelbaar, wat 38 graden met een mens op een fiets doet. Al na een kilometer wil ik een wasteil leegdrinken. Desnoods met lauw zeepsop.

Ik rijd eerst vier kilometer naar Villecroze, een nietszeggend dorpje dat aan de voet van de heuvel ligt. Loom ga ik over het stijgende asfalt.

Onderweg passeer ik een restaurant zonder gasten. Het is etenstijd. Niets lijkt me erger dan eigenaar te zijn van een niet-lopend restaurant. Iedere dag de tafels dekken, de vloer aanvegen. Om twee uur later te constateren dat er weer geen klant gekomen is.

Nog drie kilometer naar Tourtour. Ik herken de bochten van de autorit in het voorjaar. Toen was alles kaal, nu ruik ik de zoetige geur van bloemen in de berm. Welke het zijn, weet ik niet. Als stadsjongen ken ik alleen de madeliefjes en paardenbloemen in het park.

Door het luchtgat aan de voorkant schiet een insect onder mijn helm. Het zoemt hard en vliegt met een tik tegen de zijkant. Met één hand schud ik de helm hard heen en weer op mijn hoofd, in de hoop dat het beest wegvliegt. Dom. Ik voel een steek op mijn achterhoofd.

Razendsnel maak ik het clipje onder mijn kin los en trek de helm van mijn hoofd. Er valt een wesp op het asfalt. Eigen schuld. Een angel in mensenvlees en je ligt dood op je rug.

Wrijvend over mijn achterhoofd voel ik een zwelling opkomen. Ik pak mijn bidon, spuit lauw water over mijn schedel.

Eenmaal op het plein in Tourtour zet ik mijn fiets tegen een plantenbak. Ik zoek een plaats op hetzelfde terras als vorig jaar. Het is veel drukker nu. Met mijn zweterige handschoentjes veeg ik mijn gezicht schoon. Op het volgende terras wordt een piano op een verhoging geplaatst. In de namiddag is er een optreden, lees ik op een aankondiging. Brahms, Mendelssohn en rode wijn.

Ik hoor Nederlands praten en kijk om. Een tafel verder zit een jong stel. De jongen is een tikkeltje verbrand. Hij zucht. Het meisje zit gebogen boven een baby in een maxicosi. De baby, aan zijn vierkante hoofdje te zien een jongetje, vecht tegen de slaap. Hij maakt huilgeluidjes en wrijft in zijn gezicht. Het meisje wappert met de menukaart boven zijn hoofdje.

Ik bestel een cappuccino bij de Franse serveerster.

Het Nederlandse meisje maakt een triomfantelijk gebaar naar haar vriend. Eindelijk. Het kind slaapt. Voor de zekerheid schommelt de jongen de maxicosi nog op en neer. Het zal toch niet? Nee. Het slaapt.

Mijn cappuccino is gemaakt van warm slootwater met slagroom erop. Ik had het kunnen weten. Fransen.

Het meisje pakt haar mobiele telefoon en houdt die vlak boven het gezicht van het kind. Ze drukt af en glimlacht daarna tevreden om het resultaat. De jongen kijkt plichtmatig mee. Het lijkt of het stel de hele week op deze weldadige rust gewacht heeft. De foto wordt per sms verstuurd.

Ze voelen zich betrapt door mijn blik. Ik voel me ook betrapt, maar blijf toch hun richting opkijken omdat mijn fiets achter hun tafel staat. Ik zie alleen een stukje van de kromming van het stuur, achter het gezicht van de jongen.

Na een tijdje wegkijken draai ik me weer hun kant op. De jongen zit nu alleen, met zijn verbrande hoofd. Hij heeft een buikje en heel zware sandalen onder zijn spijkerbroek. Hij is niet gemaakt voor zomerdagen.

Het meisje komt aangelopen. Ze draagt een witte fladderjurk met het prijskaartje nog in haar nek.

'Wat vind je?' vraagt ze, terwijl ze een rondje draait waardoor het uiteinde van de jurk in het gezicht van het kind wappert.

'Heb je 'm al gekocht?' vraagt de jongen.

Het meisje staat stil. Ze gaat met haar handen langs haar heupen die nog vocht vasthouden van de zwangerschap.

'Ik heb mijn rijbewijs als borg achtergelaten. Een boetiekje hier om de hoek. Negentig euro.'

'Eh, ja. Lekker zomers wel,' zegt de jongen aarzelend.

'Zal ik het doen... Ach, ik doe het gewoon!'

Het meisje loopt weg. Ik zie wat de jongen ziet. De jurk is gemaakt van veel te dunne stof. Haar forse figuur en haar grote onderbroek schemeren erdoorheen. De jongen kijkt me onzeker aan en draait weer snel van me af.

Ik betaal de vieze koffie, geef om onverklaarbare reden nog vijftig cent fooi ook, en loop naar mijn fiets. Ik weet dat de jongen naar me gluurt. Hij wil vast met me ruilen: hij trappen op een fiets, ik schommelen met een maxicosi.

Ik maak nog een extra rondje over het plein. Om te pesten. Dan rijd ik onder de oude dorpspoort door. Als ik via een druk winkelstraatje op de doorgaande weg uitkom, stop ik om mijn helm op te zetten. De harde kunststof rand drukt op de wespenbult. Ik verzet de gesp onder mijn kin zodat de helm losser komt te zitten.

Het asfalt is net opnieuw gelegd. Ik ruik het. Mijn voorwiel blijft aan de weg plakken, als een wikkel aan een toffee.

Trappen nu, trappen.

Weg uit Tourtour.

Johnny & Gerda

En dan staat Gerda daar.

Dit zinnetje wordt een gevleugelde uitspraak in de wielerwereld. Het mag alleen gebruikt worden door renners die weten wat helse pijn is. Het is een zinnetje dat een droom van een aankomst symboliseert.

Gerda stond langs het parcours in Kerkrade tijdens het NK wielrennen. Het peloton reed rondjes. Bij elke doorkomst zocht Gerda naar haar lief, Johnny Hoogerland.

Gerda weet hoe de littekens van Johnny aanvoelen. De diepe krassen over zijn benen, van zijn enkels tot aan zijn bilnaad, opgelopen tijdens een bizarre val in de negende etappe van de Tour de France in 2011.

Een wagen van de Tourdirectie reed Hoogerland aan, hij vloog de berm in en bleef haken in het prikkeldraad. De doornen kroon van Jezus was er niets bij. Op foto's zag je hoe op Hoogerlands benen riviertjes van bloed buiten hun oevers traden. In het ziekenhuis waren drieëndertig hechtingen nodig om de huid gesloten te krijgen.

De volgende dag zat de Zeeuwse renner weer op de fiets. Hij werd een held. Maar diep van binnen worstelde Hoogerland met de val en vooral met het juridische steekspel dat volgde.

Nog altijd heeft de Tourdirectie geen smartengeld betaald. De Fransen steken hun neus arrogant in de lucht en ruiken bij een Tourstart liever het parfum van een rondemiss dan het geronnen bloed van Hoogerland.

In Kerkrade zag Gerda hoe Johnny ronde na ronde naar voren opschoof. Hij reed wonderbaarlijk sterk, zeker als je in acht nam dat hij in het voorjaar met gebroken ribben en een gescheurde lever in het ziekenhuis was beland na alweer een aanrijding door een auto.

Hoeveel tegenslag kan een wielrenner verdragen?

Ik keek naar Hoogerland, *comeback kid* uit Zeeland. De kracht uit die frêle onderrug. Tijdens het trappen stonden zijn knieën als altijd een beetje naar binnen, ze raakten bijna het frame.

Hoogerland reed op een fiets van het merk Bianchi. Het frame was gespoten in de beroemde blauwgroene kleur celeste. De fietsenmaker Edoardo Bianchi zou die kleur zijn gaan gebruiken nadat hij in het begin van de vorige eeuw diep in de ogen van koningin Margherita van Italië had gekeken.

Alsof hij in een schitterende zee wegzonk.

Het geel en het eenvoudige donkerblauw in het Vacansoleil-shirt van Hoogerland vloekten enigszins met het celeste. In Kerkrade zat een eenvoudige Zeeuw op een chique Italiaanse fiets.

Tijdens de beklimming van het Duivelse Bos ontdeed Hoogerland zich van medevluchter Sebastian Langeveld en kwam hij alleen over de finish. Hij viel in de armen van een jonge vrouw in een wit colbert. Hoogerland huilde uit bij zijn Dama Bianca. Ze zoende hem lang in zijn nek, een van de weinige plekjes waar de renner nog geen litteken heeft.

De microfoons gloeiden in afwachting van de eerste woorden van de winnaar. Hoogerland begon over de wedstrijd, de ellende van de afgelopen jaren. Over de rood-wit-blauwe trui die hij de komende weken in de Tour de France ging dragen.

Het was een droom, zo over de finish te rijden: 'En dan staat Gerda daar.'

Engeltjes voor Fedor

Was hij bij zijn dood toch nog even groot nieuws. Het bericht stond tussen 'Leger Egypte ontbindt parlement' en 'PVV belooft loyaliteit in Eerste Kamer': Fedor den Hertog (64) overleden.

Den Hertog, alias Iwan de Verschrikkelijke, kon in zijn amateurtijd vernietigend hard fietsen. Het liefst reed hij solo voor het peloton uit. Hij won veel. Sterker dan leeftijdgenoot Eddy Merckx zou hij worden. Maar in zijn profperiode maakte hij dat niet waar.

Den Hertog lag in 1997 op de massagetafel en toonde me zijn littekens. Hij begon over een val uit een boom. 'Ik was tien jaar en met mijn Russische moeder naar de Oekraïne verhuisd. Ik klom in een appelboom. Die appels waren best lekker zoet.'

Zoete appels. Fedor zocht naar een moment van geluk uit zijn jeugd en kwam uit bij de smaak van zelfgeplukt fruit. Van zijn ouders moest het heil niet komen. Ze hadden veel ruzie en pa deelde rake klappen uit. Fedor moest het al vroeg in zijn leven alleen uitzoeken.

Het pezige lijf van de oude Fedor stond gespannen als een snaar. De ijdelheid droop ervan af. Dit was zijn lichaam, dat hij zelf tot een onverslaanbare sportmachine had gekastijd.

Hij bestreed de pijn van het leven met de pijn van het fietsen.

Fedor lag in scheiding. Het greep hem naar de strot. Fedor kon niet slapen en kroop daarom 's nachts op de racefiets. Honderden kilometers reed hij in zijn eentje in het pikkedonker over de weg. Het zwart voor de ogen. Auto's konden hem ternauwernood ontwijken.

Het peloton vond hem een vreemde vogel. Een onvervalste einzelgänger. En dat was hij ook. Vaak begreep hij alleen zichzelf. Wat moesten nuchtere renners als Jan Raas en Henk Lubberding met zijn wollige uitspraken?

Fedor: 'Ik ben op weg van nergens naar ergens.'

Nog meer littekens. In 1967 reed hij tijdens een wedstrijd frontaal op een witte Mercedes. Hij vloog door de voorruit, bloedde als een rund, lag in coma. Fedor over dat ongeluk: 'Ik herinner me alleen nog een vrouw die langs de kant van de weg het wasgoed binnenhaalde. Daarna was het alsof ik de engelen hoorde zingen, al kan het ook de ambulance geweest zijn.'

Een traan gleed van zijn ooghoek naar een groef in zijn wang. 'Echte liefde geeft je zoveel geneeskracht. Na dat fietsongeluk kreeg ik wekenlang in het ziekenhuis iedere dag twee ansichtkaarten van dezelfde fan. "Beterschap, van Martin" stond er steeds op.'

Een paar jaar geleden sprak ik met hem over zijn biografie. Op de eerste pagina stond dat hij zou gaan sterven aan prostaatkanker. 'Ja, dat zeggen de artsen,' antwoordde hij. 'Ziekte is in werkelijkheid een disharmonie van je zijn, zowel geestelijk als lichamelijk.'

Zo strak als hij fietste, zo wazig waren zijn teksten, veelal samengebald in tegelwijsheden.

Fedor den Hertog gaf geen heldere antwoorden. Hij stelde liever vragen. Hij was onaangepast, zachtaardig, raar, onzeker. Met die lichtgevende ogen keek hij je aan en verwachtte iets. Wat, werd mij nooit helemaal duidelijk. Ik vermoed aandacht. Of simpelweg: liefde. Ik hoop maar dat hij het genoeg heeft gehad, bij leven. De fiets heeft in ieder geval een handje geholpen.

En nu op naar je engeltjes, Fedor. Deze keer zijn ze echt.

Kramp

Onder de tafel probeerde ik mijn vingers uit nieuwe wielerhandschoenen te wurmen. Ik had het paar via internet besteld en op het formulier *medium* aangevinkt. Drie dagen later had de koerier een pakketje bij me thuis afgeleverd. De witte handschoenen waren gemaakt van mals leer, met uitsparingen voor de knokkels. Ze zaten strak, als een tweede huid. Ik kreeg ze niet makkelijk uit.

Zonder het kopje beet te pakken slurpte ik van het melkschuim.

'Te heet?' vroeg de serveerster.

'Nee, perfect.'

Ze liep naar een volgend tafeltje. Het was de eerste warme voorjaarsdag, er zaten veel mensen op het terras in Noordwijk.

Eindelijk, ik had de handschoenen uit en mijn vingers vrij om ze door het oor van het koffiekopje te steken. Ik nam een grote slok. Koffie maakte de dag. Zonder koffie was ik geen mens. En al helemaal geen fietser.

Cafeïne. Te veel is verboden voor een renner.

De Italiaanse coureur Gianni Bugno werd ooit betrapt op het gebruik van cafeïne. Woedend was hij geworden op de dopingcontroleur. 'Ik ben Italiaan. Je weet toch dat wij veel espresso drinken?' verweerde hij zich. 'Maar geen duizend per dag,' zei de controleur met een buisje geteste urine in zijn hand.

Ik had met Bugno meegeleefd. Cafeïne is toch geen doping? Koffie behoort tot de standaardverzorging van de fietser. En is bovendien goed voor de stoelgang. Koffie is net zo belangrijk als pasta, water, gel met eiwitten, isotone dorstlessers, mueslirepen, bananen en rijsttaartjes.

Met een lepeltje schepte ik het achtergebleven schuim uit het kopje en keek naar het strand. Een stel surfers trok wetsuits aan. Een van de jongens controleerde de onderkant van zijn board en gooide het ding in de golven.

Ik rekende mijn koffie af.

'Vandaag weer naar Scheveningen zeker?' vroeg de serveerster.

'Precies.' Ik stak mijn vinger in de lucht. 'Heen wind mee, terug tegen.'

Op de boulevard was het druk met auto's en bussen. Na vijftig meter slalommen sloeg ik rechts af het fietspad op. Daar begon mijn parcours door de duinen. Ik schakelde, mijn ketting viel op het grootste tandwiel. Even moesten mijn benen wennen aan de tegendruk. Ik ging staan en trok mezelf in gang.

Het was een ideale lentedag om diep te zitten en zo hard mogelijk te fietsen. Het kilometertellertje op het stuur liep op. Mijn banden zoemden over het oude asfalt. De teller bleef hangen rond de 45 kilometer per uur. Hard, voor mijn doen. Op sommige plekken had de wind fijn duinzand op het pad geblazen. Uitkijken dat ik niet zou slippen.

Ik snoot mijn neusgaten een voor een leeg en snoof de zilte lucht op. Een verademing in vergelijking met de vervuilde lucht in de stad. Ik schatte dat ik al op 90 procent van mijn kunnen reed. Als een tijdrijder zou ik een race tegen de klok rijden. Heen en weer naar Scheveningen kostte me meestal anderhalf uur. Diep voorovergebogen keek ik voor me uit. Er was niemand te zien op het pad. Ik spuugde slijm uit. Perfect. Mijn ademhaling was nu vrij. De mens als machine: een luchtpomp, olie, een tank vol benzine, een motor, radertjes, schroefjes. Alles functioneerde, zeker met wind mee.

Pas na vijf kilometer fietsen zag ik een eerste tegenligger op het pad. Een stroef bewegende man met stokken. Nordic walking. Welke idioot had die vrijetijdsbesteding voor senioren naar Nederland gehaald?

De man leek bang dat ik hem zou raken. Hij schudde zijn hoofd.

'Nou nou!' hoorde ik hem roepen toen ik voorbijraasde.

'Fietspad!' riep ik terug.

Ik begon aan een licht glooiend stuk. Mijn voorwiel zoemde harder toen het asfalt even wat ruwer werd. Het pad zag ik onder me door flitsen. Ik hoefde nog steeds niet terug te schakelen, met wind mee kon ik op souplesse fietsen. Pas verderop zou er een flinke klim tegen een duin komen.

Ik keek omhoog en zag een stel kokmeeuwen met me mee vliegen.

Ze hoefden minder inspanning te leveren dan ik. Met gespreide vleugels lieten ze de wind het werk doen. Verwachtten ze dat ik ze korsten brood zou toegooien, verwend als ze waren met het overtollige voedsel dat de badgasten achterlieten?

De meeuwen kwamen zo dichtbij dat ik hun zwarte koppen zag bewegen. Teleurgesteld dat ik niets bij me had, draaiden ze zich om en klapten met hun vleugels fel tegen de wind in. Die tegenwind had ik nog tegoed, als ik bij de watertoren in de duinen van Scheveningen zou omdraaien. Er was niets mooiers dan door de duinen met wind mee te denderen. Even hield ik op met trappen en schudde mijn benen los.

Naast me op de weg schoof een schaduw in beeld. Ik herkende de vorm van een helm. Niet omkijken. Hoelang reed de fietser al achter me? Ik bleef diep zitten en hield de hoge snelheid aan. Wanneer zou hij me passeren? Of verwachtte hij een teken om de koppositie te moeten overnemen? Een echte wielrenner zou één keer met zijn elleboog naar buiten bewegen. Knechten konden het goed, vooral als ze lange tijd hard op kop hadden gereden voor de sprinter van hun ploeg.

Als hij achter mijn rug bleef zitten, wist ik dat hij blij was dat hij mijn tempo kon volhouden. Ik keek nog eens naar de schaduw naast me. De vorm verraadde dat de fietser in een aerodynamische houding zat. Profs deden tegenwoordig een test in de windtunnel om te zien wat de ideale zit was. In een afgesloten ruimte werd gekleurde wind op hen geblazen terwijl zij pedaleerden. Alles werd gefilmd. Zo konden de renners achteraf zien waar het lichaam te veel weerstand bood. Misschien moesten de armen toch iets meer onder de borstkas, het hoofd nog iets meer tussen de schouders. Wielrennen werd steeds wetenschappelijker benaderd. Ik snapte die aanpak wel, tijdritten werden op tienden van seconden beslist. En toch hield ik meer van de oude stijl: trappen, pijn lijden, volhouden.

Daar kwam de scherpe bocht al aan. Ik kende het duinparcours uit mijn hoofd. Hoe vaak had ik het al niet gefietst? Het was de ideale route om in het voorjaar de kracht in je benen te vergroten. Na die bocht zou er een hoog duin komen. Ik legde mijn handen alvast op het stuur om beter te kunnen trekken bij de klim.

Ik reed nog steeds in stevig tempo door. Toch moest ik na de eerste meters naar een lichter verzet schakelen. Mijn snelheid liep terug naar

30 kilometer per uur. De schaduw van mijn volger zat nog steeds op dezelfde plek, zag ik. Zou hij tot aan de top van het duin achter me blijven zitten?

Wieltjesplakkers. Ik haatte die figuren.

Nee, daar kwam hij. Vanuit mijn ooghoek zag ik links van me een voorwiel verschijnen, eerst de schaduw, daarna het wiel zelf. Mijn volger ging overnemen. Na het voorwiel kwam het frame in beeld. Ik keek opzij. SPECIALIZED, las ik op de rode buis. Goed merk.

Een jongen reed me in hoog tempo voorbij. Ik moest alle zeilen bijzetten om niet meteen gelost te worden. Door een paar flinke trappen kon ik nog net aan zijn achterwiel blijven kleven. Ik had uitzicht op lange gebruinde benen, witte sokjes, witte schoenen. WIELERCLUB KATWIJK, stond er op zijn rug. Uit de mouwen staken jongensachtige bovenarmen met donshaar. Zijn rug begon breed maar eindigde in een wespentaille. Hoe oud was deze fietser? Als ik dat wilde weten moest ik hem passeren om hem nog eens goed in zijn gezicht te kijken. Ik schatte dat het nog ongeveer vijftig meter naar de duintop was. Nee, ik moest achter hem blijven. Hier passeren stond gelijk aan sportieve zelfmoord.

Toen de jongen vlak voor de top op zijn pedalen ging staan, keek ik naar zijn smalle achterwerk dat boven het zadel hing. De meeste kracht leek uit zijn bovenbenen te komen, ze gingen als hefbomen op en neer. Ik beet op mijn tanden om zijn tempo te kunnen blijven rijden. Mijn ademhaling ging snel, té snel, maar ik moest hem bijhouden. Van de souplesse was weinig meer over, ik wrikte met mijn fiets. Mijn voorwiel zat op twintig centimeter van zijn achterwiel. Dertig centimeter. Niet opgeven. Ik schakelde lichter om in een sneller beenritme te kunnen trappen. Het hielp niet. Er zat intussen een meter ruimte tussen ons. Twee meter. Drie.

Ik moest hem laten gaan.

Boven op de duintop hapte ik naar adem. Mijn benen voelden opgeblazen. De jongen had zonder bij te trappen de afdaling genomen en lag een flink stuk voor. Ik had dit keer geen tijd voor het schitterende uitzicht over het duinlandschap. Het was knokken om bij het achterwiel te komen. In het laatste stuk van de afdaling zat ik weer achter de jongen. Mijn ademhaling bleef kort, ik piepte als een motor met lekke zuigers.

De jongen had nog niet één keer omgekeken.

Ik keek naar mijn schaduw. Mijn vervormde hoofd reisde mee onder zijn pedalen. Vermoedelijk had hij in de gaten dat ik weer dicht achter hem reed.

Er kwam een vlak stuk. Dit was het moment om naar een zwaarder verzet te schakelen.

Kom op, spoorde ik mezelf aan.

Ik stuurde naar links en reed meteen vol in de wind. De jongen keek naar zijn pedalen. Hij moest zien dat mijn schaduw naar voren opschoof; voor hem het sein om harder te gaan rijden. Zijn gladde kuiten spanden zich. Ik schakelde nog een tandje zwaarder en ging diep vooroverzitten. Tevergeefs. De jongen reed met een losse tred weer bij me vandaan.

De afstand tussen ons was in een paar seconden tijd twintig, dertig meter. Dit was onmacht. Ik baalde ervan. Een konijn met kale plekken op zijn vacht schoot over het pad en zigzagde de duinen in.

Ik probeerde het tempo hoog te houden. Intussen hield de jongen zijn benen stil. Met moeite kon ik weer bij hem aansluiten. Hij keek niet om en gunde me geen seconde rust. Zodra hij doorhad dat mijn voorwiel in de buurt van zijn achterwiel kwam, voerde hij het tempo weer op. Ik vervloekte mijn schaduw. Verrader.

Ik was de speelbal van een snotneus. Dit kon ik niet op me laten zitten. Toen hij een slok uit zijn bidon nam, zag ik mijn kans schoon. Met alle kracht in mijn lijf achter zijn rug vandaan. Nog een paar trappen en ik zou zien hoe oud hij was.

De jongen deed zijn bidon terug in de houder. Mijn schouders gingen heen en weer. Centimeter voor centimeter kroop ik dichterbij. Nog een paar harde slagen met de pedalen.

Eindelijk, ik reed naast hem. De jongen keek opzij, met een zijige glimlach. Een pubergezicht, blauwe ogen, vlezige lippen en een blos op zijn wangen.

'Hoi,' zei ik.

Hij knikte me toe.

'Scheveningen?' vroeg ik hijgend.

'Ja. Heen en weer. Lekker trainen. Gaat u ook die kant op?' Door zijn plaatjesbeugel glipten de woorden nattig uit zijn mond.

Ik knikte en spuugde tegelijkertijd. 'Hard,' hijgde ik vaderlijk. 'Jij.'

'U ook wel, hoor.'

U. Dat klonk netjes.

'Hoe oud... ben je?'

'Vijftien.'

'Echt?'

'Ja, ze schatten me altijd ouder. Ik ben groot en zwaar voor mijn leeftijd. Er mag nog wel een kilo af.'

Zijn benen leken aangedreven te worden door een computergestuurd motortje. Hij reed in een razend ritme. Ik keek op mijn teller, 51 kilometer. Zo hard had ik nog nooit gereden in een ritje tegen de klok.

'Al veel gefietst?' vroeg ik.

'Ik rijd zo'n twintigduizend kilometer per jaar.'

Ik dacht aan de schamele drieduizend kilometer die ik eind vorig jaar op mijn teller had staan.

'Ik ben clubkampioen bij de nieuwelingen.'

'Goed, zeg.'

Er kwam weer een hoog duin in zicht. Zonder iets te zeggen wees ik ernaar.

'Gaat u maar voorop,' zei de jongen.

Ik ging op de pedalen staan en reed hem voorbij. Door het gesprekje was ik nog meer gaan hijgen. Zitten. Ademhaling reguleren. Via de neus in, via de mond uit. Het werkte niet. Ik zat achter mijn adem, zoals sporters dat noemen.

De eerste meters op het duin verzette ik me tegen het zakken van mijn tempo. Waarom zou ik opgeven? Omdat hij jonger was? Leeftijd zei niet alles. De Duitse profrenner Jens Voigt was veertig jaar en reed nog fanatiek voorop in kopgroepen. Er zat nog geen sleet op het lijf. Hij had zes kinderen. Waarmee het gerucht dat je door te veel fietsen onvruchtbaar zou worden meteen was ontzenuwd. Mijn ademhaling was nog steeds snel en onregelmatig. Het gaf niet. Het was juist spannend om de noodsignalen van het lichaam af en toe te negeren. Ik was niet van de generatie die met een hartslagmeter fietste en al in paniek raakte als ze in 'het rood' terechtkwam.

Het rood is de zone waar de strijd pas losbarst. In het rood wordt het kaf van het koren gescheiden. Wie lang in het rood kan rijden heeft een sporthart.

Links, rechts. Niets te zien. De schaduw van de jongen was weg. Ik keek om. De jongen reed twintig meter achter me met de handen op het stuur. Had hij geen puf meer? Zie je wel? Leeftijd, het aantal gereden trainingskilometers: het vertelde niets over wie er sterker was. Het kwam bij wielrennen uiteindelijk aan op vechtlust.

Nog honderd meter en ik bereikte als eerste het hoogste punt van het duin. Ik zou rechtop gaan zitten, het shirt netjes rechttrekken en met twee handen zwaaien naar het helmgras alsof het duizend juichende fans waren.

Achter me klonk het zuigende geluid van banden op asfalt. Voor ik kon omkijken zoefde de jongen aan me voorbij. Staand op zijn pedalen draaide hij met machtige halen een groot verzet rond. Bij iedere omwenteling reed hij een paar meter bij me vandaan.

Ik ging op mijn trappers staan. Een, twee, drie, vier harde pedaalslagen. Het leek erop dat de jongen niet verder uitliep. Volhouden. Daar was het gepiep in mijn longen weer. Ik kwam iets dichterbij.

Een pijnscheut in mijn rechterkuit. Alsof mijn spier van binnenuit hardhandig werd weggezogen. Vloekend ging ik zitten en hield mijn pedalen even stil. De jongen gooide zijn fiets in een ontspannen cadans heen en weer. Hij liep meters uit.

Ik ging weer staan.

Na de eerste harde trap voelde ik weer een scheut. Terwijl ik met mijn linkervoet hard naar beneden trapte om vaart te houden, trok ik mijn rechter los van het pedaal. In een poging van de kramp af te komen ging ik zitten.

Hiel omlaag, tenen omhoog. Het had weinig effect. Mijn fiets zwenkte naar links.

Er was geen redden meer aan. Ik trok mijn andere voet los, remde en kwam tot stilstand in het duinzand.

Terwijl ik met mijn duim hard op de bal in mijn kuit duwde, keek ik voor me. De jongen had de top van het duin natuurlijk al bereikt. Hij ging op zijn zadel zitten en verdween uit beeld.

De egoïst.

Vooroverhangend op het stuur hijgde ik uit. Ik was te moe om mijn bidon te pakken en strompelde verder de berm in. Verslagen staarde ik voor me uit. Verderop slenterden twee dames in korte broek door de duinen. Was een van hen mij nu aan het bespieden met haar verrekijker? Ik ging snel rechtop staan. De andere vrouw wees. Niet naar mij, maar naar het duin achter me. Ik keek om en zag een fazant met snelle fladderpassen door het gras hollen. Hij verschanste zich in een stel dichte struiken.

Het had weinig zin om verder te fietsen; dan zou de bal weer terugkomen in mijn verzuurde kuit. Mijn benen voelden loodzwaar. Gevuld met beton.

Stram kroop ik op de fiets en reed zonder te trappen het duin af. Eenmaal beneden sloeg ik bij een paddenstoel met STRAND 0,5 KM erop rechts af. Ik had daar bij een eerdere tocht op een bankje uitgerust. Aan de koeler wordende wind merkte ik dat ik in de buurt van het strand kwam. De weg ging licht omhoog. Als kind vond ik het een magisch moment wanneer je tussen twee duinen door langzaam de blauwe strook omhoog zag komen. Nu was ik te moe om van het uitzicht op zee te genieten.

Aan de voet van de strandopgang stapte ik af. Ik zette mijn fiets tegen een vuilnisbak en ging op het bankje zitten. Mijn hoofd lag in mijn handen. Tussen mijn schoenen lagen lege schelpen in het zand.

Langzaam kwam ik omhoog. Door me uit te rekken kon ik net mijn bidon uit de houder trekken. Gulzig dronk ik hem leeg terwijl de zonnestralen mijn benen verwarmden. Ik masseerde mijn kuiten. Ze werden alweer zachter.

Frituurdamp waaide mijn kant op. Nu pas zag ik dat tegenover het bankje een houten viskraam stond. Een oud stelletje wachtte op hun bestelling. Ze waren op de elektrische fiets.

Ik wachtte tot de man en vrouw vertrokken waren en liep stram naar de kraam. Een man stond met zijn rug naar me toe. Hij roerde met een grote zeeflepel door het vet.

Vet eten combineerde niet met serieus fietsen. Ik wilde in de zomer in perfecte conditie zijn om bergen te bedwingen in Frankrijk en Italië.

In de vitrine lag haring. Met de kop eraf, de huid voorzien van een lichte glans, netjes schoongemaakt.

De man gooide gefrituurde vis in de uitlekbak. Hij draaide zich naar me toe.

'Meneer, zeg het eens?' zei hij, met een smakelijk Haags accent.

'Een broodje haring graag.'

'Gaan we doen.'

Hij sneed een wit kadetje door, smeerde roomboter met een lepel op beide kanten en legde er een haring tussen. Sappig roodbruin vlees.

'Uitje?'

'Doe maar, ja.'

'Plakje augurk?'

'Nee, dank u.' Ik moest er niet aan denken.

De man legde het broodje op een servetje op de smalle toonbank boven de vitrine. 'Nog iets om door te smeren?'

Water, wilde ik antwoorden. Altijd maar water, water, water. Nee, deze keer had ik behoefte aan suiker.

'Doe maar een cola,' zei ik.

De man zette het blikje naast het broodje. Het blikje siste toen ik het opentrok. Ik nam een paar teugen.

'Je ziet er gesloopt uit, kerel.'

Mijn hoestje speelde weer op. Ik schraapte mijn keel. 'Ik heb lekker doorgefietst, ja.' Ik spuugde wat slijm weg, naast de viskraam.

'Leg het daar maar neer,' zei de man. Hij haalde een doekje uit een mayonaise-emmer waar een sopje in zat en maakte de rand van de frituuroven schoon.

Gretig beet ik in het broodje.

'Zie je niet veel, een wielrenner die in een broodje haring hapt.' De man spoelde het doekje uit.

'Het is eigenlijk te vet,' zei ik.

De eigenaar trok zijn smerige overhemd omhoog en sloeg met de vlakke hand op zijn pens. 'Vet is belangrijk voor de ontwikkeling van je hersens. Kijk maar.'

'Te veel vet is niet gezond,' zei ik.

'Ach, gezond, gezond. Meneer, ik ben vierenzestig. Ik zuip en eet alles en ik voel me kiplekker.'

Mijn mond was leeg.

'En sporten?' vroeg ik.

'Ik heb een reet om op te zitten.'

Het blikje cola was nog voor de helft vol. 'Wat krijgt u van me?'

'Zes eurootjes.'

Ik gaf de man een briefje van tien euro. Hij pakte het aan, zocht onder de toonbank en gaf vier euro terug.

'Wacht even.' De man pakte een plastic bakje en vulde het met gebakken kibbeling. In het zijvakje goot hij een witte saus. 'Hier, volgens mij kan dit er nog wel bij.'

Ik hoestte nog eens diep en voelde de lucht schuren in mijn luchtpijp. 'Dat is aardig. Lekker.'

Ik doopte een nog warm stuk kibbeling in de saus en stopte het in mijn mond. Wat zeurde ik toch altijd over vet?

'Ik zeg altijd: geniet van het leven, het duurt maar even.'

Het halve blikje cola stond nog op de toonbank. Ik pakte mijn bidon en goot het restant erin.

De tegenwind blies in mijn gezicht toen ik het fietspad terug naar Noordwijk nam. Naar Scheveningen wilde ik niet meer. Om meer lucht te krijgen ging ik iets rechter zitten. Mijn kuiten schreeuwden om een kussen van velours waarop ze in slaap konden dommelen.

Ik had nog twintig kilometer voor de boeg. Het eerste duin reed ik met een verzet waarmee ik normaliter bergen beklom. Ik schaamde me voor mijn tempo.

Moedeloos schakelde ik een verzet lichter. Nog een tandje. Ik overwoog af te stappen en de fiets verder omhoog te duwen. De lol was eraf. De smaak van de saus kwam terug in mijn mond. Ik nam een slok cola uit mijn bidon, maar bleef de saus proeven. Zurig.

Achter me hoorde ik schakelgeluiden. Voor ik kon omkijken voelde ik een gespreide hand op mijn rug.

'Blijf zitten!'

Ik keek om. Het was de jongen van fietsclub Katwijk. Mijn kilometerteller ging in korte tijd van 15 naar 25. 'Hoeft niet, hoor,' riep ik.

De jongen moest aan mijn gezicht gezien hebben dat ik loog. Terwijl hij duwde, trapte hij stevig door. Mijn gewicht leek hem niet te deren. Ik trapte in het luchtledige, als een peuter op zijn kinderfietsje naast zijn vader.

De top van het duin kwam in zicht.

'Sorry,' zei ik.

'Geen probleem. Dit is een goede krachttraining voor me.'

Geduwd worden tijdens een klimmetje van niks. Ik voelde me machteloos. Zo moest een oude man in een rolstoel zich voelen.

Tijdens de Tour de France is het verboden om je te laten duwen. Tijdens zware bergetappes gebeurt het toch. Wielrenners smeken met hun ogen. '*Poussez!*' Zodra fans beginnen te duwen, moeten renners kenbaar maken dat het niet toegestaan is. Volgwagens met juryleden zijn nooit ver weg.

We reden over de top. In de verte zag ik de bebouwing van Katwijk liggen. Ik ging naast de jongen rijden.

'Merci,' zei ik.

Hij knikte. Ik was oefengewicht voor hem geweest. Een man van zeventig kilo was gebruikt om de dijen van een frisse jongen op te pompen. De jonge Katwijker drukte een knopje in op zijn stuurcomputer. 'Gemiddeld wattage 340, hartslag 140. Kicken.' Het was abracadabra voor me. Watt hoorde bij het taalgebruik van een verkoper van gloeilampen. Naast elkaar reden we over het pad het hoge duin af. De jongen schudde zijn dijbenen los.

'Gaat het?' vroeg hij.

'Jawel.'

Hij trok een flacon met gel uit zijn achterzak, scheurde hem met zijn tanden open en spoot de inhoud in zijn mond. Hij leek genoeg energie en kracht te hebben om nog tien keer heen en weer van Katwijk naar Scheveningen te rijden. De lege flacon verdween in zijn achterzak.

De jongen ging steeds harder rijden. Ik probeerde zo ontspannen mogelijk uit mijn ogen te kijken en hem te volgen. Zonder liegen en bedriegen kom je niet ver als wielrenner. Je nooit in je kaarten laten kijken.

De jongen kletste voor zich uit. 'Ik train volgens de schema's van mijn stiefvader, die is bloedfanatiek. We fietsen altijd samen. Maar hij heeft griep.'

Ik knikte. 'Word je prof?'

'Ik hoop het wel.'

Mijn kuit speelde weer op. De kramp was niet ver weg.

'Welke koers wil je winnen?'

'Het liefst de Ronde van Vlaanderen.'

'Ah, mooi, is ook mijn favoriete wedstrijd.'

'Maar ik mag niet fietsen op zondag. We zijn thuis gereformeerd. Waar fietst u heen?'

'Noordwijk.'

'O, klein stukkie nog. Zes kilometer. Ik ga hier de duinen in. Onverhard pad naar Katwijk. Flink doortrappen.'

De jongen sloeg af, schakelde zwaarder en begon te beuken op zijn pedalen.

'Train ze!' riep ik hem na.

De jongen stoof het steile schelpenpad op en verdween opnieuw uit beeld.

Ik was alleen met de tegenwind. Mijn tempo zakte snel. Vijfentwintig, tweeëntwintig. Onder de twintig schaamde ik me voor mijn conditie. Negentien. Ik zette kracht. Heel even eenentwintig. Daarna zakte het metertje weer. Negentien. Vechtend tegen de wind zwalkte ik over het pad. Een groepje fietsers reed me hard voorbij.

Noordwijk. Waar bleef de badplaats? Ik nam een slok uit de bidon en schrok van de colasmaak. Zouden de suikers goed werk doen in mijn gestel? Iedere omwenteling viel me zwaar. Ik begon over de weg te slingeren. Een tegenligger op de fiets kon me ternauwernood ontwijken. Hij moest een stuk door de berm.

'Klootzak!' riep hij.

Als excuus stak ik mijn hand een stukje omhoog. Ik ging weer uiterst rechts rijden en nam opnieuw een slok. Daar was het hijgen weer. Ik liet een lange, vieze boer. De smaak van vis en cola, met saus.

Vlak voor de afslag naar Katwijk lag een hoog duin. Negentien kilometer per uur. Achttien, zeventien. Ik ging op mijn pedalen staan en duwde ze naar beneden. Als ik geen spierkracht meer had, dan maar gebruikmaken van mijn lichaamsgewicht.

Doorbijten. De duintop leek niet dichterbij te komen. Zuur in mijn mond. Ik zette nog meer kracht, ging met mijn bovenlijf over mijn stuur hangen. Een scheut in mijn kuit. Dit moest er afzichtelijk uitzien. Profs dansen op een helling, dit was strompelen.

Ik schoot met mijn voorwiel naast het pad. Mijn rechtervoet landde in een laag zacht stuifzand. Om te voorkomen dat ik viel trok ik mijn andere schoen ook los. Hijgend stond ik stil. Opnieuw moest ik slikken.

Zoveel zuur.

Diep van binnen kwam een golf aanrollen. Ik ging over mijn stuur hangen, sperde mijn mond open. Haring en kibbeling in een bruine plas cola.

Rillerig kwam ik overeind. Weer een stuwende beweging in mijn middenrif. Weer een golf, minder lang. Het venijnige zuur prikte in mijn slokdarm en keel.

Ik voelde me leeg en toch ging het beter.

Boven het duin zweefden kokmeeuwen tegen de wind in. Ze hingen bijna stil. Hadden ze met hun satanische gekerm trek in uitgekotste vis?

De top was dichterbij dan ik dacht. Met de fiets aan de hand was ik omhooggewandeld. Ik stapte weer op. Door de tegenwind moest ik blijven trappen. Het lukte, met mijn lichtste verzet.

Toen ik het plaatsnaambordje van Noordwijk was gepasseerd, wreef ik over mijn gezicht. Rustig reed ik vanuit de duinen de boulevard op. Ik had het gehaald. Met moeite kreeg ik mijn schoenen los van de pedalen. Terwijl ik stapvoets reed, schudde ik met mijn benen. Ze bleven stram aanvoelen.

Daar was het terras al. Ik stapte af en zette mijn fiets tegen de glaswand.

In een hoek vond ik een tafel waar ik lekker beschut zat. Ik deed mijn helm af en zuchtte diep. Mijn strakke handschoenen zou ik later wel uittrekken.

De zee was wilder geworden, zag ik aan de witte koppen van de golven. Handig manoeuvrerend dreven surfers richting het strand. Pas op het laatste moment sprongen ze van hun board af.

De serveerster zag me zitten en kwam met een vrolijke blik naar mijn tafeltje.

'Appeltaart en cappuccino?' vroeg ze.

'Alleen water graag.'

Ze keek me verrast aan.

'Moet je niks eten vandaag?'

'Nee, water is prima.'

'Water. Gezellig.' Ze liep de strandtent in.

Twee surfers zetten hun board naast mijn fiets en gingen aan een tafeltje zitten. Ze trokken de ritsen van hun wetsuits tot aan hun navel open. Geschoren borsten, een van hen had getraind voor een sixpack. Ze knikten me vriendelijk toe.

Ik trok mijn wielershirt dicht.

'Je watertje,' zei de serveerster. Ze liep meteen door naar de twee surfers om de bestelling op te nemen.

Terwijl ik een slok nam, zag ik dat het zuur had ingebeten op mijn witte handschoenen. Ik wreef er met mijn duim over. Het hielp niet.

Voortaan reed ik met gele vlekjes in het leer.

Liefde voor een fiets

De beroemde framebouwer Dario Pegoretti (62) is overleden. In een oude loods in het noorden van Italië werkte hij decennialang aan stalen frames met een uitgebalanceerde geometrie. Pegoretti was ook kunstenaar, hij beschilderde zijn fietsen zelf. Dan gingen zijn grijze lokken achter zijn oren en leefde hij zich uit op de buizen, soms in de uitbundige stijl van Pollock of Basquiat, dan weer sober als een schetsende architect.

Hij hield niet van massaproductie. Alles ging op het gemak, fiets voor fiets. Op elk frame vind je een plaatje met de woorden: *fatti con le mani*. Met de hand gemaakt. Profrenners als Andrea Tafi en Mario Cipollini reden ooit op fietsen van Pegoretti.

'Ach, het zijn gewoon acht buizen die goed op elkaar passen,' zei de framebouwer bescheiden over zijn modellen.

Zelf heb ik in 2009 ook een exemplaar besteld. Via een mailtje vertelde ik Dario dat ik, net als hij, een jazzfanaat was. Ik vroeg om een Marcelo 'Thelonious', een model dat hij afleverde met ragfijn geschilderde zwarte toetsen die op de ene buis netjes tegen elkaar aan lagen maar op een andere buis aan zwarte draadjes leken weg te vliegen. Op de verticale buis onder mijn zadel had Pegoretti, heel abstract, als extraatje saxofoonkleppen geschilderd.

Het schoonmaken van de fiets na een rondje is geen straf, ik kijk na al die jaren nog steeds graag naar de details.

De stalen fietsen zijn niet meer zo in trek. Recreanten spiegelen zich aan het profpeloton en kopen liever een fabrieksexemplaar van carbon. Die zou beter op de weg liggen en bovendien ruim een kilo minder zwaar zijn.

Mijn antwoord: 'Train eerst dat buikje eraf dat je meetorst, daarna spreken we verder.'

In de Vuelta reed het carbonpeloton door het heuvelachtige gebied van de provincie Málaga. Op de volgauto stonden reservefietsen; rijd je je fiets in de prak, geen nood, binnen dertig seconden kun je door op een volgend exemplaar.

Winnaar van de etappe Alejandro Valverde zal het carbonmodel niet gezoend hebben. Meteen na de finish werd zijn fiets op de auto vastgesnoerd en afgevoerd. Vroeger hadden renners hun fiets soms op hun hotelkamer staan.

Maatjes waren ze, de fiets en de coureur.

Aan Pegoretti werd eens gevraagd hoe de band nu was tussen een profrenner en zijn fiets. Hij zei: 'Het is hun liefje niet meer, het is hun instrument.'

Als ik met mijn nagels tegen het staal tik en met de vingertoppen over de buis met vliegende pianotoetsen glijd, hou ik van mijn fiets. Er zitten een paar krasjes op de buis, de lak aan de onderkant is doffer geworden door opspattend gruis. Maar mijn stalen kunstwerk inruilen voor een exemplaar van carbon?

Nee, dat heeft maestro Pegoretti niet verdiend.

Yes. No?

Denis Mentsjov is in de Tour de France van 2008 de kopman van de Raboploeg. De Rus rijdt in een oranje-blauw tricot en krijgt een uitstekend honorarium betaald door een Hollandse bank. Het tv-commentaar van de NOS is pro-Mentsjov. Af en toe geeft de renner een interview. Daar houdt Denis niet van, vooral omdat hij niet weet wat hij moet antwoorden.

Ontkenning is zijn handelsmerk. Denis Mentsjov staat na de aankomst van de bergetappe naar Prato Nevoso met zijn voeten aan de grond. Hij heeft zijn rivaal Cadel Evans achter zich gelaten, maar is ook gevallen toen hij aanviel op de laatste berg.

Daar is de microfoon.

Denis, hoe is het met je?

'I feel good, no.'

Waardoor viel je?

'Very slippy, no.'

Die val kostte je seconden?

'I was unlucky, no.'

Zit je woensdag weer bij de eersten?

'Normally yes, no.'

De filmrechten op deze dialoog zijn inmiddels verkocht. Mensen die met een geheim lijken te leven, daar zet je graag een camera op. De verkering van Mentsjov moet van boswandelingen houden. Of ze leest heel dikke boeken en wil dan absoluut niet gestoord worden. *The Sound of Silence* is hun lievelingssingle.

De acteurs Joe Pesci en Robert De Niro zijn experts in '*fuck*' zeggen in maffiafilms. Ze proppen het woordje overal tussen. Premier Balkenende zegt 'het kan niet zo zijn dat...' als hij verontwaardigd is. Mentsjov is de man van '*no*' aan het einde van de zin.

Mentsjov is geen prater. Hij bouwt in een ultrakorte Engelse zin iets op en breekt het aan het eind weer af. Het '*no*' zaait twijfel bij de luisteraar. Het klinkt als: 'Of niet soms?'

Tijdens de rustdag in de Tour wil Denis Mentsjov luieren op het terras van het hotel in de Italiaanse Alpen. Hij wil koffie bestellen. Russisch is geen optie, al rukt die taal snel op in Europa. Engels dan maar, hoewel de Italianen daar doorgaans niets van bakken.

Mentsjov: '*I want coffee, no.*'

Ober: '*No coffee, sir? You want tea?*'

Mentsjov: '*Coffee, no?*'

Ober: '*Yes, we have. Cappuccino, lungo, ristretto...*'

Mentsjov: '*I want coffee, no.*'

Ober: '*No coffee, sir?*'

Mentsjov en de keurige ober houden elkaar eindeloos aan de praat. Als 's avonds laat een briesje aanwaait vanuit de Alpen, zegt de baas van de zaak – terwijl hij de zonwering omhoogdraait – dat de twee maar verder binnen moeten bakkeleien over de bestelling.

Communicatie is nagenoeg onmogelijk met de Rus.

Daags na de rustdag gleed Mentsjov met zijn fiets onderuit in een scherpe bocht. Hij drukte op het knopje onder zijn shirt om met de volgauto te overleggen.

Mentsjov: '*Fall, no.*'

De ploegleiders Dekker en Breukink zullen elkaar aangekeken hebben. Is hun kopman nu wel of niet gevallen?

Rare Mentsjov.

Twijfel staat in zijn ogen. Hij hakkelt zich door interviews heen. Hij vergeet in de eerste Tourweek met de eersten mee te rijden en verliest bijna 40 seconden. Hij kijkt voortdurend achterom als hij aanvalt.

Hoe moet het als de Rus ooit op het podium staat met de gele trui in het mondaine Parijs?

Sarkozy, na een ferme handdruk: '*Denizz, are you 'appy?*'

Mentsjov: '*Eh. Yes. No?*'

Mediakameel

Lars Boom keek direct om na het passeren van de streep. Was dit echt de finish van de tijdrit in Qatar? Ja, er was een streep en een tijd, de beste zelfs. Er stond alleen geen publiek langs de kant.

De globalisering van de sport heeft zijn prijs. Het peloton reist sinds enkele jaren af naar Qatar en rijdt daar de benen warm en de huid bruin. Het is de start van het internationale wielerseizoen. Het peloton rijdt een paar dagen door de gortdroge staat en vergaapt zich ondertussen aan de wolkenkrabbers.

Eddy Merckx is medeorganisator van het evenement. Merckx, het boegbeeld van het romantische wielrennen. Merckx op Tre Cime, Merckx over de Molenberg en vooruit, Merckx in Vaals. Je ziet het voor je.

Maar Merckx in Qatar? Sorry Eddy, maar in Qatar eet je geen varkensoortjes in het zuur en drink je geen Affligem.

Misschien ben ik te ouderwets, te behoudzuchtig ook. Als een oud-Europeaan. Een peloton hoort te rijden langs een mank schaap in de Kempen, door een bergketen in de Alpen, langs de kust van Normandië.

Lars Boom en Eddy Merckx gingen samen op de foto in Qatar. De twee spraken met elkaar terwijl naast hen een presentatrice van de tv-zender Al Jazeera wanhopig contact probeerde te krijgen met de studio.

De tijdrit was niet meer dan tweeënhalve kilometer lang. De renners laveerden tussen oranje verkeerspylonnen en door de wind omgeblazen dranghekken waar niemand achter stond. Een sportbril was noodzakelijk tegen stuifzand.

In tegenstelling tot eerdere edities van de Ronde van Qatar was er nog geen kameel of dromedaris te zien. Geen zorg, het 'schip van de woestijn' krijgt vast nog een plaatsje in een samenvatting van de koers. Een kameel is de Arabische variant op het Michelin-mannetje van de reclamekaravaan in de Tour de France.

Een peloton en een kameel, in één beeld gevangen? Het is me te veel Disney, een sprookje uit duizend-en-een-nacht. Te bedacht allemaal, voor de televisie. Ach, een mediakameel langs de kant van de weg, het zal Lars Boom worst wezen. De handen van zijn vaste masseur voelen overal in de wereld hetzelfde aan. En het trillende zadel terwijl hij over de kleine kasseien van het tijdritparcours van Qatar reed, dat kwam hem ook bekend voor. Het jeukte, maar wel op een plezierige manier.

Terwijl sjeiks de wielrenner de hand schudden en hij hun gouden Rolex zag blinken, dacht Boom al aan de volgestroomde pleinen in Brugge en Compiègne. Qatar is niet meer dan een opwarmertje voor het echte werk. Een snelle kameel? Nee, de Ronde van Vlaanderen en Parijs-Roubaix, die traditionele wedstrijden zitten Boom in het hoofd gebeiteld.

Zoals egels paren

Na het startschot stoven de renners in het Belgische Kalmthout over een strook asfalt waar gestrooid was tegen de gladheid. Op weg naar de eerste sneeuwbocht van de veldrit. De achterwielen sproeiden smerig ijswater omhoog in de gezichten.

'Honderd procent pekel. Puur zout dat ze binnenkrijgen.'

Ik nam een slok wijn en ging op de bank voor de tv liggen. Vrieskou. Vreselijk. Mij kregen ze deze middag met geen stok naar buiten.

Vroeger kon ik tijdens een schaatstocht de extreme kou vergeten. Eenmaal thuis deed ik mijn paarse vingers onder de oksels van mijn moeder, om vervolgens te grienen bij het voelen van de tintelpijn die pas minuten later omsloeg in kloppende warmte. Ik zwoer nooit, nooit meer met vorst naar buiten te gaan.

Ondertussen reden de renners over het ondergesneeuwde parcours. De Belg Sven Vanthourenhout reed op kop. Een achternaam als de instinker van Het Groot Dictee. Hij dook het bos in en slingerde over het glibberpad tussen de dranghekken. Drang was er niet, zelfs het Belgische publiek had het laten afweten in de kou. Het ging weer sneeuwen. Dit moesten de renners een uur volhouden.

In Nederland bleven de eredivisievoetballers binnen. Alle velden, de ondergrondse verwarming ten spijt, waren afgekeurd door arbiters die na tien passen op het witte veld snel de verwarming van de bestuurskamer opzochten.

Bij het zien van de cross bedacht ik hoe potsierlijk voetballers in maillots zijn. Eigenlijk moeten we alleen de spelers uit tropische landen die in Hollandse dienst zijn, vergeven dat ze al in de herfst met handschoenen het veld betreden.

De veldrijders in Kalmthout waren begonnen aan de laatste ronde. De Belg Sven Nys nam na een paar slippartijen de leiding. De leeggereden mannen zwalkten door de voren van het onbegaanbare pad.

'Zoals egels paren, zo gaan ze hier omhoog.'

Plotseling bevroor het beeld. Wat overbleef was een stilstaande foto van Nys, omgeven door sneeuwvlokken en digitale tv-korrels. Hij keek fel uit zijn ogen.

'U heeft geen beeld, horen we. Dan maken we radio,' riep de tv-verslaggever. Achter de microfoon schroefden ze het tempo op. Harde wielersport — zeker de cross in de winter — het ligt hun na aan het hart.

Nys kwam vijf minuten na zijn overwinning in beeld, nu met een ijsmuts op: 'Ik heb me zo kwaad gemaakt dat ik niet kon passeren in die sneeuw. Die agressie; ik begon te koken.'

Koken. Hoe kon het woord koken opkomen in zijn onderkoelde hersens? Koken in de sneeuw. Niet zeuren, maar dat afgetrainde lijf zonder een gram vet teisteren in de kou. Gevoelloze tenen en vingers. In het voorjaar noemen ze je flandrien, in de winter een bikkel.

Deze crossmiddag vertelde me alles over de hardheid van deze sport. Het is een wedstrijd in pijn verbijten. Als geen andere sport is de wielercross vies, lelijk, zwaar en genadeloos; je eet modder, je pist pekel.

De Vlaamse commentatoren waren euforisch. 'Zeg nu zelf, wat kan een mens beter doen op een sneeuwdag dan thuis de cross kijken.'

Gelukkig. Er waren meer koukleumen die vanaf de bank hadden gekeken. Ik hoefde me niet te generen. Toch kreeg ik de neiging om de kachel een tikje lager te zetten, als eerbetoon aan de renners die de vrieskou zonder morren hadden getrotseerd.

Neushoorn

De professoren van de cyclocross bespreken op de Vlaamse televisie de geheimen van het WK veldrijden. Het toverwoord valt: *rhino*.

De hoofden knikken eensgezind. Ja, het parcours in Hoogerheide is zwaar, het heeft een zachte ondergrond. De renners zullen zeker voor rhino kiezen. Dat geeft grip. Meer dan *grifo*.

Een cycloprofessor zegt: 'Grifo zal niet aan bod komen.'

Ik bestudeer de tubes van de Belg Sven Nys. Als je maar lang genoeg kijkt, lijkt het profiel van de buitenband inderdaad op de huid van een neushoorn. Dit is dus rhino. Ik fantaseer de vertelstem van David Attenborough erbij, in de natuurserie *Planet Earth*: 'De grove huid van een neushoorn is op sommige plaatsen wel twee centimeter dik. Oersterk en onbehaard, als een pantser.'

Het kan nooit kwaad als de mens de kwaliteiten van het dierenrijk gebruikt voor topsport.

Na een aantal ronden rijden de Tsjech Zdeněk Štybar en Nys samen op kop. Ze zijn allebei al eerder wereldkampioen veldrijden geweest. Het is een meeslepend duel; de oerkracht van Štybar tegenover de souplesse van Nys.

Met welk bandenprofiel rijdt Štybar eigenlijk?

De modder op het parcours wordt omgeploegd. Er ontstaan diepe geulen die elkaar kruisen. De renners rijden van het ene spoor in het andere.

Nys is een acrobaat op de fiets. Zijn heupen corrigeren, hij houdt druk op de pedalen. Štybar is ongepolijster. De Tsjech rijdt als een tractor door een zompige akker. De noppen in het rhinoprofiel helpen Nys de hellingen van Hoogerheide over. Zijn trainer langs de kant beweert dat de hartslag van zijn pupil zo rond de 180 slagen per minuut zal zijn en blijven tot het einde.

Er is nieuws: Štybar rijdt rond op grifo.

Grifo is een verbastering van het woord griffioen. Het is een mythologisch dier dat van voren een arend is, de romp van een leeuw heeft en vissenschubben op zijn hanekam. De ontwerper kwam er kennelijk niet helemaal uit. Dan is de neushoorn beter gelukt.

Met grifo als bandenprofiel word je in Hoogerheide geen wereldkampioen, beseft Štybar net op tijd. Twee ronden voor het einde wisselt hij van fiets. Met rhino op de banden.

De wielen van Štybar en Nys verzuipen weer in de zwarte polenta. De profielen zoeken onder de blubber naar grip. Alleen met een goede grip kom je ver.

Štybar drukt zijn volle gewicht op de banden. Ja, er is contact met Moeder Aarde. In de laatste ronde draait zijn motor op volle toeren.

Nys slipt. Nys slipt ten tweede male.

Štybar neemt afstand. Vlak voor de finishlijn kust de Tsjech zijn frame. Modder op de lippen. Štybar wordt wereldkampioen veldrijden.

Met dank aan de prehistorische huid van de neushoorn.

Ondertussen in Turijn

In de Italiaanse sportkrant stond een verhaal met campionissimo Felice Gimondi. Hij genoot van de Giro en vond Kruijswijk 'un duro', een harde.

De allerhoogste baas van de politie kwam aan bij de bus. Hij droeg een streng uniform waar Mussolini zeer content mee zou zijn geweest. In een papieren zakje had hij een imitatie-roze trui. Of Kroeiswieke er een handtekening op wilde zetten: voor Andrea. De capo di tutti capi bleef een kwartier wachten en liep als een kleine jongen met zijn trofee terug naar het hoofdplein.

De fiets van Kruijswijk stond klaar achter een afzetlint. Geen roze accenten. De mecanicien had als kleinste voorblad 39 tandjes gemonteerd, achter 28. Daar ging Steven het dak van de Giro mee beklimmen.

Maarten Tjallingii liep met een grijns rond. De Jumbo's hadden de afgelopen dag laten zien dat ze heus wel een sterke ploeg hadden. Hij was met 56 in het uur op kop door een dorpje geraasd. De ploeg van Alejandro Valverde smeekte of het wat rustiger kon.

Het was zover, op naar de start.

Bram Tankink begeleidde de rozetruidrager naar het startpodium. Na het tekenen wachtte hij achter het peloton op het startschot. Hij had vandaag voor het eerst de indruk dat Steven gespannen was. Zijn kopman werd door een official langs alle renners naar voren geleid. Aftellen naar nul.

Het startschot. En weg was de roze trui. Ik reed naar hotel Roma in Turijn, waar zondag de Giro finisht – om televisie te kijken. Steven Kruijswijk reed de Agnello op. Sterk, geconcentreerd, berekenend. Andere renners moesten iets ondernemen, hij niet. Een fotograaf had me verteld dat er niets ging boven de roze trui langs een muur van sneeuw. Hij had gelijk.

Het dak van de Giro.

Nibali deed handig een wit jasje aan en begon aan de afdaling. Kruijswijk nam een bocht niet goed en moest corrigeren. Fiets tegen de witte muur. Stuifpoeder, alsof er geschoten was. Een salto mortale. Maar Kruijswijk stond op en reed door. Roze stak inderdaad mooi af tegen sneeuw.

Winnaar Nibali en verliezer Kruijswijk hingen na afloop alle twee over hun stuur. Alleen met een stilstaande fiets.

De tv kon uit.

Ik liep over de Via Roma naar Piazza San Carlo, waar onder de bogen van de galerij foto's hingen van oud-winnaars. Coppi, Merckx, Indurain, Tonkov, Pantani, Saronni. Ze droegen allemaal de roze trui. Ik ging naast een pilaar zitten waar nog een plekje vrij was voor een foto van de winnaar van 2016 en bestelde een espresso.

De olieachtige substantie verdween in mijn keel. Ik keek uit over het plein en wist even niet wat ik in Turijn te zoeken had.

Zwarte veren

Meerkoeten. Ik herkende het onhandige getrippel al van grote afstand. Twee meerkoeten. Meneer en mevrouw, waarschijnlijk. Ze staken parmantig het fietspad over. Het asfalt was maar drie meter breed, auto's mochten hier niet rijden. De watervogels hadden alle tijd.

Ik had de wind mee. Zelfs als ik niet trapte, bleef ik op snelheid. Een onzichtbare hand duwde me in de laatste kilometers van mijn wekelijkse tocht terug naar de stad.

Het was broedseizoen. Onderweg had ik veel vogels druk in de weer gezien met strootjes en takjes. Futen, eenden, waterhoenen. Meerkoeten bouwen het liefst drijvende nesten. Op het water wanen ze zich veilig.

Wat bewoog de twee meerkoeten om hier aan wal te gaan? Eten?

Langs het fietspad stonden villa's. De afgelopen jaren waren er veel vrijstaande huizen bij gebouwd. Zij die het konden betalen ontvluchtten de chaos van de stad en kozen voor een woning met uitzicht op het rustgevende water van de Rotte.

Nog een meter of vijftig. De vogels moesten nu wel een beetje voort gaan maken.

'Hup, hup!' schreeuwde ik.

De voorste meerkoet maakte een beweging waar schrik uit sprak. De achterste trippelde terug en dook via de smalle berm het water in. Nog dertig meter.

Op het asfalt stond een beest met twijfel. Een twijfelende meerkoet. Ik zag aan zijn bewegingen dat hij een taxatie maakte: vooruit of achteruit?

Nog twintig meter. Het beest tilde zijn rechterpoot op en zette die weer op dezelfde plek terug. Hij deed niets en bleef me aankijken.

'Weg!' riep ik. Een veel te menselijke kreet, waardoor de meerkoet opnieuw verstijfde. Ik remde.

Op televisie had ik eens een verkeersprogramma gezien over de lengte van de remweg. Bestuurders schatten afstand vaak verkeerd in. Ze dichten hun remmen buitenproportionele krachten toe en onderschatten de snelheid waarmee ze rijden. Als je een botsing in vertraging terugziet, besef je pas hoe vernietigend de impact van een aanrijding is.

Mijn remweg was te lang. De remblokjes schuurden met een hoog gepiep tegen mijn velgen en mijn achterwiel slipte weg. De meerkoet schrok van het geluid. Hij maakte zich kleiner door zijn poten onder zijn veren te stoppen.

Ik probeerde het beest te omzeilen. Links of rechts?

Waar zat de kreukelzone bij een meerkoet?

Het beest trok zijn kop in en leek af te wachten. Hij bleef met zijn kraalogen mijn kant op kijken. Nog één meter. De meerkoet maakte een onverwachte sprong. Hij koos een uitweg. De verkeerde kant op.

Er was geen houden meer aan.

Met hoge snelheid reed ik met mijn voorwiel in op zijn borstkas. Ik raakte uit balans en moest alle zeilen bijzetten om niet te vallen. Zwarte veertjes vlogen door de lucht. Vleugels ratelden langs mijn spaken. Met mijn heupen bewoog ik om niet te vallen. De meerkoet draaide mee in mijn voorwiel en raakte bekneld tussen de spaken en de voorvork. Ik had mijn fiets niet meer onder controle. Mijn voorwiel blokkeerde, de vogel zat nu beklemd in mijn voorvork, mijn achterwiel kwam omhoog. Ik liet mijn remmen los. Onder mijn pedalen plofte de meerkoet op het asfalt.

Zwart op zwart.

Voor ik iets kon doen reed mijn achterwiel al over het beest heen. Ik hoorde een knak. Alsof ik met kracht een poot van een gebraden kip draaide. Bot dat losschoot van het vlees.

Pas een paar meter verder stond ik stil, midden op het fietspad. Ik keek om. Het beest lag stil.

Dood?

Om de meerkoet heen dwarrelden nog een paar donsveertjes. Zijn kopje lag in een rare knik. Mijn hart bonkte in mijn keel. Ik draaide mijn fiets en reed terug. Het kraaloog stond half open. Ik kon er geen leven in ontdekken; het keek langs me heen. Het deed me denken aan het luie oog van mijn buurjongetje als hij voor het slapengaan van zijn afplakpleister werd verlost. Geen focus, versuft.

Langzaam kwam de linkervleugel van het asfalt omhoog. Een laatste stuiptrekking? De pennen wezen alle kanten op. De wind had vrij spel en blies ze uiteen. De vleugel zeeg weer neer.

Ik keek om me heen. Moest je na een aanrijding met een watervogel de dierenambulance bellen? De meerkoet en ik bevonden ons ter hoogte van een villa met een vers rieten dak. Er was niemand te zien achter de ramen.

Vanaf het water klonk een kort uitgestoten keelklank. Het geluid herhaalde zich om de paar seconden. Van achter het riet verscheen de vrouwtjesmeerkoet. Ze zwom onrustig heen en weer in de rivier.

Wanneer is een vogel dood? Ik had mensen zien sterven. Door de veranderende kleur van de huid en de intredende rigor mortis wist je dat het leven uit een lichaam verdween. De geest uit de fles. Bij de stervende mens was er onmiskenbaar een verschil tussen nog levend en net dood. Bij een dier wist ik niet waar ik op moest letten.

Gaven de hersenen van de meerkoet nog prikkels door aan het misvormde lijf of keek ik naar een in elkaar gedonderd pakhuis van botten en veren? De ingedeukte borstkas van het dier bewoog niet meer. Ik moest mezelf ervan overtuigen dat het dood was. Halfslachtig gedrag was misdadig.

Met de punt van mijn wielerschoen tikte ik tegen het kopje van de meerkoet. De snavel ging een beetje open.

Leven. Verdomme.

Ik pakte mijn stuur stevig beet en rolde het wiel over de nek van de meerkoet. Vooruit, achteruit, vooruit, achteruit. Tot mijn schrik begon de vleugel weer te fladderen. Het laatste beetje leven? Voor de zekerheid duwde ik met mijn wiel de nek nog een keer plat. Weer een beweging van de vleugel. Minder hoog, maar duidelijk waarneembaar.

Misschien bezorgde ik de meerkoet alleen maar ademnood. Om hem uit zijn lijden te verlossen moest ik op zijn hersens beuken. Ik trok mijn voorwiel op en ramde er een paar keer mee op de kop. Op het asfalt lagen nu stukjes van het witte voorhoofdsschild. Uit de open snavel kwam bloed. Het oog was vermorzeld. De meerkoet had geen gezicht meer. Total loss, zou de taxatie luiden als het om een auto ging. Het dier was afgeschreven.

Adrenaline gierde door mijn lijf. Zo moest een moordenaar zich voelen nadat hij zijn verminkte slachtoffer de genadeslag had toegebracht.

Dit was dood, ja. De meerkoet was dood. Daar was ik zeker van. Heel zeker. Ik kreeg de neiging om te kotsen.

Zonder het te willen had ik mezelf in de rol van misdadiger gemanoeuvreerd. Wat moest ik met het lijk? Moest ik er een witte zakdoek overheen leggen of het aan zijn poten naar de berm slepen? Ik rook mezelf: dit was geen zweet van het fietsen. Dit was angstzweet.

Weer keek ik om me heen. Niemand te zien. Het enige wat ik hoorde was het snerpende gekwaak van de andere meerkoet, die me vanuit het water in de gaten hield.

Ik kon het kapotte beest moeilijk zo laten liggen. Niemand zou het merken als ik de dode meerkoet in de rietkraag van de rivier zou gooien.

Ik keek naar het onrustig zwemmende vrouwtje. Ik moest van dieren geen mensen maken. Maar toch, ik kon moeilijk een dooie meerkoet naar een levende gooien.

Voor het huis met het rieten dak was de tuin tot aan het fietspad omgewoeld. Losse, niet aangestampte aarde. Ik legde mijn fiets aan de rand van het fietspad en tilde de slappe meerkoet op aan zijn poten. Het bebloede kopje slingerde heen en weer boven het asfalt.

Ik legde het beest voorzichtig op de omgeploegde grond en begon snel te graven. Het ging makkelijk. Al met een paar flinke halen van mijn handen bereikte ik de gewenste diepte. Ik pakte de meerkoet en legde hem in de kuil. Hij lag er tevreden bij, met zijn poten slap hangend op zijn dek van veren, het kopje voorover. Ik moest denken aan een oude man met een zwarte trui die in zijn luie stoel voor de televisie in slaap was gesukkeld.

Terwijl ik de afgegraven aarde op het dode lijfje stortte, keek ik op. In de verte reden twee wielrenners. Ze naderden. Haastig sloeg ik de grond plat; je zag nauwelijks meer dat er gegraven was. Ik woelde nog een laatste keer met mijn vingers door de aarde.

De twee fietsers reden een behoorlijk tempo. Ze droegen shirts van bekende wielersponsors. Sky en Leopard.

Ik wreef mijn vingers aan mijn wielerbroek af en zette mijn fiets in de rijrichting. Voor de vorm prutste ik aan een remblokje van mijn achterwiel. Tussen het riet maakte het vrouwtje nog steeds haar alarmerende keelklanken. Ze mocht er van mij mee ophouden.

Achter me hoorde ik het tingelen van een fietsbel. Hetzelfde hoge geluid als het belletje van een kok die zijn gerecht klaar heeft en het onder een rode warmhoudlamp schuift.

De twee mannen reden me voorbij. De achterste renner, met het shirt van Sky, keek om. Was hij benieuwd wat er aan mijn fiets mankeerde? We keken elkaar heel even aan. Toen trapte hij in hoog tempo verder achter de rug van zijn fietsmaat.

Zou hij me hebben zien graven?

Ik keek naar de plek waar de vogel onder de grond lag. In mijn jeugd zou ik meer werk van het graf hebben gemaakt en met stokjes en elastiek een kruis in elkaar hebben geflanst. Nu was ik gebaat bij anonimiteit. Het was een ongeluk, noodlot, pure pech.

De vrouwtjesmeerkoet dreef stilletjes op het water. Ze kwaakte niet meer maar keek me wel aan.

Het fietspad lag er verlaten bij, de twee renners waren uit het zicht verdwenen. Terwijl ik met mijn vrije voet afzette, werd mijn oog naar de villa getrokken, naar het huiskamerraam. Door een spleet van de vitrage zag ik de contouren van een gezicht en een bos grijs haar. Stond daar een vrouw te gluren? Hoelang stond ze daar al? Ik wendde me snel af en maakte tempo op de fiets. Omkijken durfde ik niet.

Het was ongeveer op hetzelfde tijdstip, een week later, rond een uur of twaalf in de middag. Het was de laatste dagen warmer geworden. Je kon de zomer al ruiken.

Ik reed het fietspad langs de Rotte op en keek naar mijn voorwiel. Op het rubberen profiel van mijn buitenband hadden rode vlekken gezeten. Met een schuursponsje en heet water had ik het bloed weggeveegd. Na een paar halen was het verdwenen. Het laatste bewijsmateriaal moest weg. Ik had het sponsje in de afvalbak gegooid en direct de vuilniszak voor een nieuwe verwisseld. Pas toen de vuilnisman een dag later de zak in het gapende gat van de wagen smeet, wist ik dat alle sporen uitgewist waren.

Met dit mooie weer waren de watervogels actief. Ik zag een fuut met een vloeiende beweging onder water duiken. Ik reed te hard om te zien waar hij weer bovenkwam. Vlak na een ophaalbrug lag een nest in het riet. Er zat een meerkoet te broeden, het kopje stak waakzaam omhoog. Zouden er al eieren onder haar veren zitten?

In de verte doemde het rieten dak van de villa op. Om herkenning te voorkomen had ik mijn blauwe Italiaanse tenue verruild voor een ouder shirt, van Acqua & Sapone. Het was knalrood. Ik droeg ook een zonnebril, al was het half bewolkt.

Ik reed een bocht door en zag de villa nu in zijn geheel liggen.

Tegenwind. Ik schakelde naar een lichter verzet en moest flink trappen om tempo te houden. Nog een kleine tweehonderd meter. Hoe vaak had ik gedachteloos dit deel van mijn vaste zondagse tochtje gefietst? Nu nam ik alles in me op. De berm, de struiken, de breedte van de rivier, de lantaarnpalen, de rietkraag.

Naast de villa stond een terreinwagen met een aanhanger geparkeerd. Nog dertig meter. Ik hield mijn pedalen stil en minderde vaart. Op de achterklep van de aanhanger stond VAN WEELDEN TUINARCHITECTEN. Een man in overall stond met zijn rug tegen de zijkant van de auto aan. Terwijl hij belde schopte hij met de hakken van zijn laarzen tegen de achterband. Er vielen kluiten op de grond.

Ik keek schuin opzij. Naar de plek. Naar het graf van de meerkoet. Mijn ogen zochten de tuin af. De losse, donkere aarde zag ik niet meer. En toch wist ik zeker dat dit de plek was. Nu zag ik het pas. Over de aarde waren graszoden gelegd; je kon de naden tussen de plaggen nog zien lopen.

Langs het huis was een strook aarde vrijgehouden. Er zat een jongen in overall op zijn knieën. Naast hem stond een houten krat met feloranje afrikaantjes. Hij groef kleine gaatjes in de grond.

Midden op het verse grasveld stond een set tuinmeubelen. Op een van de stoelen zat een vrouw. Ze las een tijdschrift. Ik herkende haar. Het grijze haar stak boven het omslag uit. Ik begon snel te trappen.

Aan de rand van het gazon en het fietspad stonden twee glazen schaaltjes in het gras. Toen ik erlangs reed keek ik erin. Gesneden stukjes wit brood. Zonder korst.

Ik was er voorbij. Ondanks de aanhoudende tegenwind schakelde ik zwaarder. Links van me wuifde het riet heen en weer. In de rivier zwommen meerkoeten. Het waren er meer dan ooit.

Sporen in vette modder

Met grote passen door de modder. Weer op weg naar de steile treden op het parcours van Tábor. Daar ging Mathieu van der Poel; tijdens het rennen tilde hij zijn fiets op en stak zijn arm door het frame.

De fiets en de renner als liefdespaar.

Zo geef je je meisje een arm.

Het frame mocht even uitrusten op de schouder van Mathieu. Hij legde de dikste buis aan zijn oor en luisterde naar het geluid vanbinnen. Zo droeg hij zijn fiets over de hoge drempels van de Tsjechische heuvel. Krachtig en gracieus.

Met zwarte sproeten in het bleke gezicht kwam Mathieu aan bij de finish. Als twintigjarige werd hij de jongste wereldkampioen veldrijden ooit. In de laatste meters kneep hij de ogen toe, als was het om er tranen uit te persen. Ze verschenen niet. Mathieu heeft nog te weinig verloren in de sport en het leven om te snikken bij winst.

Wat een onbedorven jongenshoofd zag ik verschijnen na het washandje.

Tijdens het Wilhelmus moet Mathieu aan vader Adrie gedacht hebben. De tanigste aller wielrenners behaalde in het veld decennia eerder vier keer WK-zilver voordat het uiteindelijk wel een keer lukte. Zoonlief deed het in één keer goed.

Adrie stond een eind verderop. Hij was niet bij het feestvieren op en rond het erepodium. Adrie was nog aan het werk bij de vrachtwagen. Spullen en fietsen inladen.

Tijdens de wedstrijd had hij zich als coach geconcentreerd op het schoonmaken en afstellen van de fietsen van zijn zoon. Tien keer passeerde Mathieu zijn vader. Tien keer zag Adrie dat het goed ging. Wat moest hij nog naar hem roepen? Zijn zoon reed alleen op kop. Zijn Mathieu werd verdomme wereldkampioen.

Minuten na de huldiging werd vader Adrie gevonden. Hij hoorde van de fles champagne voor zijn zoon. Een slokje? Op het uitgebeende gezicht van Adrie verscheen een grijns: 'Als ik met de vrachtwagen ben, drink ik niet.'

Soberheid, dat is wat vader en zoon Van der Poel zo siert. Adrie vertelde dat Mathieu al vanaf zijn vierde jaar fietst. Zijn zoon is net als hij verliefd op het vak van wielrenner. Adrie: 'Voor Mathieu is het hier een speeltuin.'

Het parcours van Tábor lag er na het kampioenschap verlaten bij. Het werd al donker. Diepe sporen in de vette modder als herinnering aan de wedstrijd. Als je ze zou volgen, kwam er geen einde aan. Het zei me iets over de manische trainingsarbeid van een veldrijder.

Iedere dag opnieuw kilometers rijden op onverharde paden. Laat dat werk maar over aan vader Adrie en zoon Mathieu.

Nooit klaar met hun geliefde fiets.

Hongerklop

De fladderende panden van zijn los geritste jack waren bedrieglijk. Mathieu van der Poel leek ermee op de eindstreep af te vliegen maar net als het hele peloton moest hij voor iedere pedaaltrap kracht leveren, zeker door de kou en regen die het WK op de weg in Yorkshire zo zwaar maakten.

Kracht leveren kost energie. Energie in een lichaam moet je voeden. Doe je dat niet afdoende, dan raakt het op; soms zonder dat je het doorhebt. Als dat je overkomt, krijg je 'een klop'. Een klop is vaak een waarschuwing: door op een deur te kloppen laat je weten dat je eraan komt.

In wielrennen betekent een klop, of hongerklop, dat je te laat bent. Ongemerkt is alle energie uit het lichaam vertrokken en kost doortrappen met een licht verzet al de grootste moeite.

Een vluchtheuvel wordt een zware heuvel.

Ademloos had ik voor het toeslaan van de klop zitten kijken naar Mathieu van der Poel toen hij na tweehonderddertig kilometer fietsen uit het peloton vertrok en aan de kop van de wedstrijd belandde. Deze jongeman weerstond regenbuien, kou, rukwind, de druk om favoriet te zijn, de dwingende verwachtingen van pers en publiek.

Nog één ronde en hij was wereldkampioen.

Om vijf voor zes was hij opgestaan in het hotel. Vlak voor de start vertelde de Nederlandse kopman dat hij de avond ervoor flink had opgeschept aan tafel en met een stevig ontbijt was de maag gevuld: 'Ik eet wel graag.' En even later over de lengte van de koers: 'Ik hoop dat het snel voorbijgaat, met een leuk einde.'

Zijn perzikhuid glansde van gezondheid. Van der Poel heeft een natuurlijke blos waar fotomodellen een potje rouge voor moeten opendraaien.

Vader Van der Poel had niet zoveel tips voor zijn zoon: 'Mathieu doet veel op gevoel, het is ook een moment van ingeving.' Een moment van ingeving. Of van bovenaf de lont zou worden ontstoken.

De kopgroep nam in stromende regen een afdaling. Het woord SLOW gleed onder de tollende wielen door. Van der Poel had geen aanwijzing nodig. Hij reed 'op gevoel', toch?

De riolering in de streek kon de regen niet meer aan en kotste het net zo makkelijk weer naar buiten. Achterwielen sproeiden het slijkwater voortdurend tegen de renners. Water weet altijd wel een plek te vinden. Mond, neus, ogen, nek, rug, kruis, buik, voeten. Na uren van regen was het peloton doorweekt.

'Nattigheid doet vreemde dingen,' zei een verslaggever op televisie nog.

Op kilometer 12 voor de eindstreep reed Van der Poel als laatste van de kopgroep. Hij verloor een meter, nog een meter. Hij reed over twee witte verkeerspijlen die naar achteren wezen. Hij kon het tempo niet meer bijbenen. Twee woorden flitsten onder zijn wielen: KEEP CLEAR.

Te laat voor een waarschuwing, te laat voor het leegslurpen van een gelletje. Een klop was Mathieu de baas.

En Mathieu maar snikken

Met zo'n natte lap je kind te lijf; klets, klats, van voren, van achteren, een keer onderdoor halen en klaar. Jonge ouders gebruiken nog graag een washandje. Vroeger lag er in hotelkamers eentje klaar op een paar schone handdoeken.

Gisteren kreeg het ouderwetse washandje een hoofdrol in de wielersport. Na een uur veldrijden over een modderakker in Luxemburg zat coureur Mathieu van der Poel in een partytent te huilen. Hij was tweede geworden; net als vorig jaar was zijn rivaal Wout van Aert weer wereldkampioen.

Mathieu zat voorovergebogen in een plastic stoel. Met een washandje veegde hij over zijn gezicht. Een mengsel van tranen, modder en water droop naar beneden. Onder aan zijn kin bleef een baard van vuil hangen. Nog een keer maakte het zwarte washandje een rondje.

En Mathieu maar snikken.

Na de start van de koers was de Nederlandse favoriet meteen op kop gaan rijden en zocht geconcentreerd zijn weg over het glibberige parcours. Wie kon hem wat maken?

Wout van Aert kwam langzaam op gang. Hij reed als enige op banden met een afwijkend, groen profiel. Er werd vooraf een beetje lacherig over gedaan maar het bleek een uitstekende keuze. Het waren oude banden uit 1997 met een prachtnaam: Michelin Mud. De taaie krengen konden tegen een stootje. Mathieu haalde vooraf zijn schouders op over de bandencultuur. Hij fietste altijd met hetzelfde type. Moderne bandjes. Ze lieten hem lelijk in de steek. Hij reed vier keer lek, Van Aert maar één keer.

Na zijn wasbeurt liet Mathieu het washandje achter in de partytent. De tranen bleven maar komen, tijdens interviews in de koude wind en later ook in de Vlaamse televisiestudio. Hij noemde het verlies 'zijn grootste ontgoocheling ooit'. Zijn gezicht en schouders rilden van de afkoeling. Nee, hij hoefde geen jas. 'Warm wordt het niet meer.' Het tranendal werd onbedaarlijk lang. Alsof alle tot nu toe opgelopen verdriet in zijn leven er allemaal op één dag uit moest. Mathieu wilde tot diep in elke vezel voelen hoeveel pijn het deed om zwaar te verliezen.

Ondertussen liet Van Aert zich interviewen met de modder op zijn gezicht. De poetsbeurt met het washandje kon nog even wachten. Hij vertelde over de overjarige banden. 'Soms zijn oude dingen nog niet zo slecht.'

Vader Adri van der Poel stond tijdens de race in de zone waar zijn zoon van fiets kon wisselen. Bij de vierde lekke band voor Mathieu zag ik hem wanhopig naar het hoofd grijpen.

Alles wat hij — de oude Poel — na de finish nog kon doen was Mathieu opvangen.

Een brede schouder voor zijn kind dat huilde, huilde en huilde.

Het Schuine Kantje

De grafzerken rond het hooggelegen kerkje van Bogense waren door een schutting goeddeels aan het zicht onttrokken. Het WK veldrijden moest een sportfeest worden in het Deense stadje en daar hoorde knipogen naar de dood niet bij.

Langs het parcours banjerde het trouwe wielervolk. Op haar lelijkst, zoals het hoort; van kou vertrokken koppen, vette lippen van de friet en kleding die niet charmeert maar warm houdt.

Aan de start stond Mathieu van der Poel. En nog een stel renners. Maar het ging om Van der Poel; hij moest na drie gemiste kansen in de afgelopen jaren weer wereldkampioen worden.

De bruggen en trappen op het parcours waren kunstmatig aangelegd. Waar je ook keek, steeds zag je materialen die zo uit de plaatselijke bouwmarkt leken gehaald: aluminium pijpen, houten vlonders, treden met kliksystemen.

Alles voor de troosteloze tijdelijkheid.

Vlakbij het kerkje liep het parcours flink omhoog, om te eindigen op 'het schuine kantje'. Het was een steil oplopende strook waar een groothandelaar in tuinaarde naar hartenlust had mogen storten. Het modderpaadje liep schuin omhoog en was daarmee het *pièce de résistance* van de wedstrijd.

Wie hier op het zadel kon blijven zitten, was van uitzonderlijke klasse.

Al in de eerste ronde zag je de verschillen. Hoewel Mathieu van der Poel niet in zijn beste vorm stak, reed hij iedere keer relatief makkelijk tegen het schuine kantje op. Zijn fiets, met name het achterwiel, had steeds de neiging om naar beneden te glijden maar in al zijn behendigheid trok Van der Poel het frame mee omhoog.

Wie daar met de voet de grond raakte, raakte meteen meters achterop. Het werd een psychologisch spelletje. Het schuine kantje zat in ieders hoofd, iedere ronde weer.

Al snel werd duidelijk dat Wout van Aert de belangrijkste belager was van Mathieu van der Poel. Het Vlaamse talent reed furieus, zijn ogen stonden aanvankelijk goed. Dit werd de tweestrijd om het goud.

Daar kwam het schuine kantje alweer.

Van der Poel ging op kop, hij hield lichaam en fiets in evenwicht en wipte handig door de modder naar boven. Achter hem gleed Van Aerts fiets weg, zijn voet moest naar de grond. De hapering was het sein voor Van der Poel om hard door te rijden. Van Aert moest in de achtervolging en werd uiteindelijk tweede achter de winnende Nederlander.

Het stadje Bogense had mij na dit WK niet bepaald betoverd, vermoedelijk omdat het door de noodzakelijke aanpassingen meer weg had van een verhuurbedrijf van dranghekken en steigers dan een idyllisch Deens oord om eens een weekje te verblijven.

Voor twee zaken zou ik de reis eventueel aanvaarden. Het uitzicht over zee vanuit de oude kerktoren en een glibberbezoek aan Het Schuine Kantje, dat na Van der Poels gouden medaille wellicht de status krijgt van een bedevaartsoord voor al zijn volgelingen.

Het beest in Vos

De zwarte pijl op haar helm wees naar het midden van haar voorhoofd. Achter de wenkbrauwen was een plekje in de hersenpan waar haar wens al vier jaar opgeborgen lag. Marianne Vos wilde een gouden medaille op de Olympische Spelen.

De wielrenster moest rond en in Londen afrekenen met het imago dat ze op belangrijke momenten vaak tweede werd.

Vos ontsnapte met een paar vrouwen uit het peloton. Ik schrok aanvankelijk van de energie waarmee ze op kop sleurde. Dit kon niet lang goed gaan. Ik zag haar niet eten, nauwelijks drinken. Ze gebruikte maar de helft van haar zadel. Iedere keer weer schoof ze naar voren, in een voortdurende drang zichzelf en de fiets meter voor meter verder te brengen.

Het beest in Vos was losgebroken. Ik hoorde haar leeftijd. Vijfentwintig jaar. Ik dacht dat ze al vijftig jaar in het peloton reed. Ik weet niet beter of de naam Vos klinkt als vanzelf wanneer vrouwen gaan wielrennen.

Op de weg, de baan, in het veld; het is Vos voor, Vos na.

Een jaar geleden ontmoette ik Vos in een theaterfoyer na een voorstelling. Ik herkende haar eerst niet. Was dat echt Vos tijdens een avondje uit? Ze droeg een modieus witleren jasje. Dat kon ze dus ook, zich vermommen.

Mart Smeets haalde een stopwatch uit zijn zak om de voorsprong van de kopgroep te berekenen. De ouderwetse manier van tijd meten deed denken aan 'Kannibaal' Merckx, de grootste wielrenner aller tijden. Merckx wilde ook altijd op kop rijden, altijd winnen en hij koerste — net als Vos — met een diep gebogen rug.

Ik smeekte Vos om het niet op een sprint met haar twee medevluchters aan te laten komen. Ze kon ze in de steek laten wanneer ze maar wilde. Tijdens de ontsnapping had Vos de batterij van de twee meisjes leeggetrokken. De twee konden niets meer en hingen als moegestreden voorns aan een vislijn.

Vos brandde van binnen en liet het vuur door niemand meer doven. Ze won overtuigend. Een schreeuw. Een vuist van yes. Tranen in de ogen.

Een paar minuten na de finish stond ze alleen met haar verzorger. Een wit washandje aaide haar gezicht, pulkte vuil uit de ooghoeken. Ik zag nu pas dat haar nagels oranje waren, en ook de tape op haar rug en het elastiekje in haar paardenstaart. Ze wist in de ochtend al dat het haar dag moest worden.

En het werd haar dag.

Het duurde lang voordat de medailles werden uitgereikt. De televisieverslaggevers vielen stil. Het werd rustig in statig Londen. Beelden van lange lanen, nat wegdek. Het deed me – merkwaardig genoeg – denken aan de serene sfeer als er een droeve koninklijke stoet langskwam op diezelfde plek.

De vlag werd gehesen. Vos zong uit volle borst mee.

In 2006 huilde 'meisje Vos' als kersverse wereldkampioen veldrijden dikke tranen tijdens het Wilhelmus. In Londen stond een volwassen sporter. Het vrouwelijk equivalent van de Kannibaal. Ze hoort niet bij de mannen, niet bij de vrouwen.

Vos is zelf een categorie geworden.

Boer op de weg

Al kilometerslang reed ik op een smal pad door een landschap dat ik alleen van schilderijen van oude Hollandse meesters kende. De bladeren aan de bomen hadden een hardgroene kleur die ik in de stad al jaren niet meer had gezien. En toen ik over een bruggetje fietste en naar het riviertje keek, kon ik de begroeiing op de bodem zien meedeinen met de stroom. Zo helder was het water.

Welke idioot had deze omgeving ooit de naam 'Achterhoek' gegeven?

De zon was nog niet op het hoogste punt aanbeland, maar ik had al spijt dat ik mijn gezicht niet had ingesmeerd.

Hoog in de lucht draaide een roofvogel een rondje. Traag en zonder beweging in de vleugels, als een zweefvliegtuig op de thermiek. Ik stopte om het beest beter te zien. Met één hand weerde ik de zonnestralen uit mijn ogen. De vogel draaide onverstoorbaar zijn cirkel, op zoek naar een prooi.

Ik had dorst. Mijn bidon was gevuld met het bijna zoete water uit de kraan van het vakantiehuisje in Ruurlo. Ik nam een paar slokken. Net toen ik de bidon weer in de houder plaatste, hoorde ik een paar slepende klompen. Ik keek opzij en zag een boer over een erf lopen dat op de weg uitkwam. Achter hem stond een rij koeien in de open schuur. Ze hingen met hun koppen boven het hooi.

De boer kloste naar me toe.

'Zo, aan het trainen?' zei hij met een zwaar Achterhoeks accent.

'Ja,' zei ik.

Een van de koeien loeide. Ze probeerde met haar kop los te komen uit de halsband om haar nek. Tevergeefs. De andere koeien keken niet op of om. Ze maalden het hooi tussen hun kaken en duwden hun snoet in de waterbak.

'Houdt u alleen koeien?'

'Achter de schuur staan nog twee geiten. Op het land heb ik een paard staan. Maar verder alleen koeien. Een stuk of veertig.'

'Is dat veel? vroeg ik.

'Nee. Het is geen vetpot. Vorig jaar deed een liter melk maar 25 eurocent. Daar kan een mens niet van leven.'

Ik had sterk de behoefte om het stugge, grijze haar van de boer te borstelen. Het stond alle kanten op en leek hard als touw. Het schreeuwde om een stalen borstel.

Er kwam een hond aangeslenterd. Met zijn staart sloeg hij groenglimmende vliegen van zijn rug. Het dikkige beest rook aan mijn wielerschoen, schuurde een paar keer tegen mijn onderbeen en ging vlak naast me op het warme asfalt liggen. Zijn vacht deed me denken aan het kapsel van de boer. Ik kreeg nog meer zin in borstelen. Dat kon ook te maken hebben met mijn verlangen weer eens een bos haar op mijn hoofd te hebben, en met een kam strepen in mijn hoofdhuid te trekken.

'Het gaat niet goed met het boerenleven in Nederland,' antwoordde ik, niet precies wetende wat ik daarmee bedoelde.

De staart van de hond zwiepte weer over zijn rug. Een stel vliegen vloog op om meteen op dezelfde plek te landen.

'En dan kreeg ik ook nog een scheiding, het afgelopen jaar,' toepte de boer over. Hij keek langs me heen de weg af.

Een scheiding. Achter de koeienstal stond een karakteristieke boerderij uit de Achterhoek, met aan de achterkant, in het midden, twee grote staldeuren.

De boer keek me nog steeds niet aan. Hij haalde adem. 'Het was een rotjaar.'

De hond kende het verhaal van zijn baas en had de ogen al dicht.

'Waar is uw vrouw nu?'

'Weg.'

'Een ander?'

'Precies.'

'Hier uit de buurt?'

'Nee, Naaldwijk. Ze woont nu in Naaldwijk. Ze had al zes jaar een verhouding met hem.'

Hij hoestte binnensmonds.

'Ze heeft hem via dat internet,' zei hij.

De handen van de boer hingen langs zijn werkkleding. Het slijm uit de koeienbekken zat aan zijn mouwen. Er plakten een paar strootjes aan vast.

'Tsjonge...'

'Ja, je verwacht het niet. Hè Kees, wat jij?'

De hond deed één oog half open. En weer langzaam dicht.

'En dat mijn dochter nooit iets gezegd heeft...'

'Zij woonde ook hier?'

De boer knikte. 'Die wist ervan, van dat flikflooien. Dat weet ik zeker. Al die jaren. Ze is nu twintig. Ze studeert voor laborante in Leiden.'

Mijn fiets stond levenloos tussen mijn benen. Ik haalde mijn rechterwijsvinger over mijn voorhoofd om het zweet te wissen. We stonden in de felle zon.

'Die hond doet niks,' zei de boer. 'Hè, Kees?'

We stonden maar zo'n beetje, hij met zijn hond, ik met mijn fiets. Je kon voelen dat het nog heter zou worden, de komende dagen. De grond van de akkers om ons heen toonde lange droogtescheuren.

Er was geen verkeer op het smalle pad. Het was nagenoeg stil. Ik hoorde alleen in de verte het suizen van de auto's over de provinciale weg.

'Racefiets zeker?' vroeg de boer, met zijn neus wijzend naar mijn Masciaghi.

'Ja, ik ben aan het trainen. Ik ga over een maand op vakantie in Italië. Dan neem ik mijn fiets mee.'

De boer luisterde niet naar mijn antwoord. Hij lachte een keer, zonder geluid, alleen met een trek rond zijn mond. 'Maar ik heb ook een vriendin nu. Wat dacht je. Ook via dat internet.'

De man leek me ver in de zestig. Zijn rug stond zo krom als een hoepel. Uit zijn vochtige neusgaten groeiden stronkjes grijs haar. Had hij echt een vriendin? Die zou de schaar dan toch wel ter hand hebben genomen?

Ik keek omhoog naar de roofvogel die op hoogte boven het erf cirkelde. Hij had een flinke spanwijdte.

'Een buizerd,' zei de boer. 'Zit meestal verderop daar, in die kale boomtoppen. Hij vliegt af en toe even een rondje. Hij zal wel denken, wat moeten die twee mannen daar op de weg, met die hond erbij.'

Binnen in de schuur klingelden een paar koeien met hun kettingen tegen het stalen hek. 'Ik melk ze nog iedere dag met de hand.'

'Mijn neef in Hazerswoude melkt ze via de computer,' zei ik. 'Hij kan thuis op het scherm zien hoeveel melk ze per dag geven en wat ze aan voer nodig hebben.'

De boer keek me aan. 'Die moderne melkcomputers, daar wil ik niks mee te maken hebben. Ik doe alles lekker met de hand.'

'Zo is dat,' zei ik, om een einde aan het gesprek te maken.

Toen ik mijn linkerschoen in het pedaal klikte, schrok de hond wakker. Hij stond op met zijn stramme lijf en schudde zijn wollen buikje uit.

'Nou, train ze,' zei de boer. Hij tikte met de hak van zijn rechterklomp op het asfalt; er viel een droge kluit op de grond. De hond snuffelde eraan.

Met mijn rechtervoet duwde ik mezelf op gang. Toen ik op het zadel zat, keek ik om.

De boer stond nog op de weg, hij zwaaide met een ouderwetse volle hand in de lucht. De hond slenterde het erf op. Ik zwaaide terug en verhoogde mijn snelheid.

Bij de kale bomen aangekomen keek ik omhoog. De buizerd zat ineengezakt op een dikke tak. Hij leek geen plan te hebben voor de rest van de dag.

Mist op de Ventoux

Snot. Ik moest van het snot in mijn neus af. Mijn rechterhand deed dienst als zakdoek. Ik snoot. Hard. De gaten stonden weer open, frisse septemberlucht prikkelde achter mijn ogen. Ik slingerde het snot van mijn vingers en keek opzij. Het dal lag al een flink stuk onder me. De eerste vijf kilometer van de Mont Ventoux zaten erop. Ongeveer een kwartier gefietst.

Ik nam een slok uit mijn voorste bidon. De weeïge smaak van de dorstlesser bleef achter in mijn keel. Naast me reed de huurauto met achterin mijn tienjarige zoon Sonny. Hij had het raampje opengeschoven en hing naar buiten.

'Hier stijgt het zes procent, straks wordt het tien, papa,' zei hij rustig, als een nieuwslezer die de feiten van de dag aan de kijker meldt.

'Oké, bedankt,' zei ik. Mijn bidon zat weer in de houder.

In Nederland was ik gewaarschuwd door vrienden. Na de eerste zes kilometer zou er een scherpe haarspeldbocht naar links komen, daarna begon de steile klim van de Mont Ventoux pas echt.

Nog honderd meter tot de bocht.

De Mont Ventoux is veruit de hoogste berg in de Provence. Bijna twee kilometer. De top had ik nog niet gezien. Bij het vertrek uit het dorpje Bédoin had er een hardnekkige wolk omheen gehangen.

Mijn knieën kwamen om en om omhoog. Om meteen weer richting asfalt te zakken. Tussen mijn benen door zag ik hoe de ketting voor op het kleine blad lag en achter op het twee na lichtste tandwieltje. 34 tandjes voor, 23 achter. Ik kon onderweg, als het te zwaar trappen werd, nog twee keer besluiten de ketting op een lichter tandwieltje te zetten, op de 26 of de 29.

Nog vijftig meter en ik zou moeten schakelen, vlak voor de haarspeldbocht.

Deze klim had ik mezelf cadeau gedaan. Ik werd vijftig. Dat moest je op gepaste wijze vieren. Zonder taart, zonder bezoek aan huis. Op een fiets. Met hooguit een paar vrienden in de buurt. Benny en Rob wilden wel mee. Twee mannen die zouden toezien hoe hun vriend zich op de Ventoux in het zweet werkte. Vanuit de auto. Benny vond alles best, als we in het weekend maar goed zouden gaan eten. Hij bestuurde de gloednieuwe Renault die we op het vliegveld van Nice hadden gehuurd.

Rob zat samen met Sonny achterin. Fietsen was niet zijn terrein. Hij liep liever een wekelijks rondje om zijn eigen wijk in Amsterdam.

Sonny was de eregast op mijn feestje. Hij filmde me met zijn eigen, kleine videocamera. Thuis zou hij op de computer voor mijn verjaardag een filmpje monteren.

Benny draaide de auto de bocht al in. Het hoofd van Sonny, dat nog steeds uit het raam stak, zag ik achter rotsblokken verdwijnen.

Snel, nog een slok. Ik trok de bidon los en kneep erin. De straal schoot in mijn mond. Te veel. Het overtollige vocht kletterde op het asfalt. Zou je net zien dat ik die slok straks tekortkwam in de laatste kilometers naar de top.

De motor van de auto ging hogere toeren draaien. Het werd steil, dat was duidelijk.

Hoewel ik de buitenkant van de bocht reed, nam in luttele meters de spanning op mijn dijbenen toe. Mijn traptempo zakte aanmerkelijk. Voor me lag het beruchte bos waarin zoveel recreanten moedeloos afstappen na kilometers klimmen. Het deed me denken aan de dunne bossen die ik vroeger langs mijn modelspoor maakte; naast de rails strooide ik gruis uit over een strook die ik met lijm had ingesmeerd. Daarop zette ik een handvol plastic dennenboompjes waar de locomotief tussendoor kon.

De volgauto liet zich zakken en reed weer naast me. Sonny filmde van heel dichtbij mijn eerste meters door het bos. Ik zag dat hij op het uitklaptafeltje voor zich een fotokopie van de stijgingspercentages per kilometer had geplakt.

'Papa, dit is het bos, hè?'

Ik knikte, hijgend.

'Straks wordt het tien procent,' zei hij, terwijl hij me bleef filmen.

Ik schakelde naar een lichter verzet. Het gaf enige verlichting in mijn benen. De ketting was achter van 23 op 26 tandjes gewipt. Dit was de zesde kilometer van de klim op de Ventoux. Nog vijftien kilometer te gaan. Mijn tandwiel met 29 tandjes had ik nog niet gebruikt. Ik hield reserve.

In de jaren zeventig was Lucien Van Impe een begenadigd Belgisch wielrenner. Hij had het ideale postuur om bergen te beklimmen. Zes keer won hij het bergklassement in de Tour de France. Zodra het wegdek omhoogliep, zag je Van Impe met een soepele tred naar voren komen in het peloton. Ik herinnerde me hoe hij na afloop van een loodzware bergetappe van zijn fiets sprong. Zo fris als een hoen. Terwijl hij een microfoon voor zijn mond kreeg, pakte de mecanicien van zijn ploeg de fiets aan. Het mannetje, de poetsdoek hangend uit zijn broekzak, keek naar de tandwieltjes van het achterwiel. Hij kon zien dat Van Impe het lichtste tandwiel niet had gebruikt. Er zat geen smeer op van de ketting. 'Lucien is in goeden doen, zijn 22 is nog helemaal schoon,' meldde de mecanicien triomfantelijk voor de televisiecamera.

Mijn 29 moest ook maar zo lang mogelijk schoon blijven. Het is een simpel spelletje met je geest. Zolang je niet op de 29 overstapt, kom je boven. Ben je een hele vent. Geen denken aan dat ik naar de 29 zou schakelen. Dan had ik niets meer over. Dan moest ik afstappen. En afstappen kon niet. Mocht niet. Ik zou het mijn vrienden, maar vooral mezelf niet kunnen uitleggen.

Ik kreeg mijn ademhaling iets beter onder controle. Voor me lag de steile weg, die met flauwe bochten door het bos liep. Nergens zag ik een vlak stukje. Integendeel, verderop werd het alleen maar erger. Daar lagen de meters met een stijging van tien procent.

'*Bonjour, ça va?*'

Van schrik zwenkte mijn voorwiel een halve meter naar rechts.

Een stevige man met een opgewekt gezicht passeerde me rakelings. Zijn tempo lag beduidend hoger.

'*Oui, oui,*' antwoordde ik hijgend.

Over de kortgeschoren nek liep een stroompje zweet zijn lichtgele shirt in. *Cacahuettes* las ik op de achterkant, het woord stond boven een afbeelding van een blikje pinda's. Idioot. Wie droeg er nu het shirt van een pindafabrikant? Pinda's. Slechter voedsel kon een wielrenner niet krijgen. Je maalde het niet weg. Te droog, te vet, te zout.

Cacahuettes reed bij iedere trap zo'n twintig centimeter bij me vandaan. Niet laten opnaaien, eigen tempo blijven rijden. Hij kon een zwaarder verzet trappen. Ik liet de pindaman gaan.

Tien procent stijging. Dat was tweeënhalf keer de helling van de Van Brienenoordbrug, die ik bij wijze van training vele keren op en af was gereden.

Het was tien uur 's avonds. Sonny en ik lagen in een ruim tweepersoonsbed in een hotel in het dorp Mazan, op vijftien kilometer van de Mont Ventoux. Benny en Rob waren ieder op hun eigen kamer. We hadden gegeten in het restaurant op de begane grond. Sonny lag met zijn hoofdje boven de lakens. Hij had zijn videocameraatje op het nachtkastje gelegd, naast zijn horloge annex stopwatch.

Met slaperige ogen keek hij me aan.

'Papa, waarom moet je die berg eigenlijk beklimmen?'

'Omdat het een van de moeilijkste bergen is.'

'Waarom neem je dan geen makkelijke berg?'

'Ik wil gewoon kijken of ik deze haal.'

'En als je het niet haalt?'

'Dan baal ik, maar het is niet erg.'

'Dus heel belangrijk is het niet.'

'Ach, het leek me wel mooi, als je vijftig wordt, om dan een heel hoge berg op te fietsen.'

'Op je twintigste verjaardag was het veel gemakkelijker geweest, denk ik.'

'Dat denk ik ook, ja...'

Omhoog willen op een berg is spotten met de zwaartekracht. Het is niet voor niets dat wegenbouwers hun pad zo lang mogelijk door het dal laten slingeren. Pas als het echt niet anders kan, kruipt het asfalt als klimop tegen de bergflanken omhoog.

Op de fiets kun je het zware klimmen bekopen met kramp in je benen. Of, in het ergste geval, geeft je hart een noodsignaal af. Dan komt de dood om de hoek kijken. Dat overkwam de Britse renner Tommy Simpson, vlak onder de top van de Mont Ventoux tijdens een Touretappe in 1967. Hij viel uitgeput van zijn fiets. Simpson verzocht omstanders hem weer op de fiets te zetten. Hij slingerde over het asfalt in de schroeiende hitte. Daarna viel hij om. De Tourarts was snel ter plekke. Hij deed zijn best om Simpson in leven te houden door mond-op-mondbeademing toe te passen. Het mocht niet baten. Simpson stierf in de helikopter op weg naar het ziekenhuis. Ze vonden alcohol en amfetamine in zijn lijf.

Simpsons dood was een waarschuwing voor alle renners die roofbouw op hun lichaam pleegden. En toch is angst een slechte raadgever. Zonder pijn kom je de Mont Ventoux niet op. Een berg moet je durven aanvallen. Je hoeft je niet te laten kleineren door de natuur.

Afgezien van het geronk van de motor van de Renault was het stil in het bos. Ik hoorde geen vogels meer tussen de bomen. Cacahuettes reed een eindje voor me uit. Hij kwam uit het zadel omhoog en ging op zijn pedalen staan.

Ik reed een rustig tempo. Elf kilometer per uur. Ik moest druk op de trappers houden, anders zou ik problemen krijgen met mijn evenwicht.

De 29 tanden. Eén schakeling met mijn rechterhand en ik zou makkelijker rijden. Nee. Niet doen. Inademen, trappen, uitademen, trappen, inademen, trappen, uitademen.

Verderop stond Cacahuettes nog steeds op zijn trappers. Dat kon geen mens volhouden in dit bos. Een kil bos waar je spieren genadeloos werden leeggezogen.

Er landde een vlieg op mijn bovenarm. Het beestje wreef met zijn voorpoten over elkaar. Luie meelifter. Ik blies in zijn richting. Hij stoorde me. De vlieg trok zich niets van de windvlaag aan en bleef zitten. Het beest moest weg. Ik blies harder en zag het richting het bos vliegen.

'Hoeveel kilometer staat er op je teller, papa?' riep Sonny. De volgwagen reed nu een paar meter voor me uit.

Ik drukte op een toets van het computertje.

'Zes komma drie!'

Het was even stil in de auto. Ik zag hoe Sonny naar het vastgeplakte papier tuurde, naar de route en de stijgingspercentages.

In de berm lag een ingedeukt blikje. Ik herkende het groen en blauw van het drankmerk. Sprite. Veel te zoet voor de Ventoux. Krijg je alleen maar dorst van.

Sonny stak zijn hoofd weer uit het raam. 'Je krijgt bijna die tien procent.'

Het leek wel of Sonny eigenhandig de asfaltstrook steiler draaide. Ik trapte veel zwaarder dan een minuut geleden.

'Hoe lang?' Twee woorden. Meer lukte me niet.

'Wat?' vroeg Sonny.

Ik hijgde en zocht naar het moment dat ik de vraag een woord langer kon maken.

'Hoe lang tien?'

Zijn hoofdje verdween in de auto. Ik reed rond de negen kilometer per uur. Kom op. Zo moeilijk was het toch niet? Gewoon met je vinger langs het rijtje met cijfers. Zeg het maar. Hoe lang? Hoe lang tien?

'Ik denk dat het over een kilometer weer negen procent wordt, papa,' hoorde ik eindelijk roepen.

Het asfalt bestond uit zwarte steentjes. Het wegdek leek glad, maar tussen ieder steentje zat een paar millimeter ruimte. Goedbeschouwd reed ik van steentje naar steentje. En daartussen fietste ik in het luchtledige. Nog even en ik zou geloven dat ik over kasseien reed.

Ik rukte de voorste bidon uit de houder en nam een paar flinke slokken. Vocht. Heerlijk. Door het slikken sloeg ik een paar ademhalingen over. Weg ritme. Ik had moeite de fiets onder controle te houden.

Snel duwde ik de bidon terug.

Mijn tempo bleef onregelmatig. Er was geen uitweg meer, de weg bleef maar stijgen. 29 tanden? Nee, nee.

Nog steeds alleen maar asfalt en bomen. Nog steeds geen top.

Bij de start in het centrum van Bédoin waren een paar mannen in fladderende regenjasjes op de fiets naar beneden gedenderd. Terug van de top. Ze hadden rood aangelopen gezichten en opgedroogde spuugvlekken langs hun mond.

'*Froid?*' vroeg ik, met mijn wijsvinger naar boven wijzend.

'*Ça va, ça va!*' riepen ze, met een handgebaar dat van alles kon betekenen.

Het was september; in de fietsenzaak in Bédoin waar ik mijn banden had opgepompt, hingen grote foto's van een witte Mont Ventoux. Fietsers werden tegengehouden op de weg door een gendarme bij een neergelaten slagboom. De bergpas was *fermé*. Dat kon hier gebeuren in maanden dat je het niet verwachtte. De natuur deelde af en toe een tik uit.

'Pap, je haalt het wel, hoor.' Sonny's hoofd hing uit de auto. 'Je hebt je geluksmagneet toch bij je?'

Ik greep naar mijn achterzak waar ik het stalen schijfje voelde zitten, naast de twee flacons vloeibaar voedsel. Ik stak mijn duim omhoog.

Robert Gesink, het natuurtalent van de Raboploeg, beklom deze berg in 2008, via de minder steile kant tijdens de meerdaagse wedstrijd Parijs-Nice. Hij draaide een enorm beentempo. Nadat de kopgroep het dorp Malaucène was gepasseerd, moesten alle klimmers passen. Alleen de Australiër Cadel Evans kon het achterwiel van Gesink volgen. Hij won de eindsprint van de Nederlander.

De Italiaanse coureur Marco Pantani reed tijdens de Tour de France van 2000 de Mont Ventoux alleen op kop. Met een machtige inhaalpoging greep geletruidrager Lance Armstrong de Italiaan in zijn kraag. Zij aan zij reden ze het laatste stuk naar de top. Het tempo van de twee was moordend geweest. Pantani met die opgewonden lichte stijl, op souplesse de pedalen ronddraaiend. En daarnaast de manisch Amerikaanse fietsmachine, de ogen een tikje loensend in het wit weggetrokken gezicht. Boven op de finish drukte Pantani zijn voorwiel als eerste over de streep. Naderhand wilde de Amerikaan graag horen hoe vrijgevig hij was geweest. Hij had zelf ook kunnen winnen.

Gesink, Evans, Pantani, Armstrong.

Ik moest ophouden te denken aan profs. Ik was zelf een vijftiger, sinds vandaag. Een arme ziel die zo nodig moest bewijzen nog sterk genoeg te zijn voor deze klim. Die zijn zoon wilde laten zien dat hij een oersterke vader had, in tegenstelling tot andere vaders die met vetschorten voor de televisie zaten.

'Gaat het?' zei Sonny, na een lange periode van stilte. 'Het is nog zes kilometer door het bos.'

Zes kilometer. Ik dacht aan mijn vaste trainingsroute in de omgeving van Rotterdam en stelde me voor dat die vlakke weg plotseling een helling van tien procent zou zijn.

'Ja. Zwaar.'

'Hoeveel staat er op je meter?'

'Dertien... komma... zeven.'

'Dan is het hier... 8,7 procent.'

Het landschap veranderde niet noemenswaardig. Ik had de indruk steeds hetzelfde stuk te fietsen. Ik zat in een perpetuum mobile. Eeuwig fietsen, nooit finishen.

'Tien procent,' hoorde ik vanuit de wagen.

Ik blies een druppel zweet van het puntje van mijn neus. Nam een slok uit de bidon. Al driekwart leeg. Ik moest uit het zadel komen om het ritme vast te houden. Toen ik weer ging zitten, leek het alsof iemand aan mijn shirt trok.

Liep er iets aan? Ik keek naar mijn voorwiel; de remblokjes raakten de velg niet. En achter, nee, achter ook niet.

Wie forceert in het bos van de Ventoux, moet het verderop bekopen. Zeggen ze. Ik moest niet boven mijn macht fietsen. Dan zou ik het niet halen.

Stiekem de zijkant van de auto beetpakken? Heerlijk. Eén pedaalslag overslaan. Het zou schelen, in mijn benen en in mijn hoofd.

Ik reed een bocht in. Werd het hierna minder steil? Ik keek op. Verderop, rechts in de berm, stond een man naast zijn racefiets. Hij droeg een geel shirt. Cacahuettes. Afgestapt. De pindaman trok het niet meer. Zie je wel? Te snel gestart. Hij hing over zijn fiets. Er zat een natte zweetplek op zijn rug, ter hoogte van het pindablik. Ik was nu vlakbij. De druppels liepen van het rood aangelopen hoofd van Cacahuettes. Op het asfalt lag een plasje kots in dezelfde kleur geel als zijn shirt. Goede reclame voor pinda's.

'*Bonjour!*' riep ik, zo hard mogelijk. Daarna moest ik extra diep ademhalen maar dat had ik er graag voor over.

Cacahuettes keek verschrikt op. Holle ogen van een hulpeloze. Weer dat pindageel, nu als slijm langs zijn mond.

Hij zei niets terug. Ik keek niet meer om.

Ik reed een mooi tempo. Schitterend bos. Prachtig asfalt. Zesentwintig tandjes reed perfect.

'Hier is het negen procent, papa.' De volgauto reed weer naast me.

Negen maar? Prima. Ik kon alles aan na het zien van het afgetobde hoofd van Caca.

Onder mijn wielen flitste in grote blokletters de naam Landis door. Verfletters blijven lang leesbaar op asfalt, zelfs als de naam alweer in de vergetelheid raakt. De Amerikaanse coureur Floyd Landis, toen nog niet op doping betrapt, werd hier een paar jaar geleden aangemoedigd. Een fan had een emmer meegezeuld en voor de etappe met een brede kwast de zes letters geschreven. Landis, voor hem was er binnenkort vast weer plaats in het vergevingsgezinde peloton.

Ik keek naar de lucht. Het was inmiddels bewolkt. Voor de zekerheid had ik losse armstukken bij me, mocht het de laatste kilometers koud en winderig worden. Vanuit het dal was ik vertrokken in mijn zomerse, brandweerrode Acqua e Sapone-uitrusting.

Het bos werd steeds kaler, ik kon nu tussen de bomen door kijken. Er was niet veel afleiding te vinden. Geen wegspringende herten of marmotten. Moest ik hier al dieper ademhalen om aan genoeg zuurstof te komen?

De auto reed al een uur naast me, in de eerste versnelling. Benny zat achter het stuur. Hij moest zich dood vervelen met dit slakkentempo.

Over ongeveer een kilometer zou ik aankomen bij Chalet Reynard, een parkeerplaats op 1440 meter hoogte met een restaurant ernaast. Mont Ventoux-klimmers hadden me verteld dat het op die plek voor het eerst minder steil is. Je kan er op adem komen voordat je de laatste zes kilometer moet klimmen door het kale maanlandschap.

Benny reed langs, in een iets hoger tempo. Wilde hij voor me gaan rijden? Ik hoorde een droog schurend geluid.

'*Fuckin' hell.*' Benny's stem.

De auto was met de neus over de rand van de berg gegleden. Daarachter lag een diep ravijn.

Ik zag het gevaar. 'Sonny, stap uit, Sonny, eruit!'

Sonny duwde het achterportier open en sprong op het asfalt. Rob kwam achter hem aan. Samen stonden ze in de berm.

Waar was Benny? Nog in de auto?

Nee. Hij was er ook uit en stond naast Rob en Sonny.

Ik bleef langzaam doortrappen.

'Fiets maar door, Wil, het komt goed,' hoorde ik Rob roepen. Ze stonden met zijn drieën in de berm.

'Gaat het?' riep ik achterom. 'Is Sonny oké?'

'Ja, we redden het wel hier, rij maar door.'

'Oké. Ik zie jullie straks boven,' schreeuwde ik over mijn schouder en fietste door.

Er kwam een auto met een Frans kenteken de berg af gereden. Er zat een oudere man achter het stuur, een vrouw op de bijrijdersstoel. Ik maakte met een handgebaar duidelijk dat ze langzamer moesten dalen. De man minderde vaart.

Na de eerstvolgende bocht kon ik onze Renault zien staan. Eén meter verder doorgegleden en de auto was het ravijn in gevallen. De situatie drong nu pas goed tot me door.

Rob had naar me geroepen dat ik verder moest. Maar wist hij hoe gevaarlijk de auto daar stond? Een kleine verplaatsing van het gewicht en hij tuimelde alsnog naar beneden.

Ik bleef trappen, al nam mijn tempo af. Ik zag dat de Franse auto was gestopt op de plek van het ongeluk. De man en zijn vrouw stonden te gebaren bij Rob en Benny. Sonny zag ik niet.

De weg steeg nog steeds, maar ik merkte het niet meer. Ik fietste. Punt. Zo vaak ik kon, keek ik tussen de bomen door naar beneden, in de hoop Sonny te zien. De Fransman zat nu op zijn knieën voor de Renault en keek eronder. Weer gebaren.

Mijn computertje stond op veertien kilometer. Nog zeven kilometer naar de top. Als de wolken weg waren, zou ik over een kilometer misschien de witte top van de berg kunnen zien, met als hoogste punt het beroemde witstenen observatorium, dat als een middelvinger arrogant naar de hemel priemde.

De top. Er zou niemand bij gebaat zijn als ik omdraaide. Een keer met één voet op de weg uitrusten, dat kon op mijn leeftijd. Maar omkeren tijdens een beklimming had ik nog nooit gedaan.

Er brandde een zekering door in mijn hoofd. Klein defect in de hersens. Ik rook de schroeilucht. Wat voor een zak was ik dat ik doorreed? Hoe kon ik mijn tienjarige zoon achterlaten in zo'n gevaarlijke berm?

Mijn voeten stopten met trappen. Ik twijfelde nog, maar mijn stuur ging al naar links. Mijn voorwiel draaide om.

Het afdalen ging vanzelf. Gek gevoel om niet meer te hoeven trappen. Binnen een paar seconden liep mijn snelheid op, van 7 kilometer naar 30, naar 50. Ik moest remmen om de haarspeld goed te nemen.

Piepend kwam ik tot stilstand bij onze Renault. Sonny stond nog steeds op dezelfde plek, in de berm aan de kant van het ravijn. Hij had zijn camera beet en keek kalm uit zijn ogen.

Ik klikte mijn schoenen los van de pedalen en zette ze voor het eerst weer op de grond. Ik legde de fiets in de berm aan de bergzijde. Mijn benen trilden van de overgang van fietsen naar lopen. Mijn dijbenen voelden zwaar en dik.

Ik liep op Sonny af. 'Alles goed?'

Hij stak zijn duim omhoog. Geen spoor van angst.

'Je bent nu wel gestopt, hè?' zei hij.

Dat klopte. Ik was gestopt.

Rob, Benny en het Franse stel stonden midden op de weg. De huurauto was aan de onderkant lelijk geschaafd. Het linkervoorwiel hing over de rand.

'Hoe willen jullie hem loskrijgen?' vroeg ik.

'Als we met een paar man aan de auto gaan hangen en iemand zet hem in zijn achteruit, dan lukt het wel. Dan schiet hij van die rand af,' zei Benny, zichtbaar aangeslagen.

Niemand maakte aanstalten iets te doen. Iedereen was ongedeerd. Het ging alleen nog om het redden van een onbenullige huurauto. Ik wilde weer op de fiets. Door. Doen of ik niet gestopt was.

'Ik ga wel in de auto,' zei ik. 'Zit de sleutel er nog in?'

'Ja,' zei Benny.

Sonny was in de weer met de knopjes van zijn videocamera. Ik liet hem maar, hij stond daar goed, in de berm.

Voorzichtig gleed ik op de bijrijdersstoel van de Renault. Het was een vreemde gewaarwording om alles vanaf die plek te moeten doen.

'Starten, dan de handrem los en van neutraal in zijn achteruit,' riep Benny.

Ik startte de motor. De drie mannen trokken met al hun gewicht aan de auto.

'Ik haal nu de handrem eraf en dan zet ik hem meteen in zijn achteruit. Oké?'

'Oké,' hoorde ik.

'Daar gaat-ie,' riep ik boven het motorgeluid uit. Ik zette de auto in zijn achteruit en gaf een beetje gas. Met geweld trok de motor het loshangende wiel op het asfalt. Meteen begon de Renault achteruit te rollen.

'Remmen, remmen!' riep Benny.

De auto reed steeds sneller achteruit de weg af, slingerend van links naar rechts. Vanaf de bijrijdersstoel kon ik maar met één hand sturen. Het lukte me niet om met mijn linkervoet bij de rem te komen.

Mijn been trilde. Ik hoorde de banden slippen.

Dit ging mis. De huurauto was niet in bedwang te houden. Ik kon niets anders doen dan wachten.

'Remmen!'

Met mijn voet vond ik de rem. Ik trapte het pedaal zo hard mogelijk in. De auto slipte. Ik keek achterom. Door de laatste ruk aan het stuur gleed de Renault op de Franse auto af. Een andere kant opsturen. Te laat. Dit werd een harde dreun. Ik deed mijn ogen dicht en kromp alvast ineen.

Nog een paar meter.

Met een droge klap botste onze auto tegen die van de Fransen. En stond stil.

Iedereen kwam aangehold.

Mijn ogen zochten naar Sonny. Hij stond nog altijd in de berm, de videocamera in zijn hand. Ik zette de auto op de handrem en sprong eruit.

'Gaat het?' vroeg ik.

'Waarom remde je nou niet, papa?'

'Ik kon hem niet houden.'

'Ja, het is hier 9,7 procent.'

Het slipspoor was goed te zien. Zwarte strepen zigzagden over de volle breedte van de weg.

De Fransen, Rob en Benny stonden bij de auto's. Het was wonderbaarlijk. De aanrijding was hard geweest, maar er was geen krasje op de lak te zien. Ik zag nu pas dat de Fransman hetzelfde type auto had. De auto's waren met de identieke vlakke achterkleppen tegen elkaar gekomen.

'We hadden er even wat langer over moeten nadenken,' zei Benny.

Sonny stond naast me. Ik woelde met mijn wielerhandschoen door zijn haar.

De Franse vrouw keek bozig de andere kant uit. Ze wilde weg. Haar man bestudeerde opnieuw de achterkant van zijn auto.

'*Mon anniversaire, moi cinquante, Mont Ventoux avec mon fils et maintenant* boem,' zei ik tegen haar.

'*Ah oui*,' zei ze, quasi-geïnteresseerd, terwijl ze naar haar man keek die op zijn knieën zijn auto inspecteerde.

'Dit had heel fout kunnen aflopen,' zei Benny.

'Als de auto het ravijn in was gevallen, hadden we een probleem gehad,' zei Sonny. Hij glimlachte.

Rob, Benny en ik keken elkaar aan. De opluchting was voelbaar.

'Nou, ik fiets weer door, goed?' Zonder een antwoord af te wachten zette ik mijn fiets op het asfalt, sprong erop en klikte mijn schoenen vast in de pedalen.

Ik reed weer. Het ging makkelijker dan vóór het afstappen. Het was of er twee frisse benen onder mijn lijf gemonteerd waren. Een masseur had de vermoeidheid en de schrik eruit gewreven.

Ik moest eten. Achter in mijn wielershirt zat een flacon met vloeibaar voedsel. Toen ik met mijn linkerhand in de achterzak zocht, gleden mijn vingertoppen langs een rond stukje metaal. De geluksmagneet. Met een afbeelding van beschermheilige Christoffel erop. Vlak voor het weekend had ik het ding op aanraden van Sonny losgetrokken van de stalen asbak in mijn oude Mercedes. 'Brengt geluk,' had hij gezegd.

Met mijn tanden scheurde ik de flacon open en zoog de inhoud naar binnen. Een bittere gel met cafeïnesmaak. De lege flacon propte ik terug in het shirt. Ik nam nog een paar slokken uit mijn voorste bidon. Leeg.

De weg was hier minder steil. Ik kon zelfs een paar tandjes zwaarder schakelen. Er was nog maar weinig groen, ik kwam straks boven de boomgrens. Na een flauwe bocht zag ik in de verte een restaurant liggen. Dat moest Chalet Reynard zijn. Het zag er gesloten uit. De weg was verbreed om bezoekers van het restaurant een parkeerplek te bieden.

Zo buiten het bos had de wind vrij spel. Het werd kouder. Ik trok mijn armstukken omhoog tot aan mijn oksels. Zo'n honderd meter verderop begon de tocht door het maanlandschap.

De weg draaide hier weer schuin omhoog. Nog zes kilometer klimmen.

De beroemde zwart-gele markeringspalen aan de dalkant van de weg gleden aan me voorbij. Hoorde ik de motor van de Renault achter me? Ik keek om. Benny zat achter het stuur, nog steeds met een onrustige blik in de ogen. Hij kwam naast me rijden. Sonny deed zijn raampje open en reikte met zijn hoofd naar buiten. Er stond een blos op zijn wangen.

'De laatste kilometer is straks elf procent, papa,' zei hij.

Flarden nevel waaiden me tegemoet. Ik hijgde. Ging staan. Weer zitten. En weer staan. Het was vechten tegen de zware wind. Het begon mistig te worden. Benny deed de lichten aan. Door Sonny's open raam hoorde ik hem tegen Rob praten. 'Levensgevaarlijk. Ik zie bijna niks meer.'

Het werd steeds donkerder. Gek. Het was half vier in de middag, maar het was of ik de nacht in reed. Het zicht was nog maar twintig meter.

De auto liet zich afzakken.

'Je haalt het wel, papa,' hoorde ik Sonny zeggen. Daarna verdween het geluid van de draaiende motor. Ik hoorde alleen nog het suizen van de wind en mijn eigen hijgen.

29 tanden. Ze zaten weer in mijn hoofd. Weg ermee. Of nee. Doen. Lichter schakelen. Kon mij het rotten. De ketting viel op het grootste tandwiel. Dit was mijn lichtste verzet. Het hielp. Een beetje.

Ik pakte een tweede flacon uit mijn achterzak. Ik kokhalsde toen ik hem in mijn mond leegspoot. Eigenlijk moest je op deze hoogte alleen nog op water en lucht rijden. Midden in deze kale zee van stenen moest dat genoeg zijn. Ik spuugde de helft van de gel op de grond en nam een paar grote slokken uit mijn tweede bidon.

Uitzicht had ik niet. Ik haalde de ansicht van de zomerse Mont Ventoux voor de geest die ik in een kaartenmolen in Bédoin had zien staan: een man in korte broek op bergschoenen kijkt door zijn verrekijker het dal in waar de kerktoren van een dorp bescheiden omhoogsteekt. Gruizige steenslag op de voorgrond. *Bienvenue à La Provence.*

Het zicht werd minder, ongeveer tien meter nu. Hooguit. Hoe ver was het nog? Wacht. De kilometerstand klopte niet meer. De dubbel gereden meters moest ik eraf trekken.

Ik hapte naar adem. Er was minder zuurstof hier. Profs lagen boven op de top soms aan de beademing. Mijn wielen draaiden manisch rondjes in een met helium gevulde reuzenballon.

Achter me hoorde ik een auto naderen. Ik keek om en zag twee ouderwetse koplampen met geel licht dichterbij komen. Een Citroën uit de jaren zestig kroop pruttelend omhoog in de mist.

Door de beslagen ruit heen zag ik een man met zijn neus bijna tegen het raam zitten. Hij droeg een wit wielershirt met korte mouwen. Ik keek weer voor me. Waar was ik precies in het maanlandschap?

De Citroën toeterde. De claxon klonk blikkerig. Ik zag het schijnsel van de koplampen op mijn gespannen kuiten. Ik keek weer om. De man achter het stuur zweette als een otter. Hij veegde het condens van de binnenkant van de voorruit met de voorpagina van een oude *L'Équipe*; ik herkende de rode kopletters van de sportkrant. De bestuurder deed denken aan Tommy Simpson. Holle ogen in een smal gezicht. Wielerpetje sukkelig achterstevoren op het hoofd.

De voorbumper tikte tegen mijn achterwiel. Ik schrok en viel bijna om. Uit het zadel. Evenwicht. De koplampen maakten van mij een vage schaduw op het asfalt. Idioot gezicht. Ik zag mijn lijf, meters lang in de mist heen en weer deinen. De schaduw van mijn hoofd verdween voor me in de mist. Ik wist niet of de druppel aan mijn neus van snot of nevel was.

De man hing nu uit het raampje. Hij kon zijn nek oneindig lang uitschuiven en kwam met zijn mond vlak bij mijn oor.

'*Please, put me back on my bike. Put me back on my bike*,' fluisterde hij.

Ik rook alcohol uit zijn mond.

'Kan niet,' zei ik, happend naar adem.

De motor van de Citroën knalde. Het toerental was absurd hoog. De auto kwam me niet voorbij, al reed ik nog maar acht kilometer per uur.

We zwalkten over het asfalt, hij in zijn oude auto, ik op de fiets.

'Hoever?' vroeg ik.

De man schudde het bezwete hoofd.

Links moest het ravijn liggen. Rechts zag ik een paar meter van de vaalgele steenmassa. Wat mooi. Wat lelijk. Mijn leven werd teruggebracht tot twee ronddraaiende trappers.

Achter me viel de Citroën hortend en stotend stil. De motor sloeg af.

'*Please*,' dacht ik nog een keer te horen. '*Please, put me back on my bike...*' De stem stierf weg. Het werd stil.

Ik keek opzij. Door de mist heen zag ik een schim op zijn knieën een stenen trap nemen. De trap lag bezaaid met bidons, flesjes, blikjes bier en etenszakjes. Er lagen ook foto's tussen, handgeschreven briefjes. '*Miss you, Tom*' las ik op een groot stuk karton. De wind kreeg er vat op. Weg karton.

De schim kroop over de treden naar een sokkel, waarop een marmeren plaat was bevestigd. In het marmer was een wielrenner gefreesd. Het monument was glimmend van de nevel. De schim wilde zich aan het beeld optrekken. De kracht ontbrak. Zijn schoenen gleden weg.

Ik schreeuwde met mijn laatste adem. Door de deken van mist reikte het geluid verder dan ik dacht.

'Tommy!'

Er was geen galm, geen weerklank. Ik balde mijn vuist naar de marmeren plaat. Ter aanmoediging van Simpson en mezelf.

Verdomme, Tom. Neem nog een slok uit mijn bidon. Slik desnoods een pil. Dat doet iedereen op zijn tijd. Kom, we gaan samen verder. Ik laat je niet in de steek. Ik hou je uit de wind. Je vrouw staat boven met boterhammen en warme thee. We zijn er bijna.

Het beeld verdween in de mist. Ik spuugde op de grond.

Hoogte maakte gek.

Ik liet Tommy achter. Ik reed alleen. Solo. Geen tandjes meer over in mijn achterwiel. Ik maakte een bocht naar rechts. Zware druk op mijn benen. 29 tandjes beten in de ketting. Kauwen. Spugen. Nog eens kauwen. Trekken. Hijgen.

Ik wist het. Sonny had het nog gezegd. 'Elf procent, pap.' Sonny. Waar was Sonny?

Dit was de laatste bocht naar de top. Ik stond op mijn trappers. Storm.

Ik zag geen streep. Alles was wit van de mist.

Doorfietsen. Ergens hield de berg op. Ergens was de finish. Elf procent. Eén procent meer dan tien. Twee meer dan negen. Ik moest blijven trappen.

Hé. Het ging makkelijker. Nog makkelijker. Was dit de top? Mijn trappers gingen sneller rond. Dit was de top. Ik remde pas toen ik zeker wist dat ik niet meer steeg. Na eenentwintig kilometer klimmen stond ik op de Mont Ventoux. Bijna twee kilometer hoog. Ik stapte af.

De wind was striemend koud. De natuur zwaaide met de scepter.

De Renault kwam aangereden. Benny zette de motor uit. Sonny stapte uit en liep op me af. Hij had geen ogen meer, alleen beslagen brillenglazen. En toch keek hij blij.

'Door de mist zagen we je op het eind niet meer,' zei hij.

Ik zette mijn fiets tegen een muurtje waarachter een onmetelijke diepte moest liggen. Ik tilde mijn zoon op. Deed me te goed aan de warmte van zijn kleine lijf.

'Wat was je tijd?' vroeg hij.

'Ongeveer twee uur,' antwoordde ik.

'Daar mag zeven minuten af, door het ongeluk. Heb ik uitgerekend met mijn stopwatch.'

'Mooi,' zei ik.

Ach, de tijd. Er was hier boven geen tijd. Tijd had geen zin hier. Ik wilde alleen maar dat levenslustige lijfje dicht tegen me aan.

'Je hebt het gehaald, pap.'

'Ja, goed hè?'

'Met tussenstop,' zei Sonny droog.

Ik zette hem op de grond.

Aan de rand waar je bij helder weer over de Provence uitkeek, stond een stalen paal met een bord erop. *Sommet du Mont Ventoux 1910 m.*

Dit was het dan. Mijn vijftigste verjaardag op een berg zonder uitzicht. Te veel wind voor kaarsjes. Ik hoorde bij de club van oude mannen die met alle beperkingen in hun lijf de Mont Ventoux beklommen hadden. 'Gefeliciteerd, sukkel,' zei ik tegen mezelf.

Ik keek naar Sonny. Hij bibberde.

'Heb je het koud?'

'Een beetje.'

Ik deed de bovenste knoop van zijn jas dicht. Zelf trok ik het windjack aan dat Rob naar me toe gooide.

'We gaan naar beneden,' zei ik.

Ik op de fiets, Sonny in de huurauto in mijn kielzog.

In de schemer daalde ik.

Tommy zat op het zadel van zijn stenen fiets. Hij keek naar de top. Hij moest nog ongeveer anderhalve kilometer. Rond zijn voeten lag voldoende eten en drinken.

Pas bij het lege restaurant van Chalet Reynard werd het zicht beter. Ik dook rechtsaf het bos in.

Onder me flitste een zwart remspoor voorbij. Ik wees met mijn rechterhand naar het asfalt. Zouden ze het in de Renault achter me gezien hebben?

'Je bent nu wel gestopt, hè?' had Sonny gezegd.

Ja. Ik was gestopt. De klok stond stil.

Het was goed zo. Volgend jaar ging ik weer de Mont Ventoux op, besloot ik. Zonder te stoppen.

Ineengedoken daalde ik door het bos. Mijn handen trilden op het stuur. Ik denderde naar beneden. Het ging hard op de steile stukken. Met tranen in de ogen van de wind zag ik de teller één keer op 85,1 kilometer per uur springen. Voor angst had ik geen tijd.

Ik vloog van de maan terug naar moeder aarde.

IJle lucht

Eddy Merckx, die kon pas hoesten op de kale top van de Mont Ventoux. Uit de weg allemaal. Lucht had Eddy nodig. Lucht.

Het was allemaal aanstellerij geweest tijdens die bergetappe in 1970, beweerde Merckx jaren nadien. Hij lachte zichzelf uit toen hij zijn jonge ik terugzag op zwart-witbeelden. Merckx kon fietsen en acteren, zo bleek. Van die combinatie word je een groot renner. Dan ben je een sportman, omgeven met verhalen.

Als iets duidelijk werd, tijdens de klim op de Ventoux, is het dat je nooit moet spotten met deze berg.

Als je met de auto de Ventoux op rijdt – het liefst met de ramen open – raak je als luxe reiziger eenvoudig bedwelmd. Aan de voet ruik je de weeïge geur van de lavendelvelden, in het bos zoemen insecten je tot rust en tijdens de kale klim vergaap je je aan het uitzicht.

Met een fiets gaat het anders. De berg is je de baas, de Ventoux bepaalt.

Bauke Mollema deed vooraf nuchter over de berg. Hij ging gewoon 21 kilometer omhoog fietsen.

Eenmaal over de finish zadelde de beruchte ijle lucht Mollema op met een probleem. De kopman van Belkin had – met de moed der wanhoop – de tweede plaats in het klassement kunnen behouden maar in ruil daarvoor werd hem het spreken deels onmogelijk gemaakt.

Ieder uitgestoten woord werd gevolgd door een kuch. Of Mollema wilde of niet. Van aanstellerij was geen sprake. Het was de lange neus van de Ventoux naar een Groningse jongen die de berg niet van tevoren had willen verkennen. Dat pikte de berg niet.

De stenen kolos in de Vaucluse heeft nare trekken. Niet voor niets wordt beweerd dat de Ventoux bij iedereen die hem beklimt een litteken achterlaat, net als een marathon bij hardlopers.

Overigens had Bauke niets te klagen. Een half uurtje kuchen, ach, het viel nog mee. Winnaar Christopher Froome kreeg zuurstof toegediend. *Oxygen*, las ik. Maar dat klinkt zo verdacht. Het was een hapje lucht, zoals een fietsband dat ook nodig heeft als er lang mee gereden is.

De gevallen god Armstrong keek toe vanuit zijn huis in Texas. Tijdens de klim verstuurde hij een tweet: '*Hey Chris Froome, no gifts on the Ventoux.*'

Die gekke Lance.

Druk doende zijn zeven gele truien met een handwasje schoon te krijgen, had hij even tijd voor cynisme.

In de nacht nam de stevige wind weer bezit van de Ventoux. Voetstappen van de duizenden supporters in de berm werden uitgewist, de gratis reclamepetjes fladderden over de steenslag naar beneden.

Het Tourkabaal was weg. De natuur was en bleef de baas. En het boek met verhalen over de Ventoux was weer een paar pagina's dikker.

Arme Jan met zijn hart

De voornaam voorspelde al niet veel goeds.

Jan.

Natuurlijk waren er beroemde wielermannen met de naam Jan. Jan Nolten kon zich in de jaren vijftig meten met Fausto Coppi. Jan Janssen trok in Parijs aan het langste eind in de beslissende tijdrit van de Tour. En als Jan Raas in zijn hoofd had gehaald ergens te winnen, werd er ten koste van alles gewonnen.

Maar een anonieme Jan met een baard, haar op zijn benen en een pafferig gezicht, dat was een gruwel op een fiets. Waarom reed die hopeloze Jan, met dat buikje hangend op de framebuis, in godsnaam op zijn oude racefiets in zomers Frankrijk?

Zijn vrouw Ine had 's ochtends in de caravan een stokbrood dwars doorgesneden, voor de ene helft gevuld met van huis meegenomen pindakaas en de andere helft met biologisch verantwoorde bloemenhoning uit de streek.

Ze kon de dag ervoor, bij aanschaf van de pot honing bij een Franse boer, niet nalaten te melden dat haar man op zijn fiets een berg ging beklimmen.

'Een hele steile.'

'Waar is uw man nu?' vroeg de boer.

'In de caravan. Vannacht een beetje teveel gedronken bij de barbecue van onze buurtjes.'

'Hoe oud is hij?'

De vrouw bracht in stilte de Franse cijfers in haar hoofd op orde en antwoordde toen: *'Zeven... en... vijftig.'*

'Olala!' zei de Fransman terwijl hij de pot honing in vaal pakpapier draaide.

'Maar hij heeft best een beetje getraind, hoor. Laatst zijn we naar Limburg geweest, een weekeind. Daar is het ook steil.'

'Laat hem vroeg in de ochtend beginnen, voor het heet wordt, en rustig aan omhoog rijden.'

'Hij heeft al een eindtijd in zijn hoofd, één uur veertig, dus...'

'Olala, nou, succes!', zei de man, met een cynische glimlach rond de mondhoeken.

Jan ging alleen fietsen, op die bewuste vrijdag. Op zijn ouderwetse Motobécane, een stalen fiets die hier en daar roestig was. Met losse handen rijden kon niet meer, het frame had vorige zomer tijdens een val een tik opgelopen en stond voorgoed uit het lood. Afstand doen van zijn 'oude beestje' kon Jan niet. Hij reed er al tweeëntwintig jaar op. Dit jaar was het er niet veel van gekomen. Hij had met zijn vaste fietsvrienden vier keer hun vaste rondje van 24,2 kilometer gereden.

Jan was rond het middaguur met de fiets achterin de auto bij de voet van de onbekende berg aangekomen. Het was beneden in het dorp 33 graden in de schaduw. Hij had één bidon met water bij zich. In zijn achterzak zat een banaan, die zou hij halverwege de klim opeten. Het stokbrood met honing en pindakaas was zijn maag al gepasseerd.

Ine reed met de auto vooruit, naar de top. Hij zag hoe ze voorzichtig de eerste bocht nam en uit het beeld verdween.

'Nou kerel, daar gaan we dan', zei Jan hardop tegen zichzelf.

Het waren meteen zijn laatste woorden.

Twee uur later werd Jan dood gevonden in een greppel.

Twee Franse jongens waren bezig aan een wandeltocht en zagen een fiets aan de kant liggen, met de wielen omhoog, half verscholen in het hoge, dorre gras.

Onder de fiets lag een man. Zijn voeten zaten nog vast in de ouderwetse riempjes van de pedalen. Hij lag in een rare knik. Zijn romp leek te ver doorgedraaid. Zijn gezicht konden ze niet zien, dat lag in een bedje van gedroogde naalden die uit de bomen waren gedwarreld.

Terwijl een jongen met zijn mobieltje belde naar een hulpnummer, doorzocht zijn vriend de achterzakken in het wielershirt van de levenloze man, op zoek naar persoonsgegevens. Hij vond een geplette banaan en een dubbelgevouwen foto met vier mannen erop. Ze stonden lachend naast elkaar, met hun racefietsen in het gelid.

De jongen herkende de meest linkse figuur in het forse postuur van de man in de greppel. Hij stond naast zijn Motobécane, lachend met zijn duim omhoog. De jongen draaide de foto om en las wat er stond: 'Beste Jan, je kan het! Ine staat op de top met ons cadeautje, Succes, de Naaldwijkse Pedaaltjes.'

Tijdens de crematie in Nederland stond de kromme Motobécane tegen het spreekgestoelte. Het voorwiel als een krakeling gedraaid, achterband lek, stuur scheef, teller op 12 kilometer.

Ine nam na een lange zucht het woord. In een Frans ziekenhuis had de arts haar verteld dat Jan gestorven was aan de gevolgen van een hartaanval.

Jan met zijn hart. Dat was geen succesverhaal. Dat wisten de stilletjes luisterende fietsvrienden van Jan al een tijd. Hij klaagde over druk op de borst na het fietsen, als ze in een café spraken over het gereden rondje.

Daar lag Jan, in de open kist. Op verzoek van zijn vrienden nog in zijn wielerkloffie. Zwarte fietsbroek, een origineel wollen shirt met de letters 'DAF' op de borst – daar had Hennie Kuiper nog in gereden – korte tenniskousen en afgesleten schoenen met luchtgaatjes.

De vrienden liepen langs de kist. Een van hen legde het cadeautje dat Jan zou krijgen als hij de top had gehaald op zijn buik. Het was verpakt in rood papier en had een langwerpige vorm. Het kon een banaan zijn, een mini fietspomp, een forse sigaar, een mueslireep. Niemand vroeg ernaar.

Ine haalde de bidon van Jan van zijn fiets en vulde die met de inhoud van een blikje Belgisch bier. Ze zette de volle bidon naast zijn verstarde gezicht, streek hem langdurig over zijn dunne, grijze haar en liep daarna in de armen van de Naaldwijkse Pedaaltjes.

De cd van Dire Straits draaide het eerste rondje in de speler.

De kist zakte.

Weg Jan.

De zaal liep leeg.

Langzaam kwamen de gesprekken op de gang in de foyer. Er klonk al een bevrijdende lach.

Jan kon in de urn. De Pedaaltjes gingen de as van hun vriend over een paar weken uitstrooien op de top van de berg die hij niet haalde. Die afspraak stond in hun agenda's.

In de lege zaal van het crematorium deed de begrafenisondernemer het licht uit.

Het werk zat erop vandaag. De man haalde diep adem en rochelde het vuil in zijn borst los. Hij deed het meteen nog een keer, zonder er zelf erg in te hebben.

Hij liep naar de fiets van Jan. Hij pakte het stuur beet en het zadel, tilde het voorwiel op dat onmogelijk nog kon draaien. Alleen op het achterwiel reed de fiets tussen de stoelen door naar buiten. Hij piepte en kraakte.

De man had de sleutels van de auto van Jans vrouw in zijn broekzak. Hij haalde ze tevoorschijn en opende de klep. De achterbank was al naar voren geklapt. Hij legde de Motobécane achterin. Met een deken dekte hij de fiets af. Ter hoogte van het kromme voorwiel zat een bult in de ruiten stof. Hij gooide de klep dicht en deed de auto op slot.

Hij zag van buitenaf door de glazen pui een lange rij staan voor Ine. De drie overgebleven Pedaaltjes stonden in wielerkleding naast haar. Hij zou de autosleutel straks aan de vrouw van Jan teruggeven.

Zonder te kijken tikte de begrafenisondernemer een filtersigaret uit het pakje en stak de punt aan met een aansteker. Hij nam een lange trek en inhaleerde diep. Tegelijk met een hoestje kwam de rook weer naar buiten.

De man keek naar de lucht. Het middaglicht werd al geel aan de horizon. In de populieren naast de nieuwe akker waar binnenkort plek was voor veertig graven, vloog een zwerm spreeuwen van kruin naar kruin.

De begrafenisondernemer keek naar het fladderen van de vogels in het tegenlicht van de zon. Hij nam weer een haal van zijn sigaret. Tijdens het uitblazen van de rook en het vertrouwde kuchje ontstond een frisse gedachte. Hij zou morgen voor het eerst sinds de dood van zijn vrouw, zes jaar geleden, zijn racefiets uit de schuur halen om naar het einde van de wereld te fietsen.

Hij spuugde de filter op de grond, drukte het gloeiende puntje met zijn hak in de aarde en liep terug naar de foyer.

Wielerporno

De winkel van Federico Bahamontes is gesloten. De wielerzaak in het historische centrum van Toledo liep niet meer. Na bijna vijftig jaar hield de Spaanse winnaar van de Tour de France 1959 het voor gezien. Het pand heeft een nieuwe baas: een Chinese groothandelaar in ditjes en datjes.

Ik kreeg het bericht door van een bevriende correspondent in Spanje, die me in 2003 als tolk vergezelde tijdens het maken van een filmportret over 'Baha'. Het stemt me somber dat de winkel opgedoekt is. Verandering is goed, maar sommige plekken moeten voor eeuwig hetzelfde blijven.

Bahamontes bezit de mooiste bijnaam ooit verzonnen voor een wielrenner: de Adelaar van Toledo. Hij zag er tijdens mijn bezoek nog geweldig uit voor zijn 74 jaar. Slank. Gesoigneerd, geparfumeerd bijna. Deftig grijs haar. Gouden montuur op de grote neus.

Bahamontes leidde me rond in de zaak. Het was een lichte ruimte met voornamelijk kinderfietsen. De racefietsen waren in de minderheid. Op een pilaar hing een grote zwart-witfoto; op het centrale plein in de schaduw van de kathedraal van Toledo juichten tienduizenden mensen hem toe na zijn Touroverwinning. In diezelfde zomer opende hij de fietswinkel.

Zijn vrouw Fermina stond achter de kassa. Als een marmeren borstbeeld. Strak gezicht, roodgeverfd haar achterover gekamd. Met geen honderd handen warm te wrijven. De vaste hulp Faustino was er ook. Hij liep in 1959 als dertienjarige jongen de zaak binnen en zag hoe mecaniciens achter in een werkruimte aan de fietsen sleutelden. Faustino raakte gebiologeerd door de techniek van de racefiets en werkte algauw als knecht in de winkel.

De afgelopen vijftig jaar moest je bij Faustino zijn voor een ventiel, een schroef, een spaak, een zadel of smeerolie voor de ketting. Toen ik er was, hing zijn linkerarm in een mitella. Bij het sluiten van het raam had hij een snijwond opgelopen. Het was geen reden om thuis te blijven. Ook met één hand kon hij klanten aan een nieuwe fiets helpen.

Bahamontes was er niet de man naar om elke dag in de winkel te staan. Het was er ook niet zo druk. Hij trok eropuit, in zijn chique Mercedes. Hij vertrouwde me toe dat hij de zaak openliet voor Faustino. Bahamontes zou wachten met sluiting tot zijn trouwe hulp met pensioen ging.

Terwijl Faustino en mevrouw Bahamontes als adembenemende etalagepoppen in de winkel stonden, nam Bahamontes me mee naar achteren. Eerst zaten we in zijn kantoortje. Achter hem stond een stenen adelaar in de kast. Het beest had zijn vleugels gespreid en leek in één vloeiende beweging op de schouder van Bahamontes neer te willen strijken.

Aan de muur hingen foto's van een klimmende Bahamontes. Hij trok er in bergetappes graag alleen op uit. Beroemd is de anekdote dat hij in de Tour de France van 1954 op de Col de la Romeyere zó ver voor lag op zijn concurrenten dat hij op de top afstapte en op zijn gemak een ijsje nam. Pas toen nummer twee bovenkwam, sprong Bahamontes weer op de fiets.

Het blijkt niet helemaal zo gegaan te zijn. Bahamontes vertelde me de juiste versie. 'Ik was bezig aan een solo op die berg. Ik werd van achteren aangereden door een volgauto. Mijn derailleur was kapot. Omdat mijn ploegleider niet in de buurt was, stapte ik af. Ik zag een ijscokar staan, eentje met twee van die grote gaten. Er stond niemand achter. Ik schepte met mijn hand het ijs uit de kar en smeerde het in mijn bidon. Terwijl ik wachtte op hulp heb ik dat ijs opgegeten.'

We liepen van zijn kantoor naar de oude werkplaats. Het was een vale ruimte met tientallen formaten tangen, zagen en hamers aan de muur. Bahamontes rommelde wat in een nis en trok zijn gele trui uit 1959 tevoorschijn. Ik voelde eraan. Opwindend. Mijn vingers streken over het beroemde geel. Prikwol. Jeukstof.

Ondertussen pakte Bahamontes de fiets waarmee hij de Tour had gewonnen. Hij hing het oude frame op aan een paar kabels en begon tegen de fiets te praten. Met de trappers liet hij de ketting over de tandjes glijden. Het tikkende geluid kietelde in mijn oren.

De Adelaar sprak tegen zijn beroemde fiets: 'Je hebt je altijd kranig gedragen, zodat we de Tour konden winnen. Jij en ik. We waren een stel, we waren slapies. Als we op kop lagen in de bergen, mocht iedereen tegen ons achterwerk aan kijken.'

De linkerhand van Bahamontes gleed over het frame naar het verweerde versnellingspookje. Hij trok het voorzichtig naar achteren. De ketting sprong over de vijf tandwielen. Bahamontes spoot vette olie op de bewegende delen.

Terwijl Fermina in de winkel achter de kassa stond, bedreef Bahamontes schaamteloos de liefde met zijn oude fiets. Soft wielerporno. De Adelaar, in sappig Spaans tot het machteloos hangende frame: 'Ik zette je altijd in de hotelkamer. Dan was je dicht bij me.'

De wielerzaak van de Adelaar is voorgoed gesloten. Bahamontes heeft de fiets van 1959 als een vrouw over de drempel naar buiten moeten dragen. Waar zijn ze heen, Baha en zijn fiets? Ik hoop dat ze samen de bergen in getrokken zijn. Na een slopende klim liggen ze uitgeput in de berm tegen elkaar aan. Het smalle hoofd van Baha op het zadel, zijn armen in innige omhelzing met het frame.

Ze zijn in slaap gevallen.

Wielervoodoo

In de filmklassieker *Don't Look Now* (1973) raakt hoofdrolspeler Donald Sutherland in de war van een mysterieuze dwerg in een rode cape, die hij voortdurend voorbij ziet flitsen in Venetië. De romantische Italiaanse stad verandert in een doolhof van stinkend water en smalle stegen.

Aan het einde hakt de dwerg erop los met een bijltje. In de horrorscène spat het bloed in het rond, herinneringen aan een verongelukt kind en een verstoorde liefde komen bovendrijven bij de hoofdpersoon. Je zit op het puntje van je stoel, omdat 'iets' van buitenaf de regie lijkt te voeren over het leven van Sutherland.

Mysterieuze krachten kunnen ook een rol spelen in het wielrennen.

Ik herinner me de invloed van een koelbox in de Ronde van Spanje, tijdens een loodzware slotklim op de Sierra de la Pandera.

Wielerkenners hadden geconstateerd dat het niet normaal was om 'deze klootzak van een berg' met een fiets te beklimmen. Er lag een ezelpad met uitgevreten asfalt, in een omgeving waar zieke dieren een plekje zoeken om in stilte te kunnen sterven. Maar het peloton moest en zou eroverheen.

Het werd een klim waarin onverklaarbare dingen gebeurden. Het begon al met de live-uitzending op tv: alle geluidsverbindingen vielen weg. Mart Smeets zat op 1830 meter hoogte en zijn microfoon weigerde dienst. Na minuten van stilte was daar zijn stem weer, via zijn maar half opgeladen mobiel. Het geluid klonk overstuurd.

De kopgroep met de Spaanse klassementsleider Alejandro Valverde en Robert Gesink reed in een snel tempo omhoog. Gesink kon de leiderstrui pakken als hij met voorsprong eindigde.

Het werd steiler. Valverde zakte weg uit de kopgroep. Hij had een inzinking die hij, zo te zien, niet meer te boven zou komen. Gesink ramde op de pedalen. Wat een bergetappe. En: we hadden weer Hollands vlees voorin, al was het mager vlees.

In het uitgebeende mijnwerkersgezicht van Valverde zaten witte vlekken. Een toeschouwer duwde hem een stukje. Gesink reed vooruit. Hij stond op zijn pedalen. Ik ging ook staan, voor de televisie. Eindelijk, we kregen weer een winnaar van een grote ronde.

De camera op de motor begaf het. Ook dat nog. 'Alles ligt er nu uit,' riep Smeets.

Opeens verscheen Valverde in beeld. Wat? Hij reed weer een goed tempo. Dit kon toch niet? Net lag zijn tong nog op het stuur. In korte tijd reed hij naar Gesink. De Spanjaard moest gesleept zijn of een razendsnelle bloedtransfusie gepleegd hebben.

Op de finish versloeg Valverde de moegestreden Gesink. Hoe was het mogelijk?

Ik draaide de film van de etappe nog eens terug in mijn hoofd. Er moest een verklaring zijn voor de plotselinge wederopstanding van Valverde. Aan het begin van de klim had ik in een flits een rare vrouw zien staan. Helemaal alleen in het kale landschap. Een stevige Spaanse met een grote koelbox, schuilend onder een struik. Wat deed die vreemde verschijning daar in de regen?

Gesink was de smaakmaker van de Vuelta. Niemand reed met zo'n hoog beentempo de berg op. Hij was de sterkste. Maar zolang De Heks met de Koelbox langs de kant staat, zal Valverde altijd zegevieren.

Ze bestaan dus, de mysterieuze krachten in de sport. Onzichtbaar duwen ze je omhoog, of ze trekken je aan je bretels juist naar beneden.

Ik noem het wielervoodoo en snap er geen donder van.

Viagratandwiel

De Angliru, ook wel het Monster van Asturias genoemd, was *alive and kickin'*. Onder de grond schopte een prehistorisch gedrocht onophoudelijk tegen het gesteente aan. In het live verslag op televisie van de etappe in de Ronde van Spanje lag de top van de Angliru eerst op 1570, daarna op 1680 meter. De steilste berg van het jaar toonde dus een teken van leven.

Het peloton was bang. De avond voor de klim sliep geen renner makkelijk in. Mecaniciens kropen bij elkaar. Wat voor een verzet moest er op de fiets van de jongens? Ze haalden tandwieltjes uit de doos die eigenlijk bedoeld waren voor zwaarlijvige recreanten op een lullig heuveltje in de Ardennen.

's Ochtends stond het peloton aan de start. Terwijl ze de slaapkorrels uit hun ogen wreven, keken de renners naar elkaars fietsen. Daar. En kijk, daar ook één. En nog één. Allemaal fietsen met een extra klein tandwiel vóór. 34 tandjes. Als een melkgebit.

Ik dacht aan een iets oudere wielervriend, die me toefluisterde dat alle mannen ooit aan de tripel moesten, een klein tandwiel vóór, van dertig tandjes. De tripel, zeg maar het viagratandwiel, is nog één stap verwijderd van de Spartamet. Dank je de koekoek.

De kopgroep in de Vuelta nam het laatste stuk van de Angliru. Alleen de echte klimmers bleven over. Alberto Contador zwalkte over het asfalt. Hij beet met zijn voortanden in het stuurlint. Een voor een kropen ze de Angliru op. Om de stijgingspercentages van de Jaizkibel en Tourmalet werd gegniffeld. Kinderspel voor de prof.

De renners reden over een voormalig herderspad. Voormalig, ja. De herder is bezweken onder de druk van zijn beesten. Hij zag de wanhoop in de ogen van de schapen bij het naderen van het bordje '23,6 procent stijging'. In het dal heeft de herder zijn excuses aangeboden aan de voltallige kudde.

Mag je renners zo'n extreme klim voorzetten? Natuurlijk. Het moet zelfs. Het is de redding van het cyclisme. Alleen de profs komen zo'n helling op. De recreant stopt beschaamd zijn klimfototje weg.

Deze steile helling is voor de manische topsporter. Voor de vechtjas die traint en van geen opgeven weet. Ik zou zeggen: stuur de renners vandaag wéér over de Angliru. En morgen. En overmorgen. Tot de dood erop volgt.

Klauwen van het beest

Je zult maar wielrenner van beroep zijn. Het blijft een fascinerend zwaar vak. Dat werd me weer duidelijk na drie weken Ronde van Italië. Altijd loert er gevaar op en langs de weg, steile bergen slurpen de laatste krachten uit de benen en vanwege alle spanning balanceren sommige renners geestelijk op een smal koord.

Tijdens deze Giro d'Italia waren de ogen vooral gericht op Alberto Contador. De Spaanse coureur had het er zelf naar gemaakt door te zeggen dat hij dit jaar de Giro én de Tour de France wilde winnen.

Zo'n inspanning lijkt niet meer van deze tijd.

In 2010 werd Contador betrapt op een minuscule hoeveelheid clenbuterol. Hij verweerde zich destijds tot het uiterste. Er was toch maar 0,0000000005 gram clenbuterol gevonden? En nee, het had niets met doping te maken. Het verboden goedje moest in een lekker stuk vlees gezeten hebben.

De Spanjaard werd geschorst. De winst van de Tour 2010 en de Giro 2011 werd hem ontnomen. Die zware straf heeft het woedevuur in Contador ontstoken.

Contador is een strijder. Hij wil bewijs op bewijs leveren dat hij zuiver op de graat is. Hij is geen Armstrong en ook geen Pantani. Dus veroverde hij de roze trui zo snel als mogelijk en verdedigde hij het kledingstuk als zijn kind.

Concentratie was zijn handelsmerk tijdens de Giro. Bijna niets ontging hem. Hij ramde zelfs een boven het peloton gehouden selfiestick uit de hand van een toeschouwer. Afgelopen zaterdag leek Contador alsnog te breken. In de zware klim naar de top van de Colle delle Finestre verloor hij het contact met de kopgroep. De vederlichte Nederlander Steven Kruijswijk danste op de onverharde weg naar de top.

Contador sloeg in de afdaling aan het rekenen. Geen paniek. Hij had de voorbije weken genoeg voorsprong opgebouwd om de Giro te kunnen winnen.

Na de slotetappe kwam Contador over de eindstreep. Hij stak als zegegebaar drie vingers in de lucht. Drie keer de Giro gewonnen? De editie van 2011 was hem toch ontnomen? Maar zo rekent Contador niet. Drie is drie. Zoals zero, zero, zero clenbuterol ook echt zero, zero, zero doping is.

Contador is de beste ronderenner van het moment. In de Ronde van Italië swingde hij soepel in de bergen en toonde hij pure snelheid in de tijdrit. Maar iedere winnaar van een grote ronde wordt tegenwoordig tegen het licht gehouden.

Kunnen we hem vertrouwen?

De Spanjaard doet zichtbaar zijn best. Maar zal Contador zich ooit nog kunnen bevrijden uit de klauwen van het beest dat argwaan heet?

Een aureool rond Contador

Tergend langzaam gleed een renner in een rood shirt over een pad door een bos. Van boven, vanuit een helikopter, was het rustgevend om te zien. Gefilmd vanaf een motor keek ik in het van pijn vertrokken gelaat van Alberto Contador. 'Hier is het 23 procent,' tetterde de speaker van mijn televisie.

Zolang de Angliru in het parcours van de Vuelta zit, is er kritiek op het beklimmen van de steile berg. Het zou schandalig zijn om daar te moeten fietsen. Je hoort mij niet beweren dat ik de Angliru voor mijn plezier zou willen beklimmen. Maar schandalig? Tegenwoordig is voor elke berg een geschikt verzet te vinden.

Minder tandjes voor, meer achter.

Profrenners vinden de berg een gemene ploert maar ze roepen niet op tot een verbod. Je maakt een berg zo zwaar als je zelf wilt.

Alberto Contador heeft zoveel bergen voor zijn kiezen gehad; hij kent geen vrees meer. Er is hooguit de zorg dat een ander beter is. En pijn lijden? Laat dat maar aan hem over.

Het laatste deel van de Angliru reed hij solo omhoog, soms begeleid door hijgende politiemannen. Dit was een perfect scenario; de focus op een 34-jarige toprenner die na zijn lange carrière ging stoppen.

Door de regenval besloeg de lens van de camera vanbinnen. Dat kon de cameraman niet weg poetsen. Op het televisiescherm zat een vage, witte vlek en de Spanjaard reed er middenin.

Een aureool voor Contador. Het feeërieke beeld was terecht: Contador kleurde het peloton langdurig. Hij was een aanvaller, had dramatische valpartijen, kreeg twee jaar schorsing vanwege clenbuterol in zijn bloed en won de Tour de France, de Giro en de Vuelta.

Wat ik zal missen is zijn manier van klimmen. Contador kwam in bergetappes veelvuldig uit het zadel om met een soepele swing in zijn heupen op de pedalen te staan.

Van een klimmende Contador kreeg je zin om zelf te fietsen.

In het wiel van ploegmaat Wout Poels kwam Chris Froome na Contador over de streep op de top van de Angliru. Hoe sterk Froome ook is, hij blijft je bij als een volgeling van Sky. Altijd zoemen ploegmaten als bijen om hun kopman heen: zonder zijn team geen eindwinst.

En Contador? Hij heeft zich losgezongen van alle merknamen die hij ooit op zijn shirt droeg.

Als eerbetoon mocht hij gisteren bij aankomst in Madrid voor het peloton uitrijden en zwaaien naar het volk langs de kant van de weg. Ik onthoud liever het beeld van Contador op de pedalen in de scherpste bocht van de Angliru.

Dat verbeten hoofd, die swingende heupen en de wil om te klimmen, ten koste van alles.

Lek

Achter de voordeur blafte een hond met hoge uithalen. Zijn nagels krasten tegen het hout. Ik haalde mijn vinger van de deurbel en deed een paar passen achteruit.

Een vrouwenstem.

'Smollie!'

De hond begon harder te blaffen.

'Smollie, af!'

De deur van het houten zomerhuis ging open. Een vrouw stond voorovergebogen op een kokosmatje om de hond in bedwang te houden. Ze had blond ongekamd haar in een paardenstaart, grote, vragende blauwe ogen en een stevig lichaam dat maar net in haar roze trainingspak paste.

Ze kwam overeind. Op haar borst stond het woord LOVE.

'Zeg het 'ns?' vroeg ze, terwijl ze de hond aan zijn halsband vasthield. Het was een bulterriër, ik herkende die varkensachtige kop uit duizenden.

Op een klassenfeest van de middelbare school was ik ooit gebeten door zo'n hond. De bulterriër kwam naast me staan toen ik een hap wilde nemen van een toastje met filet americain. Toen ik hem afweerde, beet hij in mijn hand. Sindsdien loop ik liever een blokje om voor een bulterriër. Voor alle honden eigenlijk.

'Eh, ik ben aan het fietsen,' zei ik.

'Ja, dat zie ik ook wel,' antwoordde de vrouw, terwijl ze zonder gêne naar mijn natte onderbenen keek.

Mijn fiets stond achter me in de regen tegen een tuinhek.

'Ik heb een lekke band. Ik heb plakspullen, alleen geen pomp. Misschien hebt u er een te leen?'

De vrouw blies haar wangen bol terwijl ze nadacht. 'Ik zal even kijken.'

Op de vloer van het halletje lag geel zeil dat bij de plinten omhoogkroop. De deur naar de slaapkamer was open. Er stond een ledikant waar twee slaapzakken op lagen.

De vrouw sleepte de hond aan zijn halsband naar de slaapkamer en sloot hem op. Het beest begon meteen weer te blaffen.

'Toen we 'm kregen was hij al vals, eigenlijk had hij afgemaakt moeten worden,' zei de vrouw.

Ik knikte.

Naast de kapstok trok ze een gangkast open. Op de grond stonden een paar vuilniszakken, tot aan de rand gevuld met kleding. Ze duwde ze opzij en boog diep voorover in de kast. De witte huid van haar onderrug kwam vrij.

'Kom eens hier, oudje,' zei ze. Triomfantelijk trok ze een fietspomp omhoog. Hij was gemonteerd op een houten plankje.

'Fijn. Daar gaat het vast mee lukken,' zei ik.

Ik zette de pomp op de grond, trok het handvat omhoog en duwde het weer naar beneden. Er rolden een paar pluizen langs de plint.

'Zet je fiets anders maar even binnen. Het zeikt als een wezenloze.'

'Dat is aardig. Ik ben met een kwartiertje klaar.'

'Zie maar, joh,' antwoordde ze. 'Ik ben hier nog wel even.'

Rustend op zadel en stuur kon mijn fiets net omgekeerd in het halletje staan. Eerst maar eens aan het profiel van de buitenband voelen, misschien was een glasscherf of een scherp steentje de boosdoener, dan wist ik meteen waar het gaatje zat. De derailleur tikte tijdens het draaien van het wiel. De band gleed door mijn handpalm. Niks. Mooi glad.

De vrouw was naar de huiskamer gelopen en stond met de rug naar me toe. Ze had stevige heupen en een smakelijk vetrandje dat onder het roze trainingsjack vandaan piepte. Een wolk sigarettenrook hing boven het blonde haar.

Ik haalde het plaksetje uit mijn shirt, pakte er twee bandenlichters uit en stak ze een voor een tussen de band en de velg. Voorzichtig trok ik de binnenband tevoorschijn.

Met een colablikje in de ene en haar sigaret in de andere hand kwam de vrouw bij me staan. Ze blies rook uit.

'Gaat-ie?' vroeg ze.

Ik had een verloopje op het ventiel gedraaid en pompte met een paar slagen de binnenband op.

'Ja hoor. Kijken of ik het gaatje kan vinden.'

In de slaapkamer sloeg de hond aan.

'Godverdomme, Smollie. Kop dicht!'

Door het geblaf kon ik het ontsnappen van lucht niet horen. Ik hield de band tegen mijn oor. Ik voelde dat hij langzaam zachter werd.

'Aardig huisje. Nog vakantie?' vroeg ik.

De vrouw gooide haar brandende peuk in het blikje cola.

'Nee, mijn man en ik wonen hier het hele jaar door. Mag eigenlijk niet. Het is officieel een zomerhuisje, maar zolang niemand erover zeurt, prima toch?'

In haar trainingsbroek ging een mobiele telefoon af. Ik zag het display door de stof heen oplichten. De vrouw zette het blikje op een plankje onder de gangspiegel en nam op.

'Bar, hoi. Waar hang je uit?'

(...)

'File? Waar dan?'

(...)

'Het begint zo, hè?'

Ze liep de huiskamer weer in. Ik hoorde haar doorpraten: 'Ja, schiet op, want ik krijg dat ding niet aan de praat.'

De hond hield zich eindelijk koest. Ik pompte de band opnieuw op en hield hem vlak bij mijn oor.

'Niet gek opkijken zo, er zit een vent in de hal. Hij had geen pomp.'

(...)

'Ja ja, heel grappig, Bar.'

Ze ijsbeerde door de kamer en schaterde hard.

'Nee, Jim is weg. Hij heeft oproepdienst. Hij is om een uur of negen thuis. Hij zit ergens in Dordt. Kapotte lift in een kantoor.'

(...)

'Goed, zie je zo.'

Ze stopte de telefoon in haar broek, trok het elastiekje van haar paardenstaart los, wapperde met haar haren en deed het elastiekje er weer in. Ze verdween uit beeld. Ik hoorde wat gerommel en daarna een harde klap. Ze sloeg ergens op.

'Kutding,' zei ze, met een uitgerekte k.

De bel klonk boven mijn hoofd. De hond sloeg aan. Omdat de vrouw niet meteen uit de huiskamer kwam, besloot ik open te doen. Raar. Het was net of de vrouw die in de huiskamer rondliep in de deuropening stond, met maar één verschil: het trainingspak van deze vrouw was rood. Ook op haar borst stond LOVE.

De vrouw in het rood stapte met uitgestrekte hand op me af: 'Hai, ik ben Barbara.'

Tweelingzussen. Barbara droeg net als haar roze zus haar blonde haar in een paardenstaart, had hetzelfde figuur, dezelfde huidtint, voortanden, ogen. Alleen haar lippen waren opvallend voller.

'Lekke band, hè? Ik hoorde het van Erna,' zei ze.

Ik knikte. 'Ja, ik ben zo weg, hoor.'

Barbara liep de huiskamer in. Ik hoorde klapzoenen als begroeting. Voorzichtig stak ik mijn hoofd om de hoek.

'Sorry, maar mag ik misschien een teiltje met water? Dan kan ik het lek makkelijker vinden.'

Barbara liep naar de keuken. Ik hoorde een kastje open- en dichtgaan. Ze kwam aangelopen met een afwasteil.

'Water kun je uit de kraan in de wc tappen.'

Terwijl ik de teil tot de helft met water liet vollopen, hoorde ik de twee stemmen in de huiskamer, af en toe onderbroken door weer een harde klap. Het klonk of er met vlakke hand ergens op werd geslagen.

'Jezus, het is al begonnen, denk ik.'

'Kutding.'

Het verschil tussen de stemmen van de zussen was miniem.

De binnenband lag nu ondergedompeld in het teiltje dat op de grond stond. Na inspectie van een kwart van de band zag ik een fijn sliertje luchtbellen omhoogkomen. Het gaatje was gevonden. Ik draaide het ventiel los, liet de lucht eruit lopen en beet in het rubber om het lek te markeren.

'Kun je ons misschien even helpen?'

De twee zussen stonden naast elkaar in de deuropening. Roze en rood, het vloekte op een plezierige manier.

'Natuurlijk. Met wat?'

'We krijgen de computer niet aan de praat en we moeten zo naar iets kijken,' antwoordde de vrouw in het roze.

Ik liep achter de tweeling aan de huiskamer in. De ruimte was vochtig, de ramen waren beslagen.

Een monitor met een vergeeld toetsenbord ervoor stond op een campingtafel. De snoeren aan de achterkant kwamen uit bij de computer op de grond.

'Zo, dat is een oudje,' zei ik.

'Ja, we doen er eigenlijk nooit wat mee. We zijn meer tv-kijkers.'

De computer stond al aan. Ik hoorde een ronkend geluid, het propellertje voor de koeling draaide.

'Hij bromt, dat is een goed teken,' blufte ik. Thuis belde ik al een mannetje voor het verwisselen van een lamp.

Het scherm gaf geen beeld. Op mijn knieën controleerde ik de verbindingskabel tussen monitor en computer. Die leek me in orde. Op de grond lag een stekkerdoos met verschillende aansluitingen. Een van de stekkers was gebroken, je kon de bedrading zo zien liggen. Ik ging staan en trok aan het snoer. Op het scherm zag ik iets flikkeren.

'Stekker kapot, denk ik.'

De tweeling keek me schaapachtig aan. Duidelijk. Ik moest dit voor hen oplossen.

'Hebben jullie een schroevendraaier?'

'Daar vraag je me wat. Misschien in de bestekbak,' zei Erna. Ze liep naar de keuken.

Ik zette de computer uit en trok de stekker los.

'Verwachten jullie een belangrijke mail?' vroeg ik Barbara.

'Nee, de ex van Er is onverwachts overleden.'

'O, sorry, gecondoleerd,' zei ik, terwijl ik er niets van begreep.

'Nee joh, maakt niet uit,' riep Erna, die met een schroevendraaier in haar hand terugkwam uit de keuken. Ze reikte me het gereedschap aan.

Ik schroefde de stekker open. Er lag een draadje los. Was dit het mankement? Zorgvuldig duwde ik het koperdraadje in het gaatje. Terwijl ik het schroefje aandraaide, vroeg ik me af wat de relatie was tussen de computer en de dood van de ex van Erna.

De zussen zaten op de bank te wachten tot er beeld was.

'Ze zijn al twintig minuten bezig. Het is tien voor één,' zei Barbara.

Op hoop van zegen dan maar. Ik stopte de stekker in het contact en drukte op de aan-en-uitknop van de computer. Geratel. Op het scherm verscheen de naam van de computerfabrikant.

'Ha, kijk. Beeld. Hij doet het weer,' zei ik triomfantelijk.

'Bar, tik jij die www enzovoort even in,' zei Erna. 'En als de koffie klaar is, roep ik je, handige Harry.'

Ik liep terug naar mijn fiets in de hal. In het Simson-doosje zat een schuurpapiertje. Ik ging er een paar keer mee over het gaatje.

'Heel goed,' klonk het vanuit de huiskamer. 'O, kijk, we moeten een code intikken. Die staat helemaal onderaan op de kaart, Bar. Z-4-R-V-6-4-P-P.'

Het werd stil in huis. Moest de computer hard werken?

Ik pakte de tube en draaide het rode dopje eraf. De doorzichtige lijm kwam er al een beetje uit gelopen.

Solutie. Ik moest er altijd even aan ruiken. Met een paar vriendjes zaten we vroeger op de knieën in de bosjes achter mijn ouderlijk huis, waar we een tube Simson aan elkaar doorgaven. Een paar keer diep inhaleren via je neus en je voelde je al lekker duizelig in je hoofd. Na een tijdje vielen we achterover en vertelden we smerige dingen aan elkaar. We kronkelden van het lachen, een stuip die niet meer te stoppen was. We gingen door tot het tubetje helemaal leeg was. We knipten het zelfs open om de laatste lijmdruppel niet onbenut te laten.

'Ja hoor, hij werkt!' riep Erna.

Uit de speakers van de computer klonk muziek. Trage akkoorden van een kerkorgel met alle registers opengetrokken. Ik smeerde solutie op de band en het plakkertje en blies de lijm een beetje droog. Met beide duimen drukte ik het plakkertje stevig aan. Ondertussen spitste ik mijn oren om geen woord van de tweeling te missen. Waar keken ze naar?

'Het is best druk. Dat is altijd maar weer afwachten.'

Het plakkertje zat vast. Ik zette de slang op het ventiel en pompte een klein beetje lucht in mijn band. Er lekte geen lucht.

De orgelmuziek was opgehouden. Vanuit de kamer klonk 'You'll Never Walk Alone' van Gerry and the Pacemakers.

'Welke idioot heeft dat nummer uitgekozen? Dit zingt Lee Towers altijd als Feyenoord eens wat wint. Hij is juist altijd voor Sparta geweest.'

Ik kon de stemmen van de tweeling inmiddels uit elkaar houden. Dit was de roze zus, ze eindigde haar zinnen zangeriger dan Barbara.

Waren ze een herhaling van een voetbalwedstrijd aan het kijken? Dan zou dit de opkomst van de clubs moeten zijn. Maar wie was de 'hij' over wie ze steeds spraken?

Het laatste stukje van de buitenband moest er met extra kracht in gewipt worden. Ik zette een bandenlichter tussen de band en de velg. Oppassen dat ik die binnenband niet lekprikte, dan kon ik opnieuw beginnen. Het lukte. De rand van de band floepte keurig over de velg heen.

'De koffie is klaar. Kom je even bij ons zitten?'

Ik keek om de hoek. Barbara wees met de koffiepot in haar hand naar de bank.

Erna zat met haar benen onder haar achterste en hield haar ogen onafgebroken op het kleine scherm gericht. Veel plek was er niet op de bank. Ik probeerde te vermijden dat mijn dij tegen Erna aan kwam. Barbara ging aan de andere kant naast me zitten.

'Kijk dat tyfuswijf van 'm.' Erna wees naar het scherm.

'Die jurk, joh, lekker veel inkijk,' zei Barbara. 'Het blijft een hoer, zelfs op zo'n dag.'

Het computerscherm liet rijen zittende mensen zien. Met serieuze, bedrukte gezichten keken ze voor zich uit. Ze droegen nette kleren. Op de eerste rij zocht een vrouw met een zwarte hoed iets in haar handtas.

Barbara legde amicaal haar hand op mijn dij en maakte aanstalten om me iets toe te vertrouwen. Ze wees naar haar zus. 'Erna's ex is afgelopen dinsdag overleden. We kregen deze rouwkaart. Er stond op dat je ook via internet de begrafenis kon bijwonen. Met een code.'

Ze liet me de kaart zien.

'Bizar. En het werkt nog ook,' zei Barbara.

De eerste rij in de aula kwam in beeld. Erna herkende iemand. 'Die snol heeft haar lippen laten botoxen. Zeker weten.'

Ze ging op haar knieën zitten. Voorovergebogen schonk ze de koffie in de drie mokken, waardoor ik vrij uitzicht had op haar borsten. Ze deed geen moeite ze te verhullen.

'Suiker, melk?' vroeg ze.

'Ja, allebei graag,' zei ik.

Ze gaf me een mok die tot de rand toe vol zat met gloeiend hete koffie en liep naar de keuken voor suiker en melk. Zachtjes blies ik in de mok.

Barbara begon te fluisteren. 'Erna haat hem nu, achteraf. Maar hij was heel leuk, hoor. Ik heb ook een paar keer met hem in bed gelegen. Dat weet ze natuurlijk niet.'

Ik blies opnieuw in de mok. Te hard. Een golfje koffie sloeg over de rand.

'Harry heeft gemorst, neem even een doekje mee, Er!' Barbara wendde zich snel tot mij. Weer fluisterend: 'Het is misschien wel de lekkerste vent met wie ik ooit heb gevogeld. De gekste dingen hebben we gedaan.' Ze keek naar de keuken. 'Pak nog even een rol chocoladekaakjes uit de kast, Er.'

Onmiddellijk kroop Barbara weer tegen me aan. 'Hij vertelde dat mijn zus zo preuts was. Ze durfde niks in bed. Heel saai op en neer en klaar.'

In de keuken sloeg een deurtje van een kastje dicht. Erna liep met een doekje en een rol koekjes de huiskamer binnen. Ze gooide de rol naar Barbara.

De kist kwam in beeld. Hij stond voor in de aula. Een sober, lichthouten model.

'Prima kissie. Van mij mag de fik erin.' Met het doekje in haar hand kwam Erna naast me zitten. Ze pakte de mok uit mijn hand, maakte de onderkant droog en gaf hem weer terug. Met een handige beweging depte ze met het doekje tussen mijn dijen.

Links voelde ik haar warme lichaam door de roze trainingsbroek heen. De zussen roken alle twee naar een overdadige, identieke parfumgeur. Iets van kamperfoelie.

'Lul,' zei Erna, toen de camera inzoomde op de foto op de kist.

'Kom op, Er, je kon het toch goed met hem vinden?' zei Barbara.

'Ja. Tot hij met andere wijven begon te kloten.'

Barbara kneep in mijn dijbeen.

In de aula liep een man naar de microfoon. Hij trilde en had een wandelstok nodig.

'Zijn vader,' vertrouwde Barbara me toe.

'Jezus, wat is die oude bok rimpelig geworden,' zei Erna.

De man hield een relaas over vroeger. Over de onbezorgde jeugd. Het werd me duidelijk dat hij aan de kist van zijn enig kind stond. Ondertussen maakte de camera schokkerige beelden van de toehoorders.

Erna: 'Zo. Ome Fer is een beetje kaal geworden.'

Barbara: 'Tiny. De muts.'

Erna: 'Daaltje heeft weer een jurk uit de zak van Max getrokken.'

Pas toen de werkster in beeld kwam vielen er een paar aardige woorden.

'Een stelletje schijnheilen zijn het. Ze wisten dat John rotzooide terwijl hij met mij ging,' zei Erna.

Barbara hoestte opzichtig.

'Waar is je ex aan overleden?' vroeg ik.

'Hij was in de Beatrixhaven aan het werk toen er dikke stalen platen omlazerden. Hij kon niet op tijd wegkomen. Op slag dood.'

Ze keek weer naar het scherm. In de aula werd alles klaargemaakt voor de finale.

'Ik moet een peuk,' zei Erna. Ze stond op en liep naar de keuken.

De kist werd op een baar met wielen naar voren geduwd. Het luik ging open.

'Kom, Er. Hij gaat zo het gat in.'

De begrafenisondernemer verzocht de aanwezigen te gaan staan. Barbara ging ook staan. Ze hees haar broek op.

'Er, kom nou, hij gaat bijna.'

Met een sigaret in haar mond kwam Erna aangelopen. Ze ging achter de bank staan, met haar handen vlak bij me op de rugleuning. Haar sigaret stak ze nog niet op.

In de aula werd een cd opgezet; ik herkende het nummer van U2, ik kon alleen niet op de titel komen. Het was of Erna mijn gedachten kon raden.

'Dacht ik wel. "I Still Haven't Found What I'm Looking For". Draaide hij iedere week wel een paar keer keihard in de auto. Zeiknummer.'

'Lekker romantisch,' zei Barbara.

Vier dragers in zwart pak gingen twee aan twee naast de kist staan. Ze deden op aangeven van de begrafenisondernemer hun hoed af. Er volgde een korte stilte. Een van de vier gaf een knikje. Ze legden hun handen om de grepen en duwden de kist richting het gat.

Ik voelde Barbara's warme dijbeen weer tegen me aan.

Erna stond nog steeds achter de bank. 'Zet het vuur maar lekker hoog!'

Barbara zocht mijn hand. Ze wreef met haar vingers over de mijne. Ik voelde gepolijste nagels. Toen ik opzij keek, zag ik dat ze had gehuild. Ze bleef voor zich uit kijken, naar de mensen op het scherm die geduldig op het teken wachtten dat ze de aula konden verlaten.

Het luik naar de oven werd traag gesloten.

Erna murmelde iets onverstaanbaars.

De begrafenisondernemer nam het woord: 'Nu we zo mooi afscheid hebben genomen van John, wil ik u vragen om de familie te volgen, richting foyer, waar we met elkaar iets kunnen drinken. Namens de familie dank ik u alvast hartelijk voor uw aanwezigheid. Ook degenen die via internet deze crematie hebben bijgewoond.'

Erna stond op en drukte op de uitknop van de computer. Het beeld ging uit, met een korte flits.

Barbara was weggeglipt. In de keuken hoorde ik de kraan lang lopen.

'Ik ga mijn band maar eens oppompen.'

In het halletje maakte ik een stel stevige slagen met de fietspomp tot de band goed vol was. Mijn voorband kon ook wel wat extra lucht gebruiken.

Met een aarzelende pas kwam Barbara het halletje in. Ze ging met haar rug tegen de muur staan. Ik kneep met mijn duim en wijsvinger in de voorband. Er konden nog wel een paar slagen bij.

Barbara keek toe hoe ik steeds door mijn knieën ging tijdens het pompen. Erna kwam naast haar staan. Ze was iets kleiner dan haar zus, zag ik nu pas.

De banden waren hard genoeg. Ik liet de fiets iets te hardhandig op zijn wielen landen. Het stuiterende achterwiel liet een paar strepen achter op het zeil.

'Dank voor de lucht en de koffie.'

'Jij bedankt, Harry, voor het maken van de computer,' antwoordde Erna.

Barbara probeerde met haar ogen diep tot me door te dringen. Wat wilde ze met die blik? Nog een keer haar geheim bezegelen?

Op het pad van groen geworden tuintegels klikte ik mijn schoenen vast aan de pedalen. Erna stond in de deuropening. Ik reed het pad af en draaide de weg op. Nu verscheen Barbara voor het raam. De zussen konden elkaar onmogelijk zien.

Barbara tekende met haar wijsvinger iets in de condens op het raam. Ik herkende de vorm van een hartje. Daarna ging haar hand eroverheen, als de wisser van een glazenwasser.

Erna stond nog steeds in de deuropening. Ze trok de rits van haar roze trainingsjack dicht tot aan haar kin. Ik richtte mijn zwaaiende hand naar de hoek van het huis, precies tussen de voordeur en het raam in. Zo zwaaide je een tweeling uit. Een groet door de helft.

Roodroze.

De bulterriër schoot achter Erna langs. Hij rende de straat op en kwam me blaffend achterna.

Bulgaria

Na het inleveren van mijn ochtendplas kroop ik weer terug in bed. Het was tien uur, de televisie stond al aan. Nog verdoofd van de slaap keek ik naar de eerste livebeelden van het wereldkampioenschap 2005 in Madrid. De renners waren net gestart en moesten nog 270 kilometer afleggen op het stratencircuit.

De Nederlandse verslaggevers Smeets en Ducrot zagen geen snars van de wedstrijd. Er viel te veel zonlicht in hun commentatorhokje, ze konden het beeldscherm niet goed zien. Ze moesten gissen naar de naam van de eerste renner die uit het peloton ontsnapte.

'Het is Krasimir Vasilev!' hielp ik. Vasilev droeg het woord *Bulgaria* op zijn shirt, dat niets met yoghurt maar alles met zijn land van herkomst te maken had. Hij had na één ronde al een vermoeid gezicht en hield zijn hoofd scheef terwijl hij door de lege straten reed. Madrid deed denken aan het verlaten Houston in afwachting van het binnenrazen van orkaan Rita.

Het woord 'saai' viel op tv. Een wereldkampioenschap saai? Nooit. In de klassieke muziek vinden we een prelude de gewoonste zaak van de wereld. Het voorspel sleept je bijna geniepig naar het hoogtepunt. De lange wielerdag is uitgevonden om in je eigen geest te dwalen, er is alle tijd van de wereld. Kom daar maar eens om op een normale werkdag.

Ik maakte een kop thee en ging op bed zitten. De oude Bulgaar reed over de kilometerslange Paseo de la Castellana tussen de twee schuin gebouwde banktorens door. Mijn lief keek even mee. Ze meende een plein te herkennen dat we ooit met onze eerste auto genomen hadden. Ik herinnerde me dat het oude tweedehandsje na een mooie hotelnacht was opengebroken. De Spaanse dief had alleen een handdoek gestolen.

Vasilev maalde voort op een te zwaar verzet. Zijn verzorger stond langs de kant met een rode bidon waarop het jaartal 1967 stond. Was het een familierelikwie en had Vasilev senior er vroeger ook uit gedronken? Het ding was verkleurd door de zon. 'Kijk, iedereen is zich aan het voeden,' zei Ducrot op tv. Voeden. Ik kreeg zin met een kruiwagen vol brood en schillen de internationale wielertrog te vullen. Vreten, jongens, vreten, nog 250 kilometer.

Saai? Noem mij een dag waarop je uren naar een fietsende Bulgaar kunt kijken? De kenners die deze koers saai noemen, weten van zichzelf dat ze eigenlijk geen minuut van de koers kunnen missen. In de middag besloot ik het laatste deel van de wedstrijd bij vriend Peter te kijken in Heerjansdam. Het was maar een kwartiertje rijden en toch was het of ik als junk de methadonbus had gemist. Het zweet brak me uit.

Op de bank voor de tv grossierden we in mogelijke winnaars: Valverde, Van Bon, Vinokoerov, Bettini. De sprinters zouden het tegen deze mannen afleggen.

Vasilev stapte af. De Bulgaar leek wel honderd.

Paolo Bettini reed sensationeel sterk. Zo sterk, dat hij — gewild of ongewild — in een positie kwam dat zijn Italiaanse ploegmaat en sprinter Alessandro Petacchi er niet meer bij kon komen. Bettini moest het alleen opknappen in een sterke kopgroep. Maar zowaar, de Fransen en Australiërs gingen op kop rijden en hielpen de Italiaanse ploeg weer aan een degelijke positie in de wedstrijd.

De koers ontplofte als een granaat. Ik sprong op van de bank. Links en rechts vlogen renners over de weg. De ontwikkelingen waren niet bij te houden; ondermijning van het gezag, geschonden beloftes, hypocrisie en verraad. De spanning in Heerjansdam werd ondraaglijk. Peter en ik stonden als onbehouwen fans voor de televisie te schreeuwen. 'Ontsnappen. Gaan! Nee, blijf zitten. Kijk uit, achter je. Ze komen niet meer terug. Wat? Ze komen verdomme wél terug. Gaan, Boogerd. Daar, een gaatje. Hè? Wint Boonen? Ongelooflijk.'

We zakten terug in de bank. Dit was fietsen in zijn puurste vorm: hard trappen om eerste te worden. Dit was de mooiste eendaagse wielerwedstrijd van het jaar. Om stil van te worden.

Bord leeg

Eigenlijk is het merkwaardig dat de Australiër Cadel Evans al niet veel eerder wereldkampioen op de weg werd. Niemand gaat zuiniger met zijn energie om in het peloton. De regenboogtrui wordt vaak gewonnen door de meest afwachtende renner, de profiteur die het liefst zo lang mogelijk niets doet. Het wereldkampioenschap is dé wedstrijd in nietsdoen.

Evans woont vlak bij de Italiaanse grens, in Stabio, Zwitserland. Als hij zijn hoofd uit het raam steekt kan hij Italië zien liggen. Het land waar ze het dolce far niente hebben uitgevonden: het heerlijke nietsdoen.

Ik ben geen liefhebber van wielerjargon, maar voor één zinnetje maak ik graag een uitzondering: eerst het bordje van een ander leegeten. Het hangt waarschijnlijk boven de deuropening van huize Evans.

Wie dineert met de Australische renner moet opletten. Evans gebruikt een gemene truc. 'Kijk, een hert in de tuin,' roept hij aan tafel. Je tuurt naar buiten. Je ziet een regenton, een waslijn met wielershirt. Geen hert. Zo gaat het de hele maaltijd door. Pas achteraf, als je weer thuis bent en je maag hoort knorren, besef je dat Evans met zijn vork jouw pasta van je bord heeft geslurpt.

Tijdens het wereldkampioenschap in Mendrisio reed Evans verscholen achter andere renners zijn rondjes. Hij deed geen trap te veel. Evans droomde weg bij de gedachte aan zijn vriendin Chiara, zijn hond, stripheld Kuifje en floot ondertussen een nummertje van Bruce Springsteen.

Opeens kreeg Evans de schrik van zijn leven. Hè? Hij reed op kop. Een jaar geleden had hij nog huilend op een hotelbed gezeten na een verloren WK-finale. 'Ik mag nooit iets groots winnen,' snikte hij tegen ploegleider Hendrik Redant. Op kop rijden? Hoe moest dat?

Evans voelde wind in zijn gezicht. Het was voor het eerst dat hij niet achter de rug van een andere renner schuilde. Waar moest hij eigenlijk heen? Hij besloot de motor die voor hem uit reed maar te volgen.

O god, straks win ik nog, dacht Evans in de laatste kilometers.

Hij vergat te schakelen en reed met de ketting op het grote blad de laatste helling op. De meester in het nietsdoen deed 'iets'. Het leek wel of hij aanviel. Bij de finish vergat hij zijn shirt glad te strijken en zijn armen in de lucht te steken. Hij deelde handkusjes uit, als een beduusd kindsterretje.

Evans kneep zich in zijn vel. Was het echt waar? Hij had met aanvallen de regenboogtrui gewonnen. Hoe was het mogelijk? Tijdens het Australische volkslied keek Evans schuin naar beneden, het hoofd tussen de schouders.

De wielrenner die met zichzelf jarenlang een niet-aanvalsverdrag had gesloten, stond met een gouden medaille om zijn nek. Vreemd, vond iedereen, en Evans zelf nog het meest.

Ho is ho

Eenden hoeven hun jong niets duidelijk te maken. De hele familie blijft als vanzelf bij elkaar. In het water en op de kant. Dat is zo fijn aan het dierenrijk; dingen zijn zoals ze zijn.

Mensen hebben soms de neiging om onder een afspraak uit te willen komen, zelfs als ze die van tevoren met elkaar gemaakt hebben. Daar zijn originele types uit voortgekomen. Dwarse geesten, sterke leiders. Teamsport verdraagt die houding niet. *Ordnung muss sein.*

Tijdens de ploegentijdrit op het WK in Zuid-Limburg werd door de commentatoren op tv uitgelegd waar het bij deze discipline om draait. 'Een ploegentijdrit is sociaal fietsen. Je moet goed op elkaar letten en bij elkaar blijven.'

De ploegentijdrit is een van de moeilijkste onderdelen van de wielersport. Kilometers lang rijd je met een hoge hartslag tegen de pijngrens aan. Verzaken kan niemand. Als de zwakste schakel breekt, ben je als team reddeloos verloren.

Als ik een rondje rijd met vrienden roept iedereen die het even niet bijhoudt: 'Ho!' Ho is inhouden, ho is omkijken, ho is een alarmknop.

Ho is ho.

Het team dat tijdens de ploegentijdrit het minste 'ho' hoefde te roepen, had de grootste kans op de gouden medaille. Dan was er gedisciplineerd gereden, met alle poriën open. Een goed wielrenner merkt aan zijn teammaat of hij minder is en past het tempo aan.

In Zuid-Limburg reed de Rabo-ploeg voor de medailles. Er was flink getraind. Oud-renner Michael Boogerd had nog gewaarschuwd: 'Alleen hard rijden heeft niet zoveel zin. Je moet met minimaal vier man aankomen. Het gaat om de zwakste in je team.'

In een vloek en een zucht losten twee van de zes renners van de Rabo-ploeg. Ho is ho? Nee. Rabo reed met vier man door met als gevolg dat iedereen veel vaker op kop moest rijden. Er werd gegokt op de krachtpatsers Lars Boom en Luis León Sánchez.

De beelden van het team van Omega Pharma-Quick-Step waren jaloersmakend. Zes man, keurig in het gelid. Een zoevende trein. Tom Boonen had met de ellebogen in de beugel een appeltje kunnen schillen. Even in de luwte, partjes verdelen en weer naar de kop. Als er al een zwakke schakel was, werd die door deze vriendenclub gemaskeerd.

Rabobank begon aan de klim van de Cauberg, vlak voor de finish. Stef Clement ging te hard op kop rijden. Hij reed alleen en raakte los van de rest. Voelde hij niet dat hij te hard ging? Waarom keek hij niet om? Scharnierde zijn nek niet afdoende? Ho was toch ho?

Clement waande zich een solist. Woest gebarend reden zijn ploegmaten vijftig meter achter hem. Ze hadden gelijk: Clement moest inhouden.

Na de finish zei Clement dat hij niets had gemerkt van alle commotie. De top van de Rabo-ploeg heeft aangekondigd het team te willen 'herstructureren'. Tja. Ik zou zeggen, begin eerst maar eens met iemand ouderwets op zijn lazer te geven.

Quick-Step won de gouden medaille. Niki Terpstra zat in het winnende team, de hechtste formatie van allemaal. Alle eendjes keurig met z'n allen in een lang lint peddelend achter elkaar. Eenmaal over de finish vertelde de Nederlandse renner gelukzalig: 'Het ging zo soepel. Prachtig tempo. Kicken om met zo'n ploeg te rijden. Wereldkampioen. Mooi, hè?'

Dijbenen

Een ober bracht me een *noisette* op het terras van restaurant La Coupole op Boulevard du Montparnasse. Hielden Sartre en Castor van fietsen of was dat niet te doen in het drukke centrum van Parijs in de jaren zestig?

Nog even en ik nam de metro naar Gare du Nord. De terugreis naar Nederland viel samen met de laatste uren van het WK wielrennen. Ik kon me niet herinneren wanneer ik een WK had gemist op tv. Decennia terug moet het geweest zijn.

Het WK op de weg is een merkwaardige wedstrijd. Zwaar gesponsorde wielrenners moeten zich in een shirt met de kleuren van hun land hijsen. Fietsen voor een koninkrijk, een republiek, een dictatuur wellicht. Het is een aaneenschakeling van schijnbewegingen. Allereerst mogen de arme stumperds uit niet-fietslanden minuten voorsprong opbouwen, dan komen de halve troeven van de goede landen uit de hoge hoed maar uiteindelijk wordt alles door de favorieten beslist in de laatste ronde.

De laatste ronde, die mocht ik niet missen. De laatste ronde, hij zat het hele weekend in Parijs al in mijn hoofd. Ik had alles van tevoren tot in de puntjes voorbereid. Ik had mijn nieuwe laptop mee, ik was abonnee geworden van Eurosport en er was wifi aan boord van de Thalys. Ik ging het WK zien, live, met mijn laptop op schoot in een rijdende trein.

Leve wifi, leve de moderne techniek.

De ober zette een tweede noisette neer en schoof het bonnetje onder het koffieschoteltje. Op mijn mobieltje bekeek ik de Twitterberichten van kenners over de schermutselingen van het peloton. 'Gaaaap' en 'Saaie koers'. En: 'Britten en Duitsers maken tempo, alle ballen op Greipel en Cavendish'. Het was een nagenoeg vlak parcours, het werd een massasprint. Ik kreeg een mooi slot te zien in de trein.

Op Gare du Nord stond de Thalys klaar. Ik installeerde me ruim op tijd, zette de laptop aan en tikte mijn wachtwoord voor de live-uitzending in. Niet geaccepteerd. Nog een keer. Weer niet geaccepteerd.

De harde vloek moet tot op de laatste plaats van coupé 17 te horen zijn geweest. 'Zit je te kijken?' sms'te een collega. 'Nog niet, gedoe met internet,' berichtte ik. Ik begreep dat de renners een hoog tempo aanhielden.

De trein vertrok. Ik reed achteruit richting Nederland. Wifi bleef haperen.

Nog een harde Hollandse vloek. Het hielp niet. Ik controleerde voor de zoveelste keer of ik alles goed intikte. Toen zag ik het: de hoofdletterknop stond aan. Dom van me.

Floep. Beeld!

De renners waren begonnen aan de laatste ronde. Frans commentaar: '*Attention, Cavendish bien placé, Greipel toujours là.*'

Een grote groep reed in ijltempo over het parcours. De Duitsers waren nog met velen, de Italianen ook. Het werd inderdaad een massasprint. Natuurlijk. Veel mensen vinden zo'n sprint saai. Ik niet. Het is de ejaculatie van het cyclisme. Sperma, vechtend op weg naar de uitgang, met aan het einde een knal van verlossing.

Ik reed op topsnelheid achteruit terwijl de sprinters op de laptop recht op me af raasden. Een hallucinerende ervaring; alsof ik speed had gebruikt. Cavendish had de meest aerodynamische zit, de beste ploeg, de sterkste dijbenen.

'*Cavendish... Cavendish... Champion du monde!*' riep de Franse commentator.

De Britse winnaar luisterde op het podium naar zijn volkslied. Ik herinnerde me toen pas weer dat ik zaterdagmiddag in de Jardin du Luxembourg een groot orkest in de openlucht 'Land of Hope and Glory' had horen spelen. Hoe duidelijk kon een voorteken zijn?

Ik klapte de laptop dicht en viel in slaap. Om pas wakker te worden toen ik hoorde dat we over enkele ogenblikken op Rotterdam Centraal Station zouden arriveren.

Circusact

Er zijn maar weinig mensen die op de stang van je fiets mogen. Je geliefde, natuurlijk. Je kleine broer of zus, ook goed. Maar Peter Sagan had een ander idee. In de laatste kilometers van het wereldkampioenschap wielrennen reed hij alleen op kop. Hij had een kleine voorsprong genomen op het peloton, dat nog niet opgaf. Terwijl Sagan afdaalde, gleed hij van zijn zadel op de stang. En hij trapte door.

Een circusact in de straten van Richmond, Virginia.

Hoe hard ging het? Sagan reed misschien wel 80 kilometer per uur. Maar als je iemand de kunst van het dalen toevertrouwt, dan is het de Slowaakse renner. De fiets luistert naar de bevelen van Sagan, altijd, 24 uur per dag.

De wind suisde om zijn oren. Plukjes van zijn lange haar wapperden uit zijn helm. Achter zijn rug lagen de straten die de hele dag als een mantra in de hoofden van de wielrenners zaten: Dock Street, Monument Street, Second Street, Main Street.

In een flits zag ik een verkeersbord achter Sagan: ONE WAY.

Zelf kon ik iedere ronde mijn ogen niet afhouden van de verroeste staketsels onder de dubbele spoorlijn lang de James River. Deze keer geen idyllische kapelletjes en knotwilgen langs het parcours. Nee, Richmond bood zich aan als werkstad.

Vanuit de helikopter filmde de camera de stratenblokken en de flyovers vol rijdende auto's. Ieder moment kon de vluchtpoging van O.J. Simpson weer live vanuit de lucht in beeld worden gebracht, zo leek het.

Sagan had geen oog voor het typisch Amerikaanse decor.

Na alle tweede plaatsen, na valpartijen op belangrijke momenten moest het deze keer goed gaan. In de laatste kilometer leken zijn gespierde kuiten het alsnog te begeven. Maar hij ging op de pedalen staan en weigerde te verliezen.

Sagan werd wereldkampioen.

Luttele meters na de finish sprong hij van het zadel. De fiets reed een paar meter door zonder zijn meester. Na 270 kilometer wedstrijd wandelde Sagan fris over het asfalt. Het was een absurd beeld waarbij je het tv-commentaar verwachtte zoals bij een landing van Epke Zonderland: 'Hij lóópt, hij lóópt!'

Na een innige zoenpartij met een vrouw (hoogstwaarschijnlijk niet de rondemiss die hij ooit op een podium in de billen kneep) sprong hij weer op het zadel.

Tegen de stroom in reed Sagan over een smal voetpad. Het kon niet uitblijven. Je bent een uitslover of je bent het niet: Sagan reed een stukje op één wiel. Hij ging op zoek naar de regenboogtrui. Nog even reed hij in het blauwe shirt van zijn land. SLOVAKIA stond er op zijn borst.

Zo ging het in de straten van Richmond: SLOVAKIA won in Amerika.

Boezemvriendin

Het was even schrikken toen ik na afloop van een middagje mannenfietsen kijken mijn aantekeningen bekeek. Er stond eigenlijk maar één aardige zin bij: 'Noor zwaait hoog in de bergen met vlag.' De rest van de krabbels schoof ik terzijde. Natuurlijk, de finale was bijzonder: in de laatste kilometers van de WK wielrennen in Bergen vielen er televisiecamera's uit en bleef alleen het statische beeld over van een lege asfaltweg met publiek erlangs.

Maar verder? Peter Sagan kreeg zijn derde regenboogtrui op rij omgehangen en brabbelde weer onnavolgbaar Engels. Het voelde aan als een herhaling van zetten.

De eendaagse wedstrijd voor vrouwen was veel opwindender, met een spannend wedstrijdverloop en het Nederlandse team in een hoofdrol. De eerste woorden uit mijn aantekeningen: 'Putten. Hinken. Hakkenbar.'

Dat behoeft enige uitleg.

De latere winnaar Chantal Blaak viel in een bocht. In het asfalt lagen ronde putdeksels verzonken. Ze glinsterden in de zon, bedekt door kapotte fietsen. Blaak krabbelde op en begon van de pijn te hinken. Ze wankelde als een vrouw op straat die één naaldhak is verloren.

Buiten beeld is de Nederlandse weer op haar fiets gestapt en naar de staart van het peloton gereden. Dat moet een krachttoer geweest zijn. Met de pijn in haar lijf was ze daarna mee in twee beslissende ontsnappingen. Blaak reed in dienst van de kopvrouwen maar rook haar kans toen ze met vaart uit een tunneltje kwam en opeens voorop lag.

Overigens, in datzelfde Noorse tunneltje plasten de heren coureurs een dag later schaamteloos tegen de muur. En dat was dan weer twee dagen na een wildplasactie van vrouwen in Amsterdam.

De demarrage van Blaak behoorde tot die momenten in de wielersport dat alles klopt: ze ontsnapte exact op het juiste moment uit de kopgroep, achter haar werd getwijfeld, Blaak nam honderd meter voorsprong en was opeens kandidaat voor de wereldtitel.

In mijn aantekeningen stonden een paar woorden bij het zien van de juichende Blaak: 'Shirt kapot na val. Modder op schouder heeft kleur chocolade.'

Vrouwen extra glans geven met hun voorliefde voor chocolade; ik geef toe, het is een clichématige toevoeging, gezien door de ogen van een man.

Het mooiste zinnetje uit de mond van Blaak: 'Hij gaat de hele tijd bij me zijn.' Met 'hij' doelde Blaak op haar zojuist gewonnen wereldkampioenstrui. Van mij had Blaak best 'zij' mogen zeggen tegen het tricot, de regenboogtrui als haar boezemvriendin.

Hij, zij, mannelijk, vrouwelijk. Wat doet het ertoe? Wat beklijft is de zo verdiende gouden medaille, vastgehouden door een hand met rode nagels.

Rode nagels. Stom, ga ik weer de mist in.

Ach, laten we het erop houden dat Blaak en ik enigszins in verwarring zijn in deze genderneutrale tijden.

Nat

De herinneringen aan het wielerseizoen werden langzaam weggewassen door de regen in de Ronde van de Vallende Bladeren. Nog een paar uur koers en het dikke boek met pagina's over de stramme Armstrong, het motortje van Cancellara en de biefstuk met clenbuterolsaus van Contador kon dicht.

Een renner reed alleen vooruit in de streek Lombardije. Hij ging niet winnen. Dat wist hij zelf ook. Zeker een minuut hield hij zijn tong, waarmee hij als een vermoeide wolf de regendruppels opving, gestrekt buiten zijn mond. Zo zijn wielrenners een dag lang met hun huishouden in de weer: eten, drinken en warm blijven.

Koplampen van de langzaam rijdende volgauto's beschenen de rennersbenen. Het tegenlicht gaf de onherkenbare coureurs een gouden randje om het lijf. In dit romantische decor kon Paul Verhoeven aan het werk met zijn aangekondigde film noir. Sterker nog, de regisseur leek al begonnen.

Miles Davis blies een lange frase op zijn 'gestopte' trompet bij de gevaarlijke afdaling van de Sormano terwijl actrice Jeanne Moreau in het dal met haar hakken over het glimmende asfalt trippelde.

De koplopers reden een tunnel in. Ik was ze kwijt. Daar kwamen ze nooit meer uit. Ze stonden vast lekker droog en warmden hun handen aan het gloeiende sprokkelhout in een olievat. Jeanne Moreau kwam erbij staan. Ze masseerde met haar vingers de nek van een renner die van genot als een verzopen kat het spuug uit zijn mondhoeken liet lopen.

Hoeveel melancholie kon een wielerklassieker oproepen?

Het parcours rond het Comomeer deed in niets meer denken aan het zomerse oord waar George Clooney in een witte ochtendjas vanaf zijn terras olievette espresso aan zijn lippen zette. Als je naar de televisie keek, dacht je: het zal altijd blijven regenen in Lombardije en de renners zullen in het halfdonker de eindstreep nooit vinden.

De visuele kracht van de wielersport is een ijzersterk wapen tegen opwaaiende dopingdossiers. Terwijl onderzoekers binnen door hun microscopen tuurden naar afwijkend bloed en pis, wonnen de renners zieltjes door hard te werken in deze regenkoers.

Het schemerde al toen het vermoeide gezicht van winnaar Philippe Gilbert op het podium werd vastgedrukt door twee zoenende Italiaanse rondemissen.

Ik moest denken aan een scène uit een documentaire over Chet Baker. De trompettist zit stoned op de achterbank van een open wagen. Op elke schouder ligt een mooie vrouw. Hun blonde haar wappert in het gezicht van Chet. Terwijl de heroïne een vertrouwd rondje maakt door zijn aderen, geniet hij met de ogen dicht van zijn schijnwereld.

De titel van de documentaire is *Let's get lost*. Dat waren precies de troostende woorden die ik zaterdagmiddag had moeten schreeuwen naar de zeiknatte renners. Niet naar huis, niet naar de controle, niet naar de finish. 'Kom, laten we lekker verdwalen.'

Spuitbus

In Parma liggen de beroemde ronde kazen in kluizen. In de nacht houden mannen met machinegeweren de wacht. Het is Italië ten voeten uit, wie de mooiste aller kazen steelt, kan een kogel door de kop verwachten. Grana Padano, de Parmezaanse kaas, is de hoofdsponsor van het WK wielrennen in Verona.

Zou de winnaar in kaas worden uitbetaald?

Het profpeloton ging de zoveelste ronde in. Ik zag een parcours om van te dromen, een slingerende laan langs cipressen en pastel gesausde muren. De Italiaanse ploeg moest zijn troef Paolo Bettini maar eens uitspelen. Bettini is de sympathiekste renner in het peloton, iedereen was blij toen hij deze zomer goud won in Athene. De Italiaan heeft een neus voor eendaagse wedstrijden. Daar zet je blind je geld op in.

Daar ging Bettini, hij reed achter in het peloton. Hij was niet in orde. Twee ploegmaten reden als paranimfen om hem heen. De Italiaan droeg nummer 28 op de rug, een nummer van niks eigenlijk. Ik heb nummer 28 nog nooit hoeven onthouden. Nummer 1, nummer 14, nummer 13 zijn intrigerende nummers. Nummer 28 is niets. Bettini had het kunnen weten.

'Hij is met iets spuiterigs bezig,' riep Mart Smeets.

Spuiten in het wielrennen heeft een rare bijsmaak. Je ziet een kamermeisje van een streekhotel, lang na het vertrek van de wielerkaravaan, in een prullenmand staren naar een plastic spuit. Ze rommelt wat en vindt ook nog een slangetje dat naar een onschuldig infuuszakje leidt. Leeg, de inhoud zit in de aderen kilometers verderop. Van mij mag het, ik wil frisse knapen op de fiets, geen lijkbleke.

We mochten alles zien van Bettini. Het betrof hier een spuitbus van het formaat waarmee je aan het Gardameer de muggen in je caravan te lijf gaat. Bettini sproeide de inhoud leeg over zijn pijnlijke rechterbeen.

'Jammer dat je achteraf pas kunt horen wat er allemaal aan de hand is,' verzuchtte medepresentator Maarten Ducrot.

Ik wilde het nog niet weten. Ik wilde alleen maar die te grote spuitbus in het peloton van hand tot hand zien gaan. Maar Bettini hield hem lekker zelf. Daar spoot hij alweer, op zijn knie. Een mooie witte spuitbus was het, met groene letters erop die ik net niet kon lezen. Ik hoopte natuurlijk ergens de naam van wonderdokter Ferrari te ontwaren.

De ploegleiderswagen met Franco Ballerini kwam langs. Bettini praatte met zijn schouders. Voor hem hoefde het niet meer. En dat in eigen land. Hij ging een grote prijs mislopen en dat moesten we zien. Een mannenhand met een rood polshorloge gleed vanuit de ploegwagen langzaam naar buiten en tikte twee keer, drie keer op de linkerbil van Bettini.

Op het wegdek stond GO GO!, maar de kleine Italiaan ging er juist langzamer van rijden. Alle ploegmaten kwamen even op audiëntie bij de geblesseerde paus. Pelizotti, Petito en Paolini gaven hem een aai over de bol en lieten hun kopman daarna alleen achter. Bettini kreeg meteen een live-interview met een Italiaanse microfonist op een motor. Hij kon echt niet meer verder, hij had zijn knie bij het opstappen na een mankement aan de fiets tegen het stuur gestoten. Het leek of er een zenuw geraakt was. Hij ging afstappen. Voor dat praatje kreeg Bettini later tweehonderdtwintig Zwitserse franc boete.

Langs de kant van de weg onderbrak het lelijke spandoek van de Banca Popolare di Verona de lange gele reclamestrook van de kaassponsor. De kopgroep reed de laatste ronde met winnaar Oscar Freire in de buik. Als de Spanjaard als eerste over de finish komt, zijn alle Italianen nog altijd opgewonden over het afstappen van Bettini. Een wereldkampioenschap in eigen land, Parmezaanse kaas als sponsor, een aankomst in het historische centrum van Verona en dan geen Italiaanse winnaar? Hoe is het mogelijk. Niemand heeft een boodschap aan Bettini's pijnlijke rechterknie, aan zijn geaaide linkerbil. Hij had hier gewoon moeten winnen in eigen land. Klaar.

Terugtrappen

Meer dan zes uur koude regen doet niemand goed. De herfst had toegeslagen in Zwitserland, waar het wielerpeloton de klassieker Het Kampioenschap van Zürich reed. 'Er gaan lijken binnenkomen,' voorspelde een wielercommentator. Ik ging er thuis eens goed voor zitten. Bodybags aan de meet.

De televisie toonde beelden vanaf een fiets. Links een paar verkleumde vingers bij de rem, rechts een stukje van het stuur. De beelden kwamen van een cameraatje dat bij de Zwitserse wielrenner Aurélien Clerc op zijn frame was gemonteerd. Maar 'Zürich' was deze keer geen wedstrijd voor technische snufjes. Te veel regen. De lens was beslagen.

Voor een camera vanaf een motor rechtte Paolo Bettini zijn rug. De Italiaanse renner woont in het kustplaatsje Cecina, waar het in de zomer altijd naar pijnbomen ruikt. Hij zat deze zondagmiddag als een wintersporter op de fiets. Hij droeg overschoenen, been- en armwarmers, een extra jasje en dikke handschoenen. De Zwitserse wielerfans steunden de renners op de heuvels met aanmoedigingen die bij een skislalom horen. Hop, hop, hop!

Bettini at tijdens de koers tijdig zijn buikje rond. Daardoor kreeg de kou geen vat op hem. Hij bleef zo soepel dat hij zelfs met losse handen kon eten. De woede over het WK van Madrid — hij was de sterkste geweest, maar Tom Boonen won — zat nog in iedere vezel.

Bettini trok ten strijde. Hij ontdeed zich al fietsend van zijn beenwarmers. Een circusact op twee wielen. De beenwarmers gingen omhoog, omlaag, weer omhoog. Hij leek afwisselend op een voetballer met afgezakte kousen, op een balletdanser, op een hoer met jarretels.

Uiteindelijk kreeg hij ze, balancerend op het zadel, over zijn schoenen heen. Ze bleven haken aan zijn hak, hij rukte en rukte, de beenwarmers leken wel van elastiek, zoals Bettini zelf van elastiek leek, onaangedaan door de kou van de dag.

Ondertussen moest de Zwitser Clerc met het cameraatje op de fiets afhaken. Hij filmde zijn eigen ondergang en kroop over de weg. Bettini reed bij een klim weg uit de kopgroep. Even ging het mis. Hij schakelde verkeerd waardoor de ketting naast het voorblad schoot. Bettini rommelde met zijn hand aan de fiets en zwalkte in laag tempo over de weg. Hij overzag de ellende onder zich en wist de oplossing. Terugtrappen.

Bettini trapte terug, op een berg. Terugtrappen, dat doe je niet. Dat deed je vroeger, op je eerste jongensfiets met terugtraprem. De ketting ratelde over de tandjes. Hij trapte nog een keer razendsnel terug en ja, de ketting viel weer goed. Hij ging op de pedalen staan en reed weg van zijn genaderde tegenstanders.

Bettini won met grote overmacht. Hij was alweer warm toen de andere renners over de finish kwamen. Ze stapten stijf van de fiets en hesen zich als oude mannen in droge trainingspakken, de bodybags van de onderweg gestorven renners. Op hun gezichten stond maar één woord: koud.

Dop

Ik lag met mijn benen wijd en toch voelde ik de rand van het matras niet. Raar. Ik opende mijn ogen en keek naar de ongeschuurde balken boven me. Thuis had ik een plafond met ornamenten in de hoeken. Gedesoriënteerd ging ik rechtop zitten en trok het gordijn naast me opzij. Door een smal raam zag ik mijn auto staan, naast een gammele schuur. Het zadel van mijn gloednieuwe fiets stak boven de stoelen uit.

Gisteravond had het me aan energie ontbroken om de Pegoretti uit de auto te halen. Ik was bekaf geweest van de lange rit op Zwarte Zaterdag en wilde na een hete douche meteen in bed gaan liggen. Slapen moest ik, lang en diep slapen.

Mijn reiswekker was om negen uur afgegaan. Binnen een half uur wilde ik op pad zijn. Ik trok mijn wielerkleding aan en liep de woonkamer van het vakantiehuisje in. Boven een versleten bank hing een ingelijste poster van de kathedraal van Reims. Iemand had met een blauwe viltstift kruizen op de kerkmuur getekend.

Uit mijn weekendtas pakte ik een baguette met camembert die ik had gekocht bij een benzinestation langs de Franse tolweg. Het brood was droog geworden, maar het smaakte me goed. Ik liet de kraan doorlopen voordat ik een paar slokken water durfde te nemen. Genoeg gegeten en gedronken. Ik kon gaan. Voor onderweg pakte ik een stel mueslirepen uit mijn tas en stak ze in mijn achterzak, samen met een briefje van vijftig.

Buiten voelde ik dat de ochtendzon al warm was. Ik opende het portier, trok voorzichtig het frame van mijn fiets van de achterbank en zette het op de grond tegen de auto. Uit de achterbak haalde ik de twee wielen tevoorschijn; nog even tussen de vorken van de Pegoretti klemmen, vastdraaien, en ik kon op pad.

Door de voorruit tuurde ik naar het bakje tussen de stoelen. Er lag van alles: kauwgum, drop, een viltstift, een pen, de routebeschrijving naar het vakantiehuisje.

Geen inbussleutel?

Ik opende het portier en rommelde voor de zekerheid door het bakje. Gisteren had ik thuis de sleutel gebruikt om mijn fiets te demonteren.

Een half jaar had ik op de Pegoretti moeten wachten. Deze week was het verlossende telefoontje van Stijn gekomen. Stijn was de eigenaar van mijn vaste fietsenzaak. Hij klonk opgewonden; het Pegoretti-frame was vanuit Italië gearriveerd en zag er volgens hem schitterend uit.

Toen ik die middag de fietsenzaak binnenstapte, was Stijn al aan de montage begonnen. Hij trok net twee nieuwe wielen uit de verpakking, ze waren van een bekend merk: Mavic. Cosmic Carbone was het nieuwste model uit hun serie, met een extra brede velg. In de catalogus hadden ze er heel mooi uitgezien.

Stijn gaf me het voorwiel aan. Het woog bijna niets. De zwarte kunststof spaken stonden strakgespannen. Mijn fietsenmaker was een freak als het om accessoires ging; hij las alle wielerbladen en was op de hoogte van de nieuwste snufjes.

De middag dat ik de fiets bij hem bestelde waren we het steeds eens geweest over de opbouw van de Pegoretti: een Campagnolo Chorusgroep met 50 en 34 tandjes voor en tandwielen achter oplopend van 13 tot 26, een zwart San Marco-zadel en een Syntace-stuur.

Ik gaf het voorwiel terug aan Stijn. Hij pakte het beet bij de snelspanner en gaf het een zetje. Zonder geluid maakte het soepel en geluidloos rondjes.

'Draait mooi,' zei ik.

'Waanzinnig,' antwoordde Stijn. Aan zijn intonatie merkte ik dat hij nog niet tevreden was.

'Maar?' vroeg ik.

Hij tikte tegen de spanner. 'Dit frame is zo bizar strak gespoten. Dan moet alles aan zo'n fiets kloppen, vind ik.'

Hij liep naar de werkbank, die bezaaid lag met moeren, ringetjes, schroefjes, rolletjes stuurtape en tandwielen. Aan de muur hing een transistorradio, naast een uitklapposter van een playmate. De radio stond op een zender met non-stop bekende hits. Stijn floot het refrein mee van 'Proud Mary' van Ike en Tina Turner. De hese stem van Tina kwam vervormd door het speakertje.

Uit een van de plastic laatjes aan de muur viste Stijn twee nieuwe spanners. Hij liet ze me zien. Aan de uiteinden van elke spanner zaten twee zwarte balletjes.

'Italiaans design. Stinkduur, maar je krijgt ze van me.' Hij legde een van de spanners in mijn handpalm. De schroefdoppen leken op glimmende knikkers. Ik had de neiging ze in mijn mond te stoppen en erop te zuigen.

'Eén nadeel,' zei Stijn, 'je kunt die designdoppen alleen met een inbussleutel los- en vastdraaien. Lastig als je snel van wiel moet wisselen in een wedstrijd.'

'Zet ze er maar op,' zei ik. 'Ik rij toch bijna altijd alleen.'

Stijn haalde de standaardspanners uit de wielen en gooide die op de werkbank. 'Mooi. Ik heb deze zelf ook. Tijdens een tochtje kijk ik er altijd een paar keer naar.' Hij graaide een inbussleutel uit de zak van zijn overall en duwde de designspanner door de as van het wiel. Daarna stak hij het wiel in de voorvork en begon de designdoppen met de inbussleutel aan te draaien. De spanner trok zich met iedere slag van de sleutel verder vast.

Na het voorwiel draaide Stijn ook het achterwiel aan. Hij keek tevreden. 'Nu is je nieuwe fiets pas echt af.'

We stapten naar achteren en keken.

'Met die doppen lijken de wielen op twee ogen,' zei ik. 'Met priemende pupillen.'

'Echt, joh?' zei Stijn met een smerige grijns op zijn gezicht. 'Ik zie er iets heel anders in.' Hij begon te fluisteren. 'Kijk dan. Je wielen lijken net borsten. En die doppen, dat zijn twee zwarte tepels.'

Geërgerd sloeg ik het portier dicht. Vandaag zou ik voor het eerst op pad gaan met de Pegoretti. Ik had speciaal een mooie omgeving uitgekozen voor het ritje. Maar hoe kwam ik in deze uithoek op zondagochtend aan een inbussleutel?

Ik liep naar de fiets. Met de hand probeerde ik de doppen aan te draaien, maar ze weigerden het schroefdraad te pakken. Ze bleven aan de uiteinden van de spanner zitten, daarmee was alles gezegd. Over mijn achterwiel maakte ik me weinig zorgen; als ik eenmaal op het zadel zat, zou er genoeg druk op de spanner komen te staan. Dat wiel zou niet snel uit het frame schieten. Mijn voorwiel, dat was een ander verhaal. Er zat gevaarlijk veel speling tussen de doppen en de voorvork. Eén oneffenheid op de weg en mijn wiel zou losschieten.

Ik deed het portier weer open en pakte de geprinte mail met informatie uit het vakje tussen de stoelen. De eigenares woonde op twee kilometer, las ik. Als ik heel langzaam trapte, moest dat lukken. Dan zat ik in ieder geval op mijn nieuwe fiets.

In slakkengang reed ik het pad af tot ik aankwam bij een bredere weg. Linksaf. Ik zag de boerderij in de verte liggen.

Toen ik naderde sloeg een herdershond aan. Hij zat aan een ketting. Ik reed met een boog om het beest heen om bij het huis te komen. Er kwam een vrouw met een schort om aangelopen.

'*Bonjour*,' zei ik.

De vrouw keek me argwanend aan.

'*Je suis de votre gîte*.' Ik gebaarde ter verduidelijking naar de richting waar het vakantiehuisje moest liggen.

Ze zei niets terug. Terwijl ik naar het zwarte dopje van mijn voorwiel wees, probeerde ik op het Franse woord voor 'inbussleutel' te komen. 'Sleutel' was *clé*. Proberen maar.

'*Eh, vous avez une clé pour bicyclette?*'

De boerin zuchtte en liep terug naar de boerderij. Het was onduidelijk of ze me begrepen had. Ik keek rond. Je zou hier maar wonen. Zo afgelegen, zo stil.

De vrouw kwam naar buiten met een gereedschapskist in haar linkerhand. Ze zette hem naast de fiets, boog voorover en graaide in de verschillende vakken. Ik zag allerlei gereedschap, maar geen inbussleutel.

'*Dommage*,' zei ik.

De vrouw trok heel even haar mondhoeken omhoog en wees daarna naar de grote weg. '*Sapois, quatre kilomètres. À droite*.' Ze hees de kist omhoog en liep zonder gedag te zeggen terug naar de boerderij.

'*Merci, madame*.'

Ik draaide mijn fiets om en reed terug naar de hoofdweg. Wat zou ik doen? Ik kon terug naar het vakantiehuisje en met de auto naar Sapois rijden. Aan de andere kant, het was maar vier kilometer op de fiets. Als ik heel rustig reed, moest het lukken. Voorzichtig sloeg ik rechts af.

Met een veilige fiets keek ik meestal ver voor me uit; nu hield ik mijn ogen onafgebroken op het voorwiel en de voorvork gericht. Mijn teller haalde de 10 kilometer niet eens. Een gangetje van niks.

Thuis had ik een boek over de Franse cineast Jacques Tati. Op een paginagrote foto stond Tati afgebeeld als de stuntelige postbode François met een gedemonteerde fiets. Op een witte studiovloer lagen alle onderdelen aan zijn voeten. De fiets was tot aan het laatste moertje uit elkaar gehaald. François' blik verraadde twijfel: zou hij de fiets weer in elkaar kunnen krijgen?

SAPOIS 2 KM, gaf een bord in de berm aan. In de verte zag ik de kerktoren al. Ik moest mezelf inhouden om niet harder te gaan trappen. Als het wiel losschoot, zou ik tegen het asfalt smakken, handpalmen en knieën openschaven, mijn sleutelbeen in tweeën breken, voortanden moeten uitspugen. Langzaam fietste ik verder. Toen mijn voorwiel door een gat in het asfalt reed, hoorde ik een geluidje in de buurt van mijn voorvork.

Ik remde en sprong van mijn zadel. Ik trok de fiets aan het stuur van de grond en liet het wiel draaien. Zat het echt nog vast genoeg? Als test gaf ik met mijn vuist een slag op de bovenkant. Het wiel schoot meteen uit de vork.

'Godver.'

Nu durfde ik niet meer verder te fietsen.

Na twintig minuten lopen kwam ik met de fiets aan de hand aan in Sapois. Het was een klein dorp. Alle winkels en cafés aan de hoofdstraat waren dicht. Toch stonden er in het centrum opvallend veel auto's geparkeerd. Ik keek om me heen en zag tussen twee lantaarnpalen een doek hangen met VIDE GRENIER erop: Frans voor 'rommelmarkt'. Had de boerin me daarom deze kant op gestuurd?

De plaatselijke voetbalvereniging had haar veld beschikbaar gesteld. Op en rond het voetbalveld lag de waar uitgestald. Er waren verkopers met professionele stands, maar ook mensen die hun spullen op lakens hadden gelegd of vanuit de achterbak van de auto hun waar aan de man brachten. Misschien verkocht hier iemand tweedehandsgereedschap.

Aan de kop van de markt stond een bar, provisorisch gemaakt van strobalen en oranje tentzeil. Ervoor zaten mensen op klapstoeltjes in de zon. Schaduw was er niet op het voetbalveld.

Een jongen met een vrolijk gezicht ving mijn blik. '*Cycliste!*' Hij hield een plastic bekertje omhoog. 'Proeven?'

Wijn? Nu? Ik pakte het bekertje aan en nam een slok. Sterk spul.

'Nog meer?' De jongen schonk me alweer bij.

'Ho ho,' zei ik, en lachte om niet onsympathiek over te komen. 'Pittig wijntje,' zei ik.

'Het is *cartagène*, meneer. Zelfgemaakt. Veertig procent alcohol.'

Ik gaf het bekertje gauw terug en liep verder met de fiets aan mijn hand.

De bezoekers van de markt observeerden me. Een vreemde snuiter in het dorp.

'*Allez, Poupou*,' zei een magere man met een rieten hoed op. Hij stond achter een kraam en verkocht beschadigde porseleinen beelden.

Poupou.

Raymond 'Poupou' Poulidor was een volksheld geweest, al had de renner nooit de Tour de France gewonnen. Poupou had gegrossierd in tweede plaatsen. Hij was een *pédaleur de charme*, geen winnaar.

Twee vrouwen van rond de veertig kwamen achter hun kledingkraam vandaan. Ze hadden een spijkerbroek bij zich en duwden hem tegen mijn blote benen. Ze maakten in woord en gebaar duidelijk dat het precies mijn maat was. Ik keek naar de broek. Een hopeloos model. Hij leek van blauwgespoten karton gemaakt. Als je hem aantrok, waren je billen in één klap vierkant.

'*Parfait, mon amour*,' riep een vrouw vanachter een andere kraam. Ze kuste op haar hand en blies de zoen mijn richting op. Ik deed of ik hem ving. Kon mij het schelen. Intussen hadden de vrouwen het kruis van de spijkerbroek over mijn hoofd gegooid en trokken ze ieder aan een pijp. Steeds harder. Ik wilde me niet laten kennen, maar ik raakte uit balans en viel in het gras. De fiets donderde over me heen en schampte mijn achterhoofd. Ik krabbelde overeind en zag hoe tientallen bezoekers van een afstandje geamuseerd toekeken. De twee vrouwen gierden het uit.

'*Allez, Poupou*,' hoorde ik weer roepen. '*Non, Holland. Zoetemelk!*' Ik pakte mijn fiets op en liep snel verder over het veld. Op de middenstip stonden een man en vrouw met oude klokken. Pendules, hangklokken, staande klokken, koekoeksklokken. De uurwerken zagen er goed onderhouden uit. Dit was een goede kraam voor me. Want moest een oude klok niet opgedraaid worden met een inbussleutel?

Ik zette mijn fiets tegen een paal van de kraam. De man zat met zijn neus in een autoblad en toonde geen enkele interesse. De vrouw keek me vanaf een klapstoel onverschillig aan. Ik pulkte aan het minihaakje van een houten deurtje aan de zijkant van een klok om te zien hoe het mechaniek eruitzag.

'*Touchez pas, s'il vous plaît*,' zei de vrouw.

Ik schrok van haar schelle stem. Haar man las onverstoorbaar door.

'*Madame, s'il vous plaît? Mon eh, ma bicyclette...*'

'*J'ai dit: touchez pas*.'

Hier viel niets te halen. Ik knikte quasi-vriendelijk en vervolgde mijn zoektocht.

De markt liep al een beetje af. Ik keek om naar de kerkklok in het dorp. Half twaalf. Kennelijk ging het middageten voor alles.

'Alles voor één euro,' riep een gezette man achter een enorme hoeveelheid kleine prullen. Zijn mobiele telefoon zat geklemd tussen zijn oor en een gele badstof zweetband.

Met mijn kont op de stang bekeek ik de berg met rommel. Barbiepoppen, puntenslijpers, sleutelhangers, plastic ringen, drinkglazen, veters, bollen wol, boeken, damesbladen, stekkers, stopcontacten, kousen, ansichtkaarten, knijpers. De man was in een fel telefoongesprek verwikkeld. Mijn Frans was goed genoeg om diverse scheldwoorden op te vangen.

Zat er een inbussleutel tussen? Ik trok aan het been van een barbiepop die onder uit de berg stak. Alles verschoof, zoals bij een spelletje mikado.

'*Merde!*' riep de man. De telefoon bleef onder de zweetband geklemd terwijl hij met zijn duim het gesprek wegdrukte.

'Alles voor één euro!' riep hij veel te hard in mijn richting, nog met het volume van het telefoongesprek. Ik had een pen beet. Het onderste deel rood, vanboven zwart. Ik hield hem op zijn kop en de zwarte vloeistof gleed naar beneden. Er verscheen een ouderwetse pin-up. Ze had met haar blonde krullen en ronde gezicht iets weg van Marilyn

Monroe. Haar achterste stond omhoog, ze hield de handen in haar zij en stak haar borsten naar voren.

De man keek naar me. Snel draaide ik de pen weer op zwart en legde hem terug.

'Alles voor één euro,' herhaalde hij nog maar eens.

'*Vous avez une clé?*'

'*Comment?*'

Hoe vertaalde ik 'inbus'?

'*En-buus?*' vroeg ik, met twijfel in mijn stem. Ik tilde mijn voorwiel op en wees naar de voorvork. De man kwam achter de kraam vandaan en boog zich over het voorwiel. Ter demonstratie van mijn probleem gaf ik opnieuw een vuistslag op de band. Het wiel viel als op commando uit de voorvork en draaide een paar rondjes in het gras voordat het stilviel.

De man liep achter de kraam langs naar een oud bestelbusje en schoof de zijdeur open. Hij klom naar binnen. Ik pakte de pen en toverde de pin-up opnieuw tevoorschijn. Er zat een luchtbelletje voor het gezicht van de blondine. Met mijn wijsvinger tikte ik ertegenaan. Het luchtbelletje schoot omhoog en bleef als een aureool boven haar hoofd hangen. Van dichtbij keek ik in haar ogen.

'*Bonjour, monsieur,*' zei een lief stemmetje naast me. Ik liet de pen zakken en keek opzij. Er stond een klein meisje aan de kraam. In haar hand had ze een kettinkje en een oude sleutelhanger met een hondje eraan. De moeder stond achter het meisje en knikte.

'*Tout un euro,*' zei ik. Vlug moffelde ik de pen weg tussen de spullen op de kraam.

De moeder maakte het kind duidelijk dat ze snel moest kiezen. Het meisje staarde verlangend naar de twee speeltjes en nam uiteindelijk het kettinkje. De moeder hing het kettinkje om haar hals. Ze opende haar portemonnee en gaf me een euro. Voordat ik uit kon leggen dat het niet mijn kraam was, liepen ze al weg. Ik staarde naar de munt in mijn handpalm.

De man kwam uit zijn busje gestapt met een plastic zak. Hij stortte de inhoud op een vrij hoekje van de kraam. Er vormde zich een berg van verroeste spijkers, schroeven en moeren.

Zonder iets te vragen liep hij naar mijn voorwiel en voelde aan de spanner. Ik wilde hem de euro geven, maar hij weigerde de munt aan te nemen.

'*Putain*,' zei hij terwijl hij tevergeefs aan de designdoppen draaide. Net als ik kreeg hij ze niet losser of vaster.

'*En-buus*,' zei ik langzaam, terwijl ik naar het zeshoekige gaatje in de zwarte dop wees.

'*Non, non, non*,' zei de man resoluut. Hij zette het wiel tegen de kraam en hij liep weer naar zijn busje.

Ik keek rond. De meeste kramen waren opgedoekt. Alleen verderop was het nog druk, bij de bar.

De man waggelde mijn kant op. Hij hield iets met beide handen beet. Toen hij dichterbij kwam zag ik wat het was: een grote schaar met twee pijpen als handvatten. Een schaar om een fietsslot mee door te knippen.

Met zijn vlezige vingers zette de man het voorwiel tussen zijn knieen. Hij wrikte de scherpe kop van de schaar achter een van de doppen, op een vrij stukje schroefdraad.

'*Attends, stop!*' riep ik nog, maar hij had de handvatten al met kracht naar elkaar geramd. De dop schoot los en viel vlak voor mijn voeten. Ik harkte met mijn vingers door het gras tot ik hem gevonden had.

'*Putain de design*,' zei de man. Hij trok de spanner uit de as en knipte de andere dop eraf en gooide die op de berg rotzooi.

Zonder naar me om te kijken pakte de man uit de berg oud ijzer een vleugelmoer en keek of die op de afgeknipte spanner paste. '*Voilà*,' zei de man. Hij begon de vleugelmoer aan te draaien en pakte een tweede vleugelmoer van de kraam. Met een paar slagen zat ook die vast aan het schroefdraad van de spanner. Tevreden liet hij het wiel voor mijn gezicht tollen.

Over het voetbalveld reden twee busjes met spullen op het dak richting de doorgaande weg. Dorpsbewoners sloften met tassen vol rotzooi.

Ik wilde ook weg. Ik zette mijn fiets rechtop en plaatste het wiel in de uitsparingen van de voorvork. De man volgde mijn bewegingen. Voorzichtig begon ik de vleugelmoeren aan te draaien. Steeds strakker. Het ging goed. Het voorwiel zat veilig vast.

'*Merci*,' zei ik tegen de man. Ik wilde opstappen.

'*Ça fait vingt euros*,' klonk het kortaf. Ondertussen begon de man met het opruimen van zijn kraam.

Twintig euro? Voor een paar oude vleugelmoeren?

Ik had geen keus. De man had werk gehad aan mijn fiets. Ik haalde het briefje van vijftig uit de achterzak van mijn shirt.

'Heb je niet kleiner?' vroeg de man terwijl hij het biljet aanpakte.

Ik schudde mijn hoofd.

Zonder iets te zeggen stopte de man het biljet in zijn achterzak en waggelde weg, richting de verste kramen op het veld. Hij sprak iemand aan. Vanuit de verte herkende ik het gezicht van de jongen met zijn plastic bekers. Samen smoesden ze even en liepen de bar binnen.

Ondertussen zocht ik in de kraam naar de tweede dop van mijn voorwiel. Ik vond hem terug in de helft van een zeepdoosje. Voor de zekerheid stopte ik beide doppen in mijn achterzak en keek naar mijn fiets. Nu zag ik pas goed hoe onzorgvuldig de man het karwei had geklaard. Door het grove knippen hadden de uiteinden van het schroefdraad scheve, scherpe randjes gekregen.

Waar bleef de man? Er liepen steeds meer mensen de bar binnen. Er zou vast iemand zijn die vandaag al goed verkocht had en mijn biljet van vijftig euro kleiner kon maken.

Ik pakte de pen op. De bel zat weer voor het gezicht van de pin-up. Ik keek op. De man was nog steeds niet terug. Met kracht schudde ik het ding op en neer. In een mum van tijd zat de pen vol met kleine luchtbellen. Het was alsof de blote dame in een schuimbad dobberde.

Ik gooide de pen op de berg. Het ging me te lang duren. Ik stapte op de fiets en reed het veld over naar de bar en zette hem tegen het tentzeil.

Het was druk binnen. Iedereen hing met een plastic bekertje drank aan de toog. Ik herkende mijn marktkoopman aan zijn haarband, hij stond vlak bij een wijnvat. Hij zwaaide met mijn biljet van vijftig euro naar de jongen achter de tap.

'Een drankje voor iedereen!' hoorde ik hem roepen.

De bezoekers van de bar klapten in hun handen.

'*Merci, Jules*,' schreeuwde een man uit een hoek. De marktkoopman trok zijn haarband los en veegde er zijn voorhoofd mee af.

'*C'est pas moi! C'est Poupou!*' riep hij, terwijl hij naar me wees. Iemand duwde me een bekertje drank in mijn handen. Jules deed de haarband weer om zijn hoofd.

'*À toi, Poupou!*'

Na een paar slokken goot ik de inhoud van het bekertje stiekem op de vlonder. Ik tikte de marktkoopman op de schouder.

'Ik krijg, geloof ik, nog geld retour,' zei ik.

Jules negeerde me. Hij dronk het bekertje in één teug leeg, ademde diep uit en hield nog net op tijd een boertje binnen. Hij ging vlak bij me staan. Met zijn vingers vermorzelde hij het bekertje vlak voor mijn gezicht. Ik voelde een paar spatten. Mijn ogen prikten.

'*Mes amis*, Poupou wil wisselgeld zien.'

De aanwezigen in de bar begonnen hard te lachen.

'Ik gaf u een biljet van vijftig euro, meneer,' zei ik.

'Twintig. Je gaf twintig.'

'Ik dacht het niet.'

Jules keek rond, met een zelfgenoegzame blik. 'Gun jij ons geen drankje, Poupou?'

'Natuurlijk wel,' zei ik. 'Maar dertig euro is wel een flinke fooi, vindt u niet?' Ik schrok van de plotselinge stilte in de bar. Iedereen keek naar Jules. Hij wreef in zijn handen en sloeg ze tegen elkaar. Grijnzend pakte hij de achterkant van mijn wielerbroek beet en trok me omhoog.

'Wij haten Hollanders. Alles van huis meenemen en hier niks uitgeven, hè?' riep hij.

De mensen in de bar lieten een luid applaus horen.

'*Holland, go home!*' riep een man aan de tap.

Jules trok me verder omhoog. Het lycra sneed in mijn liezen. 'En nu oppleuren!'

Iedereen keek geamuseerd toe hoe ik door Jules naar buiten werd gedirigeerd. Ik kon niet anders dan op mijn tenen tippelen.

'*Allez, Zoetemelk!*' riep een man bij de uitgang. Jules gaf me een venijnige duw in mijn rug. Struikelend over de hobbelige grond bereikte ik mijn fiets.

Pas nadat ik het dorp uit was, werd mijn ademhaling rustiger. De teller gaf 35 kilometer aan. Het was voor het eerst dat ik snelheid maakte met mijn nieuwe fiets.

Vlak voor een bruggetje kneep ik in de remmen. Ik stapte af en zette de fiets tegen een laag stenen muurtje. Ik nam een paar meter afstand en keek door mijn oogharen naar het fraaie model. Stijn had gelijk gehad in de winkel. Deze wielen leken op borsten. Perfecte, ronde borsten van kunststof.

Met mijn vingers gleed ik over het gladde carbon van de velgen. De zwarte spaken wezen naar het centrum van het wiel. De vleugelmoeren pasten absoluut niet bij de smetteloze laklaag op het frame. De designdoppen zaten nog in mijn achterzak. Ik haalde ze tevoorschijn.

Twee zwarte tepels, zonder verdoving geamputeerd door een marktkoopman.

Het lijstje van Lars

Nadat de 22-jarige Lars Boom in het Italiaanse Treviso wereldkampioen werd, bezocht ik de fanpagina van de veldrijder. Er stond een lijstje op.

Rustpols: 36.

Favoriete drinken: kop thee met honing.

Lezen: niet.

Eten: spaghetti.

Kijken: mooie auto's.

Zo transparant kan het leven van een topsporter zijn. En laat niemand dit rijtje duf noemen, het is eerder een schoolvoorbeeld van hoe je moet leven om aan de top te komen.

Rustpols. Fijn woord. Ik wilde ook meteen een rustpols, en zeker een van 36. Om de twee seconden stuwt het hart van Lars het bloed door de aderen. Tussen die twee seconden is er een weldadige stilte in het lange lijf van Boom. Het hart herneemt zich, de ademhaling is langzaam en diep. En boem, weer een felle hartslag.

Bij zijn favoriete drank geeft Lars een kop thee met honing op. Ik kan me geen voetballer heugen die dit antwoord gaf. Voetballers doen stoer en komen met een bacardi-cola – de baco voor kenners – of ze hebben het over een 'lekker glas wijn, samen met het vrouwtje'.

Lars drinkt thee. Na het behalen van het wereldkampioenschap in Treviso zag ik moeder Boom langs de kant een traantje wegpinken. Moeder Boom. Nog nooit stonden twee woorden zo bol van kracht en vertrouwen naast elkaar. Moeder is het geheim achter Lars. Zij zet de thee. 'Altijd even laten trekken, de pot drie keer om de as draaien en langzaam gieten.'

En dan de honing, aan alle kanten van het lepeltje druipend, sloom in de thee laten zakken. Kaakjes om erin te dopen. Ideaal voor een topsporter.

Lezen doet Lars Boom niet en dat is maar goed ook. Een wielrenner moet fietsen, drinken, eten en slapen. Dat is genoeg. Lezen is ongezond. Je zit met je hoofd voorover in een krant of een boek. Slecht voor de bloedsomloop. En bovendien, waarom zou je die insinuerende krantenstukjes van die azijnpissers lezen of al die woorden in de boeken van John Grisham.

Spaghetti kun je Lars elke dag voorzetten. Met een bord pasta komt hij al een heel eind in een wedstrijd veldrijden. Simpele pasta. Geen modern gedoe met truffel, nee, gewoon ouderwetse bolognese. Het laatste sliertje binnenslurpen mag.

Heel bijzonder is het dat Lars Boom, als hij in zijn vrije tijd moet 'kijken', het liefst zijn vizier richt op mooie auto's. Na een trainingsritje zit hij thuis voor het raam en draait honing in eindeloze kringen door de thee. Tijdens het blazen staan zijn ogen gericht op de straat.

Lars neemt een slokje. 'BMW 316i sedan.' Het kaakje gaat er tot aan de helft in. Hij slurpt het zachte deel naar binnen en mompelt, met halfvolle mond: 'Toyota Verso vijfdeurs.' Als een mantra gaat het zo het hele uur door. Na zijn tweede kopje thee en zevenhonderd auto's verder, gaat Lars naar bed.

Voor het slapen gaan voelt Lars nog even aan zijn spieren die elke dag het werk moeten doen. Machtige dijen, forse billen en een harde buik zonder ook maar één randje vet. Met twee vingers aan de pols voelt hij zijn hartslag dalen. Van 44 naar 40 en dan weer op die vertrouwde 36 slagen per minuut.

Spaghetti eten, thee met honing drinken, auto's kijken, een rustpols van 36 voelen en slapen in de regenboogtrui. Het leven is mooi voor wereldkampioen Lars Boom.

Het voorwiel draaide nog

Mijn gemiddelde lag vandaag hoger dan normaal, rond de 33 kilometer per uur. Dit tempo moest ik vast zien te houden. Na de bocht zou ik wind mee krijgen. Het fietspad was niet breed. Het trok een smal spoor door het recreatiegebied.

Een scherpe bocht naar links. Meteen weer naar rechts. Even vijftig meter licht omhoog, dan een flauwe bocht naar rechts. Ik boog iets meer voorover. Terwijl ik de bocht door reed, voelde ik dat de daling begonnen was. Het ging hard. Mijn snelheid nam toe.

Een jongetje stond op het fietspad, met een fiets tussen zijn benen. Hij keek met grote ogen naar me en riep iets naar een man die aan de andere kant stond, vermoedelijk zijn vader.

De vader wenkte de jongen. Stom.

'Kijk uit!' riep ik.

Met de fiets tussen zijn benen liep het jongetje stapje voor stapje naar de andere kant van het pad. Ik remde. Links en rechts van het pad lag zachte klei.

Het jongetje stond nu stil met zijn fiets, hij nam de volle breedte van het pad in beslag.

Ik remde nog steeds, maar mijn snelheid was te hoog.

Niet de jongen raken, niet de jongen raken. Beter zijn fiets.

Voorwiel.

Ik ramde met mijn voorwiel op het zijne. Door de klap stond mijn fiets in één keer stil. Ik schoot los van mijn pedalen en vloog over de jongen heen door de lucht.

Achter me hoorde ik het hoofd van het jongetje tegen het asfalt slaan. Ik viel in de berm en rolde een paar keer door de klei. Gedesoriënteerd draaide ik me om. Het jongetje lag huilend midden op het pad. Zijn fiets lag over hem heen.

Het voorwiel draaide nog.

De vader moest alles gezien hebben. Hij kwam naar ons toe lopen. Het jongetje huilde en hield zijn achterhoofd vast.

'Stommeling,' zei de vader.

Ik wilde net mijn excuses aanbieden, toen ik merkte dat de man het tegen zijn zoon had.

Het jongetje, een dikkerd met een knalrode kop en witblond haar, kwam langzaam overeind. Hij huilde nog steeds.

'Rustig, rustig,' zei ik, iets te hard. 'Waar heb je pijn?'

Hij bleef snikken.

'Nooit oversteken als er een tegenligger aankomt!' zei de vader tegen zijn zoon.

Toen het jongetje zijn hand weghaalde, zag ik dat hij een flinke buil op zijn achterhoofd had.

'Het bloedt niet,' constateerde ik hardop.

De jongen zat met zijn ogen dicht.

'En luisteren, ho maar,' vervolgde de man zijn gemopper.

Hij trok aan de arm van zijn zoon. 'En ga nou eens staan, aansteller.'

Ik dacht weer aan de bonk van zijn hoofd op het asfalt.

'Hoe heet je?' vroeg ik.

De jongen stopte met huilen. 'Jesse.'

'En wat is je postcode?'

'3024 BM,' antwoordde de vader. 'Je hebt niks. Opstaan, kom op.'

Jesse krabbelde overeind en bekeek zijn geschaafde knieën.

'We fietsen omdat hij te dik is. Het helpt niks,' zei de vader. Hij kneep in de buik van de jongen.

Ik liep naar mijn fiets en controleerde of er een slag in de velgen zat. Ze draaiden nog goed rond. Aan de rand van het fietspad lag mijn bidon. Hij was vrijwel helemaal leeggelopen. Ik duwde hem weer in zijn houder.

De vader keek hoe groot de schade was aan de fiets van zijn zoon. 'Hier. Slag in het wiel. Kan er ook nog wel bij. Lekker.'

Het voorwiel liep inderdaad flink aan. Zonder het te vragen, haalde ik de spanning van de rem. De blokjes raakten de velg niet meer. 'Dat scheelt. Komen jullie thuis?'

'Als ik hem duw wel,' zei de vader.

De jongen stopte een vinger in zijn mond en wreef daarna een beetje spuug over een schaafwond op zijn elleboog. Hij keek alweer iets beter uit zijn ogen.

'Anders bel ik zijn moeder wel. Die woont hier verderop.'

Terwijl ik op mijn fiets stapte, keek ik het jongetje nog een keer aan. Hij was al iets rustiger.

'Kalm aan, hè. Thuis lekker in bad liggen,' zei ik.

Jesse veegde zijn tranen van zijn gezicht en keek me kort aan.

Mijn stuur stond scheef. Met een paar flinke dreunen van mijn handpalm stond het weer in de goede stand.

Ik controleerde mijn computertje aan het stuur. Hoogst gemeten snelheid was 49 kilometer. Vermoedelijk gereden vlak voor het ongeluk. Ik stapte op mijn fiets.

'Oké, ik ga.'

Vader knikte, zonder iets te zeggen.

Toen ik wegreed, merkte ik dat mijn knie pijn deed. En mijn heup. En mijn elleboog. Ik moest de fiets de komende week maar in het hok laten staan. Met een slakkengang reed ik naar huis.

Piskijkers

Geletruidrager Chris Froome spoelde zijn mond met kristalhelder water en sprak met afschuw over de urine die onderweg naar hem was gegooid.

Dit hoorde niet bij wielrennen.

Je plas smijten naar een wielrenner. Hoe kom je erop? Als je je urine wilt delen, is het allereerst handig te weten of de ander ermee instemt. Een golden shower in een liefdesnest, het zal iedereen een zorg zijn. Maar deze actie?

Andermans urine op je huid bezorgt je rillingen. Een wc-bril met spetters van je voorganger. De geur van een toilet langs de snelweg. Een slok water uit een overvol kinderzwembad.

Bah.

Maar wielerfans moeten niet roomser zijn dan de paus. Wielrennen heeft niet bepaald een schoon imago. In het cyclisme bestaan veel verhalen over gerommel met plas.

Smeerpijpen zijn het, die renners.

Iedere etappe zien we het peloton een gezamenlijk moment kiezen om langs de kant van de weg te wateren. Je bent een hele bink als je het rijdend kunt. Nog nooit een renner daarna zijn handen zien wassen. Natte vingers om het stuurlint en trappen maar weer.

Vies.

Ik poets Het Peertje van Pollentier even op. De Belgische wielrenner die in de Tour de France van 1978 de dopingcontroleurs een loer probeerde te draaien. Zijn truc: schone urine in een condoom plassen, in je anus steken, een slangetje van je kont naar je eikel leiden en zo het potje vol pissen.

Er zijn heel wat wielrenners met urine van een ander door het oog van de naald gekropen. Om over het goochelen met andermans bloed maar niet te spreken.

Smerig.

En toch is urine waardevoller voor het wielrennen dan je in eerste instantie zou denken. Het beroep piskijker bestaat niet voor niets al eeuwen. Is de plas helder? Wat is de kleur? Welke afvalstoffen zitten erin? Duidt de plas op het gebruik van doping of een maskeringsmiddel?

Het is na de smerige actie tegen Froome misschien wel wat snel, maar toch: eerherstel voor urine lijkt me op zijn plaats.

Het is de normaalste zaak van de wereld om het hele seizoen door alle lichaamssappen onder de loep te nemen. Bij Team Sky weten ze donders goed hoe het met de plas (en het bloed) van Froome en zijn maten gesteld is.

Wielrennen en technologie gaan hand in hand.

Na de urinedouche stond Froome ontgoocheld voor de camera. Tijdens het warmrijden kreeg hij bewaking van de politie. Na aankomst in Valence trok Chris Froome een frisse gele trui aan. Alle ellende van de dag ervoor leek vervlogen, als ether.

Zo gaat het met urine in de openlucht: het droogt op.

Al blijft het vaak wel stinken.

Britse kaakjes

Tijdens de slakkengang naar Parijs nam Chris Froome de tijd om zijn hele team te bedanken. De ploegmaten gingen over de breedte van de weg fietsen, met beide handen op elkaars schouders. Daarna kregen ze een Belgisch biertje. Froome zette het flesje voorzichtig aan zijn mond.

Het slokje was te zuinig om te hoeven slikken.

De drievoudig winnaar van de Tour de France wordt vaak een gebrek aan uitstraling verweten. En juist nu heeft de ouderwets aandoende wielersport behoefte aan nieuwe glans.

Ik twijfelde ook vaak aan Froome. Zijn onooglijke stijl – een waggelend hoofd, armen zo dun als stokken, hoge trapfrequentie – was me een doorn in het oog. Hij reed me ook te defensief en zijn teksten achteraf waren voorspelbaar. Maar tijdens de afgelopen Tour toonde Froome onverwachte kwaliteiten.

Afdalen kreeg een nieuwe dimensie; met je kont op het frame zitten en in volle vaart bijtrappen. Froome met deze techniek was niet bij te houden. Op de finishlijn balde hij een vuist: hij durfde verdomme wél iets bijzonders te ondernemen in zijn eentje.

Froome werd meer wielrenner in plaats van fietsstrateeg. Hij kan nog wat opsteken van Peter Sagan. De Slowaak is een geweldige winnaar én verliezer, onaangepast, betrokken en een tikkeltje raar. Sagan is de ideale wegberijder van de wielersport.

Froome doopt Britse kaakjes in de thee, Sagan slaat met een sabel de kop van een champagnefles en zet de kapotte hals aan zijn mond.

In de bergetappes omringde Froome zich met de klasseknechten van Team Sky. Hun regie was perfect en onverbiddelijk. In de laatste week was Wout Poels een grote steun voor Froome. Poels als grote broer, zorgelijk omkijkend als zijn kopman het moeilijk had. Na iedere zware bergrit kreeg Poels van zijn kopman een knikje of schouderklopje.

Slechts één keer was Froome de weg kwijt, in de laatste kilometers van de beklimming van de Ventoux. Geen knechten meer in de buurt, geen ploegleiderswagen en zelfs geen fiets, die na een val kapot op het asfalt lag. Froome raakte in paniek en zette het op een lopen.

De Tour is mooi als het man tegen man wordt, maar mooier nog is: één man in gevecht met het asfalt.

Minutenlang heb ik met mijn handen op mijn hoofd zitten kijken naar een hollende geletruidrager. Een wielrenner zonder fiets, ploeterend tussen een haag van mensen. Het was hét enerverende moment van deze Tour. Het draagt bij aan de lange, dramatische geschiedenis van de Ronde van Frankrijk.

Ik vergeet die passen nooit meer.

Met dank aan de ooit voor 'saai' versleten Chris Froome.

Heerser

Christopher Froome kneep met zijn vingers in de gele trui, op een plek waar bij mij een tepel zit. Er waren nog 43 kilometers te rijden in de tweede bergetappe van de Tour de France. De Brit zocht contact met zijn ploegleiding via zijn oortje.

Froome was moederziel alleen in de kopgroep. Zonder ploegmaten om je heen kun je de Tour de France niet winnen. Zegt men. Maar men snapt niets van de Tour. Niemand snapt iets van de Tour. Deze drie weken zijn bedoeld om je te verbazen, om te juichen en te vloeken op onverwachte momenten.

De Tour de France leidt je om de tuin.

Op tv werd uitgelegd dat team Sky zich niet druk zou maken. Froome en zijn ploeg wisten dat ze door constant tempo te blijven rijden aan het einde iedereen weer zouden inlopen. Dat had het Sky-lab allemaal van tevoren berekend.

Het klonk overtuigend, als een helder sommetje. Maar tijdens de koninginnenrit door de Pyreneeën kon het zakcalculatortje opzij worden geschoven. De ploegmaten van Froome moesten al vroeg lossen. De berekeningen klopten niet meer.

De zekerheden van Sky zijn betrekkelijk.

Ik zeg het eerlijk, ik weet niet goed wat ik van Froome moet vinden.

Froome fietst niet. Hij maalt, als een machine. Zo vergruis je graniet. Maar goed, hij rijdt erg hard. Het was indrukwekkend om te zien hoe hij de aanvallen van zijn belagers persoonlijk elimineerde. Hij doorstond de Spaanse samenzwering van Contador en Valverde met glans.

Weet je wat het is met Froome? Of beter gezegd, met mij? Ik ben bang voor alleenheersers. Het komt allemaal door Miguel Indurain. In zijn beste jaren was ik vaak in de Tour de France. Na een week wist iedereen dat hij het eindklassement ging winnen. Aldus geschiedde. Indurain stond vijf keer met een gele trui op het podium in Parijs.

Het was zo saai.

Het peloton bewees dat het zich nog niet heeft neergelegd bij de buitengewone krachten van Froome. De etappe was hels. Verslaggevers spraken van oorlog. Ik zag het verzet, ook van de Nederlanders. Bauke Mollema, Laurens ten Dam en Wout Poels aan het front. Als kijker waande je je bij het horen van die namen in een regiokoers in Limburg. Lang geleden dat zoveel landgenoten in één adem in de Tour werden genoemd.

Nadat Froome doodmoe over de finish was gekomen, zei hij over zijn Sky-team dat hij zijn helpers de hele dag had moeten missen: 'Mijn ploegmaten zijn ook maar mensen.'

Gelukkig, niets menselijks is de nieuwe heerser vreemd.

Duits bloed in de Tour

Terwijl het peloton door Duitsland naar Luik reed, stond oud-Tourwinnaar Jan Ullrich in het plaatsje Korschenbroich met een vlaggetje in zijn hand langs het parcours. Jan lachte verlegen. In een flits moet de sprinter Marcel Kittel langs de stilstaande Ullrich gereden zijn. Ullrich en Kittel, twee grote namen uit de Duitse wielercultuur.

Een 'vieze' en een schone renner.

Een gevallen held en een aanbeden rolmodel.

Ergens, diep in wielerland, liggen tientallen zakken met zielloos bloed opgeslagen. Er staan geen namen op, alleen vage codes die verwijzen naar renners die zich ooit inlieten met de praktijken van de dopingarts Fuentes.

Twee weken geleden bepaalde het Spaanse gerechtshof dat de namen niet openbaar hoeven worden gemaakt. In 2013 bekende Ullrich dat hij klant was geweest bij Fuentes. Sinds die biecht is hij in zijn land aangeschoten wild. Bij de Tour de France werd geen ereplaatsje vrijgehouden.

Meet de Tourdirectie niet met twee maten? Er zijn genoeg gasten en medewerkers waar ook een smet aan kleeft.

De afgelopen jaren zijn veel dopinggebruikers gestraft. Ze zijn tijdelijk, soms voorgoed, verbannen uit de wielersport. Wielrenners van nu durven te beweren dat het profpeloton – op een paar procent na – vrij van doping is.

Ullrich fietste in een schimmige tijd. Landgenoot Kittel moet iedere dag van het jaar opgeven waar hij verblijft zodat hij door een vliegende brigade gecontroleerd kan worden. Fans nemen dopinggebruik minder nauw. Nog altijd schilderen ze de naam van betrapte renners op een spandoek.

Wielerliefde maakt blind.

Je hoort renners van nu soms verklaren dat ze niet weten hoe ze gehandeld hadden in de wereld van het ouderwetse peloton. Of ze de druk van de stille wetten hadden weerstaan.

Jan Ullrich hoeft niet zielig gevonden te worden. Hij wist welk risico hij nam, heeft in zijn carrière goed verdiend en ging een tijd als held door het leven.

Ik keek naar de sprint van Kittel in Luik. Vlak voor de finish had hij geen helpers meer, in zijn eentje moest hij van achterwiel naar achterwiel. Zijn topsnelheid bedroeg 69 kilometer per uur.

Longen, benen, borstkas, luchtpijp; de winnaar stond in brand.

Terwijl Jan Ullrich ontspannen naar de televisie keek, stapte Kittel doodop van zijn fiets, ging op de grond zitten en jankte van spanning en geluk.

Ik had het niet erg gevonden als Ullrich en Kittel elkaar op het podium ontmoet hadden, in het weekend dat oud-bondskanselier en Duitslandarchitect Helmut Kohl werd begraven. De vieze en de schone renner, gebroederlijk in de Tour. Niet vergeten, wel vergeven. Hun omhelzing had de toch al zo Duitse dagen in de Tour de France nóg meer van stromend, Duits bloed voorzien.

De sprint der sprints

Terwijl het peloton over de Champs-Élysées denderde, liet de camera vanuit een helikopter zien met hoeveel grandeur het stratenplan van Parijs is ontworpen. Boulevards trekken lange strepen van monument naar monument en de parken liggen in juiste verhouding op de goede plek.

Acht rondjes moesten de renners maken in het centrum. In Parijs ruiken de renners de historie van de Tour de France, de geur van het verlaten nest. Als duiven willen ze terug in het hok.

Dylan Groenewegen zat verscholen in het peloton, tot het uiterste geconcentreerd om de sprint der sprints te winnen.

Een paar dagen eerder sprak ik kort met de Amsterdammer, bij de start in Embrun. Over het zoeken naar het juiste wiel, het ontbreken van Marcel Kittel. Moest hij wel steeds in een 'treintje' naar de finish rijden?

'Treintjes zijn heel erg 2016,' zei ik nog.

Groenewegen keek me kalm en vriendelijk aan. Daar had je weer zo'n betweter met een tip. Hij wist zelf dondersgoed hoe je een sprint moet aanpakken.

De camera in de lucht toonde afstandelijk de pronkjuwelen van Parijs. Centre Pompidou, de Obelisk, Arc de Triomphe. Er werd ingezoomd op het peloton. Groenewegen werd in woeste vaart naar voren geloodst door twee ploegmaten.

Dit was geen treintje, meer een escorte.

Vlak voor de laatste bocht kwam de Noorse krachtpatser Alexander Kristoff naast hem rijden. De Nederlandse sprinter leek niet onder de indruk. Met een schouderduw zette hij de Noor op zijn plek: 'Weg jij, hier rijd ik!'

Op driehonderd meter voor het einde kwam Groenewegen voorop.

Doorgaans ben je dan een prooi voor degene die achter je uit de wind rijdt. Een sprinter kan daar alleen maar rijden als hij zeker weet dat hij die dag de snelste is.

Het gedrongen lijf ramde op de pedalen. Zijn handen zwiepten het stuur heen en weer. Met 70 kilometer per uur flitste hartje Parijs aan hem voorbij. Duizenden fans aan de dranghekken, terreurbewakers, chique etalages, het zoontje van Froome, de burgemeester van Parijs.

Groenewegen keek naar voren, even naar zijn dijbenen, weer naar voren. Wanneer hield de pijn in zijn poten op? Greipel, Bouhanni, Boasson Hagen; ze kregen hem niet te pakken.

Met gebalde vuist reed hij over de streep, hij schreeuwde een paar keer. Tussen flitsende fototoestellen herkende Groenewegen de oranje krullenbos van zijn trouwe verzorger Dries Bos. Ze vielen in elkaars armen.

Zo kom je thuis, in Parijs.

Zjumbo

Bij het zwembad zat een hinderlijke vlieg die ik maar niet te pakken kreeg. Iedere keer als ik mijn boek dichtklapte, was hij gevlogen.

Vanaf een heuvel keek ik uit over het dal. 'La douce Provence' op haar mooist. Snoeiheet, groen, een rustende mistral, aardbeienjam met munt. Ik hees mezelf overeind; het was tijd om naar de ploegentijdrit te kijken. Dat mocht in het huis van de eigenaar van het landgoed.

De man had niks met de Tour de France. En eigenlijk ook niet met zijn televisietoestel. Hij keek nooit. Of ja, toch wel. Die laatste keer dat het profpeloton beneden door het dal reed — een jaar of vier geleden — was hij op de heuvel gebleven. Hij wilde zijn dorp Montbrun les Bains graag vanuit de lucht zien.

'Onzin, die Tourpassage,' zei hij. 'Eerst gooit de reclamekaravaan twee uur lang allemaal Chinese rotzooi over de weg en dan zijn die wielrenners in een zucht voorbij.'

Inmiddels had hij de televisie aan de praat. De Franse commentator sprak net het woord 'Zjumbo' uit.

Tijdens het verslag werd het woord 'TGV' gebruikt voor wielerploegen die als treintjes over het asfalt reden. In veel gevallen bleven de wagons niet in een rechte lijn; soms brak de kabel al na tien kilometer fietsen.

De eigenaar bracht een glas appelsap. Geen alcohol tijdens een wielerwedstrijd, moet hij gedacht hebben.

Zijn verhaal over die passage van de Tour door zijn dorp was nog niet af. 'Terwijl iedereen aan de weg stond, keek ik hier televisie. Ik nam een slok uit een glas, gleed er een bij mee. Je hebt hier zevenendertig soorten bijen in de omgeving. Ik hou ze ook. Dit was een Italiaanse bij. Zwart lijfje, heel actief.'

Om een lang verhaal kort te maken: de eigenaar werd in zijn slokdarm gestoken en heeft een uur naar adem moeten happen. Hij miste de hele passage van de Tour.

Ik keek naar de laatste tijdritten. Nairo Quintana reed sterk, op een helling moest bijna zijn hele ploeg lossen. Tejay van Garderen had met BMC de juiste stroomlijn te pakken. En Chris Froome, de Keniaanse wandelende tak – om in insectentermen te blijven – reed zoals hij altijd rijdt: lelijk en hard.

De ploegentijdrit was afgelopen. Op tv kwam een roofvogel in beeld. Hij zweefde zonder zijn vleugels te bewegen op de thermiek. Wat een rust vergeleken bij het woeste stampen op de pedalen.

'Hebben we gewonnen?' vroeg de eigenaar.

Ik wist er geen antwoord op. Hij weet alles van de natuur, ik van de Tour.

Reiskoffer

Terwijl het peloton over de smalle wegen door de Pyreneeën kronkelde, deden musici op Rotterdam-Zuid het North Sea Jazz Festival aan.

Als toeschouwer heb je de luxe om de zwaarte van het vak van wielrenners en muzikanten vanuit de leunstoel te volgen. Zij reizen dag op dag en worden — zodra ze in beeld zijn — altijd geacht te presteren. Hoe laat en waar dan ook.

Het was zaterdagnacht, of laat ik eerlijk zijn, het was zondagochtend. Ik stond in een zaaltje van het Hilton te kijken naar een sessie van musici die een paar uur eerder nog op het festival excelleerden.

Een jazztrio met piano, contrabas en drums had het tempo van het nummer Horace Silvers klassieker 'Song for My Father' bepaald en begon te spelen. Vanuit het donker schoof de Amerikaanse trompettist Roy Hargrove naar de microfoon. Hip strooien hoedje op, slimfit pak aan, stropdas om. Heel erg jazzy zag Hargrove eruit, hij riep het beeld op van oude elpeehoezen van het label Blue Note.

Hargrove bracht de kelk van zijn trompet omhoog en blies een lange stroom van noten die weerkaatsten tegen het lage plafond.

Ik keek op mijn horloge. Kwart voor vijf. Het ochtendlicht piepte door een gleuf van een gordijn naar binnen. Hargrove was één gang van zijn hotelkamer verwijderd, maar slapen ging hij niet. Liever liet hij zijn trompet schetteren. Over een paar uur moest hij weg. Op naar het Duitse Annweiler, de dag erop naar het Franse Antibes en vervolgens weer omhoog naar Stockholm.

De volgende ochtend, of laat ik eerlijk zijn, na het middaguur kroop ik uit bed. Ik dacht terug aan de nacht met Hargrove, zijn vermoeide hoofd vol noten moest inmiddels schuin tegen een treinraam aan liggen, op naar de Duitse gig.

Op televisie begon de live-uitzending van de Touretappe naar Tarbes. Het peloton moest de Aspin en de Tourmalet over. Rabo-renner

Laurens ten Dam sprong mee met een groep, in achtervolging op de koplopers. Ik volgde hem tijdens de Ronde van Frankrijk op Twitter. Hij zette een foto van zijn overvolle koffer op het web. De zwenkwielen deden een hazenslaapje. Laurens tikte er een zinnetje bij. 'Leuk Frans hotel. Koffer moet in de badkamer.'

Naast de koffer stond een kleine pedaalemmer met wat afval erin. Lelijke tegels, goedkope wasbak, vieze handdoek op de grond. Troosteloos bestaan voor één nacht.

Op zondagochtend stuurde Laurens nog een berichtje de wereld in; op één kilometer van de start zat hij te chillen in het hotel. Zijn koffer lag misschien al in het vooronder van de bus. Laurens moest twee zware bergen over.

Tijdens de etappe kwam Laurens veel in beeld. Hij ging in de tweede groep over de top van de Tourmalet. De renner had een lange afdaling voor de boeg.

'Ten Dam gevallen!'

Na een paar minuten verscheen Laurens in beeld: op de fiets met een opengescheurd shirt, smerig door de val, de armen donkergrijs van het vuil. Hij nam zijn bidon en besproeide zijn polsen. Douchen op de fiets. Laurens verbeet de pijn en sloot aan bij het peloton.

Inmiddels stond de reiskoffer van Roy Hargrove vermoedelijk al in een Duits hotel. Hij kon nog een paar uur de ogen dichtdoen. 's Avonds moest hij spelen in de concertzaal van Annweiler.

Laurens ten Dam zat weer in een volgend Frans hotel. Met zijn trouwe koffer binnen handbereik. Weer duffe tegels en een pedaalemmer in de badkamer. Laurens lag op bed en bekeek zijn schaafwonden die altijd zo vervelend blijven plakken aan de lakens.

Eindelijk, een rustdag.

Weg baard

Met een opgezwollen hoofd, een bebloed verband voor zijn neus en krassen rond zijn mond reed Laurens ten Dam in de Tour de France. Het publiek keerde zich geschrokken af van de wielrenner, alsof hij de wederopstanding was van de afzichtelijke Quasimodo.

Uren eerder was Ten Dam met een grote groep aan de afdaling begonnen van de Col d'Agnes. Hij raakte met zijn voorwiel in de berm en probeerde te blijven fietsen. Onmogelijk. Hij sloeg over de kop en viel met zijn gezicht op de steenslag.

Ten Dam bleef in de greppel zitten, met de handen voor zijn gelaat. Had hij zijn gezicht nog wel of lag zijn beeltenis als een dun vliesje op een steen? Niemand kon het zeggen en het duurde en duurde maar.

Ik moest terugdenken aan de start van het seizoen. De Rabobank wilde een mooie publiciteitsfoto. Alle renners waren opgetrommeld en stonden klaar in hun nieuwe outfit.

Ten Dam was er ook. Hij kwam zo uit zijn oude Chevy – met koelkast, zonder toilet – gekropen waarmee hij de wereld afstruint als hij vrij is en de fiets even de fiets mag laten. Hij maakt vuur met stenen, drinkt water uit een beek, slaapt onder takken en veegt desnoods met bladeren zijn kont af.

Tijdens de fotosessie had Ten Dam zijn wilde vakantiebaard nog staan. Hij leek op een popgitarist, klaar om het simpele akkoordenschema van een rocknummer aan te vallen met een afgeleefde Fender Stratocaster. Noem tien wielrenners met een baard. Mij lukt het niet.

De Rabobank-wielerploeg is allesbehalve rock-'n-roll. Sting op zacht volume, dat kan nog net. De jongens op de fiets moeten het imago van de bank uitdragen: betrouwbaar, schoon, eten met mes en vork, flatuleren achter gesloten deuren.

De baard kwam op de foto. Later zag Ten Dam dat de fotograaf, op verzoek van Rabo, met Photoshop de haren op zijn smalle kin had weggepoetst. Weg baard.

Terug naar de berm.

Ten Dam zat nog steeds alleen in de greppel. Een open witte auto stopte. Tourarts Florence Pommerie holde over het asfalt naar de gevallen renner. Als een moeder die haar zoon kwam redden knielde ze neer en bekeek het gehavende gezicht. Zachte vrouwenhanden in de loopgraven.

In de traditie van het bleue imago van Rabo meldde ploegleider Adri van Houwelingen, nadat hij van de harde duikeling had gehoord: 'Ik zou zeggen, stop maar.'

Ten Dam had een broertje dood aan de mening van de leiding: 'Nee, ik ga door.'

Madame Pommerie lapte Ten Dam op. Ze draaide liefdevol een rolletje gaas over de scheuren in de neus. Als een aangeschoten struikrover reed de renner naar de finish. Tot tien uur in de avond repareerden ze in het ziekenhuis zijn gezicht. De hechtingen waren niet te tellen: 'Gelukkig zie ik mezelf niet,' zei hij lachend.

De lijfspreuk van Ten Dam is: *hard as a rock*. Hij neemt zelf besluiten, ook al zijn ze voor velen onverantwoord. Betutteling en larmoyant mededogen staat hij niet toe. Zijn gezicht zal nooit meer hetzelfde zijn. Ten Dam accepteert de littekens. Het is wat het is: hij is wielrenner, dan is dit de consequentie.

Ondertussen is zijn baas bang voor een baard op een foto.

Bocht naar rechts

Lang geleden reed Theo Sijthoff in het profpeloton. Hij was een Rotterdamse wielrenner. Hij maakte grappen en slikte volop amfetamine. Later werd hij couturier, pas toen kreeg hij een bijnaam: de Modekoning van Rotterdam. Sijthoff (1937-2006) werd ooit tiende in de Acht van Chaam, in 1964, het jaar dat Jo de Roo won.

Ik heb Sijthoff nooit zien fietsen. Als wielrenner ken ik hem alleen van foto's en sterke verhalen. Zo bestaat er een anekdote dat hij tijdens de Ronde van Katendrecht bij elke bocht zijn hand uitstak. Dat had ik graag gezien. Denderen over die klinkers langs de havenloodsen en dan je hand vlak voor het gezicht van je collega's houden. 'Naar links!'

Tegenwoordig maak je jezelf totaal belachelijk als je als stadsfietser je hand uitsteekt. Je ziet het ouderen af en toe doen. Al honderd meter voor de bocht gaat de rechterhand omhoog, de fiets begint vervaarlijk te zwabberen, zo erg dat je ze zou willen bezweren de handen juist áán het stuur te houden.

Het rijden in een peloton is een hachelijke onderneming. Je kunt nog zo geconcentreerd fietsen, wanneer de renner vóór je een stuurfout maakt, kun je geen kant meer op. Als je een peloton van boven ziet, besef je pas hoe dicht renners op elkaar zitten. Regelmatig raken schouders elkaar. Soms gebruikt een renner zijn hand om een collega van zich af te houden.

Het loopt meestal goed af.

Tijdens een literaire wieleravond in Nijmegen zat ik aan tafel met Henk Lubberding. De oud-renner zag er nog altijd afgetraind uit en bleek in vorm als spraakwaterval. Lubberding vertelde over hoe secuur hij vroeger reed: 'Het ouderwetse schakelen, aan het frame zeg maar, dat luisterde heel nauw. Als je het niet goed deed, vloog je ketting eraf. Dan kon je een valpartij veroorzaken. Je bent met elkaar verantwoordelijk voor het wel en wee van het peloton. Daarom luisterde ik de hele dag naar het geluid van het schakelen om me heen.'

Onlangs zag ik een goed voorbeeld van wat Lubberding bedoelde. In de laatste kilometers van een wedstrijd wees een renner op naderend onheil. Hij maakte een armgebaar. Er kwam een gemene vluchtheuvel aan. Het gealarmeerde peloton schoot er links en rechts rakelings langs.

Een paar kilometer later ging het alsnog mis. Een Spaanse coureur in Euskaltel-shirt reed ongeveer op de tiende plek. Om hem heen zwermden renners. Er kwam een bocht naar rechts. Iedereen wist het, iedereen zag het. Behalve de Spanjaard. Hij reed rechtdoor. Hij kwam ten val.

Massasprint in de soep.

Misschien moet de nuchtere stem van boerenzoon Lubberding ingevoerd worden in de computertjes op het stuur van de renners. Of in hun oortjes. In de laatste kilometers moet het volume verplicht keihard worden gezet. Zo krijgen ze afgemeten de gevaren op de route aangegeven. 'Heren coureurs, attentie, vluchtheuvel!'

Je kunt profrenners niet meer verplichten om bij elke bocht hun hand uit te steken. Te gevaarlijk bij die hoge snelheden van nu. Een idee: de renner die voorop rijdt bij een naderende bocht is verplicht om te roepen naar welke kant zijn volgers moeten sturen.

Om met wijlen Theo Sijthoff te spreken: 'We gaan hier naar links!'

Montalto

De kerktoren van het dorp werd aan het zicht onttrokken door cipressen, die als lange, groene veren op de heuvel prijkten.

In het hotel had ik de route op de kaart bestudeerd. Door het weggetje waren minuscule pijltjes gedrukt. Eén pijltje betekende dat het weggetje daar steil was, twee pijltjes nog steiler, en met drie pijltjes wist je dat het stijgingspercentage tot 20 procent kon oplopen.

Met mijn handen op het stuur begon ik aan de klim. De eerste kilometers bleef de stijging gelijkmatig. Al snel kwam ik in een ritme.

Het kerkhof naast de kerk was mijn doel. Daar lag een familielid van Enzo Scorpio, mijn jonge leraar Italiaans in Rotterdam. Telkens wanneer Enzo hoorde dat een van zijn studenten in de buurt van het Noord-Italiaanse dorpje op vakantie ging, vroeg hij om een bescheiden dienst: het graf schoonmaken van zijn oom Gianluca Tassato. Hij had me verzekerd dat het een klusje van niks was. Je was er een kwartier mee kwijt, meer niet. Enzo vond het plezierig dat het graf van zijn oom er weer netjes bij zou liggen. Hij kwam zelf al jaren niet meer in Montalto.

Ik reed op een haarspeldbocht af. In de berm van de bocht verscheen een blauw bord dat flets was geworden door het zonlicht. Er zat een knik in het metaal. Ik draaide al fietsend mijn hoofd om te kunnen lezen wat erop stond. Eerst ontcijferde ik MONT, daarna ALTO.

MONTALTO.

Enzo was een stille jongeman. Zo'n tien jaar geleden, op zijn vijftiende, was hij naar Nederland gekomen. Zijn ouders waren in het centrum van Rotterdam een speciaalzaak in Italiaanse wijn en kaas begonnen. Enzo ging naar de internationale school in Den Haag. Na zijn middelbare school was hij cursussen Italiaans op de Volksuniversiteit gaan geven. Na twee jaar taalles wist ik nog steeds niets van hem. Altijd maar knipperen met die vriendelijke ogen. Enzo stond schuchter in het bestaan.

Het was een klim van vier kilometer. Aan het einde zou de weg doodlopen, had ik op de kaart gezien. Door de opeenvolgende bochten was ik het zicht op de top kwijtgeraakt.

Twee pijltjes. Ik merkte het aan de spanning in mijn kuiten. Dit was een steiler gedeelte. Ik bleef op mijn pedalen staan totdat het weer wat vlakker werd. Ter hoogte van een verzakte boerderij lag er een platgereden egel op het asfalt. Een deel van de stekels stond nog overeind, de rest lag als kapotte naalden op het asfalt.

In de laatste kilometer zaten twee steile stukken. Ik moest weer uit het zadel om voldoende tempo te houden. Dit was het zwaarste deel van de klim. Drie pijltjes, op zijn minst.

Het asfalt ging over in grote, afgevlakte stenen. De weg werd minder steil. De eerste huizen van het dorp kwamen in zicht. Op een ladder pleisterde een werkman de muur van het laatste huis. Toen hij me zag zwoegen, riep hij iets onverstaanbaars. Met een van pijn vertrokken gezicht lachte ik hem toe.

Om bij te komen van de inspanning draaide ik een rondje op het centrale pleintje van Montalto. Op een van de hoeken was een bar. Er stonden twee terrastafels met stoelen in de brandende zon. Er zat niemand.

Ik reed naar het einde van het weggetje en kwam zo uit bij de kerk. Ik zette mijn fiets tegen het entreegebouwtje van het kerkhof, trok mijn bidon los en vulde die met water dat uit een roestige kraan stroomde.

Het ommuurde kerkhof was niet groot. Er waren vier parallelle paden die langs de graven leidden; veelal sobere stenen, af en toe een protserige familietombe.

Tassato. Die naam moest ik vinden. Enzo had de locatie omschreven, maar ik was zijn aanwijzingen vergeten.

Ik liep het eerste pad aan de linkerkant af. Automatisch vertraagde ik mijn pas. Bij de dood hoort een ingetogen tempo. Ik dacht terug aan de begrafenis van mijn vader, een paar jaar geleden. Het was een steenkoude winterdag geweest. Op de radio sprak de weerman 's ochtends van een 'gevoelstemperatuur' van min twintig. Er stond een wind die erin slaagde door alle kledingstukken heen te blazen. De begrafenisondernemer twijfelde of wij familieleden de kist vanuit de lijkauto naar het graf moesten dragen. De begraafplaats was nogal glad. We negeerden zijn bezwaren. Mijn vader was een diepvriesgroothandelaar geweest. Dit was de temperatuur van zijn vriescellen. Een mooier eerbetoon was er niet. Met lichte tegenzin gaf de begrafenisondernemer toestemming. Hij en zijn drie collega's liepen met hun handen gestrekt naast ons mee. Alsof er ieder moment een stapel servies kon omvallen. Ik herinnerde me het tempo waarin ik toen liep. Voetje voor voetje. Evenwicht zoekend op de bevroren kiezels, met een deel van het gewicht van mijn vader op mijn linkerschouder.

Piano, piano.

Er hing een zoete geur op het kerkhof. De geur van oud fruit. Achter de muur was een boomgaard, in de volle bomen zag ik appels hangen. Twee rijen verder hurkte een jonge vrouw bij een graf. Ze haalde bloemen uit een veldboeket en zette die in een stenen vaas, die onderdeel uitmaakte van een ornament van het graf. Om het hoofd van een marmeren engeltje hing een ketting van boterbloemen. Ze keek op toen ze me hoorde lopen. Een mooi breed gezicht, donkere ogen die diep in de kassen lagen, bruin, loshangend haar. Ik knikte vriendelijk en wendde mijn gezicht af. Ik moest me niet bemoeien met het verdriet van een onbekende.

Met mijn bidon in de hand liep ik langs de graven. Jong en oud lagen naast elkaar. Gianni Vernasco, een jongetje van 2 jaar, in 1967 overleden. De sobere, betonnen steen brokkelde af aan de zijkanten. Stefania di Luca, 101 jaar, samen in het graf met Giorgio Dancelli, 93 jaar; Stefania was nog een tijd alleen geweest voor ze weer verenigd was met haar man.

Tassato.

Gevonden.

Het was het laatste graf links, voordat een muur een einde maakte aan het pad. GIANLUCA MARIA TASSATO, 4 FEBRAIO 1937 — 16 SETTEMBRE 2002. Op de grafsteen zat een ovaaltje bevestigd met een zwart-witfoto erin. De oom van Enzo leek een jaar of vijftig en lachte in de lens. Linksboven miste hij een hoektand.

Op zijn grafsteen lagen neergeplofte, bedorven appels. Er had een bombardement van fruit plaatsgevonden. Duizenden mieren marcheerden in lange rijen gedisciplineerd af en aan. Vanuit het hart van de zwartbruine appels liepen de beestjes tussen de gegraveerde letters naar beneden en ze verdwenen via een gaatje in de droge aarde uit beeld.

'Nou, Gianluca, even je slaapkamer een grote wasbeurt geven,' mompelde ik.

Ik zette mijn bidon op de grond, pakte een losse tak met bladeren eraan en begon de rotte appels van het graf te vegen. De mieren schoten alle kanten uit. Met de bidon spoot ik de plakkerige plekken van het graf.

'Die appels, *un disastro*.'

De jonge vrouw had een lage stem. Ik had haar niet horen aankomen.

Haar handen waren vuil, een grondkleur vermengd met groene strepen van het verse veldboeket.

Ik drukte het tuutje van mijn bidon naar binnen. Hij zat nog halfvol, schatte ik.

'De kerk heeft de eigenaar van de boomgaard gevraagd om de takken die over de muur hangen te snoeien, maar nee. Bent u wielrenner?'

'Nee, ik ben een toerist uit Nederland.'

'Waarom dat shirt met ITALIA erop?'

Laconiek haalde ik mijn schouders op. 'Ach, dit land, de sfeer, de taal. Eh, de vrouwen.'

In haar lach zat een repeterend hikje. Haar voortanden stonden perfect in het gelid.

Ze schopte met haar witte Nikes een rotte appel weg die met een droog geluid tegen de achterkant van een zerk belandde. Er vormde zich een wolk van stuivende schimmel.

'Eerder in het seizoen hou ik van die appels. Dan neem ik ze mee naar huis en maak ik taart. Een harde bodem, met daarbovenop appels, die na een uurtje in de oven zo zacht worden als dikke jam. Maar in deze tijd haat ik ze. Er valt niet tegenop te poetsen hier.'

Ik keek om me heen. Overal op de grafstenen in de buurt van de muur lagen appels. Er klonk geritsel. Onder het graf van Tassato schoot een hagedis weg tussen bladeren.

'U bent de tweede schoonmaker deze zomer. Twee weken terug maakte een stel dit graf schoon. Ze kwamen ook uit Nederland. Ik heb ze zelf niet ontmoet, ik hoorde het in het dorp. Bent u hier via Enzo?'

'Ja. Ken je hem?' vroeg ik.

De vrouw rolde een kiezelsteen onder haar voetzool heen en weer. 'Ja. Enzo. Hij woonde hier in het dorp.'

Ik zag een onzekere trek in haar gezicht, alsof ze meer wilde zeggen. Toch begon ze over iets anders.

'Met welk verzet reed u omhoog naar het dorp?'

'Ik geloof ergens tussen de 21 en 23 achter.'

'Niet slecht.'

'Fiets je zelf ook?'

'Tuurlijk. Iedereen in het dorp heeft een fiets. Van jongs af aan. Alles van waarde ligt in het dal.'

Een oude vrouw passeerde de rij van Tassato. Ze liep met een emmer naar een van de huisjes, de chique graven op het kerkhof. Ze hield haar kin omhoog en keek langs ons heen.

'Weduwe van de voormalige burgemeester. Hij ligt hier ook,' zei de jonge vrouw op fluistertoon.

Ik stak een klein stukje van mijn tong uit. De jonge vrouw begon te giechelen, zo hard dat ze een hand voor haar mond sloeg. Het was een aanstekelijk geluid.

De weduwe zette de emmer naast een graftombe, opgetrokken uit wit marmer. Bovenop stond een buste. Ze pakte een spons uit de emmer en kneep die boven de stenen haardos van haar man uit. Zeepsop droop langs zijn gezicht naar beneden.

Ik keek weer naar het graf van Enzo's oom, Tassato. Het water op de grafsteen was vervlogen in de warme lucht. Ik nam een slok uit mijn bidon.

'Wie was Tassato?' vroeg ik.

De vrouw nam een stilte in acht.

'Hij was de fotograaf van het dorp. Hij heeft mij en mijn zus toen we nog peuters waren in zijn studiootje gefotografeerd.'

Ze had een nieuwe kiezel gevonden, die ze onder haar zool heen en weer rolde. Toen hij onder haar schoen vandaan wipte, schoot ze hem hard tegen de muur.

'Ik ga weer even door met mijn bloemen,' zei ze en ze liep het pad op.

'Oké, ciao,' zei ik.

Er viel een nieuwe appel op het graf van Tassato. Het was een harde.

Hij rolde van de grafsteen af en bleef voor mijn voeten stilliggen. Ik raapte hem op, besproeide hem met het water uit mijn bidon en nam er een hap uit.

Zoetzuur.

Vanuit mijn ooghoek zag ik de jonge vrouw weer op haar knieën zitten bij het graf verderop. Er stonden te veel grafstenen met tierelantijnen tussen ons in om te kunnen zien wat ze precies deed.

Ik ging op een bankje tegen de muur zitten en at de appel op tot ik pitjes proefde, daarna slingerde ik het klokhuis weg. Vanaf het bankje kon ik bij de ingang nog net mijn fiets zien staan. Het stelde me gerust. Geen fietsendieven hier.

Het graf van Tassato zag er schoon uit. Enzo wilde er graag een foto van hebben. Ik pakte mijn telefoon uit de achterzak van mijn wielershirt en keek naar de beeltenis van zijn oom, gevangen in het ovaaltje. Een fotograaf laat zich niet graag fotograferen. Op mijn gemak stelde ik de camera van mijn telefoon in en maakte twee opnamen: een liggend, een staand. Daarna liep ik langzaam terug naar mijn fiets.

Achter me klonk een snelle pas over de kiezelstenen. De jonge vrouw was me achternagehold. Door het strijkende zonlicht zag ik hoe scherp haar profiel was. 'Ik moet ook naar het dal. Wacht u even, dan rijden we samen naar beneden.'

Ze liep het plein over, met een lichte swing, een klein beetje hippend bij iedere stap. De onderbenen die onder haar driekwartjeans uitstaken waren net zo glanzend en bruin als haar bovenarmen.

Jeuk in mijn buik. Waar had ik deze ontmoeting aan verdiend? Een mooie vrouw op een idyllisch Italiaans kerkhof, een vrouw die wilde meefietsen. Niemand zou het geloven. Enzo misschien, maar die kwam nooit meer in zijn dorp.

De vrouw kwam met een ruime boog het plein op gereden, op een fiets met een verschoten oranje frame, een recht stuur en spatborden voor en achter. De kabels van de rem gingen op de ouderwetse manier buitenlangs. Terwijl we samen naar de hoek van het plein reden, keek ik even naar beneden, naar het frame. Een oude Gios. Ze had smaak.

Na de stenen van het plein was het nog vijftig meter vlak, daarna verdween het asfalt het dal in. We begonnen aan de afdaling. Ik liet haar voorgaan, ze kende de weg.

De Italiaanse reed zonder helm. Haar losse haren wapperden achter haar hoofd. Ze nam de bochten scherp en zonder angst. Als de *patron* van een kopgroep in de bergen stak ze af en toe een wijsvinger naar beneden om oneffenheden in de weg aan te kondigen. Na haar vinger zag ik binnen een paar seconden een losliggende steen op het asfalt of een gevaarlijk brede droogtescheur.

'Bang om te dalen?' riep ze.

'Ik durf niet meer zo hard als vroeger.'

'Bang zijn heeft geen zin.' Ze remde af en kwam naast me rijden. 'Vallen kan altijd. Als je gaat, dan ga je. Ken je rugnummer 108 in de Giro van 2011?'

'Je bedoelt Wouter Weylandt, de Belg,' schreeuwde ik boven het lawaai van de wind uit.

'*Si, si*,' zei ze, terwijl ze haar hoofd schudde. Ze maakte een kruisje op haar borst, kuste de toppen van haar vingers en wees omhoog.

Weylandt had in de derde etappe van de Ronde van Italië tijdens een afdaling tempo willen maken om bij de kopgroep te komen. Hij keek opzij, raakte uit evenwicht, tikte met zijn pedaal een muurtje aan en sloeg tegen het asfalt.

De televisiebeelden van de roerloze Weylandt stonden op mijn netvlies. Bloedstralen rond zijn hoofd. Wezenloos dieprood op een dof wegdek.

Zijn vrouw was al een paar maanden zwanger toen haar man viel. De Belgische coureur heeft er vermoedelijk geen pedaalslag voor gelaten, er geen bocht minder scherp om aangesneden. Een renner leeft met de val, zo onlosmakelijk verbonden met het rijden op een fiets. Met de dood kan hij geen rekening houden. Denken aan vallen kost je snelheid.

De Italiaanse trapte door in een bocht en sneed als een tijdrijdster de weg een stukje af. Ze reed tien meter voor me uit. Ik herkende de oude, verzakte boerderij waar we voorbijreden.

We waren halverwege. Ik vertrouwde de Italiaanse volledig. Haar fiets mocht dan oud zijn, ze zat ontspannen voorovergebogen en leek geen moment te twijfelen. We namen de haarspeldbocht. Vanaf nu was het nog een paar honderd meter naar beneden, dan kwamen we uit op de doorgaande weg door het dal.

Bij de T-splitsing gaf de Italiaanse aan dat ze linksaf ging. Mijn hotel was rechtsaf, maar ze wees met haar wijsvinger dwingend naar haar achterwiel; ik moest haar blijven volgen.

We reden de brede weg op die parallel aan de rivier liep. De vrouw hield in en kwam in rustig tempo naast me rijden. De witte doorgetrokken verkeersstreep op de weg was flets. Ik zag veel sporen van slippende autobanden. De chauffeurs namen het hier kennelijk niet zo nauw met de veiligheid.

Vlak langs de weg stonden oude platanen. Als ik mijn rechterhand uitstak kon ik ze aantikken. Alle bomen droegen op ooghoogte een band van witte verf, waarschijnlijk om in de nacht zichtbaarder te zijn voor het verkeer. Er kwam een bocht. Een scherpe. De vrouw gebaarde met één hand dat ik langzamer moest gaan rijden. Ik remde en draaide achter haar de bocht door.

'*Alt!*' riep ze.

Ze remde. Ik ook.

We stonden stil, aan de rechterkant van de weg. De bocht lag vlak achter ons. We legden onze fietsen plat in de berm.

Van de dichtstbijzijnde plataan betastte ze de schilferige bast. Pas toen ik naast haar stond, zag ik waar ze naar keek. Aan de boom hing een houten kastje, ter grootte van een vogelhuisje. Aan de voorzijde was het open. Over haar schouder keek ik mee. Op de bodem van het huisje lagen kunstroosjes en geplastificeerde heiligenplaatjes van Maria. Op het achterwandje was met vier punaises een foto vastgeprikt. Er stond een meisje op van een jaar of zestien; ze droeg een zomerjurkje en had een pet op. Ze lachte haar tanden bloot. Gaaf gezicht, gaaf gebit. Achter haar was een klein stukje van de zee te zien.

'Martina. Mijn zusje.'

De Italiaanse keek met een verlangende blik naar de foto, alsof ze haar zusje los zou kunnen weken van het fotopapier. Toen wendde ze zich af en plukte in de berm een paar klavertjes. Ze rook eraan en strooide ze voor de foto in het hokje.

'Is ze op deze plek overleden?'

De vrouw liep een paar meter van me vandaan, taxeerde de afstand tot de boom en trok met haar linkerschoen de omtrek van een langgerekt lijf in het stof van de berm.

'Door een auto?' zei ik.

De Italiaanse keek naar de grond. Een pluk haar viel voor haar ogen. Ik durfde niet verder te vragen. Ik leek op een rechercheur. Een man die het verdriet geen adem gunt en meteen ter zake wil komen.

De Italiaanse deed de pluk achter haar oor en tikte met haar schoen aan wat ze net getekend had.

'Enzo.'

Naast het getekende lijf zette ze een cirkel.

'Ik.'

Zonder aandacht aan me te schenken boog ze met haar bovenlijf over de weg en keek de bocht door. Ze keek naar de overkant en weer terug, naar de bocht.

Lichte twijfel in haar gespannen lijf. Toen spurtte ze de weg over.

Ik hoorde het motorgeluid van een vrachtwagen die terugschakelde. Met rammelende biervaten kwam hij uit de bocht gereden, op nog geen meter van de berm. Steentjes vlogen tegen mijn scheenbenen.

Door de stofwolk heen zag ik hoe de Italiaanse in de berm aan de overkant met haar schoen een cirkel tekende. Ze wees naar beneden en schreeuwde.

'Tassato!'

Sinds we de fietsen in de berm hadden gelegd, was de soepele motoriek van de Italiaanse verdwenen. Haar bewegingen waren hoekiger geworden.

Opnieuw dat nerveuze heen-en-weerkijken over de weg, tot drie keer toe. Als een atlete aan de start van een veldloop stond ze aan de overkant. Ze holde mijn kant weer op.

In de verte kwamen drie auto's met caravans aangereden. Nederlandse nummerborden. Ze reden in stevig tempo voorbij, de bocht in. De band van de laatste caravan raakte de kiezels in de kant. Onze berm was zo smal dat zelfs het verkeer van de andere kant benauwend dichtbij aanvoelde.

De Italiaanse zei niets en stopte de pluk haar weer achter haar oor.

'We waren met zijn drieën naar beneden gefietst. Martina, Enzo en ik. De jaarlijkse wielerwedstrijd van de streek zou langskomen. Het was al druk langs de weg. Volgens Enzo konden we het beste hier staan, bij de bomen, dan keek je niet in de zon.'

Terwijl ze vertelde fatsoeneerde ze de nepbloemetjes in het kastje.

'Martina en Enzo stonden naast elkaar, met de fietsen tussen hun benen. Ik stond naast die twee. Ik weet nog dat de kopgroep voorbijkwam, achter een politiemotor. Je voelde de wind in je gezicht toen de renners met hoge snelheid uit deze bocht opdoken.'

Ze peuterde twee Mariaportretten van elkaar en blies drie keer hard tegen de plaatjes. Met haar duim poetste ze een portretje schoon. De lucht boven het vrome gezicht van Maria kreeg langzaam weer de oorspronkelijke lichtblauwe kleur.

'Even later kwam het peloton voorbij. Al die kleuren, die helmen, die vermoeide, rood aangelopen gezichten.'

Ze legde de opgepoetste Maria weer in het kastje.

'Daarna passeerden de achterblijvers, soms in groepjes, soms alleen. Aan de overkant stond Tassato. Hij maakte foto's van de wielerwedstrijd voor de streekkrant. Enzo riep naar zijn oom of hij een foto van ons drieën wilde maken. Tassato stak zijn duim op. En...'

De Italiaanse deed de lok achter haar oor, die onmiddellijk weer voor haar ogen viel.

'Enzo trok Martina naar zich toe. Hij was sinds dat voorjaar gek op mijn zus. Iedere middag waren ze samen in het dorp te vinden. De sturen van hun fietsen haakten in elkaar. Mijn zusje raakte uit evenwicht. Ze deed een pas naar voren.'

De Italiaanse liet de losgevallen haarlok voor haar ogen hangen. Tussen haar duim en wijsvinger draaide ze aan het steeltje van een klaverblaadje, net zolang tot het slap werd. Toen liep ze naar de plek waar ze met haar schoen de omtrek van een lichaam had gemarkeerd. Ze ging door haar knieën en zwaaide met haar armen naar voren.

'Mijn zus viel met haar fiets op de weg. Er kwam een auto uit de bocht. Een van de laatste in de karavaan.'

De Italiaanse liep met een besliste pas naar het kastje aan de boom, maakte de foto van haar zus los en begon aan het plastic hoesje om de foto te wriemelen. Achter het lachende meisje zat iets verstopt. Zonder iets te zeggen gaf ze het aan mij.

Met haar armen over elkaar keek ze toe hoe ik het vergeelde papier openvouwde.

Het was een uitgescheurde krantenpagina, met een grote foto erop.

Er stond een groepje mensen op, langs de kant van de weg, in het tegenlicht van de zon. In het midden stonden een jongen en een meisje met hun fietsen tegen elkaar. Ze zoenden elkaar onhandig, waarschijnlijk omdat ze naar de camera wilden blijven kijken. Er stond een ander meisje bij, jongensachtig, ze lachte breeduit.

De vrouw keek mee.

'Ik had nog kort haar toen.'

Ze ging met haar vingers over het krantenpapier. De witte randjes van haar nagels gleden langs de weg en stopten aan de rand van de foto. Er kwam een auto de bocht door. Ik zag een deel van een autowiel. En een bumper.

'Die avond heb ik Tassato in zijn studio gesmeekt juist deze foto naar de krant te sturen. Het was mijn manier om mijn zus levend te houden.'

Ik zag de naam van Gianluca Tassato bij de foto staan.

'Zie je hoe ze lacht, hoe ze flirt?' zei de vrouw.

'Was je zusje op slag dood?' vroeg ik.

Ze praatte door, zonder acht op me te slaan. Het verhaal moest eruit, als kots. Eerst weerzin, dan opluchting.

'Tassato is meteen de weg overgestoken. Hij heeft Martina in de berm gelegd. Ik hield haar hoofd stil. Bloed uit haar oren. Omstanders hielden het verkeer tegen. Tassato is op zijn knieën gaan zitten om haar te kunnen beademen. Hij riep tegen Enzo dat hij naar de dokter moest fietsen, een kilometer verderop. Ik weet niet meer hoelang Tassato heeft gevochten voor haar leven. Minuten. Misschien wel een kwartier. Duwen op de borst, mond op mond. Toen Enzo terugkwam met de dokter, moet hij aan ons gezien hebben dat het te laat was.'

De Italiaanse en ik stonden samen naar de krantenfoto te staren. Ik durfde het niet hardop te zeggen, maar de foto had een perfecte compositie. Iedereen in beeld leek zich ervan bewust dat de scène er in één keer goed op moest staan. Een split second van geluk, waarna de verhoudingen tussen de mensen langs de weg voorgoed zouden veranderen.

Ik vouwde de krantenpagina weer tot een kleine rechthoek en gaf hem aan de Italiaanse terug.

'Komt Enzo hier nog weleens?' vroeg ik.

'Nee, hij is een paar maanden na het ongeluk naar Nederland verhuisd. We hebben hem nooit meer gezien. Ik snap het wel. Wat moet hij hier? Hij weet dat ik Martina's plekje bijhoud, hij zorgt op afstand voor zijn oom. Enzo en ik houden het contact levend via de graven.'

De Italiaanse liep bij me vandaan. Ze stopte alles weer in het plastic hoesje en maakte het met de punaises vast aan het achterwandje. Ze herschikte de bloemetjes en het verse groen. Daarna ging ze met haar gezicht naar het kastje. Ze fluisterde.

Beleefd keek ik naar beneden. Het wit van haar sportschoenen was grijzig geworden van de stoffige berm. Ze had lange lussen in haar veters. Gevaarlijk, ze konden tussen de pedalen verstrikt raken.

Zonder iets te zeggen wiste ze de gemarkeerde plekken uit. Ze holde zelfs heen en weer naar de overkant om de cirkel van Tassato met haar schoen weg te poetsen. Weer drie keer kijken of er verkeer kwam.

Ze zette haar fiets rechtop. Ik pakte de mijne. We stonden naast elkaar in de berm.

'Waar ga je heen?' vroeg ze.

'Ik denk terug naar mijn hotel, in Bagni di Lucca. En jij? Omhoog?'

Ze knikte. 'Ja, naar mijn man en mijn kindje.'

Ik nam een slok uit mijn bidon.

'Wil jij ook?'

Ze rekte zich uit en greep mis. De bidon viel op de grond en rolde de weg op. We deden niets, er kwam een auto de bocht om. Hij reed over de bidon. Het water spoot onze kant op. De Italiaanse boog zich voorover en sloeg met haar hand lachend de druppels van haar broekspijpen. Daarna stopte ze tevergeefs een haarlok achter haar oor.

'Ciao,' zei ze.

Ze zoende me op mijn voorhoofd.

'*Ci vediamo*,' antwoordde ik.

'*Volentieri*.'

De Italiaanse gooide een been over het oranje frame en ging op het puntje van haar zadel zitten, keek drie keer naar links en rechts en nog één keer naar links. Ze stond op de pedalen. Na een paar omwentelingen was ze uit het zicht.

Ik was weer alleen. Naast de plataan zag ik afdrukken van onze zolen, willekeurig door elkaar. Martina lachte in haar kastje. Het deed me denken aan een klein verkleedhokje op het strand. Achter haar kwam de zee aangerold.

Ik ging op mijn fiets zitten. Ik keek twee keer naar links en rechts.

Het leek me genoeg.

Een pols van 48

Mijn huisarts deed een zwarte band om mijn bovenarm. Hij stopte de dopjes van de stethoscoop in zijn oren en zette het membraan tegen een opgezwollen ader.

'Rustig blijven zitten,' zei de arts terwijl hij de band met een rubberen luchtpeertje strak om mijn arm pompte.

Wat bezielde me om mijn bloeddruk te laten controleren? Ik mankeerde toch niets? De laatste keer dat ik mijn bloeddruk had laten controleren was alles nog prima. Maar dat was alweer twaalf jaar geleden.

Langzaam liet de arts de perslucht ontsnappen. Ik voelde mijn bloed in mijn afgeknepen arm kloppen.

'85... 130. Dat is keurig,' zei de arts terwijl hij de band lostrok.

Dat klonk geruststellend. Een te hoge bloeddruk was een sluipmoordenaar op mijn leeftijd.

De arts luisterde nog even naar mijn hartslag.

'In rust heb ik een pols van 48.'

'Even stil,' zei de arts.

Een polsslag in rust, dat is waar wielrenners graag mee pochen. Vijfvoudig Tourwinnaar Miguel Indurain had maar 28 hartslagen per minuut. Zware dreunen. Het bed van de Spaanse wielrenner schudde iedere keer als het bloed vanuit zijn hart werd rondgepompt.

'Hart klinkt prima. Krachtig,' zei de arts.

'Soms denk ik, en vooral als ik in bed lig: straks stopt mijn hart er in een keer mee.'

De arts lachte minzaam: 'Ik heb heel oude mensen gezien, met allerlei kwalen. Dat je dacht, hoe lang gaat dit nog goed? Maar dat hart, dat bleef maar doorgaan. Het is er echt voor gemaakt om te blijven kloppen.'

Ik deed de opgestroopte mouw van mijn overhemd naar beneden. Er was geen sluipmoordenaar binnen. Goed nieuws. Ik kon weer vrijuit sporten.

Thuis propte ik een paar boterhammen naar binnen. Ik trok mijn wielerkleding aan en begon aan mijn rondje rond de Rotte.

Terwijl ik een paar meter onder de zeespiegel fietste, beklom ik het steilste stukje van een heuvel van niks. In mijn jeugd werd in deze laaggelegen polder onder de rook van Rotterdam havenslib gedumpt. Onder het asfalt waarop mijn wielen draaiden lag misschien donkere bodemsmurrie uit de Nieuwe Waterweg.

Ik ging op mijn pedalen staan en voelde mijn bovenbenen schroeien. Bonkend hoofd, versnelde ademhaling. Pijn is fijn, zolang je gezond bent.

De top van de vuilnisheuvel was alweer in zicht.

Tijdens de korte afdaling vloog een helikopter vrij laag over. Een profwielrenner denkt bij het geluid van de rotor aan een live-uitzending van de koers. Ik dacht aan een ongeluk, een trauma zoals ze dat in ziekenhuisjargon noemen. Om mij kon het niet gaan, ik zat met mijn lage bloeddruk gezond en ontspannen op het zadel.

Achter de heuvel zakte de helikopter naar beneden. In de verte hoorde ik een sirene.

Ik besloot om te draaien en de heuvel in omgekeerde richting te beklimmen. Eenmaal boven zag ik dat de helikopter was geland op een grasveldje in de verte. Erachter liep het pad langs de Rotte waar ik sinds jaar en dag overheen rijd.

Ik kwam vlak bij de plek des onheils. In de buurt van de helikopter, bij een moestuin van een vrijstaand huis, stond een ziekenauto met zwaailicht. Op honderd meter hield ik in en klikte mijn schoenen uit het pedaal.

Terwijl het ambulancepersoneel vooroverboog werd er door een paar mannen provisorisch oranje zeil rond de tuin aangebracht. Dan weet je dat het ernst is.

Na vijf minuten maakte ik een einde aan mijn voyeursbestaan. Ik reed verder over een weg die parallel liep aan het fietspad. Tegelijkertijd met mij reed er een meisje op een racefiets weg van de plek waar de ambulance stond. Zij moest gezien hebben wat zich in en rond de tuin afspeelde.

Ik reed een bruggetje over en kwam zo op het fietspad uit. Het meisje fietste voor me uit. Ze had er goed de vaart in. Ik moest flink trappen om in haar wiel te komen. Toen ik haar bijna had ingehaald, remde ze bij een plattegrond langs het pad. Ik remde ook.

'Jij was bij dat ongeluk, toch?' zei ik. 'Wat was er aan de hand?'

Stevige meid, forse dijbenen en blos op de wagen. 'Een man, met fiets en al in de struiken gevallen. Hartaanval, denk ik.'

We waren even stil.

'Hoe oud was-ie?

'Jaar of vijftig.'

'Gaat hij het halen, denk je?'

Haar gezicht betrok, ze schudde lichtjes met het hoofd.

'Ik was er als een van de eersten bij. Een paar wielrenners waren aan het reanimeren. Het schuim kwam uit zijn mond. Ik denk niet dat hij het redt. Het duurde ook lang voordat er een ambulance kwam. Het was moeilijk uitleggen waar het was.'

Er schoof een wolk voor de zon. Ik voelde hoe het een paar graden kouder werd. Het meisje ging met haar vinger over de plattegrond.

'Wat zoek je?' vroeg ik.

'Mijn vader. Hij was erbij en ging verderop staan om de ambulance de weg te wijzen. Ik weet niet waar hij nu is.'

Ik gaf mijn telefoon zodat ze hem kon bellen. Ze kreeg hem aan de lijn. Ze spraken af vlak bij de A12.

'Het is toch geen ongevaarlijke sport,' zei ik. 'Ik heb toevallig vanmorgen mijn bloeddruk laten controleren. Op mijn leeftijd weet je het maar nooit.'

Dat jonge gezicht keek me aan. Een wereld van verschil, in leeftijd, in gedachten.

'Ik ga mijn vader tegemoet fietsen. Dank voor het gebruiken van je mobiel.'

'Oké. Ciao,' zei ik.

Ik draaide mijn fiets een halve slag en reed terug over het fietspad. Over een paar honderd meter zou ik weer langs het ongeluk moeten. Ik wilde de harde waarheid van een rondje fietsen onder ogen komen.

De ambulance stond midden op het pad. Ik moest stapvoets door de berm. Een keer durfde ik opzij te kijken. Er stond een man met ongeschoren benen en een oude helm op aan de kant. Hij hield het oranje zeil omhoog en keek eroverheen. Het slachtoffer was niet te zien.

Ik keek weer voor me. Er waren pottenkijkers genoeg. Een hip meisje met te veel make-up op haar gezicht maakte vanaf haar scooter een paar foto's met een iPhone.

Het was rustig op het fietspad. Ik had nog vijf kilometer te gaan voordat ik in de remmen moest om een drukke weg over te steken.

Ik nam een slok uit mijn bidon, deed hem terug in de houder en begon als een wezenloze te trappen. De digitale cijfers veranderden bij iedere pedaalslag. Harder en harder moest ik. Het noodlot aan gort trappen.

Tegenover een hart dat iemand in de steek had gelaten, moest er een hart langs de Rotte onderweg zijn dat pompte en bonsde tot de eindstreep was bereikt. Het ging lukken.

Mijn hart was gemaakt om te blijven kloppen.

Verantwoording

De verhalen 'Veld van varens', 'Schuim' en 'De jager' zijn speciaal voor deze uitgave geschreven.

'Vliegen over de kasseien' verscheen eerder in *Het Vrije Volk*, 1990.

'De geluiden van 1993' verscheen eerder in *Rotterdams Dagblad*, 1993.

'Koffertijd', 'Rood vlaggetje', 'Stalen ros', 'Rocco Espresso', 'Man met bril' (onder de titel 'Incognito') en 'Niet aanraken, duwen!' waren de eerste Tour-columns, gepubliceerd in Rotterdams Dagblad, 1997.

'Postbode' en 'Bidon' verschenen in 2002 als column in NRC *Handelsblad*.

'Arme Jan met zijn hart' (onder de titel 'Weg Jan') is opgenomen in *Mont Purgatoire* van Adriaan van der Ploeg, Habbekrats, 2010.

De verhalen 'Jim Shine Fine' en 'Pedalando' verschenen in een eerdere vorm in *De linkerbil van Bettini*, Podium, 2005.

'De zolder van Bartali', 'Luipaard in zwart-wit' en 'Fietsen met Jan Janssen' verschenen in een eerdere versie in het literaire wielertijdschrift *De Muur*.

Het verhaal 'Munkzwalm' werd in 2005 geschreven voor de opening van de tentoonstelling *Wielervolk* van fotograaf Marc Steculorum in Kunsthal Gent.

'De wetten van Post' is een bijdrage aan het boek *Op Rotterdamse latten* van Peter Ouwerkerk, De Buitenspelers 2007.

Het verhaal 'De centimeters van Merckx' is opgenomen in *Merckxissimo* (2009) van Jan Maes.

De verhalen 'Mist op de Ventoux', 'Boer op de weg', 'Het voorwiel draaide nog', 'Tourtour' en 'Naakt met wiel' verschenen eerder in *De man en zijn fiets*, Podium, 2009.

'Mona Lisa', 'Zwarte veren', 'Stickers' 'Kramp', 'Montalto', 'Dop', 'Hôtel Neuf', 'Lek', 'Bocht' en 'Wol' verschenen eerder in *Kop in de wind*, Podium, 2012.

Het verhaal 'Fausto is dood' is een bijdrage aan het boek *Fausto Coppi* van Frederik Backelandt, Wilfried de Jong en Stephan Vanfleteren, Uitgeverij Kannibaal, 2012.

De column 'De dood is altijd met ons' verscheen eerder in *NUsport*.

De verhalen 'Solo' en 'Een pols van 48' verschenen eerder in *Solo*, Podium, 2014.

De overige verhalen verschenen tussen januari 2004 en april 2020 als column in *NRC Handelsblad*.

Namenregister